Richard Faber

Die Verkündigung Vergils

Altertumswissenschaftliche Texte und Studien

Band 4

Richard Faber

Die Verkündigung Vergils
Reich - Kirche - Staat
Zur Kritik der „Politischen Theologie"

1975

Georg Olms Verlag
Hildesheim · New York

Q

Richard Faber

Die Verkündigung Vergils

Reich – Kirche – Staat

Zur Kritik der „Politischen Theologie"

1975

Georg Olms Verlag
Hildesheim · New York

© Georg Olms, Hildesheim, 1975
Alle Rechte vorbehalten
Printed in Germany
Umschlagentwurf: Paul König, Hildesheim
Herstellung: fotokop wilhelm weihert KG, Darmstadt
ISBN 3 487 05755 7

Für Claudia

VORWORT

Das hier Vorliegende ist der größere Teil einer Arbeit, mit der ich am 22. 2. 1973 am Fachbereich 11 der Freien Universität Berlin zum Dr. phil. promoviert wurde. Wie meist ist auch die Kürzung oder besser Teilung meiner Arbeit nicht unproblematisch, doch (aus äußeren Gründen) unausweichlich. Ja, selbst die integrale Dissertation erfüllt nicht das Programm der "Einleitung" und soll deswegen durch eine Habilitationsschrift ergänzt werden, die vor ihrem Abschluß steht.

Als besonderer Mangel erscheint mir selbst, daß die Kapitel "Umfunktionierte Apokalyptik" und "Politische Idyllik" gestrichen werden mußten. Infolgedessen bleibt der Messianismus ein allzu abstrakter Begriff, und kann Vergils auch und gerade konkret-politische Bezugnahme auf die Apokalyptik nicht deutlich werden; infolgedessen bleibt unklar, wieso der Prinzipat "großkapitalistischer Cäsarismus" ist, und stellt meine Vergil-Interpretation überhaupt einen Torso dar.

Ich hoffe, die genannten Kapitel samt einer Rezeptionsgeschichte "Arkadiens" in Kürze als eigenes Buch vorlegen zu können; sein Titel: "Politische Idyllik. Zur Klassenstrategie Arkadiens". Dort wird auch der Zusammenhang zwischen Konservativer Kultur-Revolution und der Vergil-Philologie analysiert werden: deren Bestimmung durch jene. Im Vorliegenden muß es bei einigen wenigen Andeutungen bleiben.

Nähere Ausführungen zur "N e u e n Politischen Theologie" habe ich in einer Preisarbeit der Reinhold-Schneider-Gesellschaft gemacht, die demnächst erscheinen wird. Sie stellt den Versuch dar, die "Neue-" der "Politischen Theologie" nicht nur antithetisch gegenüberzustellen, sondern jene dialektisch aus dieser zu entwickeln: aus der Reichstheologie - Reinhold Schneiders vor allem. Für das, was außerdem Desiderat ist, kann ich nur auf meine Habilitationsschrift "Abend-

land. Ein Politischer Kampfmythos" vorverweisen. Die Abendland-
Ideologie ist hier thematisch, d. h. der europäische Imperialismus
und die "Untergangs" -Mentalität der Konservativen Revolution in diesem Zusammenhang; aus ihr entspringt die rückwärts gewandte Utopie und deren Agressivität.

Die Kapitel III, 4 f-r stellen bereits eine Übernahme aus der
Habilitationsschrift dar; sie sind in der ursprünglichen Dissertation
nicht enthalten gewesen, die ansonsten - in allem wesentlichen - unverändert geblieben ist. Eine Präzisierung hier, eine Einschränkung
dort: die Berücksichtigung bisher entgangener oder neu erschienener
Literatur ist das, was die Redaktion, der Drucklegung wegen, gebracht
hat. Zu besonderem Dank bin ich in diesem Zusammenhang H. Cancik
verpflichtet, dessen kritische Hinweise auch noch der "Politischen
Idyllik" zugute kommen werden.

Wenn überhaupt von Dank die Rede ist, dann muß ich vor allem
J. Taubes nennen, der mir nach der Lektüre des - noch in Saarbrücken
entstandenen - ersten Kapitels empfahl, über die Abendland-Ideologie
zu arbeiten - mit der europäischen Vergil-Rezeption als Leitfaden.
Daß neben Vergil Carl Schmitt in den Mittelpunkt der Arbeit geriet,
auch das verdankt sie Taubes; dem Korreferenten C. Colpe wichtige
altertumswissenschaftliche Hinweise und K. Heinrich die wertvolle
Bestätigung der "Methode".

Ihre "Logik" möchte ich demnächst in einem Aufsatz "Über
wissenschaftliche Collage" eigens entwickeln. Hier bleibt nur noch zu
betonen, daß ich c u m ira et studio geforscht und geschrieben habe. Meine Arbeit versteht sich ausdrücklich als politische und entstand nicht zufällig während der Zeit, in der ich zum "kritischen Katholizismus" gehörte. Den Genossen und Freunden aus dieser Zeit gilt
mein herzlicher Dank.

Für materielle Unterstützung bin ich der "Studienstiftung des deutschen Volkes", der "Heinrich-Heine-Stiftung" und vor allem meinen Eltern verpflichtet, die viel Geduld mit meiner Arbeit hatten. Last not least danke ich H. Hommel und E. Zinn dafür, daß sie meine Arbeit dem Georg Olms Verlag empfohlen haben, und diesem für die Drucklegung.

Richard Faber

INHALTSVERZEICHNIS

EINLEITUNG ODER -

CARL SCHMITT, VORAUSSETZUNGEN UND FOLGEN

"Politique d'abord"

Ch. Maurras

"Verkündigung, griechisch "kerygma" und lateinisch "praedicatio" [+],
ist ein zentraler Begriff jeder christlichen Theologie, schon des Neuen
Testaments als Sammlung erster - völlig unsystematischer - Summen
solcher Theologie. An ihre Verkündigung wird deswegen zunächst gedacht werden, wenn man liest: "Die V e r k ü n d i g u n g Vergils", zumal der Untertitel lautet: "Zur Kritik der Politischen - T h e o l o g i e".
Aber es heißt: "Die Verkündigung V e r g i l s" - der kein Christ
war, wenn auch die katholische - allgemeine und "klassische" - Tradition ihn für d i e "anima naturaliter christiana" hält; sie rückt ihn
unter die Propheten und - eben damit - unter die "Kerygmatiker".
Unser Titel wäre also in ihrem Sinn, und - ironisch - s o l l er es
sein. Aber Verkündigung - "Propaganda" - ist gar keine "ursprünglich" und ausschließlich christliche Betätigung; als explizit oder implizit politische ist sie - eben p o l i t i s c h, auch wenn pagan oder
- neopagan. [++] Gerade d a n n ist sie Verkündigung im emphatischen,
nämlich ausschließlichen Sinne. Sie ist die e i n z i g e - "öffentliche"
- Verkündigung, d. h. die "r e p r ä s e n t a t i v e".

Die Verkündigung, die für uns thematisch ist, w a r eine solche -
als Vergil ihr Subjekt war, und - fast zwei Jahrtausende lang - als
er und seine "Botschaft" verkündigt wurde. "Die Botschaft des Vergil"
(O. B. ROEGELE) war die des römischen Imperialismus nach außen
und des großkapitalistischen Cäsarismus im Innern. Mit ihr begann die
"Abendland" - Ideologie, die zwar "christianisiert" wurde, doch nur
indem das Christentum romanisiert, d. h. "v e r g i l i s i e r t" wurde.

+ Zur Synonymität der Ausdrücke vgl. K. GOLDAMMER, der den
"existentialen" - von R. BULTMANN und seiner Schule - geprägten Begriff des "Kerygmas" als unhistorisch und als in Schrift
wie Tradition unbegründet erweist. (Der KERYGMA - Begriff in
der ältesten christlichen Literatur. Zur Frage neuer theologischer
Begriffsbildungen, in ZNW 48 (1957), S. 79 ff.).

++ Es handelt sich bei "kerygma", "keryssein" und "keryx" um Über-
tragungen aus der politischen und heidnischkultischen Sphäre auf
das Christentum (ed. , S. 86).

Und die Vergil'sche "Botschaft" konnte das Ziel der staats-kirchlichen Transformation der christlichen Apokalyptik - schon vor Konstantin - sein, da sie "Botschaft" war, d. h. von vornherein eine r e l i g i ö se, so wie das Imperium Romanum schon jeher ein "S a c r u m Imperium" war. Vergil kanonisierte es ausdrücklich. Was er - dichterisch - systematisierte, war eine "politische Religion" (E. VOEGELIN), und er ein "politischer Theologe" (C. SCHMITT), altertümlicher und "moderner" zugleich: ein sozialer M y t h o loge (G. SOREL) - in dem - euhemeristischen - Sinne, daß er b e w u ß t religiöse Mythen und nationale Legenden politisch funktionalisierte: "Ideologien" f a b r i z i e r t e. Das hinderte aber eben nicht, daß seine Botschaft künftigen Jahrhunderten als "Uroffenbarung" galt und Gegenstand einer sich als T h e o logie verstehenden Rezeption wurde. O b j e k t i v war sie vor allem anderen politisch, also I d e o logie. Auch die c h r i s t l i c h e Vergil-Rezeption war "politische Theologie" - die es zu kritisieren gilt.

"Die nachfolgenden Ausführungen gehören einem Gebiet an, das ein deutscher Staatsrechtler der Gegenwart, Carl SCHMITT, als politische Theologie bezeichnet hat".[1] Mit diesem Satz beginnt Erik PETERSONS "Hochland"-Aufsatz "Kaiser Augustus im Urteil des antiken Christentums. Ein Beitrag zur Geschichte der politischen Theologie" vom Juli 1933. Ob er ihn bewußt unterschlägt oder ob er ihm tatsächlich entgangen ist, SCHMITT erwähnt diese Arbeit in seiner als Auseinandersetzung mit Peterson angelegten "Politischen Theologie II. Die Legende von der (PETERSON'schen) Erledigung jeder Politischen Theologie" von 1970 noch nicht einmal. Umso erstaunlicher, da er hier bereits im ersten Satz genannt wird und nicht erst in der letzten Anmerkung wie im Aufsatz "Der Monotheismus als politisches Problem" von 1935, auf dem seine Auseinandersetzung mit Peterson fußt.

3

Diese Arbeit PETERSONS ist sicher ausführlicher als der viel kürzere Aufsatz von 1933, aber in ihm wird dafür das aktuelle Interesse der dogmengeschichtlichen Untersuchungen des katholischen Theologen ungleich deutlicher - w e i l der Name des "deutschen Staatsrechtlers der Gegenwart" eben sofort genannt wird. Und SCHMITT ist nicht irgendein Staatsrechtler, sondern der maßgebende und zwar d i e s e r - "nationalsozialistischen" - Gegenwart: wenn auch nur als Gegner seiner "häretischen Artung",[1] welcher "bloß... geistliche Widerstand" immer noch "ein Rad im Getriebe des totalen Staats" ist,[2] PETERSON befindet sich sofort nach der "Machtergreifung" im Gegensatz zum theologisierenden "politischen Denken"[1] - zentral zu dem Carl SCHMITTS[+], indirekt aber auch dem der mehr i n m i t t e n des (deutschen) Katholizismus stehenden (anderen) "Reichs-Visionäre", um den Titel von Klaus BREUNINGS Dissertation von 1969 zu paraphrasieren[++]. (Auch dieses Buch läßt SCHMITT unerwähnt, obwohl es sofort bei seinem Erscheinen ein beachtliches Echo fand). SCHMITT, "der letzte der 'politischen Theologen'",[3] lenkt deswegen 1970 - objektiv - nicht nur von seiner eigenen "Augustus - Theologie" ab, sondern von der inner-

---

[+]   Der Untertitel seiner "Politischen Theologie" von 1922, 2. Auflage 1934, lautet: "Vier Kapitel zur Lehre von der S o u v e r ä n i - t ä t".

[++]   Zur positiven Heranziehung Petersons durch BREUNING vgl. in: "Die Vision des Reiches" die Seiten 270/1, diesen Aufsatz betreffend, sowie vor allem pp. 300-14, bes. 303-5.

Wie mir Francesco COPPELLOTTI berichtet, ist Petersons k i r c h e n p o l i t i s c h e r Einfluß seit einigen Jahren besonders in Italien nachhaltig; zu nennen ist dabei vor allem der - innerkatholisch - progressive Kardinalerzbischof von Turin, Pellegrini, ein PETERSON - Schüler, und sein Kreis.

Daß man sich freilich auch in reaktionärer Absicht auf E. Peterson berufen kann, um die von C. SCHMITT 1970 so bezeichnete " N e u e Politische Theologie" zu erledigen, selbst die (links) liberale eines J. B. METZ', dazu vgl. den Sammelband

4

katholischen und i n s o f e r n anti-nazistischen Blickrichtung Petersons überhaupt [+], wenn er "Der Monotheismus als politisches Problem" (des vormals evangelischen Theologen) allein "aus der ("Säkularisations"-) Krisis der p r o t e s t a n t i s c h e n Theologie" (der
Jahre 1925-35) erklären will [4] - im Anschluß an die Dissertation seines (persönlichen) Schülers Robert HEPP "Politische Theologie -

---

des jetzigen bayerischen Kultusministers Hans MAIER "Kirche
und Gesellschaft" von 1972. Der Band ist u. a. E. Peterson
gewidmet.

+   Daß PETERSONS theologischer Gegensatz zu SCHMITT, von
seiner politologischen Abstinenz einmal abgesehen, nicht konsequent genug war, zeigen spätestens die Aufsätze des SCHMITT -
Schülers G. KRAUß (LANG) im "Deutschen Volkstum" von
1933/4, in denen eine zum nationalsozialistischen Staat analoge
Kirche gefordert wird, so wie sie einstmals analog war zu Urbs
und Imperium der Antike, auf welche (genetische) Analogie
PETERSON in seinem Aufsatz "Die Kirche" von 1929 a f f i r -
m a t i v aufmerksam gemacht hat (In: E.P., Theologische
Traktate, 1951, S. 242/3). KRAUß zitiert Peterson.

Bzgl. Schmitt müssen wir daraus schließen, das PETERSON
dessen Essay "Römischer Katholizismus und politische Form"
von 1923 nicht kritisch gegenüber steht. Ausdrücklich kritisiert
wird diese Arbeit jedenfalls von PETERSON nicht. Er nimmt
nur gegen Schmitt Stellung, insofern dieser ausdrücklich
re-analogisiert, d. h. die "politische Form" des Katholizismus
- seinen strukturellen Papalismus - zum Muster des "souveränen", tendenziell "totalen" Staats macht. Da PETERSON nur
diese Übertragung kritisiert, verkürzt er. Andernfalls müßte er
auch sich selbst kritisieren, d. h. die katholische Ekklesiologie:
PRZYWARAS rhetorische Frage, ob nicht "hinter den Faschismen ... ein säkularisierter Katholizismus " - als "a b s o l u t e r
Romanismus" - stecke, müßte Peterson auch zu antikatho-
lischen Konsequenzen führen. Nur diese wiederum ließen ihn den
Faschismus i n s g e s a m t ablehnen und nicht nur seinen mehr
oder weniger offenkundigen Cäsaropapismus oder gar generellen
"Paganismus" - dem er so, als von der K i r c h e geweihten,
sogar "apologetische" Zugeständnisse zu machen empfiehlt.
(Vgl. E. PETERSON, Die neueste Entwicklung der protestantischen Kirche in Deutschland, in: Hochland 31, I (1933/4),
S. 159/60).

theologische Politik. Studien zur Säkularisierung des Protestantismus im Weltkrieg und in der Weimarer Republik" von 1967[+].

Die katholischen "Reichs-Visionäre" - mehrere sind, neben nicht-katholischen Autoren, Gegenstand auch unserer Untersuchung - knüpfen affirmativ eben bei dem an, um dessen Destruktion es PETERSON geht, bei der "politische(n) Imperium- und Augustus-Theologie"[5] der Kirchenväter, des konstantinischen Hoftheologen Eusebius (und seiner mittelalterlichen Nachfolger) zumal. Schmitt - Eusebius redivivus[++] - gleichsam den Weg von seiner "Politischen Theologie" des Jahres 1922 zu der des Jahres 1970 weisend, schreibt PETERSON 1933 : "Politische Theologie ist nicht erst ein Erzeugnis der Neuzeit. Nicht de Maistre oder Donoso Cortés... sind die Schöpfer einer politischen Theologie gewesen", wie es in der "Politischen Theologie" I den Anschein hat, "nein, schon die christliche Antike, d.h. das im Imperium Romanum lebende Christentum hat das Bedürfnis nach einer politischen

---

+   SCHMITT referiert HEPPS These auf den Seiten 18/9 seiner "Politischen Theologie II". Dabei benutzt er die gedruckte Ausgabe zweier Kapitel der HEPP'schen Arbeit von 1968. Wir zitieren im Folgenden die maschinenschriftliche Gesamtfassung von 1967, die für unsere Arbeit weitere relevante Kapitel enthält. - Zur Person Hepps, inzwischen Prof. für Soziologie an der Universität des Saarlandes, vgl. A. MOHLERS Nachruf auf Hepps verstorbenen Bruder Marcel, den langjährigen Persönlichen Referenten F.J. Strauß', im "Deutschland-Magazin", Okt./Nov. 1970, S.28. Dort heißt es unter anderm wörtlich: "In dem Land zwischen Alb und Bodensee", Hepps Heimat, "ist die katholische Reichstradition bis heute lebendig geblieben. Sie hat auch... Hepp geprägt." (Über die von F.J. Strauß repräsentierten politischen Kräfte und ihr Verhältnis zum Faschismus vgl. das diesbezügliche "Gutachten" R. KÜHNLS, abgedruckt in : Blätter für deutsche und internationale Politik 5,72, S. 531 ff.).

++ In der "Politischen Theologie II" heißt es: "Die Einreihung in das Gefolge eines Eusebius ist für mich eine unverdiente Ehrung ..." (28).

6

Theologie empfunden".[1] Und PETERSON wendet sich ihrer kritischen Darstellung zu - eben an dem "Punkt ... wo sie gleichsam ihr Zentrum hat: an der Beurteilung des Augustus und seiner historischen Schöpfung ...".[1]

Dabei ist es aber nicht "radikal" genug; denn die politische Theologie der christlichen Antike war ihrerseits von der "Imperium- und Augustus - Theologie"[5] des "Heiden" Vergil präjudiziert [+], wie gerade der "c h r i s t l i c h e ... Virgil - Verehrer" Theodor HAECKER freudig hervorhob,[6] mit seinem "Vergil. Vater des Abendlandes" von 1930 einer der führenden "Reichstheologen" [++], und über 1945 hinaus [+++]. (Eben darin aber kein "Freund und Bewunderer" Peter -

---

[+]   Nicht anders als die der letzten großen altgläubigen Opponenten gegen die christliche Staatskirche vom Schlage eines Macrobius: "Ihre Theologie, w e n n es eine war, stammte aus dem Vergil." (J. EBERLE, Lateinische Nächte. Essays über die lateinische Welt, 1966, S. 173).

[++]   Vgl. zu diesem Begriff einen anderen von ihnen, Robert GROSCHE : "Reich, Staat und Kirche", in: Die Kirche im deutschen Aufbruch, 1934, S. 41, Fn. 2.

[+++] Noch 1963 schreibt der Geistliche Direktor beim Zentralkommitee der deutschen Katholiken und kurz darauf auch Beauftragte des Landes Nordrhein-Westfalen im Deutschen Bildungsrat, Bernhard HANSSLER, bis 1974 Rektor des - neben der "Anima" - prominentesten deutschen katholischen Instituts in Rom "Campo Santo Teutonico": "Das bleibende Vergilbuch hat nicht ein Humanist und nicht ein Philologe geschrieben, sondern ein Christ, und nur Theodor HAECKER konnte es schreiben ..." (Christliches Spektrum, S. 181). Der führende deutsche Vergil-Philologe, Friedrich KLINGNER, stimmt dem mehr oder weniger zu, indem er HAECKERS Buch zusammen mit nur ganz wenigen anderen am Ende seiner "Vergil" -Summe von 1967 eigens aufführt.

Wie kaum in einem anderen Fall trifft bei Haecker HABERMAS' Wort von den "literarischen Erfolgen" zu, die in "Westdeutschland ... posthum die zerborstende Revolution von rechts über die von links" feiert(e). (Theorie und Praxis, 1967, S. 338). Dem Autor der "Revolution von Rechts" (1931) und Soziologen der SCHMITT - Schule, Hans FREYER, erscheint Vergils "Gott"

SONS [6] mehr). Er fand die richtige Fährte hinter Origines, den Lehrer des Eusebius zurück, bei dem PETERSON "erst... die Anfänge einer wirklichen politischen Theologie sichtbar" werden.[7] Ebenso, freilich sympathetisch, dem von Schmitt hochgeschätzten Soziologen Hans FREYER [+] in seiner "Weltgeschichte Europas": "Auch die Christen glauben an Rom und sagen es laut von Origines an; es ist, als ob sie vorauswüßten, daß Konstantin den großen Pakt schließen wird und daß sie Rom erben werden".[8] - " A u c h die Christen" - FREYER schreibt diese Worte im - der V e r g i l i s c h e n "Theologie der Pax Augusta"[9] gewidmeten - Kapitel.

Nachdem die Christen Rom b e erbt haben, d. h. ihren Glauben und ihre Kirche romanisiert, werden sie - über solche Rom-Theologie hinaus - Vergil selbst zu "christianisieren" versuchen. Unter dem Vorangang Konstantins, der die vierte Ekloge als Prophetie auf Christus interpretiert: "Iam n o v a p r o g e n i e s c a e l o demittitur alto". - Noch Haecker ist dadurch präjudiziert,[10] aber bereits zu einem Zeitpunkt, da die Reichstheologie des Origines und seiner Schüler längst der affirmativen Religionskritik "antik - m o d e r n e r Staatsvernunft"[11] unterzogen worden ist. SCHMITT führt diese Repaganisierung nur zum konsequenten Ende, wenn er - mit einem anderen Vers der vierten Ek-

---

Augustus noch 1955 als "Typus des konservativen Revolutionärs". (Theorie des gegenwärtigen Zeitalters, S. 240). Damit zeigt FREYER, daß es ihm auch jetzt nicht nur um "l i t e r a r i s c h e Erfolge" geht. Bevor sie Kulturrevolution ist, ist die "Revolution von rechts" Re-volution des totalen Staates: Augustus ist Gott und Vergil ("nur") sein Prophet.

[+]   Vgl. C. SCHMITT, Die andere Hegel-Linie. Hans F r e y e r zum 70. Geburtstag, in: Christ und Welt 10, Nr. 30 (25.7.57), S. 2. - D i e s e "Linie" ist die des "k o n s e r v a t i v e n Revolutionärs" G. W. Fr. Hegel". (R. HEPP, ed., S. 38), die des "R e g i e - r u n g s p h i l o s o p h e n" G. W. Fr. Hegel, um C. SCHMITT nochmals selbst zu zitieren (Über die drei Arten des rechtswissenschaftlichen Denkens, 1934, S. 47).

loge - die "neue Ordnung" des (dritten) "Reichs" verkündet [12]. Seit
1930 ist sie unter seiner ständigen juristischen "Begleitung" [+] auf dem
Weg: als Transformation des Weimarer Parlamentarismus in den
(Aachen-) "Potsdamer" [++] Caesarismus - seit jenem Jahr der "Weltwirtschaftskrise", in dem HAECKERS "Vergil" erschien, dessen
2000. Geburtsjahr.

Die "Konservative" K u l t u r - "Revolution" wurde bereits drei
Jahre früher von HOFMANNSTHAL ausdrücklich proklamiert. [+++] In

---

+   Ausführlich hierzu: H. MUTH, Carl Schmitt in der deutschen
     Innenpolitik des Sommers 1932. Beiheft 1, Beiträge zur Ge-
     schichte der Weimarer Republik, HZ 1971.

++   Sowohl von Seiten der katholischen Reichstheologie als einem spe-
     zifisch preußischen Nationalsozialismus wurde in den 30-er Jah-
     ren ein Gegensatz zwischen Aachen und Potsdam konstruiert und
     dem, wofür die Städte standen. Das Kapitel "Vergil und die Deut-
     schen" in HAECKERS "Vater des Abendlandes" schließt mit den
     Worten: "Aachen ist für das Fatum der Deutschen mehr als Wei-
     mar und Potsdam. Hier senken sich Wurzeln in realen, nicht er-
     dichteten, in heiligen, in irdischen u n d ewigen Boden."
     (Werke 5, S. 129). Umgekehrt schreibt O. WESTPHAL in sei-
     nem nationalsozialistischen "Reich": "Aachen wurde ... zur poli-
     tischen Kultstätte des Ersten Reiches etwa in dem Sinne, wie es
     Potsdam durch den Staatsakt von 1933 für das dritte Reich ge-
     worden ist." (1941, S. 238). HAECKER w i e WESTPHAL
     sind in Anbetracht der weiteren Entwicklung des Nationalsozialis-
     mus anachronistisch. Über die "großdeutsche" Variante von unge-
     fähr 1938-40 entwickelte sich die nationalsozialistische Reichs-
     konzeption immer deutlicher zu einem - am Mittelalter orien-
     tierten, aber rassistisch-paganen - "Reich" überhaupt. Ein Ergeb-
     nis, das der SCHMITT-Schüler STEDING antizipiert hatte:
     "Im Zeitalter der Naturwissenschaften realisiert sich der Beruf
     der Deutschen zum Reich... unter der Parole von der Auserwählt-
     heit der germanischen Rasse." (Das Reich..., 1938, S. 573).

+++ Vgl. H. v. HOFMANNSTHAL, Prosa IV (1955) S. 390 ff. und zu
     Hofmannsthals Wirkung - bis hin zu von Papen - A. MOH-
     LER, Die konservative Revolution ..., [2]1972, S. 191.

ihrem Zuge eine breite Vergil -Renaissance einzuleiten, dazu war vielen ihrer Anhänger des "Duo-Millenium" der willkommene Anlaß. Der "Prophet"[13] des Augustus wurde als (Kirchen-) Vater dieser "Revolution" kanonisiert, was logisch ist, wenn Vergils "Gott"[13]- Kaiser als "Typus des konservativen Revolutionärs"[14] erscheint. So Hans FREYER. Und Carl SCHMITT gibt das spezifisch Religionspolitische der "Augusteischen Restauration" an, wenn er - hinter "PETERSONS" Eusebius (und "HAECKERS"Vergil) zurück - auf die politische Theologie der "Urbs" überhaupt rekurriert, wie sie Varro am Ende der Republik systematisierte: "Diese politische Theologie ... gehört zur politischen Identität und Kontinuität eines Volkes, dem die Religion der Väter, die gesetzlichen Feiertage und das 'deum colere kata ta nomima' wesentlich ist, um Erbe, legitime Sukzession und sich selbst zu identifizieren".[15] Solche Identifikation - in Form eines plebiszitären Cäsarismus - erneut zu leisten, auch nachdem das (religiöse) "Erbe" verschlissen und der Legitimismus tot war, d a s versuchte theoretisch SCHMITTS eigene Politische Theologie, spätestens dann, als sie sich, im Anschluß an einen reaktionär interpretierten Georges Sorel, in Mythologie transformierte, d. h. schon vor dem "Leviathan" von 1938, ja vor der eindeutig nationalsozialistischen Phase überhaupt: SCHMITT hatte erkannt, daß im 20. Jahrhundert auf dem Boden des Christentums keine Identität von Religion und Politik mehr herzustellen war - wenn je überhaupt.

Mit dem Rekurs auf Varro, wie mit dem Vergil-Zitat, sprach SCHMITT - Restaurateur einer Restauration - die "fundamentale Parallele" an[16] : zwischen dem römischen Bürgerkriegs - Caesarismus und dem des gegenwärtigen " W e l t -bürgerkriegs"; dabei legte er den Akzent eben auf die große Re-volution in religionibus: daß jetzt eine (Staats- und Reichs-)Mythologie das "Neue" war und ihrerseits die christliche Theologie in Frage stellte: SCHMITT fragte, ob das christliche Saeculum zu Ende wäre, das in jener "ère actiaque" (PROUDHON

mit der augusteischen Restauration und g e g e n sie, entstanden war. -
Sofern sich das Christentum nicht selbst in (eusebianischen) C a e -
s a r o papismus transformierte, h a t t e seine Zeit um zu sein. In
jeder anderen Form war es Realtyp von (Augustin'schem) Dualismus
und sich daraus weiterentwickelndem Pluralismus, war es Feind des
"totalen Staates", auf dessen Restitution als "Bollwerk gegen die reli-
giös-sozialen Revolutionen der Gesellschaft" [17] alles ankam. -
SCHMITT sagt-(e) N e i n zu Augustinus - auf den sich gerade auch
PETERSON berief -, konsequenterweise J a zu Eusebius (sofern mit
dem Christentum überhaupt noch zu rechnen war) - und zitierte (Var-
ro-)Vergil, als d e n (Positiv-)"Parallelen": "Ab i n t e g r o nascitur ordo".

Mit ausdrücklichem Bezug auf SCHMITTS Aufsatz "Das Zeitalter
der Neutralisierungen", der mit diesem Vergil-Vers endet, schreibt
R. HEPP ex eventu : Es gelang "dem Dritten Reich..., die epochale
Unterscheidung von Kirche und Staat zu überwinden..." [18] und damit
"das Zeitalter der Neutralisierungen und Entpolitisierungen zu beenden,
"das mit dem Investitur-Streit begonnen hatte...". [19] Mehr r e i c h s -
theologisch hieß es bereits in der mittelalterlichen Universalgeschichte
des führenden NS-Historikers Otto WESTPHAL von 1941, daß "das
Reich mehr als Staat und mehr als Kirche ist". [20] +. Dies die "innen-
politische Seite des Reichs-Mythos. "Außenpolitisch" formulierte
WESTPHAL : "Noch heute verbinden wir mit dem Reich die Vorstellung
von etwas über die bloße Herrschaft, das bloße Königtum, den bloßen
Staat Erhöhtem. Es gibt viele Herrschaften, viele Staaten, aber - wie
auch die Engländer und Franzosen zugeben - nur Ein Reich. Darin

---

+ Nach 1945 versucht WESTPHAL eine "S e l b s t kritik des Nationalsozialismus", die 1953 posthum als "Weltgeschichte der Neuzeit" erscheint. Ihr ist HEPPS Dissertation, neben den Arbeiten
SCHMITTS, ausdrücklich verpflichtet.

klingt noch die Erinnerung an das Reich als Weltreich, als Weltherrschaft oder doch als höchste Herrschaft in der Welt nach".[21] Das
heißt, auch die SCHMITT-sche Konzeption des völkerrechtlichen
"Großraums mit Interventionsverbot für raumfremde Mächte", der sich
WESTPHAL im übrigen anschließt, bleibt nicht frei von Weltherrschafts-
tendenzen. Pragmatisch: Wer sollte die Reichs g r e n z e n bestimmen?

Auch SCHMITTS Großraum heißt "Reich", und wie bei WESTPHAL
im Bewußtsein, "daß das Reich uns ... aus der Ferne zugekommen ist".[22]
Beide berufen sich auf den Ursprung im Imperium Romanum. SCHMITTS
Aufsatz "Der Reichsbegriff im Völkerrecht" von 1939 schließt mit den
Worten: "Die Tat des Führers hat dem Gedanken unseres Reiches politische Wirklichkeit, geschichtliche Wahrheit und eine große völkerrechtliche Zukunft verliehen. - 'Ab integro nascitur ordo'".[23]

I. "IMPERIUM- UND AUGUSTUS - THEOLOGIE"
der Antike und des Mittelalters

"Quod in caelis sol, hoc in terris Caesar est."

Inschrift des "Triumphzugs"
Kaiser Maximilians I.

1. Römische Heilsgeschichte

Der "Schmittsche" Vergil-Vers heißt im Zusammenhang und wörtlich: "Schon ist das letzte Zeitalter angebrochen ...; der große Ablauf (ordo) der Zeiten (saeclorum) gebiert sich ganz von Neuem. Schon kehrt auch die Jungfrau wieder, kehrt wieder die Herrschaft Saturns, schon steigt ein neues Geschlecht vom hohen Himmel hernieder. Du keusche Lucina sei gnädig dem eben geborenen Knäblein, mit dessen Erscheinen sogleich das eiserne aufhören wird und auf der ganzen Welt erstehen wird ein goldenes Geschlecht: schon herrscht dein Bruder Apollo." - "Jener (Knabe) wird göttliche Existenz annehmen und wird schauen, wie Halbgötter sich unter die Götter mischen und wird selbst ihnen (in gleicher Verbindung) erscheinen, und er wird den durch die Mannestugenden der Väter befriedeten Erdkreis regieren." Ist er doch ein "teurer Göttersproß" und "Jupiters großer Sohn". [1] Deshalb fällt ihm "die Aufgabe zu, die Zeit zu regenerieren", so wie in den orientalischen Großreichen dem Herrscher, der ebenfalls "als Sohn und Stellvertreter Gottes auf Erden" [2] angesehen wurde.

a)   Mythos vom Gottkönig

E. NORDEN glaubt, in den Versen: "Er wird göttliche Existenz annehmen" - Er "wird schauen, wie Halbgötter sich unter die Götter mischen und wird selbst ihnen (in gleicher Verbindung) erscheinen" - "Er wird den ... Erdkreis regieren", zwar gedrängte, aber deutliche "Inhaltsangaben der drei Akte" zu erkennen, "in denen sich ein ägyptisches Königsdrama seit ältester Zeit abspielte ..." [3]: 1. in der Überreichung des Henkelkreuzes, d.h. des "Lebenszeichens", [4] 2. in der Vorstellung des neuen Gottkönigs den Göttern [+] durch Va-

---

[+]   Der "Götterneunheit" (von Karnak) speziell; Nordens Ausdruck "die Himmlischen" ist mißverständlich.

14

ter Amon, [5]   3. in der Übergabe der Herrschaft über Ober- und Unterägypten (woraus unter den Ptolemäern die Weltherrschaft wird). [6] - Und "hinter dem Königsdrama" kann man nochmals "das Götter - drama" vermuten: Jenes war "eine Wiederholung dessen, das sich im Mythos bei der Investitur des Horus abgespielt hatte." [7] - Jeder ägyptische König ist wieder Horus und so die Frucht einer heiligen Hochzeit, in der sich seine Mutter als Isis und der herrschende König, jetzt als Amon (Osiris), verbanden. Nach einem Theologumenon, das "bis in die 5. Dynastie (Mitte des 4. Jahrtausends)" hinaufreicht, [+] verheißt der Gott, der sich hier selbst - in der Gestalt des Königs - mit dessen sterblicher Frau vereinigt, beim Abschied, daß ihr Knabe "die Erde mit seinen Wohltaten beglücken wird. " Wie Horus "der regierende König der Vorzeit war, Segensspender und Wohltäter des Landes, so wird es jetzt der neue Herrscher sein": "Horus ist in ihm wiedergeboren. " [8] - Aber noch einmal, er wird i m - m e r wiedergeboren und mit j e d e r Geburt kehrt auch die goldene Vorzeit wieder. Es handelt sich also um eine ständige Regeneration, nach dem Muster der Natur und ihres Sonnenjahres, dessen Herr der Sonnengott Amon ist, - bei Vergil dagegen um einen Neuanfang nach einer langen Zeit der Gottesferne [++], des Unrechts und Unfriedens, mit einem "neuen" Wort : um "Erlösung".

[+]   Dieses hohe Alter ist in der Ägyptologie nicht unbestritten, Einigkeit aber besteht darüber, daß das Theologumenon wenigstens bis ins Neue Reich, d. h. genau : die 18. Dynastie hinaufreich. Ausführlich hierzu: H. BRUNNER, Die Geburt des Gottkönigs. Studien zur Überlieferung eines altägyptischen Mythos, 1964, S. 194 ff.

[++]   In ihr musste "die gottlose Welt eine ewige Nacht ... fürchten", um Vergils Georgica zu zitieren (1, 468).

b) Messianismus

Diese Erlösung wird verheißen und liegt also in der Zukunft, zugleich aber ist auch sie Wiedergeburt des Anfänglichen. Darin liegt das Problem. [9] - Um Vergils Zweideutigkeit, die es zu klären gilt, recht verständlich zu machen, sei gegen das eine Extrem des ägyptischen Königsdramas das andere des jüdisch-christlichen Messianismus gestellt: Sicher ist auch hier Erscheinen und Leben des Messias selber eschatologisch und "die Heraufführung des Reiches" sein Werk. Zum "e i s e r n e n Bestand der eschatologischen Hoffnungen Israels" gehört aber seine "Gestalt" noch nicht einmal, da er in den "meisten Zukunftsschilderungen der älteren Zeit überhaupt nicht erwähnt wird." [10] Und auch der "historische Jesus" fühlt sich nicht als der Gründer des Reiches, "sondern er steht" - wie die Propheten und Apokalyptiker vor ihm - "voller Spannung in dessen Erwartung", [11] weswegen ihm "das Reich und nur das Reich allein von ausschlaggebender Wichtigkeit ist" [12] : "Tut Buße, denn das Himmelreich ist n a h e herbeigekommen." [12a] (Freilich, durch seine eigene Ankunft ist "das Kommen des Reiches dermaßen ins Rollen gekommen, daß es nicht mehr aufgehalten werden kann." [13] Ja, es besteht kein Zweifel, dass schon für seine ersten Anhänger der Übergang vom "einfachen Propheten" zum "prophetischen Heils b r i n g e r" fliessend ist. [13a] Als genau so sicher erscheint es jedoch, dass er - zu Lebzeiten - das Reich nur "vertritt" und es nicht "als ein höheres Wirkliches" [14] setzt. Auch sich selbst hypostasiert er nicht [+] ; Jesus gibt denen, die ihm nachfolgen wollen, ein Angeld, aber nicht mehr: "Talente", u m damit zu wuchern.)

[+] Er ist "n i c h t Messias praesens" (E. GRÄSSER, Das Problem der Parusieverzögerung in den synoptischen Evangelien und in der Apostelgeschichte, [2]1960, S. 59, Fn. 2).

16

Auch Jesus geht es um eine Aufhebung der Geschichte. Doch für ihn wird sie nicht durch das Mittel "eines p e r i o d i s c h wiederholten Ritus" vernichtet, "sondern sie wird in der Z u k u n f t vernichtet. Die periodische Regeneration ... wird ersetzt durch eine einzig ... (- endgültige) Regeneration, die in einem künftigen 'illud tempus' stattfinden wird. " [15]   Ja, Jesus bleibt nicht dabei stehen, "in der Wiederherstellung des Idealzustandes der Vorzeit zum Zwekke der Herbeiführung der Gottesherrschaft sein Ziel zu sehen, sondern" empfindet "sich ... als Bringer einer neuen, Moses' Gesetz ü b e r b i e t e n d e n Lehre." [15a] + (Moses' "Exodus" versteht sich noch ausdrücklich als Rückkehr.)

c)   "Kykliches Denken"

Keine Frage ist, daß auch in der 4. Ekloge eine f u n d a m e n t a l e [++] Wende erwartet wird, was danach kommt - inhaltlich - mit all den Topoi, wie sie sich bei den jüdischen Propheten (und Apokalyptikern) finden. [16]   Und diese letzten Dinge ("ultima ... aetas"), dieses neue Zeitalter ("novum saeculum") erscheinen, wie der Apokalyptik, als ganz nahe bevorstehend: parallel zu Mk. 1, 15 und Gal. 4, 4 findet sich das Bewußtsein eines großen weltgeschichtlichen Kairos: "... schon ist die Zeit erfüllt" (v. 4). - Dennoch kann H. HOM-

---

+   "Schon" Jesus ist ein "politischer Christologe" im Sinne
      C. SCHMITTS, d. h. ein "Stasio-loge"; vgl. II, 9 g.

++   "... die tägliche oder jährliche Erneuerung (reicht) nicht mehr
      aus ... Die altgewordene Welt bedarf einer d u r c h g r e i f e n -
      d e n Erneuerung; die Hoffnung auf ein neues Weltenjahr, einen
      neuen Aion, d. h. die konservative Utopie entsteht. Insofern
      aber dieser neue Aion nur Erneuerung der alten, nur Wieder-
      kehr der goldenen Zeit ist, und diese Erneuerung als beliebig oft
      wiederholbar gedacht wird, wird mit dieser Utopie der Bereich
      konservativen Erlebens und Denkens ... nicht überschritten ... "
      (J. KREFT, Die Entstehung der dialektischen Geschichtsmeta-
      physik aus den Gestalten des utopischen Bewußtseins bei Novalis,
      in: DVjs., Jg. 39, S. 217).

MEL mit Recht fragen, "ob Vergils Glaube mit jüdisch-christlichem Messianismus überhaupt verglichen werden kann. " [17] Die Verneinung der Frage wird vom "kyklichen Denken" [18] der 4. Ekloge gefordert, und an ihm kann es, unbeschadet dessen, was gerade eingeräumt wurde, keinen Zweifel geben: Das "letzte Zeitalter" ist gar nicht das neue und goldene, sondern das "eiserne", also absolut schlechteste. Deswegen aber ist das goldene das erste in einem "großen Ablauf (ordo) der Zeiten" und damit nur eines unter anderen folgenden, wenn auch - als ursprüngliches [+] - das wertvollste und glänzendste. - Nicht einfach das goldene Zeitalter kehrt wieder, sondern wiederkehrt "der große Ablauf der Zeiten (saeclorum)" im ganzen, mit allen Höhen u n d Tiefen. [++]

Ungeachtet dessen verbinden sich mit den kosmischen Hoffnungen geschichtlich-politische: Endlich möge der Bürgerkrieg enden, der "Erdkreis" "befriedet" werden und das Recht wieder seine Geltung erlangen. [+++] - Vergil konkretisiert und historisiert; die Übergangsstelle vom ganz und gar Veralteten zum Ursprünglich-Neuen kann er auf den Tag genau angeben: Wenn Pollio Konsul ist, dann wird in und mit dem "Knäblein" tatsächlich und wahrhaftig das "Aevum" (der "Äon") geboren, und mit einem neuen goldenen Zeit-

---

+ "Ist, wenn es das erstemal ist , die Ewigkeit nicht näher? Denn wenn diese auch mit keiner Zeit verglichen werden kann, sie kann es doch immer noch besser mit dem 'ersten' Male ... " (Th. HAECKER, Werke 5, S. 56/7).

++ Im Gegensatz zu R. BULTMANN, Geschichte und Eschatologie (Tübingen 1958) muß festgehalten werden, daß die Heilszeit der 4. Ekloge n i c h t "definitiv" (S. 28) ist.

+++ Hoffnungen freilich, die bezahlt sein wollen: bevor "gekräftigtes (Jugend-)Alter" das Kind zum Mann gemacht hat" (37/8), "wird noch einmal ein Typhys erstehen, und noch einmal ein Argonautenschiff ...; auch Kriege werden noch einmal sein, und noch einmal wird gen Troja gesandt werden ein gewaltiger Achill" (35/6).

alter beginnt "der große Ablauf der Zeiten" wieder. Vergil steht in einer Weltstunde, wo über Jahrhunderte entschieden wird, ja schon entschieden ist! - Danach stimmt sicher B. SNELLS Urteil, daß "nie vor Vergil ... in der griechischen oder römischen Dichtung dieses Wunschbild (der goldenen Zeit) so direkt mit der geschichtlichen Wirklichkeit verknüpft ..." [19] wurde, aber genauso stimmt KERENYIS, daß es sich bei Vergils Gedicht um eine "Stellungnahme ... gegen die Geschichte, für das Ewig-Ungeschichtliche" [20] handelt. Das gleiche läßt sich auch von der Apokalyptik sagen, hier aber, weil der kommende Äon - es gibt im ganzen nur zwei Äonen, "diese" und "jene" Welt - ewig bleibt, weshalb man KERENYIS Urteil - in d i e s e r Anwendung - auch schon wieder einschränken muß: Erst mit dem Kommen des zweiten Äons beginnt "das Ewig-Ungeschichtliche", und die "Stellungnahme ... gegen die Geschichte" gründet in nichts Gegenwärtigem, sondern einem Zukünftigen, das die Geschichte s e l b e r erst noch aufheben muß. Ganz anders bei Vergil: Das goldene Alter, das so ganz mit apokalyptischen Farben gemalt wird, bleibt unbeschadet dessen nicht immer an der "Zeit". KERENYI sieht den Grund - Vergils Ideologie unterstützend - im "Archetypischen ... Hängen der menschlichen Natur an der Periodizität der großen Natur, an der Wiederkehr der Tages- und Jahreszeiten, des Lichtes nach den Dunkelheiten, der beglückenden Sonnenzeiten nach dem betrübenden Allzuwenig oder dem tötenden Allzuviel, an einem ewigen Kreislauf", [21] der als metaphysischer schon das menschliche "Hängen" an ihm präjudiziert: Das Ewige des Seins "ist" für Vergil (wie für KERENYI) der Kreislauf selber, nicht "aetas aurea", sondern "ordo saeclorum".

d)   "Konservative Utopie"

Deswegen k a n n seine 4. Ekloge nicht revolutionär sein. Denn was die Revolution geschichtsphilosophisch konstituiert, das Tempus der Zukunft und die Kategorie des Novum, bestimmen sie nur scheinbar; ihr Titel lautet "Saeculi novi interpretatio", [23] aber "Das Neue wird vorgestellt als Er-neuerung, als Wiederbringung des Verlore- nen, als Entsprechung zum guten Anfang" [24]: "ta eschata hos ta prota". [25] - 35 mal zählt E. NORDEN Futurformen, aber die Zu- kunft ist jedesmal einfach die Wiederkehr der glücklichen Urzeit: "wiederkehrt die Jungfrau, ... wieder die Herrschaft Saturns" und die Apollos. - Norden glaubt Vergils "nova progenes" und Pauli "kaine ktisis" (II Kor. 5, 17) gleichsetzen zu können: "Um zu sa- gen, was in ... (der "Auferweckung vom Kreuzestod") geschehen sei, greift Paulus über alle Geschichte hinaus, nennt ... (sie) Schöpfung aus dem Nichts und spricht von neuer Schöpfung ...". [26] Sagt Vergil mit seiner Formel "nasci ab integro" das gleiche? Nein, denn der "ordo saeclorum" beginnt zwar neu, er selber aber ist nicht neu. Und das goldene, unversehrte Alter verspricht zwar ei- ne vorläufige Zukunft, aber keine endgültige. "Das Alte ist" nicht, wie für Paulus (II Kor. 5, 17) ein für allemal "vergangen" und des- halb ist nicht wirklich "Neues ... geworden." "Resurectio (aber) ist keine Restauration, sondern eine promissio, hat keine Anamnesis, sondern ist Antizipation." [27]

e)   Fatalismus

Noch einmal, die 4. Ekloge sprengt den antiken Zyklus nicht; sie stellt keine Revolution des geschichtlichen und praktischen Denkens dar, was aber   H. ARENDT behauptet, wenn sie schreibt: "In der 4. Ekloge ... findet sich eine Lösung der Anfangsproblematik, die ... erst die Revolutionen der Neuzeit wieder auf die Tagesordnung der großen philosophischen Fragen setzten ...". [28] - Dagegen spricht vor allem auch, daß all jene Ankündigungen, auf die sich NORDEN,

20

ARENDT u. a. beziehen, den Parzen in den Mund gelegt werden:
"Solche Zeitläufte, so sprachen zu ihren Spindeln einträchtig in be-
ständigem S c h i c k s a l s walten die Parzen, bringet eilend herbei!"
(v. 46/7). Daß Wiederkehr ist und das, was wiederkehrt, bestimmt
das Schicksal, um zu "entmythologisieren" : beides bestimmt ein
"metaphysisches" Weltgesetz. (Wo sollte da aufständische Menschen-
freiheit ihren Platz haben?).

Auch hier kann der jüdische Messianismus kontrastieren. Für
ihn "ist das Verhängte oder Schicksal in nichts mehr tyrannisch zum
Menschen, wie bei der Moira und ... beim Astralmythos. Sondern
das Schicksal kann durchaus gewendet werden: vor allem Jesajas
lehrt es als von der menschlichen M o r a l und ihrem E n t s c h l u ß
abhängig. Das ist der aktive Gegensatz zum griechisch ... (-römisch)
en Seher ...: Schicksal in der Bibel steht auf der Waage, und das
endgültig entscheidende Gewicht ist der Mensch selbst. Gewiß, nicht
bei allen Propheten und auch bei Jesajas nicht überall gilt das
Schicksal als moralisch wendbar. Zuweilen gilt auch hier das kommende Unheil als Definitives ... Aber das unerbittliche Schicksal, das
bei den ("klassischen") Griechen (und Römern [+]) Regel war, ist in
der Bibel Ausnahme; gerade der erste Schritt, nämlich der zur moralischen Umkehr, d r e h t d a s V e r h ä n g n i s um." - Die Bedingung, von der das Schicksal abhängt, "ist doppelt gesetzt. Einmal
in der menschlichen Freiheit, deren Kraft ... als Gegensatz zum
Schicksal auftritt. Sodann aber wirft sich diese Freiheit in den offenen Raum, der dem Glauben an einen Zeitgott entspricht, an einen
Gott mit der Richtung: 'Ich werde sein, der sich sein werde. ' Da
sieht auch das Schicksal nicht entfernt so statisch drein wie die

---

[+]   "Unabwendbar", "ineluctabile" heisst das Schicksal Äneis
      8, 334 .

Moira ..." [29] oder das Fatum. (Gerade an dieser Stelle muss freilich auf den Unterschied zwischen Prophetie und Apokalypse geachtet
werden. Für letztere ist - ihrem Selbstverständnis nach - "das Kommen des Endes ... nicht an eine von den Menschen zu erfüllende Bedingung gebunden wie im Alten Testament." Es ist vielmehr "durch
göttliche Determination gesetzt." [29a] Und im Gegensatz zu Bultmann, wie Bloch muß darüber hinaus betont werden, dass das, was
für die Prophetie gilt, nicht für das "Alte Testament" zutrifft. Pred.
3, 14 z. B. ist ein geballtes Stück konservativer Schöpfungstheologie
und Jahwe überhaupt gar nicht selten ein Despot oder - "Pharao",
wie BLOCH selbst gerne sagt.)

f) "Enttäuschungserlebnis"

Der Gegensatz ist deutlich, aber, warum auch immer, sowohl die
Feststellungen der "Seher" wie die Verheißungen der Propheten stellen sich nicht immer als "wahrheitsgemäß" heraus. Hier wie dort
gibt es ein "Enttäuschungserlebnis". [30] + Was mit Vergil vor sich
ging, als man, schon vor der Entscheidung von Actium, erkennen
mußte, daß die Politik Pollios, die ja in der 4. Ekloge in einen en-
gen Zusammenhang mit dem ankommenden Zeitalter des Knäbleins
gebracht wird, ein Fehlschlag war: der Friede von Brundisium nur
ein Waffenstillstand -, wissen wir nicht. Sicher ist nur, Vergil hat
an seiner Ekloge nichts geändert. Sah er die Vorahnung einer Wende
in der weitertragenden und erfolgreicheren Politik des Augustus bestätigt? Alles deutet darauf hin, und spätere Kommentatoren wollen
- unseres Erachtens absurd - schon in jenem Knäblein Augustus er-

---

+ Problematisch ist es vor allem für das frühe Christentum gewesen; die Parusieverzögerung strafte offensichtlich "Jesu"
   Wort Mt. 16, 28 Lügen: Rationalisierungen konnten nicht ausbleiben; vgl. I, 4 c-g .

kennen. - Doch dann erhebt sich als nächste Frage, ob nicht Vergil das nur konnte, indem er entweder kräftige Abstriche machte oder der - wie auch immer "positiven" Herrschaft des Augustus ein mythisches Gewand wob, das sie zugleich verhüllte wie verklärte.

Auch die jüdisch-christliche "Reichserwartung (ist) nicht nur die Geschichte einer Sehnsucht und einer Enttäuschung ... sondern die ... Geschichte von der immer erneuten Überwindung einer Enttäuschung." [31] [+] Aber einer Überwindung, die sich gerade nicht in der Art Vergils vollzieht, indem einem höchst Vorläufigen und Behelfsmäßigen, wie es das nur - cäsaristisch und das heißt k o n t e r revolutionär - umgestaltete Rom des Augustus war, der ewige Siegeskranz verliehen wird. (Wo es doch geschieht, sei es gegenüber dem kaiserlichen - oder dem päpstlichen Rom, befindet man sich freilich in den Fußstapfen Vergils, und man weiß dies auch immer wieder.)

g)   Rom - Mythologie

Auf dem Weg von der 4. Ekloge zur Äneis wurde aus Vergils Votum für eine nachgeschichtliche und deswegen unvergleichliche Zeit eines für die Zeit höchster staatlicher Macht nach innen wie außen [++].

[+]   Spät und extrem notiert sich F. KAFKA : "Es ist keine Widerlegung der Vorahnung einer endgültigen Befreiung, wenn am nächsten Tag die Gefangenschaft noch unverändert bleibt oder gar sich verschärft oder, selbst wenn ausdrücklich erklärt wird, daß sie niemals aufhören soll. Alles das kann vielmehr notwendige Voraussetzung der Befreiung sein." (Tagebücher, herausgeben von Max Brod, Reutlingen, 1967, S. 389 = 9. Januar 1920).

[++]   Mit Sicherheit kann man annehmen, daß Vergil zumindest j e t z t gegen eine Verbrennung der prophetischen Bücher, wie sie Augustus 12. n. Chr. anordnete (K. KERENYI, Das persische Millenium im Mahabharata, bei der Sibylle und Vergil, in: Klio 29, 1936, S. 10), nichts einzuwenden gehabt hätte.

Historisiert die Ekloge einen Mythos der Welterneuerung, dann my-
thologisiert die Äneis eine Staatsgeschichte. Mit einem Wort STAUF-
FENBERGS, jetzt "verewigt" Vergil R o m. Das kann aber in der
Antike eben nur eines bedeuten: seine "Erhebung ... auf die höhere
Ebene einer mythischen Wirklichkeit." [32] Und das ist eine p o l i t i -
s c h e Tat : "... erst nach der Veröffentlichung der Äneis wurde
Rom die 'urbs aeterna' genannt und Augustus als zweiter Gründer
der Stadt (nach Romulus) proklamiert." [33] Er hat den Bürgerkrieg
beendet und urbi et orbi den Frieden gegeben (der jetzt allzu schnell
mit dem des goldenen Alters in eins gesetzt wird). Damit ist nicht nur
eine Identifikation des Augustus mit dem Knäblein vorbereitet, sondern vor allem seiner staatlichen Leistung doch wieder eine kosmische
Überhöhung ermöglicht. Die Neugründung Roms kann in Analogie zu
der des Kosmos verstanden werden, also in Analogie zum "nasci ab
integro" der Ekloge. Und tatsächlich wird der Geburtstag des Augustus so angesehen; mit ihm soll künftig das neue Jahr beginnen, gemäß der Kalenderinschrift von Priene, in der es u. a. heißt: "Dieser
Tag, der Geburtstag des Kaisers, hat der ganzen Welt ein anderes Aussehen gegeben. Sie wäre dem Untergang verfallen, wenn nicht in dem
heute Geborenen für alle Menschen ein gemeinsames Glück aufge-
strahlt wäre ... Wer richtig urteilt, wird in diesem Geburtstag d e n
A n f a n g d e s L e b e n s u n d d e r L e b e n s k r ä f t e für sich erkennen." [34]

Aus dem (Eklogen-)Dichter kosmischer - wird der (Epos-)Dich-
ter staatlicher Ordnung; die dabei waltende Dialektik hat sich gerade gezeigt: Beidesmal ist er der Mund einer Ordnung, d. h. der
Mund eines Objektiven, wie jetzt "Diener des Staatswillens", [35] so
vorher Diener des kosmischen Willens : Jedesmal spricht aus ihm
das Schicksal, heißt es nun "die Parzen" oder "Jupiter". [+] - Darin

---

[+]   "Vergils Jupiter ist der 'Allmächtige', und ihm allein kommt

liegt das Letztgemeinsame zwischen Ekloge und Epos und das, was
den p r o p h e t i s c h e n Messianismus von beiden scheidet.

h) "Soter" Augustus

Wie der Freund Asinius Pollio, dem die Ekloge gewidmet ist, schon
"Cäsars Geschichte" gesehen hat, "als Vollzug eines göttlichen Geschicks", [36] so interpretiert Vergil in der Äneis die des Augustus,
- indem er am Anfang der römischen Geschichte prophezeien läßt,
was jetzt eingetreten ist. Damit ist aber nicht nur die Geschichte des
Kaisers göttliches Geschick, sondern die ganze Geschichte Roms [++]
und des inzwischen von ihm beherrschten Erdkreises. Jene bloß weil
es diese ist, freilich jene dann ihre Vollendung: Augustus und sein
Reich sind das Ziel, auf das die Geschichte von Anfang an a u s g e -
r i c h t e t war. - Jupiter prophezeit dieses Ende nicht nur, sondern
bindet sich in seiner "Omnipotenz"; er selber wird dem Volk der
Römer "ein Reich ohne Grenzen" geben (I, 279 [37]). Cäsar wird
genannt, der es "bis zum Ozean" (I, 287) führt und "den Ruhm zu
den Sternen". Der anbrechende Frieden wird genannt, "nach beende-

diese Eigenschaft zu, in ihm verkörpert sich die 'ewige Gewalt',
der Götter und Menschen und ihre Geschicke untertan sind. Der
Dichter kann ihn freilich auch nur als Person, wie die andern
Götter, darstellen, aber er beschränkt das Menschenähnliche bei
ihm so viel wie möglich ..." (R. HEINZE, Virgils epische
Technik, [3]1915, S. 293. - HEINZE bezieht sich vor allem auf
Äneis 1, 229 ff.). Ausführlich, mit vielen Belegen: H. OPPER-
MANN, Vergil. Auf dem Weg zum nationalpolitischen Gymna-
sium, H. 7, S. 68/9.

++ "Äneas ... ist nur Pfeil und Sehnsucht nach dem kaiserlichen
Übermenschen." (H. U. von BALTHASAR, Herrlichkeit III
(1964), S. 250). Exemplarisch verdeutlicht das Äneis 8; dieses
Buch strebt "von den ersten Versen an hin" auf seinen "Höhe-
punkt und Abschluss ..., die Beschreibung des wunderbaren
Schildes, d i e in dem Bild des Triumphators Augustus gipfelt."
(G. BINDER, Äneas und Augustus. Interpretationen zum ach-
ten Buch der Äneis, 1971, S. 5).

ten Kriegen." (I, 291). Aber der Name des Augustus fällt nicht (falls er nicht schon mit jenem "Cäsar" gemeint ist). Ihn zeigt erst der tote Anchises an, wenn er seinem Sohn (im VI. Buch) die Nachkommen vorstellt: "Dies ist der Mann, er ist's der so oft vom Schicksal verheißene [+] / Cäsar Augustus, des Göttlichen Sohn, der das goldene Alter / Wieder nach Latium bringt, dort, wo vor Zeiten Saturnus / König gewesen." (VI, 791-4) - Wieder fällt diese mythische Vokabel; ist sie in der 4. Ekloge mit der "Verkündigung des Wunderkindes" verbunden, so jetzt mit der "Prophezeiung des Friedenskaisers Augustus". [38] [++] Er bringt das goldene Alter wieder.

Die undeutliche Gestalt und Rolle des wunderbaren Kindes der Ekloge hat sich voll realisiert, so daß der kaiserliche Soter, befreit vom übrigen mythischen Rankenwerk, umso mehr mythische Größe gewinnen kann. Er ist ein anderer, der zweite und endgültige Saturn. Unter diesem Gottkönig ist das goldene Alter zum ersten Mal erschienen (VIII, 324), und zwar in Latium, das gleichsam seine Heimat ist; "Saturnia" heißt Rom Aeneis VIII, 357/8 . Das goldene Alter verschwand, doch seine ehemalige Anwesenheit wurde eine Verheißung der Zukunft [+++]. Dies ist, was man die "eschatologische Wen-

---

[+] In der Kalenderinschrift von Priene steht: "Die Vorsehung, die über allem Leben waltet, hat diesen Mann zum Heile der Menschen mit solchen Gaben erfüllt, indem sie ihn uns und den kommenden Geschlechtern als S o t e r gesandt hat." (Zit. nach P. MIKAT, Lukanische Christusverkündigung und Kaiserkult, in: Jahres- und Tagungsbericht der Görresgesellschaft, 1970, S. 34).

[++] Vgl. auch Äneis 7, 98-100.

[+++] Mit - nur formalem - Recht rekurriert V. BUCHHEIT auf die prophetische Tradition und bezeichnet die saturnische Urzeit als den guten, wenn auch bescheidenen Anfang, "als T y p o s ..., der in der unter Augustus neu anbrechenden Heilszeit seine Wiederholung, aber auch seine Steigerung und Erfüllung finden soll ..." (Vergilische Geschichtsdeutung, in: Grazer Beiträge 1 (1973), S. 31).

dung" des Mythos vom Goldenen Zeitalter genannt hat. (Doch ist das
nur formal richtig; inhaltlich geht in der eschatologischen Wendung,
wie sie der Augusteer Vergil vornimmt, gerade das verloren, was
einmal das Sprengende des Mythos war: die Erinnerung an den realen Urkommunismus Roms und Italiens (Griechenlands und des Mit-
telmeerraums überhaupt), die Erinnerung an Freiheit und Gleichheit,
ja Herrschaftslosigkeit. Vergil funktioniert, wie den prophetisch -
apokalyptischen Messianismus, so auch den römischen Saturn-Mythos
h e r r s c h a f t l i c h um. Schon bei ihm ist angelegt, was Statius mit
seinem Wort von den "Saturnalia p r i n c i p i s " [38a] - seinen "panis
et circenses" also - zynisch eingestehen wird. [+])

i)   Rom - Apokalypse

Das goldene Zeitalter erschien damals, weil Saturn "so friedlich"
und "in Ruhe die Völker" beherrschte (VIII, 325), nachdem er ihrem "rohen Geschlecht" (VIII, 321) "Ordnung" geschenkt und "Gesetze" verliehen hatte (VIII, 322); "Ordnung" und "Gesetze" kon-

---

[+] In unserer "Politischen Idyllik" werden wir zeigen, dass Vergil
    ganz analog, ja im Zusammenhang mit den "Saturnia regna",
    auch das römische Matriarchat, wie es im Kult der Mater tellus,
    der Parzen, der Venus und Roma - sublimiert - überlebt hat,
    herrschaftlich umfunktioniert.

    Was die Parzen angeht, so sei schon hier ihrer - über die Moi-
    ren vermittelten - Interpretation durch G. THOMSON zuge-
    stimmt, soweit es um die Parzen der römischen F r ü h zeit
    geht (Aischylos und Athen ..., 1957, S. 45/6, 53-55); die Ver-
    gilischen der vierten Ekloge können, um es kurz zu machen, um-
    standslos durch den "P a t e r omnipotens" Iupiter der "Äneis"
    ersetzt werden, wie wir gezeigt haben. Venus schliesslich, die
    ganz eng mit der "Imperium- und Augustus"-Göttin Roma zu-
    sammen gebracht wird, ist bei Vergil stets "Venus G e n e -
    t r i x", wie A. WLOSOK richtig herausgearbeitet hat (Die
    Göttin Venus in Vergils Aeneis, 1967, S. 62/3 , 118/9 Fn. 57,
    138 Fn. 145). Dass affirmativ, verhindert - unfreiwillige -
    Ideologiekritik nicht. Unübertrefflich der Satz, dass "mit dem
    Endsieg (sic!) auch für das Anliegen der Venus Raum geschaffen"
    wird (Ebd., S. 138).

stituieren den Frieden: "opus iustitiae pax". Dieser aber ist wesentlich das goldene Alter. Als deswegen das "Recht" unter Augustus
wiederkehrt die "Jungfrau" (dike) der Ekloge, und mit ihm der
Frieden, betrachtet Vergil, dem jenes Recht und jener Frieden maxi-
mal erscheinen, "das augusteische Zeitalter" "als Wiederkehr des
goldenen Urzeitalters". [39] Jupiter hat das augusteische Reich
"nicht aus Herrscherlaune" als "Ziel von Ewigkeit her festgesetzt
..., sondern weil das, was sich ... unter Augustus sieghaft durchsetzt, nichts geringeres als die Herrschaft des höchsten Gottes in
der Welt ist, das Walten der göttlichen ... Ordnung auch in irdischen
Bezirken. " [40] Und zwar ein für allemal; das ist das Eschatologische. Zwar kehrt "die neue Weltordnung" "zum uralten Grunde zurück, von dem sie ausgegangen ist [+], aber sie bringt zugleich etwas
... Endgültiges, mit dem die Geschichte sich selbst erfüllt ... ", [41]
eine Geschichte, die offensichtlich ein e i n z i g e s Mal im Kreise
gegangen ist, um mit dem Augenblick, wo sich Anfang und Ende berührten, in ihrer Zeitlosigkeit oder reinen Gegenwart zu verweilen:
"Das Imperium ohne Ende ist ein ruhendes Sein ... ". [42]

+   Scheinbar anders stellt sich die Geschichte des Äneas dar, ist
    sie doch der mühevolle Weg "zu einer verheißenen Heimat, die
    f e r n von der ersten" (E. R. CURTIUS, Kritische Essays
    zur europäischen Literatur, [3]1963, S. 22) liegt. Aber als zwei-
    te H e i m a t wird sie "ein neues Troja" (I., 206) genannt,
    ja mehr noch; nach III., 94 ff. ist sie "die alte Mutter", deren
    "lachender Schoß" schon die Vorfahren barg. Eher denn Troja
    war Latium. (Vgl. auch Aeneis VII 206/7 ff. und 240/41, be-
    sonders aber VIII 36/7!).
    Nüchterner: "ethnologisch", formuliert V. BUCHHEIT : "Rom
    ist ... autochthon." (Vergil über die Sendung Roms, 1963,
    S. 171, Fn. 81). Wie berechtigt unser "Theologumenon" jedoch
    ist, beweist spätestens Ovid, der - gleichsam eine "felix cul-
    pa" substituierend - zeigt, "wie zum Segen für die Phryger es
    war, dass gesiegt die Pelasger." (Metamorphosen 15, 452).

j) Imperialismus

"Daß die Geschichte einmalig und unwiederholbar aus der frühesten
Vergangenheit in die Gegenwart läuft und daß von ihrer inneren Rich-
tungstendenz zugleich die Zukunft bestimmt wird - dieser der jüdi-
schen-christlich eschatologischen Geschichtsauffassung ... verwandte
Gedanke unterscheidet sich grundlegend von der Zyklentheorie der
Griechen (und Römer), die das Auf und Ab der wechselnden Geschicke als immer wiederkehrende Kreislaufbewegung der Geschichte
deutet ...". [43] Grundlegend unterscheidet sich also auch - im Werk
Vergils selber - das Geschichtsbild der Äneis von dem der Ekloge.
Und eine weitere Parallele zum (jüdisch-) christlichen Geschichts-
denken liegt in der Äneis darin, daß "das römische Schicksal" "von
Vergil mit dem Schicksal der Welt in eins gesehen" wird, "so daß es
nur die e i n e Geschichte (als Heilsgeschichte) gibt ...". [44] Aber
daneben bleiben auch hier Unterschiede bestehen: Wie das oben gebrauchte Bild vom einen Kreise zeigt, versteht sich die vollkommene
Zukunft Roms nur als Erneuerung des Ursprünglichen, als "restauratio" +, doch nicht als "resurrectio", um noch einmal MOLTMANN
zu zitieren. Und indem die goldene Zeit, trotz aller Identifikation mit
dem Erdkreis, doch die Zukunft R o m s ist, bleibt sie die Vollendung eines zum Imperialismus gesteigerten Nationalen ++. Worte

---

+ Besonders gut zeigt dies ein Blick auf die Georgica, wo weniger
   vom goldenen Alter, als von Latium/Italien die Rede ist, seiner
   Heimat und Mutter: "In der römischen Bauernwelt", dem Rest
   des ursprünglichen und wahren Italiens, ist das goldene Alter
   des Anfangs verborgen erhalten geblieben. "... ihm gilt es inmitten der Verheerungen und Verwüstungen der eisernen Welt-
   zeit nur neue Würde und Geltung zu verschaffen." (E. R. CUR-
   TIUS, ebd. S. 88).

++ "... den stoischen Gedanken, daß jeder Mensch zwei Länder habe, die Polis seiner Geburt und die Kosmopolis, wandelte"
   schon Cicero, der gerade in diesem Punkt auf Vergil einwirkte,
   "geschickt in den Gedanken um, jeder Mensch habe in der Tat

des Anchises beweisen es : "Du ..., Römer, gedenke mit Macht der Völker zu walten, / dies sei deine Berufung - des Friedens Gesetze zu ordnen, / Schon den, der sich gefügt, doch brich den Trotz der Rebellen!" (VI, 851-3) - FRIEDRICH KLINGNER kommentiert: "Die römische 'pax', dem Gedanken nach ein Rechtsverhältnis zwischen zwei Partnern, ist in Wirklichkeit eine Herrschaftsordnung, Rom ist der Partner, der von sich aus das Verhältnis ordnet, die Bedingungen festsetzt: 'pacis leges dicit' oder 'imponit' lauten die Ausdrücke. " [45] + - Und wie zwischen den Völkern das Verhältnis zwischen Herr und Knecht bestehen bleibt, so eben in Italien zwischen dem einen überragenden "Divi filius" und der Masse der übrigen Menschen [++]. Er ist ihr Schicksal, das v e r k ö r p e r t e Schicksal.

---

zwei Vaterländer, nämlich seinen ländlichen Geburtsort ... und Rom. (De legibus II, 5). Die Kosmopolis der Philosophie war ... in historischer Existenz verwirklicht; sie war das Imperium Romanum." (E. VOEGELIN, Die neue Wissenschaft der Politik. Eine Einführung, München 1959, S. 132) - Inwieweit auch und gerade der zeitgenössische j ü d i s c h e Universalismus ein nationaler war, und inwieweit erst das auf J e s u s fussende Christentum einen Durchbruch bedeutete, dazu vgl. R. Meyer, Der Prophet aus Galiläa ..., 1970, S. 124.

+ "... auf Münzen ist die personifizierte Pax zuweilen wie die Siegesgöttin mit der Lanze dargestellt. " (F. KLINGNER, Römische Geisteswelt, [5]1965, S. 615).
Ausführlich: H. FUCHS, Augustin und der antike Friedensgedanke ..., [2]1965, S. 191 ff.

++ Schon der Name, den der Kaiser führte - er "'definiert' die 'Verfassung' des römischen Kaisertums" (H. CANCIK, Christus Imperator. Unveröffentlichter Vortrag im Rahmen der Tübinger Ringvorlesung "Der Name Gottes", WS 74/75) - "war in jedem Bestandteil ungewöhnlich und hob ihn aus sämtlichen Römern heraus, Imperator Caesar Divi filius Augustus. Äußerlich entspricht er genau den Regeln römischer Namengebung mit Vornamen, Gentilnamen, Vatersnamen und Zunamen, aber jeder einzelne Bestandteil war ungewöhnlich. Als Vornamen führte der Kaiser ... die Imperatorenbezeichnung ... die ihn als Inhaber des alleinigen Oberkommandos bezeichnete und ... für die großen über der Verfassung stehenden außerordentlichen

Nichts anderes meint Horaz, wenn er "betet": " O Zeus, gewaltiger Donnerer, du bist der Beherrscher des Himmels; / doch hier auf Erden, Augustus, bist du uns die sichtbare Gottheit...". [46] Wie bei Vergil wird der ureigene Wille des einzig Mächtigen sakralisiert, um so noch mächtiger sein zu können. (Von je her war er mehr als blosse Velleität; um - nur scheinbar - in der Art Vergils und Horaz' weiter zu formulieren: "Wie Zeus die Metis verschluckt hat, so hat Octavius sich ... die militärische Macht einverleibt. Daraus entstand und darauf b e stand das römische Kaisertum. Das Heer und das besondere persönliche Treueverhältnis zwischen den Soldaten und ihrem Imperator sind die Wurzel und die Basis der augusteischen Macht. " [+])

Heerführer gebräuchlich war. Seit dem Ende der Bürgerkriege war Augustus der einzige Imperator Roms. Seinen eigentlichen Gentilnamen Julius hatte er zur gleichen Zeit aufgegeben und benutzte seitdem das Cognomen seines Adoptivvaters Caesar als Gentilnamen. Ebenso einmalig ist es, daß sich Augustus als Sohn eines Gottes, des vergöttlichten Caesar, bezeichnen konnte, wie niemand vor ihm. Und der Beiname Augustus galt ebenso nur ihm allein und war nur für ihn erst geschaffen worden. So waren alle Bestandteile des Namens darauf berechnet, die völlige Einmaligkeit der Person ihres Trägers zur Schau zu tragen ..." (E. Meyer, Römischer Staat und Staatsgedanke, Zürich [2]1961, S. 358).

[+] "Deshalb darf niemand als der Kaiser den Titel imperator tragen. Deshalb wird" schliesslich auch "das Heer und die 'religio castrensis' ein Zentrum des Herrscherkultes. " (H. CANCIK, ebd.).

2. Heidnischer S o l a r - Theismus

a) Die Augusteer

Mit solcher "Politischen Theologie" initiieren die Augusteer Rom -
intern den späteren Sonnenkult (und - wichtiger - die von ihm ideologisch geprägte absolute Theokratie des "Dominats" [+]). Immer
mehr wird er sich als die die vielen Einzelkulte und ihre Götter syn-
thetisierende Macht erweisen und darin als Wegbereiter eines "heidnischen" Monotheismus. Bereits in der 4. Ekloge ist Sol-Apollo der
Gott des goldenen Zeitalters - des "apollinischen" [47] - und sein
Fürst - wie der Sonnengott selbst - "Jovis incrementum". Ganz ähnlich wird in Georgica II, 35 auch Augustus genannt: "proles demis-
sae ... ab ... Jove gentis", und er selbst stellt seine Herrschaft unter die Vorzeichen Apollos [++], d. h. eben auch bei ihm unter solare

---

+ "Der Prinzipat weist auf die absolute Monarchie voraus: zentrale Verwaltung mit Schlüsselstellung der kaiserlichen Beamten, kaiserliche Kontrolle von Justiz, Heer und Finanzen, der
   Senat im besten Falle eine moralische Autorität ... D i e s e n
   absolutistischen Tendenzen entspricht die Entwicklung des Kai-
   serkultes mit Höhepunkten unter Caligula, Nero und Domitian.
   Schon im 1. Jahrhundert ist der Kaiser 'Herr und Gott'" und
   "sein Palast ein 'heiliges Haus' ..." (H. CANCIK, Die kleinen Gattungen der römischen Dichtung in der Zeit des Prinzipats,
   in: Neues Handbuch der Literaturwissenschaft, Bd. 3 : Römische
   Literatur, 1974, S. 265/6).

++ Mit Bezug auf Augustus heisst Apollon bei Martial "domesticus
   Deus" (Zit. nach J. J. BACHOFEN, Der Mythus von Orient
   und Occident. Eine Metaphysik der alten Welt ..., [2]1956,
   S. 412). Und zur Nero-Zeit bereits wird der Kaiser selbst
   "palatinischer Phoebus" genannt (Carlpurnius 4, 158), wobei
   zu beachten ist, dass schon die Augusteer, gerade auch Vergil,
   "den Beinamen 'Phoebus' sowohl für Apollo wie für den Sonnengott" verwenden (A. WLOSOK, ebd., S.135 Fn. 13 ; Vergil betreffend vgl. Äneis 9, 913; 3, 637 und 4, 6). - Für weiteres
   und einzelnes verweise ich neben A. WLOSOK (ebd., S. 135/6
   Fn. 132, 135) vor allem auf G. BINDER, ebd., S. 139/40,
   252-5 und 266-8.

Vorzeichen [+]. Am eindruckvollsten während der großen "Säkularfeier" des Jahres 17 v. Chr., für die Horaz die große Festhymne
schreibt. - W. WILLI sieht darin den Wendepunkt, "altrömisch -
chtonischer Religion" zu "jungrömisch-apollinischer" [48] markiert,
einen Akt "von ungewöhnlicher Tragweite", eben in Richtung des
"heidnischen" Monotheismus. Gleich wertet schon Konstantins Hof-
theologe Eusebius; auch für ihn hat "der essentielle Monotheismus
des Imperiums" bereits mit Augustus begonnen. [49] [++] ("Noch" für
BACHOFEN ist das Christliche "wahrscheinlich nichts anderes gewesen ... als der letzte weltgeschichtliche Sieg des Apollon. " [50]).

In der nachaugusteischen Zeit trieben die "Sonnenreligion" vor
allem die orientalischen Kulte der Baale voran. Ursprünglich Vegetationsgötter, waren sie unter dem Einfluß der chaldäischen Astral-
religion zu Gestirn- und Himmelsgottheiten geworden. Als ewige und
allmächtige Herrscher thronten sie über dem Verlauf des Geschicks.
Und jeder Baal faßte alle zusammen oder war der eine einzige:
"Henotheismus". [+++] - 218 wird der Hohe - Priester der mächtigsten
Sonnengottheit Syriens, des Baals von Emesa, selber als Elgabal
römischer Kaiser. Zwar regiert er nur kurz, und mit seinem gewalt-
samen Ende 222 scheitert zunächst auch die rigorose Religionspoli-

---

[+] Sueton erzählt in seiner Augustusvite, die Augen des frischge-
     borenen Octavian hätten "sonnenhaft" geleuchtet (79, 2).

[++] Dementsprechend, nur auf ideologischer Ebene: Macrobius'
     späte Rezeption der Sonnenreligion und ihrer neuplatonischen
     Philosophie - nachdem der Sieg des Christentums bereits ent-
     schieden ist - vollzieht sich als breit angelegte allegorisie-
     rende Interpretation der Vergil'schen Werke. Zum letzten Mal
     von einem alten Heiden schöpferisch ausgelegt, wird Vergil
     durch die Brille des solaren Neuplatonikers gesehen.

[+++] Ausführlich: F. CUMONT, Die Mysterien des Mithra. Ein Bei-
     trag zur Religionsgeschichte der römischen Kaiserzeit, [4]1963,
     S. 166/9.

tik zugunsten des Gottes. Aber unter Aurelian (270-5) ist der "sol invictus", wie der Gott von Emesa lateinisch heißt, [51] schließlich und endgültig der alle Länder und Völker verbindende eine Reichs-gott. [+]

Daß der Rückschlag der Sonnenreligion nach Elgabals Tod nur ein vorläufiger blieb, dafür sorgten ideologisch drei religiöse Zeit-strömungen, die dem Baal von Emesa und seinen Vettern zugute ka-men: die Mysterienreligion des Mithras, eine ausgesprochene Mili-tär-Religion, - die Romanliteratur des 3. Jahrhunderts mit ihren überragenden "Aithiopika" des Heliodor aus Emesa - die panenthe-istische Philosophie des Neuplatonismus.

b)   Die Mithras - Mysterien

Die Mithras-Mysterien verdanken ihre Ausbreitung hauptsächlich dem Heer [++], in dem - neben der Verlegung ganzer Legionen - ein stän-diges Revirement des Offizierskorps üblich war. Vor allem aber dien-ten überall neben den Legionssoldaten, römischen Bürgern, eine glei-che, wenn nicht größere Zahl von fremden "auxilia", welche nicht, wie die erstgenannten, das Vorrecht besaßen, in ihrem Vaterlande stationiert zu sein. [52]   Und unter ihnen befand sich eine Menge von Asiaten, vor allem aus Kommagene und Pontus, wo der Mithriacis-mus "tiefe Wurzeln" geschlagen hatte. [53] - All dies hätte nicht all-zu viel bedeuten müssen, wenn die bruderschaftlich, ja militärisch organisierten Mithrasanhänger Exklusivität beansprucht hätten. Doch

---

+   Politiologisch: "Seit Aurelian gebührt dem K a i s e r   als deminus e t deus Anbetung." (Th. ESCHENBURG, Über Au-torität, edit. suhrkamp 129, S. 30).

++   Ihre Zeugnisse finden sich n u r dort, "wohin römische Legio-nen marschiert waren, und nirgends sonst." In ihrer Hochblüte sind die Mithras-Mysterien "ein römischer Soldatenkult." (C. COLPE, in einem unveröffentlichten Aufsatz über Entstehung und Funktion der Mithras-Mysterien).

34

das war nicht der Fall: "Gern gewährten sie Waffengenossen jeder Abstammung Zutritt, denen die offizielle Religion des Heeres nicht genügte, und die von dem fremden Gott ..., wenn sie fielen, ein seligeres Los in jenem Leben zu erlangen hofften. " [54] (Neben der guten Organisation war es vor allem der Missionseifer, der die Mithrasreligion - zumal in V e r b i n d u n g mit den anderen Sonnenkulten - zur ernsthaftesten Konkurrenz des Christentums machte.)

Da das Rom der damaligen Zeit das k o n z e n t r i e r t e Abbild des vielgestaltigen Reiches war, "fand Mithra nirgends sonst in demselben Maße alle Bedingungen vereint, welche seinen Erfolg begünstigten: Rom besaß eine bedeutende Garnision, aus Soldaten gebildet, welche man aus allen Teilen des Reiches zusammengezogen hatte, und wenn sie die 'honesta missio' erhalten hatten, so siedelten sich die Veteranen hier in großer Zahl an. Eine üppige Aristokratie residierte hier, und ihre Paläste, wie die des Kaisers, bevölkerten tausende von orientalischen Sklaven. Hier war der Sitz der Zentralverwaltung, und Sklaven der selben Art füllten ihre Büros. Endlich strömten alle diejenigen, welche die Lust an Abenteuern oder das Elend dazu trieb, in dieser 'Weltherberge' zusammen ...". [55]

Es ist unzweifelhaft, daß Mithra, der mit "Sol invictus" identifiziert wurde, seine ersten Eroberungen in den unteren Schichten der Bevölkerung gemacht hat, aber es ist bekannt, welche hohen Stellungen die Freigelassenen zur Kaiserzeit erstreben konnten; die Söhne der Veteranen oder der Centurionen wurden oft wohlhabende Bürger. [56] Schließlich zählte Mithra nach einer gewissen Zeit auch einflußreiche Beamte zu seinen Anhängern; schon "unter den Antoninen begannen die Literaten und die Philosophen sich für die Dogmen und Riten dieses originellen Kultus zu interessieren." [57] Sogar in der Aristokratie und am Hofe ist er im Begriff, einer der beliebtesten Götter zu werden. [58] Commodus selbst, der letzte Antonine auf dem Kaiserthron, ließ sich einweihen und beseitigte dadurch alle möglicherweise noch bestehende Schranken. [59] Er und seine Nachfolger, die mehr oder weniger in seine Fußstapfen traten, wußten warum. Wie alle Sonnenkulte erbrachte auch der mithräische dem Despotismus "eine dogmatische Rechtfertigung", [60] bis hin zur "Konsubstantialität" von Kaiser und Gottheit. [61]

c) Die "Aithiopika" Heliodors

Wie zur Zeit des Augustus schon Lyrik und Epik, gewann jetzt die Romanliteratur religionspolitische Bedeutung. "An di e Stelle geheiligten Herkommens, der Festlegung nach Wort und Buchstabe [+], trat das freie und lebendige Wort: zeugend, deutend, werbend und in jene Formen gegossen, die aus einem überreichen literarischen Erbe noch zur Verfügung standen." [62] Gerade für eine "junge" und zunächst sehr fremde Religion wie die des Baals von Emesa war das wichtig, erst recht nachdem sie ihr Priester-Kaiser Elgabal allzusehr in Mißkredit gebracht hatte. Und danach entsteht der Roman auch erst - etwa zur Zeit Kaiser Aurelians. [63] - Orgiastische Feiern, Tempelprostitution und Menschenopfer waren im Staatskult nicht möglich und für den durch Jahrhunderte griechisch gebildeten Mittelmeerraum einfach "barbarisch". Die Mission verlangte die neuen literarischen Formen also nicht nur, weil man nun eben in "einer Welt der Bücher" [64] lebte, sondern weil die notwendig mit ihnen verbundene Weltläufigkeit auch inhaltlich erst die Breitenwirkung verschaffen konnte.

"Am Roman Heliodors sieht man, wie der göttliche Herr Eme-

[+] Zum Zusammenhang zwischen den Mysterien und der Romanliteratur freilich, den Mithrasmysterien und Heliodors "Aithiopika" speziell, vgl. R. MERKELBACH, Roman und Mysterium in der Antike, 1962, S. 234 ff.

sas sich anschickt, den Übergang zum U n i v e r s a l - Gott zu voll-
ziehen. " [65] Das geschieht ganz radikal dadurch, daß von Emesa bis
auf den Schluß überhaupt nicht die Rede ist und dann nur deshalb, um
die Heimatstadt des Verfassers zu nennen: Geschrieben hat den Roman "ein Mann aus Emesa in Phönizien, aus dem Geschlecht des
Helios, der Sohn des Theodosius, Heliodoros ...". [66] (Helios kann
durch Theos vertreten werden!) - Aber wenn nicht von Baal, dann
ist doch immer wieder von Helios die Rede, der "der Götter Schönster" [67] ist. Und wer wollte zweifeln, daß dieser Name die Übertragung von jenem ist, freilich eine nicht nur sprachliche. Indem er
mit allem und jedem Gott eins ist, mit Apollo besonders, [68] wird
er zivilisiert. (Eine der dramatischsten Szenen des Roman schildert,
wie in Äthiopien - dorthin wurde Emesa transponiert - die Menschenopfer abgeschafft werden. [69]).

Ursprünglich war der Gott dort, wo seine Wohnung, der heilige
Stein von Emesa war. Noch Elgabal mußte ihn mit sich nach Rom
schleppen. Bei Heliodor ist der Gott an keine Stätte mehr gebunden,
"so wenig wie das himmlische Gestirn selbst." Er hat sich interna-
tionalisiert. Doch dies trifft noch nicht den Kern der Abstraktion.
Bei der Gleichsetzung von Helios und Apollo wird besonders darauf
hingewiesen, daß Apollo der "pythische" sei, doch diese Lokalisie-
rung dient eben nur dazu. eine fast philosophische Plattform zu gewinnen: "Der Götter schönster" ist der "Herr des Geschicks", ist
Schicksal. Und tatsächlich, dies bestimmte die syrischen Baale ja
vor andern, seitdem sie nicht mehr nur Vegetationsgötter waren, sondern auch Astralgötter: "Die Gestirne sind die Weltherrscher, indem sie die Zeitherrscher sind. Ihrem periodisch gegliederten Gange entspricht die Gliederung des Weltgeschehens." [70] Und die
Theorie von der unbedingten Herrschaft der Sterne über die Welt
hatte zur Idee von der Allmacht des "Herrn der Himmel" [71] geführt, der die Sonne ist: "Obwohl dem inneren Wesen nach unverän-

dert, war (Baal -) Helios aus dem Bereich östlicher Orgiasmen herausgehoben und dem reinsten, fernsten und leuchtendsten der Olympier gleichgesetzt" [72] - z. B. Das ist die ungemein geschickte und weittragende Leistung Heliodors. Seiner literarischen entspricht nur noch die politische Aurelians; beide ergänzen sich.

d)   Die Neuplatoniker

Um etwas anachronistisch zu formulieren, Heliodors Roman ist "Humanisten"- Literatur [+], und doch kann man mit Recht sagen, daß er Baal-Helios-Apollo- usw. auf einen philosophischen Nenner bringe: "Ehe die Religion dazu gelangt war, es auszusprechen, daß Gott im Idealen und Absoluten, d. h. außerhalb der Welt zu suchen sei, war nur ein einziger Kultus vernünftig und wissenschaftlich, nämlich der Kultus der Sonne", [73] die, in der Auffassung ihrer Verehrer, als "intelligentes Licht" zur leitenden "Weltvernunft" [74] werden mußte. - D i e s   zustande gebracht zu haben, war die Leistung der Synkrasie-Philosophien des Neupythagorismus, dem Heliodor nahestand, und schließlich - des Neuplatonismus. Dieser übersetzte freilich seinerseits wieder Ideen und Prinzipien in Gottheiten - systematisch, aber keineswegs dogmatisch -, mit einer Ausnahme, der des "Helios" eben, möge er als Sonnengott dann auch noch so viele Namen tragen.

In Porphyrios' "Über die Sonne" heißt es : "Dieser göttliche und überaus schöne Kosmos ..., von der hohen Wölbung des Himmels bis zum Rand der Erde zusammengehalten von Gottes Voraussicht, ist von Ewigkeit her, ohne entstanden zu sein, und für die kommende Zeit

---

+   Vgl. E. ROHDE, Der Griechische Roman und seine Vorläufer, 1876, S. 445, 456/7, sowie F. ALTHEIM, Literatur und Gesellschaft im ausgehenden Altertum, 1. Bd. , 1948, S. 19.

38

von ewiger Dauer. Der König des Alls umfaßt den Kosmos als Idee
der seienden Dinge, als das Eine oder mit Platon als das Gute. Er
hat Helios, der ihm in allem ähnlich ist, aber als sein Geschöpf doch
unter ihm steht, in die Welt entlassen. Helios ist Herrschender und
König, von dem höchsten und geistigsten Guten eingesetzt. Helios ist
Mittler, heißt es an anderer Stelle. Er hält die Mitte dem großen Einen gegenüber und den übrigen Göttern. Er steht zwischen der geistigen Welt und der der Wahrnehmung. Es gibt einen Demiurgen, der erster seiner Art ist (Proturgos), eben Helios, und darunter Götter,
die selbst sonnenhaft, als Demiurgen in Helios' Auftrag tätig sind.
Wieder erscheint Helios als solcher, der aus dem Geistgott hervor-
trat und als Mittler in die Mitte gesetzt ist in jeder Art Vermittlung.
Der Tätigkeit einer Vielzahl göttlicher Demiurgen, unter Helios wal-
tend und an seiner sonnenhaften Natur teilhabend, entspricht, daß diese Götter gleichzeitig Helios' Kräfte und Energien darstellen. " [75] -
"Porphyrios als Apologet des Heidentums glaubte, fest auf dem Boden antiker Götterlehre zu stehen; er vermeinte diese Lehre philosophisch begründen und geläutert zu haben. Aber der von ihm aufge-
botene Scharfsinn, die Schätze seines philologischen Wissens und
Könnens hatten zu unerwartetem Ergebnis geführt. Dem Sonnengott
gegenüber waren die anderen Götter in zweite Linie gerückt und ent-
wertet worden. " [76] [+] Politisch war dies die Tat Aurelians, und
zwar nicht nur dadurch, daß er den "Sol invictus" als R e i c h s -
gott monopolisierte, sondern noch mehr dadurch, daß er erst in die-

---

[+]   "Das Werk welches die Priester des Serapis, des Baal und des
      Mithra vorbereitet hatten, wurde ohne sie und im Gegensatz zu
      ihnen (vom Christentum) vollendet; aber sie hatten nichts
      desto weniger z u e r s t im Abendlande das Göttliche Recht
      der Könige gepredigt und so den Anstoß zu einer Bewegung ge-
      geben, deren Schwingungen sich bis in das Unendliche fortsetzen
      sollten. " (F. CUMONT, Die Mysterien des Mithra ..., S. 94).

ser Monopolisierung das Kaisertum selbst wirklich als Ein- und Alleinherrschaft ideologisch konstituierte. - "Und der Sonnengott selbst, diese letzte große Schöpfung späten Heidentums, hatte seinen Rang dem Einen, Unsichtbaren, dem Geist - mit anderen Worten: hatte ihn Gott abtreten müssen. " [77] Politisch sollte dies aber die Tat Konstantins werden, für den "zwischen neuplatonischem und christlichem Bekenntnis kein unüberbrückbarer Gegensatz bestehen" [78] konnte: "Ohne zu wollen, war Porphyrios Wegbereiter einer neuen Welt geworden. " [79] (Wie "neu", bleibt zu untersuchen. Immerhin hat Porphyrios selbst "die kosmologische Theologie des Origines gutgeheissen und nur die eingemischten 'fremden Fabeln' verworfen ... (siehe sein Urteil bei Eusebius, Historia eccles. VI 19,7). " [80]).

e)   Paganer "Integralismus"

Wegbereiter waren sie alle: die Mithras-Mysterien, Heliodor von Emesa und die Neuplatoniker; wie aber schon Vergil auf Augustus angewiesen war, so benötigten auch sie den politisch Mächtigen, um zum universalen Erfolg zu gelangen. Freilich verlangte er dann, als es soweit war, seine Opfer. Als Mittel der Politik kam es bei dem solaren Monotheismus vor allem auf seine Integrationsfunktion an: Eine Sonne, ein Reich, ein Kaiser [+], der auf das Geheiß jenes "sol invictus" den Thron einnahm und seine Taten vollbrachte: "Quod in caelis sol, hoc in terris Caesar est. " [81] - "Aurelians Münzen zeigen, wie die Treue der Truppen kraft göttlicher Voraussicht sich

---

[+]   Apodiktisch heißt es bei R. SCHNEIDER : "Die Idee des Einen Gottes, der Einen Herrschaft: die r ö m i s c h e Idee ..." (Auf Wegen deutscher Geschichte, 1934, S. 17). - Der - noch nicht katholische - Schneider schreibt das ein Jahr, nachdem in den "Werkblättern" des katholischen Bundes "Neudeutschland" der "e i n e höchste Führer" als eine "Entsprechung zu dem e i - n e n Gott" aufgewertet worden ist. (Vgl. K. BREUNING, Consecratio ..., 1971 , S. 138/9).

dem Sonnengott als ihrem Führer zuwendet. Man erblickt die Büste
des Sonnengottes über dem Kaiser und 'Concordia': der Gott gewährleistet jene Eintracht, die zum Segen des Reiches und seines Re-
genten sich auswirkt. " [82] Vor diesem einen Wichtigen hatte alles
andere als sekundär und - weil zwischen den einzelnen Bestandteilen
der Synkrasie verschieden - als unter Umständen gefährlich zurück-
zutreten. Größte Einfachheit war verlangt, die gerade so eine autoritäre Herrschaftshierarchie garantierte. Rational schlüssig ließ sich
von oben nach unten deduzieren - nachdem einmal ein archimedischer
Punkt gewonnen war, mehr als das, ein theistischer.

Endlich galt auch im römischen Weltreich in voller, eben "pla-
tonischer" Ausdrücklichkeit: "theos metron hapanton". [83] Die göttliche Verehrung des Kaisers, die unter Augustus nur in den Provinzen ein Mittel zur Festigung des Reichszusammenhalts sein konnte,
von Vergil aber auch schon in Rom propagiert und in verschlüsselter
Form tatsächlich geübt worden war, hatte Allgemeingültigkeit gewonnen. Die vielfältige Bedrohung des Reiches hatte das gefordert, und
die geistige Entwicklung hatte es ermöglicht. Zusammen mit der
(religions-)politischen Vorarbeit Aurelians sollte sie auch eine
Christianisierung des Reiches - als Reich - ermöglichen, aber damit andererseits eine Imperialisierung des Christentums.

3.   Romanisierung des Christentums

a)   Paganisierung

Daß für Konstantin, im Gegensatz zu seinen Anfängen, Gott und Sonne nicht, wie noch für Aurelian, wesengleich waren, und er dies auch
öffentlich äußerte, z.B. durch seinen Hoftheologen Eusebius, aber
auch selbst, war keine ("christliche") Revolution, sondern nur eine
Favorisierung und Monopolisierung von dem, was am - an sich heid-

nischen - Neuplatonismus das Spezifische war, nämlich seines g e i-
s t i g e n Theismus, nach dem die Sonne Bild und Gleichnis Gottes
ist, dies, aber nicht mehr, untertan seinem Gebot.

N i c h t nur vor seiner Wendung zum Christentum, vor der er
wie Aurelian dem sol invictus anhing, begegnen die Sonne und ihre
Symbole überall im Umkreis von Konstantin. "Bis in seine letzten
Jahre" haben "die Vorstellungen des Lichtes, der Sonne und des von
dieser erhellten Erdkreises ... einzigartige Bedeutung für den Kaiser besessen", [84] so stark, wie niemals vor ihm. "Wie Helios seine Strahlen über die Erde sendet, so der Kaiser die Lichtstrahlen
seines edlen Wesens. In Dunkel und finsterer Nacht hat Gott ein großes Licht aufleuchten lassen in seinem Diener Konstantin", heißt es
bei Eusebius. "Vor den versammelten Vätern des Konzils von Nicäa
trat er auf, gleich einem himmlichen Boten Gottes, im strahlenden
Umhang des Purpurmantels, er leuchtete wie Lichtesglanz, von feu-
rigen Strahlen umgeben, mit dem Funkeln des Goldes und kostbarer
Steine geschmückt. " [85] Auf dem Haupte trug er die Strahlenkrone
des Sonnenherrschers, und wie dieser ein Weltherrscher war, so
wurde auch Konstantin als solcher aufgefaßt. Desgleichen seine Nachfolger, wenn ihr Haupt, jetzt auch der "Nimbus" umglänzte, statt die
Strahlenkrone, die n a c h Konstantins Bekehrung diskreditiert
war: die christlichen Kaiser wurden mit dem Nimbus abgebildet,
"w i e der Erlöser selbst". [86] Und auch die Gloriole stammt aus
dem Sonnenkult.

Von den objektiven und subjektiven Identitäten abgesehen, war es
(in der Übergangszeit der Konstantin'schen Herrschaft) nicht zuletzt der religionspolitischen Taktik wegen sehr günstig mit der Son-
nensymbolik arbeiten zu können: "Christus ist ein neuer Sonnengott, die Sonne des neuen Bundes" w a r "die wichtigste Vorstellung", von der man geleitet wurde, wenn man "sich und den Heiden

den Begriff des Gottessohnes näherbringen wollte ... ". [87] So wurde

sein Geburtstag auf den "dies solis natalis" am 25. Dezember ge-

legt, und - spätestens seit dem Jahre 354 - an diesem Tag gefeiert.

Eine Hymne der Zeit drückt aus, was diese "Akkomodation" leisten

sollte: "Lux crescit [+] - decrescunt tenebrae, / crescit dies - de-

crescit nox, / errorem veritas subdit. " [88] - Das physische Ge-

schehen wird zur Metapher eines spirituellen: bereits im Johannes-

prolog war der Logos-Christus "das wahre Licht" (1,9) genannt

worden, "das jeden Menschen erleuchtet, der in diese Welt kommt."

Clemens von Alexandrien preist ihn dann - nur erster von vielen -

als "Sonne der Gerechtigkeit", womit er das Wort des Propheten

Malachias (3,2) von Jahwe auf Christus überträgt; "hodie nobis

Sol iustitiae nascitur" [89] heißt es in der christlichen Weih-nacht.

Christus ist "sol salutis": "Erlösungs- und Gnadensonne", Sonne

der Auferstehung. Am Gewölbe einer christlichen Grabkammer

(3. Jahrhundert) unter St. Peter "erscheint Christus als Sonnen-

gott, wie er, das Haupt mit dem Strahlenkranz geschmückt, auf dem

Viergespann auffährt", als "Lichtbringer ..., der auch die Toten

zum ewigen Leben führt." [90] [++] Ob es sich um den "Konstantins-

---

+ Das ist die einfache Übersetzung des Rufs : "auxei phos", mit
dem beim alexandrinischen Heliosfest die Geburt der Sonne
verkündet wurde: "he parthenos tetoken" (Vgl. E. NORDEN,
Die Geburt des Kindes ..., S. 25).

++ Ganz dementsprechend wurden nach Konstantins Tod Münzen
geprägt, die auf einer ihrer Seiten darstellten, "wie er auf einem Wagen sitzend die Zügel des Viergespanns führt und von
einer aus dem Himmel ihm entgegen gestreckten Hand in die
Wohnungen der Seligen aufgenommen wird. " ("Des Eusebius
Pamphili 4 Bücher vom Leben des Kaisers Konstantin, nach
dem Urtext übers. v. J. Molzberger. 2. Band der ausgewählten Schriften des E. P. in Bibliothek der Kirchenväter, Band
65, Kempten 1880, S. 224 - IV. Buch, c. 23).

bogen" handelte [+] oder um den "dies solis", der statt des Saturn-
tages wöchentlicher Feiertag wurde - bereits die christliche Urgemeinde hatte zum Gedächtnis der Auferstehung diese Verschiebung im
jüdischen Bereich vorgenommen - jedesmal war, für Christen wie
Heiden, eine Übertragung ihres ideologischen Gehalts möglich. Im
Zeichen der Sonnensymbole konnte, jetzt von oben bewußt dirigiert,
ein gegenseitiger Austausch stattfinden und in ihm eine noch stärkere
Angleichung beider, jedenfalls auf der für die breiten Massen und ihren Staat entscheidenden Ebene des Festes und Kultes: für den Kaiser selbst war die Kirche vor allem die Gemeinschaft, welche Gott
mit dem richtigen Kult verehrt, was nur die Fortsetzung einer alt-
römischen Tradition bedeutete [++]. ("Wer den Kult stört ..., ist radikal in seine Schranken zu weisen. Aber aller Streit um außerhalb
des Kults liegende Dinge ist als ein Streit um Nichtigkeiten so rasch
wie möglich abzubrechen." [91])

[+] "Der Senat ... ließ auf den Bogen schreiben, daß Konstantin
den Maxentius überwunden habe 'unter Inspiration der Gottheit' (Instinctu divinitatis)." (H. BERKHOF, Kirche und
Kaiser. Eine Untersuchung der Entstehung der byzantinischen
und der theokratischen Staatsauffassung im 4. Jahrhundert.
Aus dem Holländischen übersetzt von G. W. Locher, Zollikon
- Zürich 1947, S. 47) - Ausführlich: H. P. L'ORANGE, Der
spätantike Bildschmuck des Konstantinsbogens, 1939, S. 174/9.

[++] "Der hohe soziale Wert der antiken römischen Religion resul-
tierte ... daraus, dass sie fast ausschliesslich aus Kulthand-
lungen konstituiert wurde" - in denen sich die Gefühle "der
Disziplin, der Unterwerfung, der Herrschaftshierarchie"
äusserten, wie V. PARETO ausführt. Im gleichen Zusammenhang schreibt er : "Unter den christlichen Sekten überragt der
Wert des Katholizismus für die Aufrechterhaltung der Disziplin
beträchtlich den der anderen christlichen Konfessionen. "
(V. Paretos System der allgemeinen Soziologie. Einleitung,
Texte und Anmerkungen von Dr. G. EISERMANN ..., 1962,
§ 1854/5).

44

b) Verstaatlichung

"Konstantin setzte an die Stelle des Sonnengottes den Glauben an Christus", wie Aurelian "in der Absicht, damit für die Völker des Reichs ein einigendes Band zu knüpfen." [92] Ja, das schon zwei Generationen vor Konstantin integrierte Christentum der B i s c h o f s kirche war mehr als nur Ersatz. Als ein wirklicher Staat - im Staate - bot diese Kirche bereits vor Aurelian ein seinem Staat völlig analoges Bild, wobei - zu "Gunsten" der Kirche - noch der wichtige Unterschied bestand, daß ihr Integralismus nicht nur ideologischer Natur war: "E i n Gott ist und e i n Christus, e i n e Kirche und e i n Glauben und e i n Volk, das durch den Kitt des Glaubens zur festen Einheit eines Körpers verbunden ist. " [94]

Die Worte des karthagischen Bischofs Cyprian (+ 257) sind zwar pathetisch doch nicht unzutreffend [+]; die Kirche "disziplinierte und erzog die Massen tatsächlich und gewann d a d u r c h "die Gestalt ..., in der sie eine mächtige Stütze des Staates sein konnte ..." [95]: die "Gestalt" eines H e e r e s. Schon um das Jahr 96 betrachtete der "Römer Clemens nicht nur alle Christen als Krieger Gottes, sondern er blickt(e) auch mit Wohlgefallen und Stolz auf das römische Militär und betrachtet(e) den Gehorsam und die abgestuften Rangordnungen des Heeres als Vorbilder für die christliche Gemeinde." - Clemens pries "den m i l i t ä r i s c h e n Gehorsam den Christen als das richtige Verhalten nicht nur Gott gegenüber an ..., sondern auch gegenüber den kirchlichen Oberen" und setzte "die Unterscheidung von Befehlenden und Gehorchenden in der Kirche als ebenso wesentlich voraus ... wie im Heere!" Clemens wollte "die Selbständigkeit und Freiheit der Einzelnen den kirchlichen Amtsträgern gegenüber einschränken. Eben deshalb stellt(e) er die mili-

---

[+] Zur Vorgeschichte Cyprians vgl. A. HARNACK, Dogmengeschichte [5]1914, S. 89 ff.

tärische Organisation als vorbildlich für die Christen hin, in der zwischen den Offizieren und den Soldaten eine feste Grenze gezogen ist: jene befehlen und diese gehorchen. Die militärische Analogie" kam "also ... dem Klerus zu gut : alle Christen sind Soldaten; aber eben deshalb haben sie ihren Anführern, den Presbytern, zu gehorchen" [96] - seit der Mitte des dritten Jahrhunderts vor andern den Bischöfen der inzwischen z e n t r a l i s i e r t e n Kirche.

D i e s e Kirche betrachtete Konstantin als geeignet, überhaupt "volkserzieherische Autorität" zu sein, d. h. "öffentlich" - s t a a t - l i c h e "Weltanschauung", [97] was zur notwendigen Folge hatte, daß das Christentum die Gleichberechtigung und später den Vorrang vor den anderen Religionen "von oben her" gewann, "durch persönliche Wahl des Herrschers", [98] so wie schon die Erhebung des - henotheistischen - Sol invictus zum Reichsgott dem eigensten Wollen Kaiser Aurelians entsprungen war [+]. - Bisher war die christliche Bewegung von unten nach oben gegangen, nun erfolgte unter Konstantin die Umwälzung von der Spitze her, und sie mußte es wohl, da sich vorher bestenfalls ein Fünftel, wenn nicht gar nur ein Zehntel der Bevölkerung [99] zu der lang und heftig verfolgten Religionsgemeinschaft bekannten, - wenn man das Ziel einer "christlichen" Theokratie hatte [++]; darauf liefen aber alle Anstrengungen Konstantins und seiner Hoftheologie hinaus.

[+] Bereits viel früher, zum Beginn der grossen Krise der römischen Republik, vertrat der - in den Augen   A. WLOSOKS - "verantwortungsbewusste" (Rom und die Christen, 1970, S. 63) Pontifex Maximus Q. Mutius Scaevola die Auffassung, dass es Aufgabe des Staates sei, aus dem Material, das die Philosophie, die Mythologie und die Tradition darboten, diejenigen Gottheiten auszuwählen, die "für den öffentlichen Kultus am besten geeignet" seien, und daß er sich bei dieser Auswahl "durch sein politisches Interesse" leiten lassen solle. (R. HERNEGGER, Macht ohne Auftrag. Die Entstehung der Staats- und Volkskirche, Olten und Freiburg 1963, S. 132/3).

c) Cäsaropapismus

Der Kaiser Konstantin ist "Diener, ja Knecht Gottes. Vor andern hat ihn Gott als Werkzeug ausgewählt: er ist "Gottes lauttönender Herold". "Meinen Dienst hat Gott als geeignet für die Erfüllung seines Willens auserlesen, und so bin ich, vom britannischen Ozean ausgehend, ... zu den Gefilden des Ostens vorgedrungen ...". [100] So schreibt Konstantin nach Licinius' Besiegung und fährt dann fort: "Daß ich meine ganze Seele, meinen Odem, meine innersten Gedanken dem großen Gott schulde, ist mein unerschütterlicher Glaube. " Und Eusebius, der christliche Neuplatoniker, fügt hinzu, "Gott habe Konstantin zum Kaiser berufen und ihm die Zeit seiner Herrschaft auf drei Jahrzehnte und mehr festgesetzt. " [101] In seiner Rede zum Tricennium preist er Konstantin, weil er in seiner imperialen Monarchie dem Vorbild der göttlichen gefolgt sei: "der eine 'basileus' auf Erden repräsentierte den einen Gott, den einen König im Himmel, den einen Nomos und Logos. " [102] + So führt er auch den Titel "praesentissimus Deus", und bildet sein Palast den Himmel ab. [103] Das heißt: "Die maiestas des Kaisers ist die reale Vertretung der maiestas des Himmelskaisers auf Erden ...". [104] Deswegen gleicht das "religiös politische Verhältnis zwischen der kaiserlichen Majestät und den fideles, den Untertanen des Reiches", nicht nur dem

---

++ Einer "Militia Christi" a l s Militia Caesaris, um zuzuspitzen. Es ist alles andere als zufällig, dass sich der "weltgeschichtliche Umschwung vom Heidentum zum Christentum ... öffentlich zuerst im Heer" vollzog (A. HARNACK, Militia Christi. Die christliche Religion und der Soldatenstand in den ersten drei Jahrhunderten, 1905, S. VI).

+ Ignatius von Antiochien stellte bereits den einen Bischof in Analogie zu dem einen Gott (Mg 6,1; Tr 3,1 u.ö.); konsequenterweise nennt Eusebius Konstantin gleichfalls "U n i v e r s a l - bischof" (vita Çonst. I, 44,1). Eben auch als solcher repräsentiert er den einen Gott: der B i s c h o f kaiser.

"Verhältnis zwischen der Majestät Gottes und ihren fideles", sondern ist "dasselbe". [105] Geschichtstheologisch: Die Entwicklung der Menschheit ist zum Abschluß gekommen, und die Endzeit hat begonnen. Konstantin bringt diese Heilszeit und hat darum "messianische Bedeutung". Er "verwirklicht den göttlichen Sieg, der prinzipiell mit dem Kommen Christi gegeben ist." [106] Nur konsequent, daß die Kirche in Rezeption der Theorien des Eusebius' und anderer, den "heidnischen Kaiserkult in verchristlichter Form" [107] übernimmt, für einen prophetischen und kritischen Standpunkt gegenüber dem Kaiser aber keinen Platz mehr läßt, er müßte als Gotteslästerung erscheinen [+]. Und wozu sollte die Prophetie auch nötig sein, ist "das Reich" doch schon da [108] und Konstantin eine Art Paraklet, wenn nicht "successor", dann doch "vicarius Christi". [109]

"Innerkirchlich" m u ß t e solche "Eschatologie" dem Cäsaropapismus Tür und Tor öffnen. K e i n Bischof hat in Nicäa dagegen ein Wort des Widerspruchs gewagt, "daß ein universales Kredo lediglich durch die Autorität des Kaisers kam, der als Katechumen ... nicht das mindeste Recht hatte, über die höchsten Geheimnisse des Glaubens mitzureden." [110] - Zwar war die Kirche "von Anfang an ... gewillt, dem Staat ... zu geben, was dem Staat als dem Ausdruck des göttlichen Schöpfungswillen" [111] zu gebühren schien, ja mit Tertullian hatte sie den Kaiser - gegen den selbstverständlich kein aktiver Widerstand erlaubt war [112] - bereits für sich selbst reklamiert, weil er von i h r e m Gott eingesetzt wäre, [113] aber genau so hatte sie sich doch gerade daran gestoßen, daß der Kaiser nicht nur weltlicher Herrscher sein sollte, sondern auch Priester - H o h e r - Priester. Doch nun, nachdem sie sich in der Rolle gefiel, tatsächlich "die stärkste staatserhaltende Macht zu sein", [114]

[+] "Welcher Cäsar verziehe wohl die Liebe zu einem Reich, das erst k o m m t ?" (E. BERTRAM, Moselvilla, 1954, S. 17).

war dies alles vergessen. Mit F r e u d e ließ sie sich von Konstantin "als volkserzieherische Autorität und als öffentliche Weltanschauung" [115] mißbrauchen: "Niemals hat ein Kaiser (zuvor) über die Kirche so triumphiert wie Konstantin." [116]

d)   Hierokratismus

Dieser Triumph setzte sich im Osten, wohin Konstantin seine Residenz verlegte, fort. Eine "sakrale Despotie", die "nur gläubige Massen schaffen" konnte, "geistige Freiheit und Initiative" aber "zugleich mit der Freiheit der Kirche" brechen mußte, wurde dort feste Tradition. [117] In Byzanz erhielt sich - wie H. RAHNER affirmiert - "das v e r g i l i s c h e Ideal eines Imperiums des christlichen Friedens ...". [118] + - Der Weg Westroms war ein anderer, doch nicht nur in den vereinzelten Byzantinismen, etwa Karls oder Ottos III., dem östlichen mehr als verwandt. Das immer stärker werdende Papsttum, ja der Episkopat allgemein, hatte nur allzu viel vom römischen Kaisertum "gelernt". Am meisten in der Zeit zwischen Gregor VII. und Bonifaz VIII., der sich - wie Konstantin - "deus praesentissimus" nannte, und dem nach seiner Bulle "Unam sanctam" die unteilbare kaiserlich-päpstliche Macht "zukam". Nicht zufällig stützte sich alle päpstliche Macht - ein Ergebnis der Völkerwanderung - auf die Ideologie der "Konstantin'schen Schenkung" [++]:

+   Über das byzantinische Erbe Bulgariens, Serbiens und - vor allem - Russlands vgl. H. SCHAEDER, Moskau das dritte Rom. Studien zur Geschichte der politischen Theorien in der slawischen Welt, 1957.

++   Treffend nennt sie J. B. SÄNGMÜLLER das "Dokument, welches die Identität der Kirche mit dem Imperium Romanum auf die denkbar schärfste Weise zum Ausdruck brachte." (Die Idee von der Kirche als Imperium Romanum ..., in Theol. Quartalschrift 80, S. 77).

Translatio imperii ad ecclesiam, eines Reiches, das weiterhin "sine fine" sein sollte [+] : "... und die Pforten der Hölle werden sie nicht überwältigen." (Math. 16, 18) So wurden die Parallelen zwischen dem römischen Staatsmythos, der Vergil'schen "Äneis", und dem Neuen Testament gezogen.

"So wie Augustus der princeps Rom gewesen war, und die Nachfolger von seiner Autorität die ihre abgeleitet hatten, so war Petrus princeps apostolorum gewesen, und seine Nachfolger waren die Bischöfe von Rom." [119] Man vergleiche die Darstellung der "Traditio legis" (an Petrus) auf einem siebennischigen Säulensarkophag aus den Jahren 350-60 : "Hier steht Christus ... auf dem Himmelsgewölbe ..., das Coelus, der Himmelsgott, unter seinen Füßen ausspannt. Nicht der historische Jesus ist vergegenwärtigt, sondern der verklärte Herr und Gebieter des Weltalls", [120] der "seinen Fuß auf dem aufgebauschten Gewand des Coelus ruhen läßt", wie der Kaiser Diokletianus - Jupiter am Bogen von Saloniki. [121] Von d i e s e m Christus empfängt Petrus die Rolle der wahren Lehre. Das hat seinen ekklesiologischen Sinn: "Das Gesetz, das der entrückte Kyrios dem hinfälligen Menschen gibt, ist der Lebenskern der Kirche. An die Stelle des göttlichen Lehrers der Völker tritt nun der aktive Christ, den der Auftrag des Verklärten zum Apostel machte. An der Spitze der Apostel aber steht Petrus, der Fels, auf dem die Kirche gegründet wurde." [122] Und die Darstellung dieser "Gesetzesübergabe" ist selber schon und von vornherein "imperial", denn die "siegreiche Kirche übertrug die Liturgie des Kaiserkults auf Christus. Zum vergöttlichten Imperator gehören der Gemmenthron mit dem Purpurkissen, Nimbus und Purpurmantel, das Darbringen gol-

---

[+] "So sagen Ambrosius, Damasus, Hieronymus, Augustinus."
(K. H. SCHELKLE, Jerusalem und Rom im N. T. , in:
Wort und Schrift, Düsseldorf 1966, S. 144).

dener Kränze als Ehrengeschenke ..., die Heilrufe der Apostel ...
als Zeichen der Ergebenheit, die Geste der verhüllten Hände, da das
vom Kaiser Berührte 'sacrum', tabu ist und von profanen Händen
nicht angefaßt werden darf ...", endlich die Proskynese als Anbetung des "deus praesentissimus". [123] Damit wandelte sich das "Lehr-
bild ... zum Majestasbild ... der Kreis der Schüler zum Hofstaat,
die Lebensgemeinschaft mit dem Meister zu Abstand und Huldigung
... zum feierlichen Umstehen des Herrschers." [124] +

Irdisch-politisch dokumentierte sich das bereits auf dem Konzil
von Nicäa, als Konstantin die Bischöfe an seine Tafel lud und so eine "Gemeinschaft" schuf, die nach dem Zeugnis des Eusebius'
"nahezu wie die Darstellung des Reiches Christi empfunden wurde."
[125] Treffend spricht E. Topitsch von einer "Selbstapotheose des
Hofes und der herrschenden Schicht". [126] - Andererseits, oder
wenn man erkennt, daß Eusebius' Vision des Reiches Christi in
Wirklichkeit seine (verwechselnde) Identifikation mit dem absoluten
Kaisertum ist, dementsprechend schlossen sich die Insignien der
Bischöfe, deren Amt für Papst Damasus I. ++ ein "imperium"
i s t, [127] an die Abzeichen der hohen Staatsbeamten an: "Pallium,
Stola und Pontifikalschuhe. Der Manipel ... entwickelte sich aus der
'mappula' der Großwürdenträger, der Bischofsstab aus dem goldenen
Stab der Hofmarschälle". [128] Und die Mitra ist die übernommene

---

+ "Petrus erhält aus der Hand Christi das Gesetz in der gleichen
Weise, in der ein Beamter aus der Hand des Kaisers seine Er-
nennungsurkunde zu einem hohen Reichsamt empfing."
(H. LÜTZELER, Weltgeschichte der Kunst, 1959, S. 482).

++ Seine Epigramme nehmen "eindeutig Vergil zum Muster"
(U. GMELIN, Auctoritas. Römischer Princeps und päpstlicher Primat, 1937, S. 129).

Mütze der römischen Senatoren. - "Der Thron des Bischofs stand erhöht wie der Thron der weltlichen Herrscher." [129] + Eine nicht ungefährliche "innerkirchliche" Konkurrenz für den Altar, der auch "Thron" genannt wurde, ebenfalls in Analogie zum kaiserlichen, über dem, wie jetzt über'm Altar, das Ziborium aufgerichtet war. Wie der Altar vertritt auch der Episkopat auf seinem Sitz den thronenden Christus: "Die Kirche ... repräsentierte den r e g i e r e n d e n , h e r r s c h e n d e n , s i e g r e i c h e n Christus". [130] (Sie konnte selbst als "imperium" verstanden werden. [131]).

4.   Christianisierung Jesu von Nazareth

a)   Pantokrator - Imperator

Das Bild des Christus Pantokrator-Imperator ++ ist, nachdem der irdische Träger dieser Titel zuvor jenem Bilde Modell gestanden hat, bestimmendes Vorbild der staatskirchlichen u n d kirchenstaatlichen Einrichtungen wie Unternehmungen, S o n n e des "Sacrum Imperium". Rückwirkend kann sich wiederum dies ergeben: "Wenn Karl im (Aachener) Münster ... (seinen) Stuhl bestieg, so war das große Kuppelmosaik des triumphierenden Christus für ihn durch einen Bogen des Oktogons verdeckt: der triumphierende Christus war in seinem Stellvertreter" - dem (Bischof-) Kaiser - "präsent geworden." [132] +++ Radikaler Berninis "Kathedra" in Neu-St. Peter, die

---

+   Kurz und knapp heißt es bei YORK VON WARTENBURG : "Trajan von der Forumsäule herabgeworfen und der Fischer Petrus daraufgestellt!" (Italienisches Tagebuch, 1939, S. 63).

++   Zu erinnern ist vor allem an jene Emailledarstellung auf der ottonisch-deutschen Reichskrone mit der Unterschrift "per me reges regnant".

+++ Neueren Forschungen zufolge soll der thronende Christus der Pfalzkapelle vielleicht erst aus dem 12. Jahrhundert stammen

hoch in der Apsis befestigt ist, gleichsam als Baldachin für den Thron des jeweiligen Papstes, der so, als sein Nachfolger, unter der Kathedra Petri thront [+] . Schon nach dem Brief des Pseudoclemens an den Apostel Jakobus (Anfang oder Mitte des 3. Jahrhunderts) sitzt der Papst "auf der Cathedra des Petrus, und das ist die Cathedra Christi." [133] Von daher, weil "der Papst auf dem Stuhl des heiligen Petrus voll und ganz der Stellvertreter Christi" ist, konnte beim Neubau St. Peters - im Unterschied zur Aachener Pfalzkapelle - "auf eine gesonderte bildliche Erscheinung Jesus Christi ... verzichtet werden." [134]

Das Apismosaik der erzgischöflichen Kapelle von Ravenna (ca. 540) "gibt Christus Panzer und Mantel eines römischen Offiziers. Er trägt die Kreuzeslanze und das Evangelienbuch zur Abwehr der höllischen Mächte, auf die er seine Füße setzt - ein geistlicher Sieger in der Uniform eines militärischen Siegers der Zeit." [135] Geistlicher Sieger aufgrund eines kaiserlich-militärischen Erfolges. Prudentius (frühes 5. Jahrhundert) wünscht denn auch "den Kaiser und Christus z u s a m m e n auf dem Triumphwagen" zu sehen. [136] [++] - "In hoc signo (crucis) vinces" rief er nach der Überlie-

---

und statt seiner ursprünglich ein Lamm die Mitte der Kuppel geschmückt haben. (Vgl. W. BRAUNFELS, Karl der Grosse ..., rm 187, S. 119/20) An obiger Interpretation (A. MIRGELERS) ändert sich dadurch nichts - schon für die karolingische Zeit nicht.

+ "In Wirklichkeit" handelt es sich um einen "Thron des K a i s e r s Karl des Kahlen, den dieser wahrscheinlich dem Papste Johannes VIII. zum Geschenk machte" (Fr. HEER, Jugend zwischen Hass und Hoffnung, 1971, S. 76).

++ Prudentius, der "c h r i s t l i c h e Vergil", "konnte" noch einmal, diesmal "eben" in christlicher "Sicht", am Ziel der Vorsehung in Rom die Verkörperung allen Sinns der Geschichte sehen." (K. BÜCHNER, P. Vergilius Maro, der Dichter der Römer, in: RE 8A, 1/2 (1955/8), Sp. 1466/7). "Wie Vergil in der Aeneis nach dem Sieg der Waffen mit den Waffen des

ferung der Konstantin'schen Hoftheologie [137] dem Cäsar vor der
Entscheidungsschlacht an der Milvischen Brücke zu. Bis dahin hatte
bei den Christen "das e i n f a c h e Kreuz ... nichts anderes bedeutet, als den Hinweis auf ... das eschatologische Geschehen am Ende
der Welt. Nunmehr (aber) hat ein Feldherr dieses Zeichen für seinen Kreuzzug umgebildet, er hat das Bild der Erlösung zu einem
Symbol des Sieges und der Macht umgeformt - ein wahrhaft (konter-)
revolutionäres Unternehmen." [138]

Mit der Zeit wird dieses Symbol die Siegesgöttin vom Reichsapfel
verdrängen, und die Worte der Krönungslaudes: "Christus vincit,
Christus regnat, Christus imperat" werden keinen "würdigeren"
Platz finden als auf dem Reichsschwert, das der römisch-deutsche
Kaiser - etwa auf dem berühmten Bild A. Dürers - zusammen mit
der Weltkugel in Händen zu halten pflegt. Das ist der Preis dafür, daß
"Roma ... das Kaiserdiadem" ablegte, "um sich in den Staub zu werfen vor der Verkündigung des Kreuzes", wie Basilius von Seleukia
die weltgeschichtliche Wende nur allzu einseitig umschrieb. [139]

Geistes die Bevorzugung und Berufung Roms zur Herrschaft
über den Erdkreis begründete, so leistet Prudentius nach dem
Sieg des christlichen Kaisers über seine Feinde und nach der
Garantie des Christentums durch die Macht des Kaisers ... die
ideologische Rechtfertigung der Berufung Roms zur Herrschaft
Christi" (V. BUCHHEIT, Christliche Romideologie im Lau-
rentius-Hymnus des Prudentius, in: Polychronion. Festschr.
Fr. Dölger ..., 1966, S. 125) - indem er z.B. - Rom selbst
- zu Konstantin sagen lässt: "Herrscher der Welt wirst du
sein mit Christus vereinigt für immer, / und unter seiner Leitung führst du empor zum Himmel mein Reich." (Contra
Symmachum 2, 758/9) - Damit ja kein Zweifel am affirmativen Sinn seiner Ausführungen bleibt, schreibt BUCHHEIT einige Seiten weiter, für Prudentius sei "stets ... als einem
Christen u n d Römer Vergil neben der Bibel ein Wegge-
fährte gewesen und geblieben: eine täglich neu zu erfahrende
Beglückung für den, der ebenfalls gewillt ist, auf den Spuren
Vergils u n d der Bibel zu wandeln." (Ebd., S. 144).

Schließlich bekommt Rom auch etwas dafür; es darf das Kreuz jetzt an seinem "Kaiserdiadem" tragen, ob es sich um die mittelalterliche Reichskrone oder die Tiara handelt. ("Die Geschichte des Mittelalters ist ... die Geschichte eines Kampfes u m Rom, nicht die eines Kampfes gegen Rom. " [140])

Die "Konterrevolution" hat Folgen bis in den innersten "geistlichen" Bereich: Passionsszenen, z. B. auf einem Säulensarkophag um 340, zeigen nicht "die physische Not des Herrn, geschweige denn seine Entehrung am Kreuze", dem Marterholz der (Sklaven und) "Aufrührer". [141] "Christus bleibt auch in der tiefsten Erniedrigung frei von Elend und Entstellung. Die Dornenkrone verwandelt sich in einen Lorbeerkranz, und der Legionär, der ihn abführt, krönt ihn in der gleichen Weise, wie man den Kaiser nach gewonnener Schlacht auszeichnete. So wird Christi Todesgang zu einem Siegeszug. " [142] +

Als solchen besingt ihn der große eucharstische Festhymnus des 5. Jahrhunderts, das "Pange lingua": "Singe Zunge, des erhabenen Gotteskampfes Waffengang, / Um des Kreuzes Siegeszeichen sing den edelsten Triumph, / Wie des Weltenrunds Erlöser hingeopfert

---

+   "Alles ist hier umgedeutet: Das Werkzeug des Martyriums wird
     zur Standarte Christi ; Soldaten bewachen es wie eine Ehren-
     garde. Anstelle des geschundenen Körpers sieht man den be-
     herrschenden Namenszug XP " (H. LÜTZELER, ed. , S. 478)
     - wie auf den Standarten der nunmehr christlichen Legionen. -
     "Keine Schranke trennte nach den Siegen Konstantins die 'mili-
     tes Christi' vom Heere mehr; im Gegenteil: die Kirche selbst
     nötigte diese 'milites Christi', wenn sie im Heere dienten,
     auch im Heere zu bleiben. Sie schuf ihnen sogar kriegerische
     Heilige (neben den kriegerischen Erzengeln) und überliess
     fortan ihre alten Vorstellungen in Bezug auf den Kriegerstand
     und den Krieg den Mönchen. Dem Kaiser, der sie begehrte,
     warf sie sich in die Arme. Er kommandierte die christlichen
     Priester u n d die christlichen Soldaten; ja als 'Soldaten'
     im höheren Sinn des Wortes galten bald n u r die Christen;
     die übrigen waren 'pagani', 'Zivilisten'." (A. HARNACK,
     Militia Christi ... , S. 92).

Sieger blieb." [143] (Nur konsequent, dass in Byzanz "dem Triumph-
zug das Kreuz" vorausgeht und "Lobgesänge ... Gott als den Urheber des Sieges" preisen. [144]

F. DELEKAT wendet dagegen mit Recht ein, daß die "politische
Theologie", d. h. die imperiale, Herrschaft s a n k t i o n i e r e n d e -,
"am Kreuze Christi ... mitgekreuzigt" wurde, "in der Überschrift,
die über dem Haupte des Gekreuzigten zu lesen war." [145] Solche
Darstellungen wie die oben geschilderten bezeugen aber genau das
Gegenteil. Auch wenn sie zunächst eine Polemik des "wahren" Kaisertums Christi gegenüber dem der irdischen Imperatoren implizieren, so setzt sich doch notwendigerweise schnell die Identität in der
Entgegensetzung durch. Mit - jetzt kirchenkritischen - Worten M.
BECKERS : "Jesus von Nazareth, gelitten unter Pontius Pilatus,
bleibt die dauernde Fehlleistung der Kirche und die Ironie des 'Heiligen Geistes'. Bis heute leidet er unter Rom ..." [146] - weil er
romanisiert wurde.

b)   Messias statt Messianismus

Die Größe, aber auch das Alter der von LUDWIG DERLETH wie
ERNST BLOCH in die Formel "Aut Caesar aut Christus" gefaßten
Widersprüche zeigt sich beim Rückgang auf den jüdischen Messianismus selber. Nach prophetischer Meinung hat alle Schuld Israels ihren Anfang in Gilgal genommen, wo Saul zum König gekrönt wurde
(I. Samuel 11, 11 f): "Alle ihre Bosheit geschah in Gilgal. Ja, dort
warf ich Haß auf sie!" (Hos. 9, 15) Und doch hat sich der Messianismus, auch bei den Propheten, ja bei Samuel selbst, mit dem Königtum verbunden; David und Salomon in ihrer Herrlichkeit werden
Muster des messianischen Nationalkönigs [+]. Aber trotzdem bedeu-

---

[+]   Dies ermöglichte nicht nur Eusebius Konstantin einen zweiten
       David zu nennen, sondern auch den deutschen Kaisern und fran-

tete die Messiashoffnung stets, auch und gerade in dieser Form, eine Opposition gegen den r e g i e r e n d e n König: "Der Hofstil verlangte, daß man dem gegenwärtigen Fürsten und seinem Geschlecht ewige Dauer wünschte; darum, so sehr auch der Messias vom Volke ersehnt werden mochte, so verhaßt mußte er dem Herrscher sein, da er seinem Hause das Szepter aus den Händen" nehmen würde. "Hoffähig war der Messias nur dann, wenn er seines eschatologischen Charakters entkleidet und mit dem regierenden Herrscher identifiziert ..." wurde.[147] - Und das Spezifisch-Prophetische im Judentum geriet nicht nur durch die eschatologische Ausrichtung der Messias-Idee in Gegensatz zum Bestehenden, viel schwerwiegender war, daß die Figur des Messias in letzter Radikalität überhaupt gestrichen wurde,[148] und der Messianismus den Messias aufsog, so wie noch der "historische Jesus" nicht sich als den gekommenen M e s s i a s verkündete, sondern das k o m m e n d e messianische Reich.

Mit Worten E. BLOCHS : Solcher Messianismus ist "in der Religion die Utopie, die das Ganz Andere des Religionsinhalts in jener Form sich vermitteln läßt, worin es keine Gefahr von Herrensalbung und Theokratie enthält ...".[149] "Die frohe Botschaft des Alten Testaments läuft gegen Pharao und schärft (gerade) an diesem Gegensatz ihre beständige Utopie der Befreiung."[150] Derart wirkt selbst noch die Frohe Botschaft von dem Christus, "als Aufhebung der absoluten Gott-Transzendenz durch die Homousie, die Gottgleichheit

---

zösischen Königen des Mittelalters - die sich beide von Karl dem Großen herleiteten, und dessen Aachener Thron dem des Königs David nachgebildet ist - ihre Theokratie durch ihn und seinen Sohn Salomon zu legitimieren. (Ausführlich: H. STEGER, David Rex et Propheta. König David als vorbildliche Verkörperung des Herrschers und Dichters im Mittelalter, 1961.) - Schon "Jahwes Thron und Davids Thron waren nicht voneinander zu trennen, ja sie waren, wenn man an Ps. 110, 1 denkt, eigentlich eines." (G. v. RAD, Theologie des Alten Testaments, Bd. 1, 1957, S. 54).

Christi. Sie wirkt ... demokratisch-mystisch ... zur Auflösung Jahwes in diese Herrlichkeit. Schöpfer, gar Pharao in Jahwe fallen völlig dahin; er bleibt einzig als Ziel, und der letzte Christus ... (ruft) einzig die Gemeinde als dessen Bauzeug und Stadt. " [151] [+]

Das ist die äußerste Konsequenz des Messianischen, daß es nicht nur gegen den irdischen König aufsteht - wie schon die Zeit der Richter - sondern auch gegen den überweltlichen, der jener - in übermenschlicher und unmenschlicher Größe - allzu leicht ist. Ein kurzer Aufstand nur; denn Neuplatonismus und Solar-Theismus bringen eine gewaltige Gottrenaissance, auch im Urchristentum, das nun den "historischen Jesus" selber als den Christus hypostasiert und transzendiert, bis dahin, daß er all die Attribute trägt, wie sie dem "deus praesentissimus" eigen sind. Mag mit seiner Homousie auch die "absolute Gott-Transzendenz" (E. BLOCH) fallen, so bleibt ihre Relativierung doch immer noch das Monopol seiner Einzigkeit. Und das Reich, auch dies jetzt s e i n Reich, ist - zum Beispiel auf dem Apsisbild von S. Pudenziana (399) - der an den Himmel versetzte römische Kaiserpalast, in dem Christus Hof hält; wie der Kaiser im irdischen Rom, so der Christus Imperator im himmlischen.

Schon in der Verfolgungszeit hat Clemens Alexandrinus "Uranopolis" beschrieben, die Stadt des Himmels, der der Christ angehört, und deren König Christus ist. Auch sie hat bereits ein irdisches Gegenstück, das nach ihrem - himmlischen - Vorbild aufgebaut ist, die

---

[+] Umgekehrt-dementsprechend: "Die Vorstellung von der Herrschaft der Gottheit wird erst da wirklich lebendig, wo sie zum König ernannt wird. Ihre absolute Macht und Erhabenheit kann sich der ... Mensch an dem König versinnbildlichen; da sieht er anschaulich, wie ein Wesen übermenschlicher Art durch eine tiefe Kluft von der Sphäre des Gemeinen getrennt ist." (H. GREßMANN, Der Messias, 1929, S. 227).

Kirche. Seit Konstantin ist zusätzlich noch das "irdische I m p e -
r i u m , das transitorium regnum, ... das große Ebenbild des regnum aeternum, des imperium im Himmel. " [152] Unbeschadet des
- kruden - Platonismus, die Kontinuität ist unverkennbar, gerade
auch mit der paganen Rom-Religon; schon die Heiden nannten Rom
"Uranopolis". [153]

c)   Hellenistischer "Soter"

Das Zeichen der christlichen Uranopolis, die nicht mehr "Jerusalem"
ist, höchstens ein völlig romanisiertes, ist trotzdem das Kreuz, freilich kein "einfaches" (J. VOGT) mehr, sondern ein goldenes und
edelsteingeschmücktes [+] ; soweit ist es entwirklicht, damit die vielen irdischen umso weniger mit dem Jesu zu tun haben. P e r v e r -
s e r w e i s e   allerdings derart, daß unter Hinweis auf Jesu Passion
die Sklaven aufgefordert werden, auch bösartigen Herrn willig zu gehorchen, sich auch unschuldig züchtigen zu lassen. " [154] [++] - Kran-
ken, Bettlern, Zöllnern und Dirnen wird jetzt nur noch ein post-
mortales "Reich" verheißen; an jedem irdischen ist ihnen der Anteil
versagt [+++]. Das ist aus der Zukunfterwartung geworden. Und doch
war ihr "Fazit" [155] mit Ez. 21, 31 gewesen: "Empor mit dem Niedrigen und herunter mit dem Hohen. " - Noch ist das Edelsteinkreuz
von S. Pudenziana eschatologisches Zeichen (J. VOGT), aber in-

---

+   Selbst der asketische Johannes der Täufer bekommt auf dem
    Kuppelmosaik des "Baptisteriums der Orthodoxen" in Ravenna
    (5. Jhd.) eine "Crux gemmata" in die Hand.

++   Vgl. I. Petr. 2, 18 ff. und I. Tim. 6, 1 f.

+++   "Das Karolingische Evangelium ... (wird) eine Herrenlehre und
    eine Herrschaftslehre (sein) ...". Es wird "nicht vom leidenden
    Christus, vom 'armen Christus', vom Christus der 'Elenden'
    (sprechen), sondern vom Christus-Gott, der König und hoch-
    adeligen Geblüts ist." (Fr. HEER, Das Heilige Römische
    Reich, 1967, S. 26/7).

zwischen ist schon jenes Paradox eingetreten, von dem G. QUISPEL
spricht: Gerade die Eschatologie ist "die Einfallspforte für die
Elemente" geworden, "die ihren Ursprung in den Mysterien, in der
Philosophie in der Gnosis des Altertums hatten und dann in das Christentum integriert worden sind." [156]   In allen dreien zugleich hat
jenes zentrale Element der Jenseitigkeit seinen Ursprung, von dem
wir schon gesprochen haben, wobei freilich zu beachten ist, daß nicht
erst das Urchristentum "hellenisiert" (HARNACK) wurde, sondern
bereits weiteste Teile des nachexilischen Judentums, [157]   und auch
hier geschah dies in Umprägung des prophetischen Messianismus -
zum hellenistischen Erlösertum: "Überall, wo der hellenistische Begriff der Erlösung vorliegt, handelt es sich um die Erlösung vom Tode oder, was gleichbedeutend damit ist, vom Satan, von den Dämonen, vom Schicksal, vom Fleisch, positiver ausgedrückt: um die Erlösung zum ewigen Leben. Mit einem Wort: das Messiasideal ist
diesseitig, das Erlöserideal jenseitig ...". [158] - Daß dann auch der
Soter mit nur allzu diesseitigen, auf ihrem Status beharrenden Herrschern identifiziert wurde, darauf wurde gleichfalls hingewiesen.
Hier interessiert nun, wie die Verhimmelung des "historischen J e -
s u s" parallel und in eins geht mit seiner massiven Diesseitigkeit
in irdischen und weltlichen Herrschern.

Bereits "für die alte p a l ä s t i n i s c h e Urgemeinde ist Jesus
der von Gott erhöhte 'Mensch'", wie das hellenisierte Judentum den
Erlöser nannte. "Durch sein vergangenes irdisches Wirken hat ...
er die Gemeinde der Endzeit berufen [+] ; es scheint, daß man auch
schon seinen Tod als ein Heilsereignis ... (versteht), nämlich als
ein Sühneopfer für die Sünden, vielleicht auch als das Opfer, durch
das Gott den neuen Bund mit seinem Volk schließt. In den h e l -
l e n i s t i s c h e n Gemeinden müssen Mysterienvorstellungen da-

---

+   Und schon "im prophetischen Jesusbild ist die T e n d e n z un-

60

zu dienen, Jesu Heilsbedeutung zu beschreiben; er ist der im Kult verehrte 'Herr', an dessen Tod und Auferstehung die Kultgenossen durch die Sakramente von Taufe und Herrenmahl teilbekommen. "[159] Teil am "Königreich Gottes", das, die Endzeit vorwegnehmend, "schon jetzt und hier in der Verborgenheit"[160] anwesend ist.

d) "Christus prolongatus, der als Kirche existiert"

Wenn aber Vorwegnahme und Verborgenheit de facto vergessen werden, oder "der sakramentale Christus und das Reich Gottes in eins gesetzt", dann wird "der Christus prolongatus, der als Kirche existiert, ... zu einer totalitären Institution, in der die Gegenwart alle noch offene Zukunft erübrigt. "[161] Der christliche Glaube ist in eine Spielerart der Gnosis umgeschlagen, deren Wesen formal darin besteht, daß sie sich "als unbedingt setzt", "eine 'diesseitige'[+] Möglichkeit für das absolute ... Eschaton ... ausgibt und in ihr als erfüllte Gegenwärtigkeit die Jeweiligkeit sich versteifen, sie gleichsam verfestigt und am Ziele erscheinen läßt. "[162] Genau dies ist spätestens seit Eusebius der Fall, wobei er den konstantin'schen Staat, mit dem die Kirche auf's engste verbunden ist, gleich miteschatologisiert. Und daß Augustinus - als einziger bedeutender Theologe der nachkonstantin'schen Zeit - "die politisch-theologische Ideologie von der Immanenz des Gottesreiches im Imperium Romanum" in Frage stellt,[163] ändert daran nichts[++]; denn auch seine Theorie wird im Mittelalter noch einmal unter eusebianischen

---

verkennbar, die Gestalt Jesu ins Überirdische auszuweiten. " (R. MEYER, Der Prophet aus Galiläa ..., S. 130).

+   Anführung durch R. F.

++ Für Augustin und seine Nachfolger folgt auf Rom "keine neue Welt, sondern das Ende. " (J. TAUBES, Abendländische Eschatologie, 1947, S. 80).

Vorzeichen (um-) interpretiert. Außerdem bleibt die Kirche, wenn jetzt auch vom Staat gelöst, ein Letztes: "... das Reich, in dem die auferstandenen Gerechten mit Christus herrschen ..., kommt (für Augustin) nicht erst, es ist da seit Christus, verkörpert in seiner Kirche, der civitas Dei terrena, dem Letzten, Höchsten, relativ Vollkommensten, was diese Welt bieten kann. " [164] Ganz deutlich in diesem Passus aus "De civitate Dei" (XX, 9): "'Ich sah Stühle und die darauf saßen, und es wurde ihnen Gericht gegeben. ' (Apok. XX, 4) Hier darf man nicht an das Letzte Gericht denken, sondern es sind die Stühle der leitenden Männer und die Männer selbst gemeint, von denen die Kirche jetzt verwaltet wird. Daß ihnen aber Gericht gegeben wardt, versteht man wohl am besten, wenn man sich des Wortes erinnert: 'Was ihr auf Erden binden werdet, soll auch im Himmel gebunden sein, und was ihr auf Erden lösen werdet, soll auch im Himmel los sein. ' (Mt. 18, 18)" [165] - Die Kirche wird in ihrem Anstaltscharakter bestätigt, wodurch die eschatologische Erwartung "nicht mehr eine wirkliche Rolle spielt", sondern nur noch zum letzten - nicht weltüberlegenen, sondern unweltlichen - Abschnitt einer "immer statischer werdenden Weltanschauung ..." [166] dient. Von vornherein schließt nun das christliche Dogma "eine geschichtliche Interpretation der letzten Dinge" aus und beherrscht "gerade dadurch theologisch die Geschichte der Welt. " [167]

Daß es überhaupt zu einer ausgebauten Dogmatik kommt, steht im unmittelbaren Zusammenhang mit der "Enttäuschungskrankheit über das Ausbleiben der Parusie". [168] Gegen sie erblickt die - sich damit bildende - Orthodoxie den "Ausbau des Dogmas" als einziges "Gegengift" [169] : "Genuine Heilswerte" werden in "Erklärungswerte" umgesetzt. [170] Es entsteht "eine Glaubens l e h r e mit griechisch-philosophischem Gepräge", die "die alten eschatologischen Vorstellungen" zurückschiebt, "ja verdrängt ...". [171] Andere aber, so die montanistische Bewegung, lassen von der Hoffnung auf das "tausendjährige Reich" nicht ab, um welchen Topos sich die Eschatologie jetzt vorzüglich kristallisiert [+]. Leidenschaftlich bekämpft Montanus die Annahme, "die Prophetie habe mit dem Neuen Testament ihren Abschluß gefunden" und sieht "in dieser Ansicht die Verwandlung des Chiliasmus in eine tote Angelegenheit." [172] Nicht zufällig muß er gerade für Eusebius (u n d Augustinus) t a t s ä c h - l i c h tot sein. Der Triumphalist "hegt ... gegen den Millenarismus eine innige und unwandelbare Abneigung." [173] [++] Aber auch schon Tertullian (nach der Mitte des 2. Jhd. geb.) schreibt, heidnischen Vorwürfen begegnend - Apologia 32 : "Wir wünschen ... nicht" - wie die ersten Christen - das Ende "zu erleben, und indem wir um Aufschub dieser Dinge beten, befördern wir die Fortdauer Roms." [174] - Wenn in diesen Worten Rom auch noch nicht sakralisiert ist und die Kirche imperialisiert, und wenn vor allem Tertullian selbst später Anhänger des Montanus wird, so fühlt sich fortan die (orthodoxe) Kirche im ganzen doch "nicht mehr als 'die Gemeinde in der Fremde', sie hat sich wohnlich eingerichtet auf dieser Welt und rechnet ... mit einem langen Aufenthalt." "Die Kirche hat ... an sich selbst Genüge gefunden", [175] weshalb sie seit Augustin "die Unveränderlichkeit ihres Zustandes" betont - umsomehr, als sie die "eschatologische Leidenschaft ihrer Gegner zähmen" muß, [176] die auf andere Weise mit der "Enttäuschungskrankheit" fertig zu werden suchen: ohne "sogar" der Eschatologie "konservative Motive ... abzugewinnen".[177]

[+]   In ihn hat sich die jesuanische Reichserwartung gerettet. (W. NIGG, ed. , 79).

[++] Und das ist selbstverständlich keine Idiosynkrasie. Die von der kaiserlichen Munifizenz (Konstantins) den grossen Kirchen geschenkten prachtvollen Bibeln enthielten die Johannesapokalypse nicht. " (K. -H. SCHELKLE, Theologie des Neuen Testaments IV, 1, 1974, S. 33).

e) "Erlösermythus"

Sie liegen der Urgemeinde, die die Gemeinde vor der Parusie-Enttäuschung ist, fern [+]. Noch ein Satz wie 2. Kor. 5, 7 "ist ein antignostischer christlicher Fundamentalsatz, in dem auf der einen Gegensatzseite das 'peripathein' ebenso wesentlich ist wie die 'pistis': im 'eidos', d. h. in der endgültigen Gnosis, gibt es kein 'peripathein', d. h. kein Zeitlichsein mehr. " [178] Andererseits wurde auch schon in der Urgemeinde "Jesu Person und Werk mit den Begriffen des gnostischen Erlösungsmythos [++] interpretiert ...: er ist eine göttliche Gestalt der himmlischen Lichtwelt, der Sohn des Höchsten, der vom Vater herabgesandt wurde, in Menschengestalt verhüllt, und durch sein Werk die Erlösung brachte. " - Bereits "v o r Paulus war diese Auffassung der Person Jesu in die Gemeinden eingedrungen; denn offenbar zitiert Paulus ein ihm überkommenes Christus-Lied, wenn er Phil. 2, 6-11 davon redet, daß Christus, ein präexistentes Gott-

---

+ H. CANCIK hat recht, wenn er die "A u f g a b e der Naherwartung" gleichsetzt mit der Umformung der "eschatologisch begründete(n) Indifferenz ... zu einem staats- und gesellschaftsbejahenden Konservatismus" (Die neutestamentlichen Aussagen über Geschlecht, Ehe, Frau. Ihr religionsgeschichtlicher und soziologischer Ort, in: H. CANCIK u. a. , Zum Thema Frau in Kirche und Gesellschaft ... , 1972, S. 38). Jedoch bereits die "eschatologische Indifferenz" (ebd. S. 24) - Staat und Gesellschaft gegenüber - führte Paulus dazu, seine Kirchenpolitik so anzulegen, "als ob es kein Weltende gäbe" (H. FELD, Paulus als Politiker, in: Dogma und Politik. Zur politischen Hermeneutik theologischer Aussagen ... , 1973, S. 27): also als "dauerhafte".

++ C. COLPE, dessen Bultmann-Kritik wir folgen, verwirft den allgemeinen Gebrauch des Attributs "gnostisch" und verlangt eine genauere Typologie. Nach der von ihm vorgenommenen kommt der paulinische "Erlösermythus" am nächsten dem "doketischen" Typ; zwar wandelt sein Erlöser "auf Erden" nicht "im S c h e i n l e i b", aber doch, wie Bultmann selbst ausführt, in - menschlicher - "Verkleidung". (Die religionsgeschichtliche Schule. Darstellung und Kritik ihres Bildes vom gnostischen Erlösermythus, 1961, S. 201 (Fn. 5), 108).

64

wesen, die Himmelswelt verließ und in Knechtsgestalt auf Erden erschien und nach seinem Tode zum Herrn erhöht wurde. Der ... Mythos liegt hinter den andeutenden Sätzen des Paulus von der geheimnisvollen göttlichen Weisheit, die die 'Archonten dieses Aeons' nicht erkannt haben; sie hätten sonst den Herrn der Herrlichkeit nicht ans Kreuz gebracht; d. h. : in seiner Verkleidung war er ihnen unerkennbar, so daß sie sich durch seine Kreuzigung selbst ihr Verderben bereiteten (1. Kor. 2, 8 f). " [179]

f) Christus in uns

"Christus hat für Paulus die umrissene Gestalt eines menschlichen Individuums verloren (wie er denn von dem 'Christus nach dem Fleisch' nichts mehr wissen will, 2. Kor. 5, 16) und ist zu einer gleichsam kosmischen Gestalt geworden, zu einem 'Leibe', zu dem alle gehören, die durch Glaube und Taufe ihm zu eigen geworden sind (1. Kor. 12, 12 f ; Gal. 3, 27 f). Denn 'in ihn hinein' wird man getauft (Gal. 3, 27), und 'in Christus' bewegt sich hinfort das christliche Leben. Das 'in Christus' ist keineswegs, wie oft mißverstanden wurde, eine Formel der Mystik, sondern vielmehr eine ... kosmologische Formel, die sich auch ekklesiologische Formel bezeichnen läßt, da der 'Leib' Christi die Kirche ist, - oder (hier) vielleicht auch (noch) als eine eschatologische Formel, da mit der Konstituierung des 'Leibes' Christi das eschatologische Geschehen seinen Anfang genommen hat. " [180] + - Mißverständnis hin, Mißverständnis

---

+ BLOCH bezweifelt entschieden, wie viele Exegeten, ob man solche Ekklesiologie noch eschatologisch nennen kann und betont - unseres Erachtens mit Recht: "Der Konservatismus Pauli hat ... seine eigene Eschatologie an der Quelle gedrosselt: durch V e r g e g e n w ä r t i g u n g des Heils. Die Christengemeinschaft soll bereits eine präsente Vorwegnahme des Heils sein (in v e r w a n d t e r Weise und aus v e r w a n d t e n Gründen hat späterhin Augustin den Traum vom Tausendjährigen Reich auf

her, in einer maßgeblichen, stark vom Neuplatonismus geprägten Tradition w u r d e die Formel "in Christus" mystisch verstanden; sie wurde zur mystischen Formel schlechthin. In ihrer Umkehrung: Wir "in Christus" - Christus in uns, d. h. bei einem Rückgang auf die Botschaft des "historischen Jesus" selber: wir im "Reich" - das Reich in uns: "inneres Reich", zeigt sie aufs deutlichste die Perversion der Eschatologie. S o l c h e Mystik ist von nun an "der große Widerpart der Reichserwartung". [181] + - Nahezu mon-ar-chisch wird sie mit dem Johanneischen Christentum: Durch seine neuplatonische Logos-Spekulation hat der letzte Evangelist die Inkarnation als Bedingung der Möglichkeit jeder Erlösung zum "entscheidenden Heilsereignis" [182] gemacht. Und die "geheimnisvolle Nachbildung und Fortsetzung der ewigen Geburt des Logos aus dem Vater und der zeitlichen Geburt aus der Jungfrau" ist eben "die durch die (sakramentale oder "besondere") Gnade gegebene ... Einwohnung Christi im Herzen der Gläubigen. " [183] "Die Parusie ist zu einem seelischen Vorgang geworden. Das ... Erleben der sublimierten Innerlichkeit hat sie aufgesaugt. " [184]

g)   L o g o s Christus

Dadurch ist - zusätzlich zum sozialen Zug der christlichen Anthropologie - auch ihr "futurischer" [185] aufgegeben und durch einen restaurativen ersetzt: das Heil liegt im Ursprung, und Erlösung be-

---

das bereits vorhandene Kirchenleben redressiert). " (Atheismus im Christentum. Zur Religion des Exodus und des Reichs, 1968, S. 190). - "Exegetisch", mit vielen neutestamentlichen Belegen, vor allem E. LOHMEYER, Syn Christo, 1927, S. 218 ff.

+   Nicht zufällig, daß sie von der gleichen geistigen Strömung getragen wird, wie die (heidnische und dann) christliche Theokratie : dem Neuplatonismus.

deutet Rückkehr zu ihm. Dementsprechend dient Christus keinem zukünftigen Reich und seinem neuen Menschen, sondern rekapituliert
nur den Plan, wie ihn sich der göttliche Schöpfer - der Logos
selbst ist dieser Plan - vor aller Schöpfung gemacht hat : Steht "am
Anfang der Weltgeschichte der Fehlschlag des Adam", so erfolgt an
ihrem Ende, das schon "perfectum praesens" [186] ist, "die Wieder-
gutmachung und Fortführung des so jäh unterbrochenen Gotteswerkes
in Christo ...". [187 +] - Der Logos - Sohn ist - im Unterschied
zum apokalyptischen "Menschen-Sohn" - gerade nicht Bringer der
neuen Welt, sondern "Schöpfer und Ordner der bestehenden natürlichen", deren einfacher Bestandteil auch der Mensch ist.

Bei Justin, Irenäus u. a. wird sich "die ... Enteschatologisie-
rung der urchristlichen Christusauffassung mit Hilfe der Logos-Lehre
bis zur Verwandlung des apokalyptischen Christus in die als welt-
immanent gedachte platonische Weltseele durchzusetzen" [188] vermögen: Christus ist Kosmos, kosmischer wie gesellschaftlicher,
Christus ist der metaphysische "Kaiser"! Eine Bezeichnung, die bei
Eusebius zum gebräuchlichsten Gottesnamen werden sollte: "Groß-
Kaiser nenne ich den Wahrhaft-Großen. Und der hier gegenwärtige
Kaiser (Konstantin) wird es nicht tadeln, ja sogar dieser Gottes-
lehre beistimmen, wenn ich sage, daß er es ist, welcher über Allem
ist." [189] - Wie sollte Konstantin nicht, ist er doch gerade hierdurch auf Erden, was Gott für die Welt ist. Umgekehrt gleicht die

---

+   L. ZIEGLER affirmiert: "Zwischen Protos und Eschatos
     Adam ... trägt sich genau das zu, was wir heilige Geschichte,
     nämlich Geschichte unseres Heiles nennen und was, genau ge-
     nommen, nichts anderes sein kann als die Geschichte der
     'Heimkehr des verlorenen Sohnes'." (Überlieferung, 1936,
     S. 371). Und W. BERGENGRUEN spitzt ein Jahr später -
     reichsvisionär - zu : "... da Christi Kreuzessterben / ... /
     (Adams) Verschulden zugedeckt, / hat, die Würde neu zu erben, /
     Gott die Kaiser Roms erweckt." (Der ewige Kaiser, S. 21).

Welt "einer kaiserlichen Residenz, in der viele wohnen, entweder im
Palast oder mehr oder weniger davon entfernt, d. h. in der Gegenwart
Gottes, im Himmel, im Äther, in der Luft oder auf Erden", zusammengehalten "durch das kaiserliche Gesetz, das kaiserliche Wort";
denn jeder "beugt sich an s e i n e m Ort unter dem kaiserlichen Joch,
unter dem in allem wirksamen Logos Gottes [+]. Dieses Gesetz ist phy-
sisch: die unlösliche kosmische Ordnung, die allen die ihnen zukom-
menden Plätze unter Gott anweist. Dieses Gesetz ist auch moralisch:
das Gebot, das jeder der Stimme seiner vernünftigen Natur folgen und
darin ein Nachfolger des Logos werden soll. " [190]

5.   "Roma aeterna"

a)   "Ordo Romanus"

Der "Ordo"-Gedanke ist nicht erst der "Leitgedanke der mittelalterlichen Zeit", falls man diese, wie H. KRINGS, geistesgeschichtlich
bei Augustin beginnen läßt, hinter Eusebius tut sich nicht nur der
gesamte (heidnische) Neuplatonismus auf, sondern konturiert sich
- um von noch Älteren abzusehen - deutlich auch der Stoizismus,
dessen Welt-Formel "urbs deis hominibusque communis" Überschrift des Denkens bleibt, bis hin zu Thomas und Bonaventura, mit
dem Krings seine mittelalterliche Epoche schließen läßt. - Immer
wieder erweist sich dies als ihr Grundgedanke, "daß alles Seiende
verkettet ist, zusammenhängt, irgendwie Einheit will und ist ... als
Ganzes geordneter Teile ... " [191] - als "ordo universi". [192] Und
diese Ordnung gründet in einem "Ordnen", das "das Tun Gottes"
ist; "er schafft erst den 'ordo'; als Tun Gottes aber ist es iden-

---

+ "Anthropologisch": "Die Menschen sind alle eines Geschlechts und
  bilden darum eine Einheit, die aber die Unterschiede wie hoch und
  niedrig, gebildet und roh, und so weiter einschließt." (H. Berkhof, Die Theologie des Eusebius von Cäsarea, 1939, S. 97).

68

tisch mit seinem Wesen: Der Grund des 'ordo' ist Gott. " [193]

W e l c h e r "ordo" ist das aber? Um ganz im Gegensatz zu Krings zu fragen - welch historisch-soziologisches Modell liegt ihm zugrunde? E. PRZYWARA gibt die Antwort, ohne freilich daraus irgendwelche kritischen Konsequenzen zu ziehen. Nichts liegt dem Ideologen der äußersten katholischen Rechten vor und nach 1933/45 ferner. - Thomas hat den "Ordo R o m a n u s "zur höchsten "G o t t - Form" des "o r d o rerum" gemacht und ihn als "perfectio univer- si" "zum e i n z i g e n Grundprinzip seiner theologischen Philoso- phie" genommen. [194] Und dies war - g e s c h i c h t s theologisch - "möglich", wie Dante ausgeführt hat [+] - unter ausdrücklicher Bezug- nahme auf Vergil.

b)   Dantes Vergil-Rezeption

Vergil ist für Dante nicht nur deshalb "ein Führer, weil in seinem Gedicht die politische Ordnung, die Dante als die vorbildliche, als die 'terrena Jerusalem' ansieht, der allgemeine Frieden unter dem römischen Kaisertum, in der Unterweltfahrt des gerechten Äneas prophezeit und verherrlicht wird; weil darin die Gründung Roms, des vorbestimmten Sitzes von weltlicher und geistiger Gewalt, im Hinblick auf seine zukünftige Mission besungen wird ..." [195] - son- dern weil Vergil - "über seine zeitliche Prophezeiung hinaus" - auch "die e w i g e überzeitliche Ordnung, das Erscheinen Christi,

---

[+]   "Der leidenschaftliche Wille zur Ordnung" verbindet ihn mit Thomas, wie E. AUERBACH betont: "Für Dante ... ist das Ziel der Kunst und die höchste erschaubare Schönheit die O r d n u n g des Seins ..." (Dante als Dichter der irdischen Welt 1929, S. 91). Umgekehrt hat auch Thomas in "De regi- mine principum" geschrieben: "Romanam urbem deus prae- viderat christiani populi principalem sedem futuram." (1, 14).

das mit der Erneuerung der zeitlichen Welt zusammenfiel, in der vierten Ekloge verkündet hat ..." [196] + : "als einziger Heide" verband
er "mit der Einsicht in die rechte irdische Ordnung die Vorausah-
nung der Wiedergeburt durch Christi Erscheinen ... D a r u m repräsentiert er" für Dante - "besser und vollkommener als irgendwer
sonst" - "die ewige Weisheit Gottes, wie sie sich im Gange der Weltgeschichte dokumentiert. " [197] - Für die konservativ-revolutionären
Rezeptoren Vergils in d i e s e m Jahrhundert ebenfalls - aber
Dante nach und mit ihm. E. R. CURTIUS zufolge gehört es "... zu
den glückhaften Augurien unserer Geschichte, daß Virgil und Dante,
der große römische Heide, der paganus, ... mit dem großen römischen Christen, dem Jenseitswanderer und Diesseitsordner, in un-
auflöslichem Bunde vereint ist. " [198] Auch Dante erhält einen ausge-
zeichneten Platz in der "abendländischen" Heilsgeschichte, zu der
die römische geworden ist ++. Er s e l b s t hat sich "in einer
Mission" gesehen, "die ebenso bedeutend ist wie die des Äneas: er
ist berufen, der Welt, die aus den Fugen ist, die rechte Ordnung zu
verkünden, die ihm auf seinem Weg offenbart wird" [199] - eine r ö -
m i s c h e .

+   Selbst der Anti-Eusebianer Augustin konnte sich der - ver-
     meintlich christlichen - Suggestion dieses Gedichts nicht ent-
     ziehen. Auch er interpretierte seine Verse "als geheimnisvolle
     Prophezeiung auf Christus". (K. H. SCHELKLE, Virgil in der
     Deutung Augustins, in: Tübinger Beiträge zur Altertums-Wiss.
     XXXII. (1939), S. 16/18). Dante bzgl. vgl. Göttliche Kom-
     mödie, Purg. 22, 63-73.

++   Apodiktisch heißt es bei G. MOENIUS : "Wenn Vergil 'Vater
     des Abendlandes' ist, so ist Dante sein größter Sohn. "
     (Der neue Weltmonarch, 1947, S. 130). Moenius' Mitarbeiter
     HALFLANTS zufolge hat er "für Vergil vollbracht", "was
     Thomas von Aquin für Aristoteles getan ..." (Vergil und das
     Christentum, in: Allgemeine Rundschau XXVII (1930), S. 847).
     Für das Mittelalter war Vergil "d e r Dichter" (K. BÜCH-
     NER, ebd. , Sp. 1479) wie Aristoteles d e r Philosoph.

c) Römisch - Abendländische Heilsgeschichte

Im 2. Buch seiner "Monarchie", das sich zur Aufgabe gestellt hat, die Rechtmäßigkeit des römischen Kaisertums zu erweisen (1. Kap. , S. 51) [+], schreibt er: "... Christus ... wollte unter dem Gebot der römischen Machtfülle geboren werden ... , auf daß bei jener einzigartigen Schätzung des Menschengeschlechts der Sohn Gottes, Mensch geworden, als Mensch geschätzt würde: das hieß dem Gebot nachkommen. " [200] Und was von Christi Geburt gilt, das gilt in gleicher Weise von seinem Leiden und Sterben: "Hätte ... Christus nicht unter einem ordentlichen Richter gelitten, so wäre jene Pein keine Bestrafung gewesen; und der Richter konnte ein ordentlicher nur sein, wenn er über das ganze menschliche Geschlecht Gerichtsherr war, da das ganze menschliche Geschlecht dort im Fleische Christi bestraft wurde ...". [201] Dante resümiert: "Aufhören mögen sie ... , das römische Kaisertum schlecht zu machen ... , wenn sie sehen, daß ihr Bräutigam Christus es also zum Eingang und Ausgang seines Heldentums guthieß. " [202]

Doch damit nicht genug; Dante, dem schon eine tausendjährige Entwicklung vorausging [++], setzt die providentielle Deutung der rö-

---

+ Dante beruft sich dabei ausdrücklich "auf Vergil als den Hauptzeugen für die römische Urgeschichte und schreibt viele Verse der Äneis aus, um in logisch aufgebauter Beweisführung zu erhärten, daß der Vater des römischen Volkes und infolgedessen dieses Volk selbst das edelste unter dem Himmel sei: 'Es ist von der Natur zum Herrschen bestimmt' ... " (E. FRAENKEL, Gedanken zu einer deutschen Vergilfeier 1930, S. 7).

++ Vor allem an Prudentius, gleichsam das missing link zwischen Vergil und Dante, ist hier nochmals zu erinnern. Zwar betonte gerade er: "Verwirrt hat ja der Irrtum, der aus Troja kam, / bis jetzt die Curie der Männer ... " (Peristephanon 2, 445/6). Doch das hindert ihn nicht - "Contra Symmachum" - Konstantin Rom wie folgt ansprechen zu lassen: "Alles aus dieser Welt ist Dir untertan; so hat Gott selbst es / angeordnet, auf sein Geheiss hin herrschest du, über den Erdkreis / gebietest du, trittst voller Macht auf alles, was sterblich. " (1, 429-31).

mischen Geschichte noch über die augusteische Zeit hinaus fort, gleichsam als Nachfolger und "Sohn" - so nennt er sich selbst - des Vergils der Äneis: Mit Titus eilt Rom hin "...zu rächen / die Rache für die erste alte Sünde", [203] d. h. die jüdische "Schuld" am Tode Christi. - Konstantin wendet dann den Adler "gegen den Lauf des Himmels, dem er vorher / gefolgt, dem Urahn (Äneas) nach ...". [204] "Und als der Langobarden Zahn sich in / die heilige Kirche schlug, da breitet schützend drüber / der große Karl im Siegen seinen Fittich". [205]

Was Dante zum Ausdruck bringen will, ist die Translatio imperii ad Francos et Alemannos [+] zum einen und die Translatio imperii ad Petrum zum anderen: Rom und sein Reich "...warn für die heilige Stätte vorbestimmt, / auf der der Erbe thront des großen Petrus." [206] Und wie Konstantin auf Äneas bezogen wurde, so wird an einer späteren Stelle auch die Kirche und das Papsttum Dantes eigener Zukunft auf einen Helden des römischen Heidentums bezogen: "... höchste Vorsehung, die einst mit Scipio / in Rom des Weltenreichs Macht begründet', / kommt bald auch dir zu Hilfe ...". [207] [++] Die göttliche Vorsehung, die diejenige Roms ist, verklam-

---

[+] "Der Gedanke, daß durch die Krönung Karls des Großen etwas Neues geschaffen worden sei, liegt ... (Dante) vollständig fern, und er nennt auch diesen Herrscher - ebenso wie Heinrich VII. - ohne weiteres in einer Reihe mit Caesar, Augustus ..., Konstantin und anderen römischen Caesaren." (H. KELSEN, Die Staatslehre des Dante, 1905, S. 124).
Ausgesprochen vergilisch stammen - nach der Schrift "De praerogativa Romani imperii", auch "Chronica oder Tractatus de translatione imperii" genannt - die Germanen von den Trojanern ab und stehen dadurch den Römern ebenbürtig an der Seite; "durch eine mythische Prädestination" sind sie von Gott diesen als Nachfolger bestimmt worden (H. KELSEN, ed., 31/2).

[++] Umgekehrt-dementsprechend heißt es Convivium VI. Traktat, 5. Kapitel: "O weihevolles Herz Catos, wer darf sich anmaßen, von Dir zu sprechen? Gewiß, über Dich läßt sich nichts Besseres sagen, als zu schweigen und es Hieronymus nachzumachen, der in seiner Einleitung zur Bibel, wo er auf P a u l u s zu sprechen kommt, in die Worte ausbricht: 'Schweigen ist hier

mert antikes - und christliches, kaiserliches und päpstliches Rom
zur einen "Roma aeterna".

Vergil hat den Romgedanken in die klassische Form gegossen und
den folgenden Zeiten die entsprechende Topoi geliefert, Augustus hat
dem Kult der "Dea Roma" Reichs- und Staatsbedeutung verliehen
und in den Provinzen mit diesem Kult den seiner eigenen Person verbunden. In der "urbs" selber war die große Säkularfeier des Jahres
17 der unübertroffene Höhepunkt der augusteischen Rom-Religion. -
Und auch im 3. Jhd., - diesmal, im Jahre 248, wurde das tausendjährige Bestehen Roms begangen -, hat eine Säkularfeier die nach-
haltigste Wirkung gehabt. "Ein neues Saeculum, ungleich größer und
weitreichender, als es in den bisherigen Säkularfeiern verherrlicht
wurde, schien sich anzukündigen. Verehrung der Göttin 'Roma' wei-
tete sich zum Glauben an die Ewigkeit Roms und dessen immer wiederkehrende Erneuerung. Rom ist damals, noch vor dem Sieg des
Christentums, zur heiligen Stadt geworden." [208] - Erbin der jüdischen Apokalyptik mit ihrer Antinomie Jerusalem - Babylon, hatte
die Urgemeinde Rom mit der "großen Hure" identifiziert und so
verteufelt (1. Petr. 5, 13 z. B.). Tertullian vertrat dann maßgeblich die Ansicht, daß, wie verfallen Rom auch immer sei, es doch
die Endzeit der Schrecken und das Kommen des Antichrist hinaus-
schöbe. Im Anschluß an die Paulus-Stellen über die "Obrigkeit" war
damit konkret Rom und sein Reich als die "temporale Ordnung" [209]
verstanden. Noch war für die Christen Rom nicht die "Heilige Stadt",
aber doch schon eine, der als "caput mundi" (temporalis) Respekt gebührte [+].

------

besser, als wenig sagen.'" (Dantes Gastmahl. Übersetzt und
erklärt mit einer Einführung v. Dr. C. Sauter, 1911, S. 281).

[+]   Noch 1948, unübersehbar mit dem Blick auf die jüngste Vergangenheit, kann ein katholischer Exeget schreiben: "In augu-
steischer Zeit hat ein Römer Q. Pompeius mit seinen beiden

Und auch ihre Sakralisierung schien bereits im Neuen Testament angelegt zu sein, im späten Lukas der Weihnachtsgeschichte, wo "die Ankunft des Weltheilandes" zusammen "mit dem Census des Weltkaisers erzählt" [210] wird [+]. Der "Augustus-Theologe" Eusebius hat zur Zeit Konstantins die extremsten Schlüsse aus diesem "Synchronismus Christus - Augustus" [211] gezogen. Bei ihm stellt sich die "Pax Augusta" als Vorbereitung für die "Pax Christiana" dar, und "nicht nur in dem Sinne, daß so die Ausbreitung der Lehre leichter war, sondern als wesenhaft verwandte Vorstufe" [212]: "Der Logos ... hat durch die Jahrtausende allmählich einen Zustand der menschlichen Dinge bereitet, der seiner würdig und zu seiner Aufnahme geeignet wäre. Erreicht worden ist dies mit der 'Pax Augusta'. Mit ihr zugleich ist der Logos in die Welt eingetreten, die Theophanie erfüllt und die 'Pax Christiana' begründet, und beide Ordnungen ergänzen und stützen einander." [213] [++] Bis sie schließlich im Reich des "apostelgleichen" [+++] Konstantin identisch werden.

Brüdern eine Statue des Aion geschaffen und nach Eleusis gestiftet 'für die Macht Roms und die Dauer der Mysterien'. Dünkt uns nicht, daß ein solches Gelübde gültig sein soll? Es muß doch dauern als Grund unserer Welt ein Rom als Wille der ordnenden Kraft und Macht über allen Dingen, einer Ordnung freilich, die nur aus dem Glauben an die heiligen Mysterien bestehen kann. Und darum muß ebenso und noch mehr bleiben als Gottes Haus der Mysterien, als Stadt der eschatologischen Erwartung und Hoffnung, die 'Coelestis Urbs Jerusalem, beata pacis visio'." (K. H. SCHELKLE, Jerusalem und Rom im Neuen Testament, in: Wort und Schrift, Düsseldorf 1966, S. 144).

[+] Ausführlich: E. PETERSON, Kaiser Augustus im Urteil des antiken Christentums ..., in: Hochland 30, II, S. 289 ff.

[++] Vgl. ausführlicher Dante, Convivium, VI. Traktat, 5. Kap. (ed. , S. 278/9).

[+++] "isapostolos", wie der ständige Beiname Konstantins lautet, nennt sich auch Otto III. Die Intitulatio eines seiner Diplome heißt: "Servus Jesu Christi (et Romanorum imperator) ...".

d) "Translatio Imperii"

Konstantin hat seine kaiserlichen - und seine päpstlichen Nachfolger; ob sie in Rom residieren oder nicht, es sind "römische". Konstantinopel heißt Neurom (Moskau "Drittes Rom") und auch das fränkisch-deutsche Kaisertum versteht sich als römisches; Aachen, die Residenz des "neuen Konstantin", wie seine Hoftheologen Karl nennen [+], sollte - nicht nur für ihn, sondern auch für den Papst - das "zweite Rom" sein. [214] ("'... ins einstige Leben sich wieder verwandeln die Zeiten: N e u wird das goldene Rom dem Weltkreis wiedergeboren', so dichtet unter dem klassischen Namen Naso der am Hofe Karls des Großen weilende Angelsachse Modoin." [215])

Den Mittelpunkt der Rückseite von Ottos III. "Lotharkreuz" [++] bildet eine Originalgemme mit dem Portrait des Augustus, der die Triumphaltracht trägt [+++]. Diese Gemme ist das kostbarste

---

[+]   Einen neuen A u g u s t u s ; so Einhard, der in seiner Vita Karls gewisse Charakterzüge nach Suetons Beschreibung des Augustus stilisiert. (A. BUCK, Gab es einen Humanismus im Mittelalter? in: Romanische Forschungen 75, 1963, S. 220).

[++] Vor der Stiftung des "Reichskreuzes" in salischer Zeit diente es wohl als "kaiserliches Passionskreuz" und wurde den römisch-deutschen Kaisern vorangetragen. (J. DEÉR, Das Kaiserbild im Kreuz, in: Schweizer Beiträge zur allgemeinen Geschichte 13, 1955, S. 110).

[+++] Mit dieser Zusammenstellung übertrifft der Sohn der Theophanu ein byzantinisches Schmuckkreuz wie das Ravennatische von S. Apollinare in Classe aus dem 6. Jhd. bei weitem. Den Mittelpunkt des dortigen A p s i s kreuzes bildet das Haupt des Christus-Pantokrator, umgeben vom Kranz der Unendlichkeit, also das Haupt des neuplatonisch-eusebianischen Christus-Kaisers. Von daher, und weil das Kreuz mit dem Kaiserepitheton "Salus mundi" unterschrieben ist, läßt sich dann aber auch sagen, daß bereits d i e s e s Kreuz zum "Lotharkreuz" hinleitet und zurück in jene heidnisch-kaiserliche Vergangenheit, aus der sich der metaphysische Christus-Kaiser selbst mitab - leitet.

Stück der von Edelsteinen übersäten "crux gemata", einem Kreuzes-
typ, der bis in die konstantinische Zeit zurückreicht. [216] Wie im
ottonischen Sacrum imperium "die geistlichen und weltlichen Funktionen, das 'unum corpus christianum, principaliter divisum in sacer-
dotio et regno', (überhaupt) weithin vereinigt sind, so auch die beiden Seiten des Lotharkreuzes: "die gemmenübersäte Rückseite mit
dem triumphierend erhobenen Augustushaupte", als "die Seite des er-
neuerten römischen Kaisertums", wird durch "die gravierte Vorder-
seite mit dem Haupt des sterbenden Erlösers" ergänzt, die "dem
sacerdotium Christi geweiht" ist. [217] Werden die beiden Seiten gleichsam übereinander gelegt, erhält man jenen germanisch-romanischen
Christus, der nicht am Kreuz hängt, "das Haupt voll Blut und Wunden,
sondern auf dem solidum und suppedaneum, dem Fußgestell , steht,
das seine Stellung als Gekreuzigter u n d Weltherrscher ausdrückt,
angetan mit allen Insignien seiner königlichen Würde: die Dornenkrone wird nicht als solche dargestellt, sondern vielmehr als Kaiserkrone ...". [218] (Ein Kruzifix in S. Eusebio zu Vercelli trägt eine
Edelsteinkrone, die höchst wahrscheinlich eine Privatkrone Ottos III
w a r . + Der "'criuces fürste' läßt auch am Kreuz nicht die virga
imperii, sein königliches Szepter, sinken. Christus leidet zwar auch,
aber wie ein großer König und Krieger im gerechten Kriege leidet ...". [219])

Auf dem "Lotharkreuz" trägt das s i n k e n d e Haupt Christi
zwar nicht selbst - wie auf der anderen Kreuzesseite Augustus - den

---

+ Umgekehrt, nicht Christus an den Kaiser, sondern diesen an jenen angleichend, thront Otto III. auf dem Titelblatt des Liuthar-
   Evangeliars - gleichfalls in der Aachener Schatzkammer - von
   der Mandorla und den Evangelistensymbolen umgeben, ganz in
   der Art wie sonst nur Christus selbst dargestellt wird. Und so
   wie dieser auf dem "Lotharkreuz" von oben gekrönt wird, so
   hier Otto III.

Lorbeerkranz, aber oben reicht ihm die Hand Gottes den Kranz des höchsten Sieges herab, "des Sieges im Tode". [220] Und der Kranz umschließt das Bild einer Taube; Schmitz glaubt in ihr "das Sinnbild des Friedens" erblicken zu dürfen, "wie es seit der Katakombenkunst geläufig war ...", [221] - um von daher zu folgern: "Mit dem Friedensgedanken" bietet sich "ein neues Bindeglied zwischen dem Imperator pacificus, dem Hüter der Pax Christiana in der abendländischen Welt, und dem Augustus der Ara pacis, der Pax Augusta" an; "ja, auch hierin wußte sich der Imperator Augustus - wie sich die Ottonen in bewußter Nachfolge K a r l s des Großen in ihren Dokumenten, auf Münzen und Siegeln nannten - als E r b e jenes e r s t e n Augustus." [222]

e) Roma christiana

Rom und seinem Imperium näher, nach dem Selbstverständnis war das Römertum der Franken und Deutschen nur ein durch einen selber vermitteltes, stellte sich das Papsttum und seine westliche, eben r ö m i s c h e Kirche dar. "Electa gentium caput / sedes magistri gentium" sind Verse aus Ambrosius' "Hymnus auf das Fest der römischen Apostel". [223] Leo der Große nimmt in einer Predigt zum gleichen Fest (Sermones, 82) diesen Gedanken auf: "Rom ... ist als Gründung der Apostel Petrus und Paulus eine priesterliche und königliche Stadt, durch den Stuhl Petri ist sie das Haupt der Welt, ja der in der Religion begründete Vorrang erstreckt sich weiter als früher die irdische Herrschaft." [224] Und Innozenz III. (Dekretale "Per Venerabilem") deutete die "Frage, 'Domine, quo vadis?', die nach der bekannten Erzählung der vor seiner Hinrichtung aus Rom fliehende Apostel Petrus an den begegnenden Herrn richtet, und die Antwort 'Ich gehe nach Rom, um mich dort zum zweiten Mal kreuzigen zu lassen', ... im Einklang mit der volkstümlichen Tradition als ein Zeugnis Christi, daß er Rom zur heiligsten Stätte, zur Erbin

Jerusalems, zum Eckstein seiner Kirche erkoren habe ..." . Innozenz macht aus dieser politisch-religiösen Vorstellung eine "historische U r k u n d e, einen kirchenpolitischen Akt mit r e c h t s verbindlicher ewig fortwirkender Kraft." [225]

Rom ist wieder ins "Unbedingte" und "Endgültige" gerückt, aus wessen Bereich es Augustinus gerade herausgenommen hat, [226] aber eben derart, daß nicht jede Restitution ins Absolute ausgeschieden ist [+] : Rückt man Rom an den Himmel, indem man etwa wie Augustin in "De civitate Dei" von dem "erleuchteten Senate" und von der "glänzenden Kurie" des Himmels [227] spricht, dann ist diese Restitution durchaus möglich und Rom, wenn auch platonisiert, wieder die Macht, welche "der Weltordnung auf Erden" [228] zur Herrschaft verhilft. Zirkelhaft ist das himmlische Rom entweder das Urbild zum irdischen oder dieses sein "Abbild". Mit den apokalyptischen Topoi heißt dies aber - wie immer läßt die "analogia entis" ein breites Spektrum der Nähe oder Ferne beider zu - daß Rom an die Stelle des biblischen Jerusalem getreten ist, daß aus Rom, das für Babylon stand, Sion geworden ist : "... da das 'Volk der Verheißung' ... das Nein zum Logos Jesus Messias sprach, erging der Ruf an die 'Heiden', d. h. praktisch an das heidnische Abendland, und ging darum das 'Charisma des Ortes der Offenbarung' in Petrus als dem 'Fels der Kirche' und 'Schlüsselwalter des Reiches der Himmel' über von Jerusalem ... nach dem Rom, das zur 'Ewigen Stadt des Abendlandes' vorbereitet war durch das Rom des erdumspannenden Imperium Romanum ..." . [229]

[+]   "Mit einer letzten Absage an Rom wendet ... sich (Augustin) gegen die christliche Romanitas seiner Zeit. Aber indem der alte Gegensatz Jerusalem-Babylon in die bedeutsame Konzeption der Civitas Dei mündet, kehrt Augustin sich gleichzeitig von der bloßen Verneinung ab: die alte Antithese wird durch p o s i t i v e neue Gegensetzung überwunden." (F.G. MAIER, Augustin und das antike Rom. Tübinger Beiträge zur Alt.Wiss. 39, 1955, S. 13).

Dantes Beatrice verkündet ihrem Schützling: "... ohne Ende wirst mit mir du Bürger sein / des Rom, in dem auch Christus Römer ist. "[230] Und als er an ihrer Hand diese "Stadt"[231] erreicht hat [+], sagt sie ihm: "In jenem großen Stuhl, den du betrachtest / der Krone wegen, die schon draufgesetzt ist, / wird, ehe du zu diesem Feste kommst / die Seele sein, die schon erlaucht auf Erden, / des großen Heinrich ..."[232]. Höchst dialektisch werden Urbild und Abbild zueinander in Bezug gesetzt. Aber wie sublim auch immer, dies ist selten deutlich, der Christen Jerusalem ist Rom selbst [++].

f)   Neu-Rom Wien

Das letzte Rom des Abendlandes, wenn man vom Paris Napoleons absieht, der sich - n u r euhemeristisch - als Nachfolger "Charlemagnes" fühlte, war das Wien der Habsburger, des letzten Kaisergeschlechts des alten Sacrum imperium - das b a r o c k e Wien[+++].

+   Sehr fein bemerkt H. U. v. BALTHASAR : Dante kommt "in den Himmel wie die nordischen Barbarenpilger nach Rom, die die übermenschliche Größe des Laterans bestaunen ..." (Herrlichkeit II., S. 387). Der kommt ihnen wie der Himmel vor, bietet er ihnen doch umgekehrt - "in überhöhter, verstärkter Wirklichkeit" - all das, was ihnen "auf Erden als das Höchste und Wertvollste" erscheint. Der Himmel besteht für diese Menschen "vor allem in der 'himmlischen burge', dem palatium regis coelestis, der wohl umschirmten Himmelpfalz ..." (Fr. HEER, Der Aufgang Europas, 1949, S. 126).

++ Notwendigerweise macht die erste kirchliche, und damit abendländische Revolution überhaupt diese Identifikation wieder rückgängig, um - in den Schriften der Franziskanerspiritualen - Rom erneut der großen Hure der Apokalypse gleichzusetzen. (Vgl. E. BENZ, Die Kategorien der religiösen Geschichtsdeutung Joachims, in: Zeitschrift für Kirchengeschichte, 3. Folge, I (1931), S. 24-111).

+++ H. v. HOFMANNSTHAL bezeichnet den Barock als die verjüngte Form "jener älteren Welt, die wir die mittelalterliche nennen" (zit. nach E. R. Curtius, Europäische Literatur und lateinisches Mittelalter, [7]1969, S. 37).

Sein Mittelpunkt war die Karlskirche, "wie die Hagia Sophia, die der göttlichen Weltordnung geweiht" [233] war, die "Reichskirche des neuen Rom", als welches gerade ihr Programmierer Heraeus Wien auffaßte.

Die Fassade der Karlskirche hat "... dreifachen sensus allegoricus: 1. Constantia et Fortidudo ... Allusion auf den Wahlspruch des Kaisers. 2. Säulen des Herkules, dazu ursprünglich geplant allegierte Bilder aus der Reichsgeschichte; Allusion auf Karl VI. als 'spanischen Herkules' und auf den Herrschaftsanspruch auf Spanien. 3. Säulen des Salomonischen Tempels: Jachin und Boas (Constantia et Fortitudo); Allusion auf Karl VI. als den 'neuen Salomon', die Karlskirche als der Tempel der neuen 'salomonischen' Friedensära, als Templum Pacis" - Pacis A u g u s t a e , wie man zu erwähnen nicht vergessen darf: "die Zeitgenossen" sahen "in der antiken Vorhalle der Karlskirche ein Abbild des 'Templum Pacis et Jovis' in Rom ...". [234]

Karl VI. , der Kaiser des spanischen Erbfolgekrieges, demonstrierte mit dieser "phantastischen Abbreviatur des ewigen Rom" [235] seinen Anspruch auf die Weltherrschaft - nicht zuletzt gegenüber dem konkurrierenden französischen Königtum. Bereits nach der Krönung Josephs I. (1705) war - reaktiv - der Gedanke eines "deutschen Versailles" aufgetaucht [236] : "Nicht an einer religiösen, sondern an einer politischen Gelegenheit, nicht im Kirchenbau, sondern im Schloßbau" sollten sich die Möglichkeiten des "Reichsstils" (H. SEDLMAYR) "am entschiedensten" ankündigen. [237] + Sedlmayr urteilt: "Wäre der erste Entwurf für Schönbrunn ausgeführt worden, so hätten Kaiser und Reich eine architektonische Verkör-

---

+ Der Entwerfer war niemand anders als der spätere Architekt der Karlskirche, Fischer von Erlach. Zu ihm vgl. H. SEDLMAYR, J. B. Fischer von Erlach, 1956.

perung ihrer politischen Macht erhalten, der sich in Europa kaum etwas anderes hätte an die Seite stellen können - es sei denn Berninis
Ausgestaltung von St. Peter. " [238] Und doch wäre - andererseits -
dieses Schönbrunn immer nur ein Über - Versailles gewesen.
Herrschaft und Kultur Ludwigs XIV. blieben die zwar überbietbaren,
aber unersetzbaren Muster des barocken, d.h. "französischen
Europa" (J. BAINVILLE).

II. "POLITISCHE THEOLOGIE"
der Neuzeit

"Die Kirche ist der Staat von gestern,
der Staat die Kirche von morgen."

Popolo d'Italia, 1915

1. T. CAMPANELLA

a) Louis' XIV. Sonnenkönigtum (1)

Sein Hof ist "... der H ö h e p u n k t in der Entwicklung des Absolutismus, sowohl der Sache nach als auch in der äußeren Form; die Person des Königs, umgeben von der großen, sorgfältig nach Rang abgestuften Gesellschaft des einstigen Feudaladels, der, seiner Macht und
seiner ursprünglichen Funktion beraubt, eben nur noch Umgebung des
Königs ist, zeigt das v o l l e n d e t e Bild des barock überhöhten, absoluten Fürsten...". [1] Einmal mehr ist er - "G o t t auf Erden",
wie ihn seine Hoftheologen feiern, die ihm dabei helfen, "den alten byzantinischen und mittelalterlichen religiös-politischen Monotheismus
mit den Mitteln seiner Zeit (zu) restaurieren: e i n Gottkönig im Himmel, e i n Sonnenkönig als sein Abbild auf Erden, als Herr e i n e s
Staates und e i n e s Glaubens." [1a]

Aber wie sehr Ludwigs Theokratie auch dem "Ideal einer völli-
gen Stabilisierung, einer ebenso sehr kirchlichen als staatlichen Restauration", [1b] entspringt, so ist doch eben darin ein noch weiterge-
hender Rückgang in der Geschichte gleichfalls nicht zu übersehen:
Ludwig ist der "S o n n e n könig", dessen "Gesamtkunstwerk" Versailles - Schloß und Park - als "Sonnen k u l t stätte" anzusehen
ist. [1c] "In einer Wiederkehr uralten, hellenistischen und spätrömi-
schen Anspruchs auf Sonnengleichheit" ist sie "das Zeichen des zum
Gott erhöhten, divinen M e n s c h e n ", [1d] als welcher Ludwig schon
1638 von T. Campanella gefeiert wird : der Verfasser der "Civitas Solis" begrüßt dessen Geburt "in einer langen Ekloge, die die Heraufführung eines irdischen Gottesreichs [+] durch den Neugeborenen in

---

[+] Seine innere Struktur beschreibt er ganz nach dem Muster seiner
"Civitas Solis", d. h. - im Hinblick auf Ludwig -: Campanella
verkündet diesen als deren "SOL"/"Metaphysicus".

enger Anlehnung an V e r g i l s vierte Ekloge verkündet", mit den bezeichnenden Worten: "... redeunt Saturnia regna / Et nova progenies Coelo demittitur alto." [1e]

b) "Civitas Solis"

Campanella, immer auf der Suche nach Bereitungsorten seines "messianischen Sonnenreichs", begrüßte die Geburt des nachmaligen Ludwigs XIV. in derselben "hochmütigen Hoffnung", in der er die Widmung seiner 1637 neu erschienenen Schrift "De sensu rerum et magia" an Kardinal Richelieu beschlossen hatte: "Der Sonnenstaat, der von mir entworfene, von dir zu errichtende". [1f] In diesem Entwurf einer streng hierarchisch geordneten Theokratie von 1623 ist der "oberste Herr ... ein Priester, den sie in ihrer Sprache HOH nennen, in unserer dürfen wir sagen: M e t a p h y s i k u s . Dieser ist das Oberhaupt aller in weltlichen u n d geistlichen Dingen, und alle Geschäfte und Streitigkeiten werden letztlich durch sein Urteil entschieden. - Drei Würdenträger stehen ihm zur Seite: Pon, Sin und Mor, in unserer Sprache: Macht, Weisheit und Liebe." [2] Und auch sie - wie alle Beamten - sind Priester, [3] ja die Abbilder der drei göttlichen Personen gleichen Namens. [4] Ihre Einheit ist in Gott, wie die ihrer irdischen Vertreter im "Metaphysikus" oder - " S O L ". Denn zwar behalten die Bewohner der "Civitas Solis" "göttliche Verehrung allein Gott" vor, aber "betrachten und verehren" ihn doch "unter dem Bild der Sonne", die sie das"Zeichen Gottes"nennen, "sein Antlitz und seine lebendige Erscheinung ...". [5] Nicht anders als wie der neuplatonische (Solar-) Theismus (des Porphyrios'). [+] Und mit der Sonne wird auch den Sternen gehuldigt: "die Priester beten Gott in der Sonne und in den Sternen gleichwie in Altären und im Himmel gleichwie in einem Tempel an ...".

+ Vgl. I, 2 d.

c)   "Brave New World"

Darüber hinaus haben sie die Aufgabe, "die Gestirne zu beobachten ...
ihre Bewegungen und Wirkungen auf die menschlichen Angelegenheiten
zu vermerken und ihre Eigenschaften kennenzulernen".[7]   Was von den
syrischen Astralgöttern galt, gilt für die göttlichen Sterne der Campanella - Religion wieder: "Die Gestirne sind die Weltherrscher, indem sie die Zeitherrscher sind".[8]   Es gilt geradezu totalitär, weil
Campanella das astrale Schicksal in einer "wissenschaftlichen" Be-
hörde institutionalisiert: "Diese (Astrologen-)Priester bestimmen
die Stunde der Zeugung [+], den Tag der Aussaat, der Ernte und der
Weinlese. Sie sind gleichsam Unterhändler und Vermittler: das Band
zwischen Gott und den Menschen".[9] [++]   Läßt man die mythologisch-
allegorische Redeweise Campanellas auf sich beruhen, eine Utopie,
die heute wie das partielle Muster zu HUXLEYS "Brave New World"
wirkt, jenem "einzigen Konzentrationslager, das, seines Gegensatzes
ledig, sich fürs Paradies hält".[10]

d)   "Weltpapst" SOL

Campanella besitzt einen "wirklichkeitsutopischen" (H. BALL)
Überschuß, der sich erst im 19. Jahrhundert einer - primär schreck-
lichen Realisierbarkeit nähern soll. Von rückwärts gesehen - und um
diese Perspektive geht es zunächst - stellt der "Sonnenstaat" eine re-
"naturalisierte mittelalterliche Theokratie" dar [11] : statt "Civitas

_____

+   Schon ein "Traum" des Hohenstaufen Friedrichs II., dem Cam-
    panella überhaupt verpflichtet ist, ging dahin, "mittels 'Eugeni-
    scher' Ehegesetze auf Sizilien ein Staatsvolk zu züchten, wie er
    es brauchte..." (L. ZIEGLER, Fünfundzwanzig Sätze vom Deut-
    schen Staat 1931, S. 23).

++ "Aus ihrer Mitte wird meistens der Sol gewählt." (T. Campa-
    nella, Sonnenstaat, in: Der utopische Staat, RK 68/69, S. 154).

Dei", "Civitas Solis". - Verfolgt man Campanellas eigenen Weg von der "Monarchia Hispanica" (1598-1600) bis zur "Civitas Solis", dann läßt sich ihr "Sol"/"Metaphysikus" als "Weltpapst" [12] bezeichnen. In einer an Bonifaz VIII. gemahnenden Passage des gegenreformatorischen Pamphlets schreibt der Dominikaner: Der Papst ist "das Haupt der irdischen Monarchie / Gottes Statthalter / und sitzt an Gottes statt: Auch alles dasjenige was alle Fürsten und Herren haben / ist ihm unterworfen auffs wenigste indirecte, ganz und gar in den geistlichen Sachen. " [13]

e) Louis' XIV. Sonnenkönigtum (2)

Damit ist dann auch indirekt die antike Kontinuität von Campanellas Monarchismus dokumentiert. [+] Als direkt und indirekt zugleich, wenn man will konstantinisch (-gallikanisch), erweist sich die antike Kontinuität von Ludwigs XIV. tatsächlichem Sonnenkönigtum. [++] Die "beiden Brennpunkte der Sonnenverehrung des 17. Jahrhunderts": Sonnenmonstranz und "Sonnenkultstätte" (Versailles) fallen in einem zusammen, und sie können es; denn in der von Eusebius bis Bossuet,

---

+ Vgl. I, 3d.

++ Für sich sprechen unter anderem die Namen seiner Bastarde; "sie heißen: Ludwig Alexander, Ludwig Augustus, Ludwig Konstantin, Ludwig Karl...". (Karl Fürst SCHWARZENBERG, Adler und Drache - Der Weltherrschaftsgedanke, 1958, S. 342, Fn. 169). Wenn man will, eine antizipatorische Affirmation von W. BENJAMINS berühmten Satz: "Die jeweils Herrschenden sind ... die Erben aller, die je gesiegt haben. " (Illuminationen. Ausgewählte Schriften, 1969, S. 271) Ja, für die französischen "Modernes" wird "Durch den Glanz der Kulturentfaltung... das Reich des Sonnenkönigs, das augusteische Rom" - konkret - "zu ü b e r s t r a h l e n" scheinen. (W. KRAUSS, Studien und Aufsätze, 1955, S. 30).

dem Hoftheologen Ludwigs XIV., reichenden politischen Theologie ist der "Abstand" zwischen dem "menschgewordenen Gott" und
dem "zum Gott erhöhten, divinen Menschen" ein vernachlässigbarer
und deshalb auch vernachlässigter; SEDLMAYR täuscht sich: der
"innere Widerspruch", den er zwischen den beiden Sphären des barok-
ken Zeitalters[14]: (sakramentaler) Christusverehrung und Königskult,
zu konstatieren müssen glaubt, ist längst nicht einmal mehr ein scheinbarer.[+]

2. Friedrich II. von Hohenstaufen (1)

a) Augustus - Christus

"...der erste moderne Mensch auf dem Throne",[15] "jener große Frei-
geist, das Genie unter den deutschen Kaisern, Friedrich II.",[16] der
weit vor einem Richelieu, aber auch Philipp Auguste (in Sizilien)
"die erste absolute Monarchie des Abendlandes"[17] gründete[++] und
schon - vor Louis XIV. - als das Vergil'sche Wunderkind (der 4.
Ekloge) gefeiert wurde[+++] - als erster Mensch der nachkon-
stantinischen Zeit - scheute sich in seinem Euhemerismus nicht, eine
identische Verbindung mit Christus selbst einzugehen, indem er christ-
liche- und römische Apokalyptik zusammenfallen, das heißt christliche und augusteische Interpretation der 4. Ekloge in sich, dem Au-

---

+   Für die konstantin'sche Übergangszeit vgl. I, 3a.

++   K. J. HEINRICH glaubt, das Campanella "bei seiner Schilderung
     des Sonnenstaates der autoritäre Beamtenstaat des Königreichs
     Sizilien unter... Friedrich II." vorschwebte, "dessen Züge in dem
     'Sol' des Sonnenstaates deutlich zu erkennen" seien. (Der utopi-
     sche Staat, RK 68/69, S. 217).

+++ "An der Wiege des... größten Kaisers im christlich-deutschen
     Römerimperium stand..., bedeutungsvoll genug, Vergil."
     (E. KANTOROWICZ, Kaiser Friedrich der Zweite, 1931, S. 9).

g u s t u s - Christus, konvergieren ließ, - "theologisch" - das Christentum überhaupt in eine "aufgeklärte" Staatsreligion verwandelte, vermittelt durch eine platonisch-aristotelische Metaphysik.

Die Worte des GEORGE- Schülers Ernst KANTOROWICZ haben einen hymnischen Ton und sind darin affirmativ, doch, davon abgesehen, beschreiben sie ausgezeichnet die friederizianische Rückverwandlung des spätantiken und mittelalterlichen C h r i s t u s - Kaisers in einen K a i s e r - Christus : "... der Christ, den Friedrich... darstellte ...: war der ... Jesus Rex aus Davids Königsgeblüt, der gekrönt mit dem Kosmokratendiadem von Ehre und Ruhm" seit Konstantin "geherrscht und das neue Imperium der Christen gestiftet hatte ... diesen ... (römisch-)christlichen Heiland, der mit Strahlenkrone, Weltkugel, Lanze und Buch in der raum- und zeitlosen Entrücktheit der Mandorlen thronte, ihn hat Friedrich II. t a t s ä c h l i c h erlöst und erfüllt, indem er ihn lebte und ihm mit seinem Blut irdische, leibliche Gegenwart gab. "[1]

Anders als seine Vorgänger, die gleichfalls dem päpstlichen Bann verfallen waren, nahm Friedrich II. nicht einmal scheinbar etwas von seinem universalen Herrschaftsanspruch zurück, als ihn die päpstliche Bulle 1239 erreichte, ganz im Gegenteil. Nicht nur sein Hof gebrauchte seitdem neben dem Vergleich mit den Cäsaren fast bloß noch den mit Christus, "nie etwa mit Karl dem Großen oder einem anderen der mächtigen Kaiser. "[19] - Friedrich II. selbst bekannte sich - schon im Jahr der Exkommunikation - "als Bringer des letzten, des Friedensreiches ...": als er in Pisa den Tag der Heilandsgeburt beging, dem sein eigener Geburtstag - der 26.12. - unmittelbar folgte, da bestieg er am Weihnachtstag im Dom die Kanzel und predigte vor allem Volk, kaum bezweifelbar Identisches mit dem, was in den Aufrufen stand, die

---

+ Vor ihm hat allenfalls Otto III. diese "äußersten, fast priesterkaiserlichen Höhen erwittert. " (E. KANTOROWICZ, ed. , S. 196 vgl. I, 5 d.

wenige Tage später dem unter Kreuzeszeichen in die päpstlichen Provinzen einziehenden Cäsar voraufgingen. Hier gab sich Friedrich II.
mit den Worten der Schrift als den Ersehnten, Erhofften dem Volk zu
erkennen. - "Weil also die Zeit gekommen ist, ... so bitten wir euch:
stehet auf! richtet euren Sinn zu schauen des Reiches Weisheit und
Kraft! und uns, euren Fürsten und gnädigen Besitzer, erkennet! Bereitet den Weg des Herrn und machet richtig seine Steige ... nehmet
fort die Riegel eurer Türen, auf daß euer Caesar komme, den Rebellen furchtbar und euch hold, bei dessen Kunft die Geister schweigen, die
euch solange plagten." [21] Es sind die Worte, mit denen der Täufer das
Kommen des Herrn und das nahe Himmelreich verheißt. Aber Friedrich geht noch weiter als in diesem Aufruf. Im Schreiben an die eigene
- ebenfalls päpstliche - Geburtsstadt Jesi heißt es: "Nach dem Zuge
der Natur sind wir getrieben und gehalten, JESI, der Marken adlige
Stadt, unsres Ursprungs erlauchten Anbeginn, wo unsre göttliche Mutter uns zum Lichte gebracht, wo unsere Wiege geschimmert, mit inner-
ster Liebe zu umfangen: auf daß aus unsrem Gedächtnis nicht entschwin-
de Seine Stätte, und unser Bethlehem, des Caesars Land und Ursprung,
in unsrer Brust zutiefst verwurzelt bleibe. So bist du, Bethlehem,
Stadt der Marken, nicht die kleinste unter unsres Geschlechtes Fürsten: denn aus dir ist der Herzog kommen, des römischen Reiches
Fürst, der über dein Volk herrsche und es schirme und nicht gestatte,
daß es fürder fremder Hand untertan sei. Stehe denn auf, erste Mutter,
und enträttle dich dem fremden Joch! Denn es erbarmt uns eure Be-
schwernis und die der anderen Getreuen ..." [22] Solches und Ähnliches
am ersten Weihnachtstag von der Kanzel einer Kathedrale zu verkünden
- konnte es eine "passendere" Umfunktionierung der Christuslegende
geben? Und mußte sich von hierher nicht auch, die erneute Anknüpfung
an die Vergilische Prophetie wie von selbst nahelegen?

b)   Petrus' Vineas Vergil-Rezeption

Petrus Vinea, "gleichsam der vom Sinai herabsteigende neue Gesetz-
bringer Moses, der die ihm zugebilligte Zahl der Gebote vom Himmel
her den Menschen brachte", "ein zweiter Joseph, dem als treuem Deu-
ter der allseits große Cäsar, dessen Macht Sonne und Mond bewundern,
die Lenkung der Reiche des Erdenrunds übertrug ...", und schließlich
der Petrus, "der gleichsam als des Reiches Schlüsselträger schließt,
was niemand öffnet, öffnet, was niemand mehr schließt", [23] kurz:
Friedrichs alter Ego   r e d e t   wieder Vergilianisch [+], z.B. so :
"'Unter seinen Zeiten werden die Verbände der Bosheit zerrissen, wird
machtvolle Sicherheit gesät: nun schmiedet man die Schwerter zu Pflug-
scharen, da der Bund des Friedens alle Angst erstickt.' Und in diesem
Glauben an die Wiederkehr der Weltfriedenszeit unter Friedrich II.
steht Petrus de Vinea keineswegs allein. 'Cuius ad imperium redit aetas aurea mundo' singt ein Norditaliener, und klingt das schon gedank-
lich ein wenig an Vergils Verheißungen an, so reißt ein anderer itali-
scher Poet in seiner Begeisterung über einen großen Seesieg der Kaiserlichen Friedrich gar als den 'Puer Apuliae' plötzlich mitten hinein
in den Wirbel der großen vergilischen Heilandsprophetie, welche die
Kunft des friedebringenden Götterknaben verheißt... 'et Puer Apuliae
terras in pace habebit'. Der drei Jahrzehnte hindurch vergessene Ju-
gendname Friedrichs II. : 'Puer Apuliae' mußte wieder aufleben, um
die Anknüpfung an das verheißene messianische Götterkind zu ermöglichen, das man - statt der mittelalterlichen Tradition folgend in dem
kindlichen Christ - hier in dem Caesar Augustus suchte oder erkannte. " [24]

[+]   "Des Kaisers Verhältnis zu Petrus de Vinea   v e r g l e i c h t   man
      ... dem des Augustus zu Vergil ..." (E. KANTOROWICZ,
      ed. , S. 408).

c) "Sonnenkind" Friedrich

Damit war auch dieser Augustus Friedrich [+] ein "Sonnenkind" [++] :
"'Die neue Sonne ist geboren: Friede, Ruhm, Wegsteig und Hafen',
so sang ein Magister und Notar Friedrichs von Antiochien. Man habe
die Welt ihrer Sonne berauben wollen, schreibt ein anderer Magister
aus Anlaß der großen Verschwörung...". [25] Immer wieder halten sich
die Poeten "an die große vergilische Heilandsverkündigung und wenn
sie des Kaisers 'heilige Nachkommenschaft' feiern, die als 'strahlen-
de Sonne von der Sonne heranwächst' oder gar Konrad, den künftigen
Erben des Reiches preisen als den 'einen König, dem die Welt, dem
das Erdrund zu Füßen liegt und die Gottheit zulächelt', so gehört das
nebst zahllosen anderen Wendungen durchaus zu der gleichen Gruppe
messianischer Bilder. 'Untergegangen ist die Sonne der Welt, die über
die Völker geleuchtet, untergegangen die Sonne des Rechts, der Hort des
Friedens...', so schreibt auch Manfred nach dem Tode des Kaisers
an König Konrad. Und kaum einen Monat nach dem Verlöschen dieses
Lichtes, nach der 'Entrückung' des Kaisers künden Getreue in Tibur
in einem prophetischen Schreiben nach Art der tiburischen Sibylle, daß

+   "Als Friedrich II. das Münzwesen Siziliens neu ordnete, ließ er
    Goldmünzen schlagen, die er nicht nur 'A u g u s t a l e n' nannte,
    sondern sogar einer bestimmten Augustusmünze anglich. Die Prä-
    gungen zeigten des Staufers Bild im Caesarenmantel, den Lorbeer
    oder das Strahlendiadem auf dem Haupte, dazu die Unterschrift:
    IMP ROM CESAR AUG. Auf der Rückseite war neben dem römi-
    schen Adler, der fast wie ein Spiegelabdruck jener Augustusmünze
    wirkt, als Umschrift der Kaisernamen geprägt: FRIEDERICUS.
    Bis in die Einzelheiten folgte also Friedrich II. dem Augustus,
    dessen Namen sich gleichfalls auf der Adlerseite fand."
    (E. KANTOROWICZ, ed. , S. 205). "Nicht das mindeste christli-
    che Merkmal, kein noch so kleines Kreuz auf Zepter, Apfel, Krone
    findet sich...: auch ohne Beziehung auf den Christ waltete hier ein
    Divus und forderte Glauben nur durch sich selbst als ein neuer
    C a e s a r   A u g u s t u s." (S. 206).

++   Vgl. I, 2a.

'gleichwie die Sonne, wenn sie von der Himmelsachse in das westliche Meer hinabsinkt, so Friedrich II. im Westen den Sonnensohn hinterließ, dessen Frührot schon zu leuchten beginne'. Es ist der nie ganz verschüttete, durch die Prophetien neu belebte Kult des Sol invictus, der ein Tausendjahr früher mit dem Heilandskult eins ward und sich nun wieder dem einen Kaiser, Friedrich II., verband, der selbst einen Tag nach der Sonnengeburt und der Geburt des Christ geboren..." [26] war.

d)   Neuplatonische Rechts-Theologie

Nur konsequent, daß in diesem Zusammenhang - zum ersten Mal - auch die neuplatonische Philosophie wieder in politicis auftaucht: Friedrich wird "als Emanation, als Werk des wahren Gottes, als Gottes S o h n" begriffen und als solcher "dem Erlöser fortwährend zur Seite" [27] gestellt, ja mit ihm identifiziert. Am ausdrücklichsten und wirksamsten, weil unmittelbar staatlich-politisch, in Friedrichs Rechts-Theologie. Die Staatstheoretiker der unmittelbar auf ihn folgenden Zeit begriffen den Kaiser als den "Mittler zwischen Gottes- und Menschenrecht", was die genaue Umschreibung dessen ist, was Friedrich II. selbst in seinem Gesetzbuch, dem "Liber Augustalis" von 1231 gelehrt. "Denn, daß der Herrscher kraft der Justitia - wie kraft der Gnade der Priester - Mittler sei zwischen Gott und den Menschen, oder anders gesagt: daß zwischen Gott und dem Kaiser wie zwischen Kaiser und Volk als Mittlerin die Justitia walte, da 'das irdische Recht unter dem Herrscher steht, wie das göttliche über ihm' ... das entsprach, weitschweifiger im Ausdruck, vollständig dem knappen alles erhellenden Satze der Konstitutionen, durch den Kaiser Friedrich die etwa siebzig Gesetze über die neue Rechtsordnung einleitete: 'Es muß also der Caesar sein über Justitia VATER und SOHN, HERR und KNECHT.' Das aber heißt nichts anderes - man denke etwa an die ganze Logoslehre - als daß der lebendige Gott vom Kaiser begriffen und dargestellt wurde als Recht und Gesetz, als Justitia. Und nach dem wiedererweckten römischen Recht galt ja der Kaiser ohnehin als die 'lex animata in terris'. Allerdings erst des Kaisers mystisches Einssein mit dem lebendigen Gott, dem Quell der Justitia, befähigte ihn auch, überhaupt Gesetze zu geben und das Recht auszulegen. 'Aus einer vom Himmel gespendeten Gnadengabe gründe der Kaiser das Recht', so formulierte Friedrichs II. juristische Autorität, der Gelehrte Roffred von Benevent, und den justianischen Kodices folgend verkündete mehrfach der Kaiser selbst, daß er 'seinen Antrieb (motus) aus himmlischem Ermessen erhalte'. So wird der Kaiser selbst zum Quell der Justitia im Staate: durch Gott und gleich Gott ist er Rechtsschöpfer, nicht nur Rechtserhalter, ist er 'Gründer neuen Rechtes', der da erklärt, daß er 'aus seinem Schoße täglich neues Recht gebäre' und verlangte, daß 'wie von einem Quell die Bäche, so von des Kaisers Hof überallhin durch das Königreich der Justitia Norm abgeleitet werde'." [28]

So weit die Theologie, mit deren Hilfe Friedrich - "im vollen Bewußtsein einer euhemeristisch verstandenen mythenbildenden Kraft" [29] - "das 'dumme Volk' ... zum Kult der Justitia als Volksreligion zur Verkleidung der Staatsmetaphysik" [30] zwang: theologisch war die Justitia "nicht der 'ganze Gott', aber sie war Eine, nämlich die staatliche" und damit entscheidende "Beziehungs- und Erscheinungsform Gottes". Warum, zeigt sich, wenn man die scholastische Zeitfrage, den Gegensatz von Glauben und Wissen einbezieht, dann wird die Justitia "die mit dem höchsten Wissen ... faßbare Erscheinungsform Gottes, im Staate wirkend als lebendiges Gesetz". [31] Der Staat ist damit zweifellos "auf ein ... Geistiges hinübergeführt", aber "auf eine als geistig und gesetzmäßig erkannte N a t u r. An die Stelle der Transzendenz ... war ... die Metaphysik getreten". [32]

e) "Förmliche Staatsmetaphysik"

In der Einleitung des "Liber Augustalis" entwickelt Friedrich
"eine förmliche Staatsmetaphyik. . . Die göttliche Voraussicht, die politische Tugend schlechthin, formt den Urstoff des Weltgefüges zur
Selbstverwirklichung der urbildlich vorgezeichneten immaneten Natur. Das ist die necessitas rerum, ihr eigenes innerliches, unverän-
derliches Gesetz".[33] Der Begriff der "necessitas rerum" war un-
entbehrlich als die eine Begründung des weltlichen Staates, die
nicht den Glauben, sondern die Vernunft ansprach. "Die noch so pathe-
tische Beteuerung früherer Herrscher, der Staat sei von Gott gesetzt,
konnte zwar geglaubt werden, zwang aber nicht durch sich selbst zum
Glauben. Die Notwendigkeit des Herrscheramtes hingegen war durch
die Vernunft zu erfassen: das Menschengeschlecht hätte sich sonst vernichtet".[34] Dies ist der springende - auf Hobbes vorausweisende
- Punkt, der friederizianischen Staatsdeduktion: ". . . damit nicht das
Menschenbild und damit die ganze, seinem Zweck unterstellte Weltordnung zerfalle", fordert die necessitas rerum, "daß Fürsten der Völker gewählt würden, um die Freiheit zum Verderben einzuschränken,
über Leben und Tod zu entscheiden, und Schicksal, Besitz und Stand zu
begründen".[35]

". . . im Stande der Unschuld . . . , als das (absolute) Naturrecht
noch galt und die Menschen sich völliger Freiheit erfreuten, im goldenen Zeitalter des Paradieses also, waren Könige und Staaten nicht von-
nöten gewesen . . .".[36] Erst nach dem Sündenfall, den Friedrich "in
genialer (?) Wendung . . . zur aristotelischen Sklaverei nach Naturrecht
für alle"[37] machte. Er zog, wie der Georgeaner KANTOROWICZ
beifällig feststellt, aus dem Sündenfall "die ganz sachliche, nicht mora-
lisierende und . . . antikem Denken ganz nahe Folgerung, die nur von
der tatsächlichen Menschennatur ausging, von den 'Dingen, die sind so
wie sie sind': daß die nach dem Paradiesesalter nun einmal . . . la-
sterhaft und haßerfüllt gewordenen Menschen sich gegenseitig zer-

94

fleischt und vernichtet hätten ohne die Zügel in der Hand des Herrschers".[38] Dieser ist demgemäß nicht nur von der Erbschuld ausgenommen, sondern darin - positiv - sogar "zum einzigen freien Menschen ... gemacht",[39] zum leibhaften "Weltverhängnis und Schicksal der Untertanen": "... durch die lex regia" haben "sie sich in die Hand des Kaisers begeben, und ihr Schicksal erfüllt ... sich in dem des Kaisers, dessen 'Leben aller Leben war'".[40] - Friedrich dekretierte deswegen nicht nur: "Über Urteile, Entschlüsse und Satzungen des Kaisers zu diskutieren ist Sakrileg",[41] sondern auch: "Nichts entziehen wir dem Ansehen der früheren Herrscher, wenn wir gemäß der Eigenheit der neuen Zeit aus unserem Schoße neues Recht gebären und für neue Mißbräuche neue Arzneien erfinden. Aus einer Notwendigkeit des Dienstes nämlich besitzt die Würde der kaiserlichen Erlauchtheit dieses Vorrecht, daß sie, wenn durch der Dinge und Zeiten Wandel die alten Rechte der Menschen zur Entwurzlung der Laster und zur Pflanzung der Tugenden nicht mehr auszureichen scheinen, täglich neuen Rat erfinde, der die Tüchtigen reich an Lohn und die Lasterhaften unter dem steten Hammerschlag der Strafen mürbe mache".[42] Das "Justitia"-Recht begründet den Staat, aber dieser auch jenes, "gemäß den täglich sich wandelnden N o t w e n d i g k e i t e n des Staates".[43]

Was bei der metaphysischen Deduktion des Staates als sein Ursprung vorgestellt wurde, die "göttliche Voraussicht" und - naturalistischer - die "necessitas rerum", erweist sich als die Räson des Staates selbst. Während die Scholastik ausdrücklich die "Provisio", das Weltplanen Gottes, als ewig, die "Provisio", das Staatsplanen des Kaisers, aber als zeitlich bezeichnete, ließ Friedrich solchen Gegensatz auf sich beruhen und hob statt dessen das virtuelle Übergreifen der "Provisio"[44] hervor: "als Vollstrecker gleichsam der göttlichen Voraussicht begründeten die Herrscher den Völkern Schicksal Anteil und Stand, wie sie jedem gebührten". Im Kaiser verkörperten sich, wie Justitia, auch Provisio und Necessitas.[44]

3. Dante Alighieri

a) Aristotelismus

Was schon mit Bezug auf die aristotelische Metaphysik - sie steht
Friedrichs und erst recht Dantes "Monarchie" [+] Pate - erkannt wurde, gilt auch für die friederizianisch-dantische: die göttliche "Monarchie des Universums" [45] hat ihr historisches Muster an der irdischen
Universalmonarchie - oder antizipiert sie. C. SCHMITT stellt vor
allem auf die Kategorie der Einheit ab, die ihm als "politische Einheit"
(oder Souveränität) [++] "der zentrale systematisch-korrekte Begriff
für das politisch-theologische Problem" [46] zu sein scheint; seine
Formalität erlaubt, auf die Monarchie als spezielle Staatsform zu verzichten und ihn, der historisch von der Monarchie herrührt, doch zur
bestimmenden Form des Staates überhaupt zu machen. Mit B e z u g
auf Aristoteles fragt SCHMITT, - Worte E. PETERSONS verwen-
dend - ob jener nicht "in der Formulierung seines monarchischen
Ideals innerhalb der metaphysischen Ordnung die Vorentscheidung für
die Prägung der hellenistischen Monarchie durch Alexander den Großen
getroffen habe ...", [47] und er erinnert an einen Satz aus seiner "Poli-

---

+ Das "geistige Bild des sizilianischen Kaiserstaates" ist in sie
  eingegangen (E. KANTOROWICZ, ed. , S. 207) und Dante überhaupt "so sehr der Sänger des letzten Staufer-imperiums wie
  Vergil der des cäsarischen ..." (Fr. GUNDOLF, Caesar. Geschichte seines Ruhms, 1924, S. 99).

++ Welchen Konfliktstoff die mit dem (römischen) Friedensbegriff
  zusammenhängende "Einheit" speziell seit dem augustinischen
  Staats- und Kirchendualismus in sich birgt, das können Worte
  Fr. HEERS verdeutlichen: "Einheit der Ecclesia Dei, das ist
  das größte Schlagwort der Staufischen Propaganda! 'Einheit' :
  Das Wort verdeckt, wie oft, den Herrschaftsanspruch e i n e r
  Partei, welche die Unterordnung der anderen erstrebt". (Die
  Tragödie des Heiligen Reiches, 1952, S. 151).

tischen Theologie" (I), "wonach die Metaphysik der intensivste und klarste Ausdruck einer Epoche ist", [48] was sich wiederum speziell mit PETERSONS Feststellung bezüglich der "politischen Theologie des Aristoteles" trifft, "daß die letzte Formulierung der Einheit eines metaphysischen Weltbildes von der Entscheidung für eine der politischen Einheits-Möglichkeiten ... mit- und vorbestimmt ist". [49] Dantes (aristotelische) Deduktion des Weltkaisertums [+] legt das wieder nahe, auch wenn er den wahren Zusammenhang, gleich Aristoteles, nicht durchschaut und die Ursache mit der Wirkung verwechselt. So wenn er die Monarchie aus einer ontologischen Spekulation über das Eine und - naturphilosophisch - vom "unbewegten Beweger" ableitet, was im Grunde auf dasselbe hinausläuft: "... das menschliche Geschlecht" gleicht sich dann am meisten Gott an, "wenn es am meisten eines ist; denn der wahre Begriff des Einen ist allein in ihm, daher geschrieben steht: 'Höre, Israel, der Herr dein Gott ist Einer". Doch dann ist das menschliche Geschlecht am meisten eines, wenn es sich ganz in Einem vereint, und das kann nicht sein, außer wenn es Einem Herrscher ganz und gar untertan ist ..." [50] - "... da der ganze Himmel durch eine einzige Bewegung, die des Urbeweglichen, und durch einen einzigen Beweger, das ist Gott, das Maß empfängt für alle seine Teile, Bewegungen und Beweger - wie das die menschliche Vernunft durch Philosophieren auf das deutlichste begreift: so befindet sich, falls recht gefolgert wurde, das Menschengeschlecht dann am besten, wenn es von einem einzigen Herrscher, gleichsam dem einzigen Beweger, und durch ein einziges Gesetz, gleichsam die einzige Bewegung, für seine Beweger und Bewegungen das Maß erhält. Deswegen erscheint notwendig für das Wohlsein der Welt die Monarchie ... die Kaisertum genannt wird". [51]

[+]   "Dantes Staatsphilosophie ist 'sub specie imperii Romani' gesehener Aristotelismus." (O. ERBERZ, Dantes Joachimitischer Ghibellinismus, in: Hochland XVIII, 1, S. 82).

b) Dante, Friedrich II. und das Mittelalter

Für Dante war es sicher undenkbar, daß solche Vorstellungen in einen Gegensatz zum Christentum geraten konnten, selbst zum katholisch-mittelalterlichen. Und doch hätte sich auch Friedrich II. auf "De Monarchia" berufen können, um mit ihr über sie hinauszugehen; er war es schon, bevor Dante auch nur geboren wurde. Wie es aber falsch wäre, Dante einfach für das "christliche Mittelalter" zu reklamieren, so wäre es auch nicht richtig, Friedrich ganz und gar zum "modernen Menschen" (J. BURKHARDT) zu stempeln, d. h. politisch: einfach zum Gründer des ersten neuzeitlichen Staates. K. BURDACH hat sicherlich nicht recht, wenn er umgekehrt glaubt, Friedrich II. sei "alles in allem ... nur der Vollender des mittelalterlichen Kaisertums" gewesen,[52] vielmehr hat Friedrich der Neuzeit durchaus präludiert, doch indem er Mittelalterliches "säkularisierte" und umfunktionierte. Mit BURDACHS Wort: er "vollendete" das Mittelalter - dadurch, daß er es aufhob, a u c h negativ.

c) "Princeps legibus solutus"

Friedrich lebte -verbal - noch aus jenem stoisch (-christlich)en Erbe, das in Ciceros "De re publica" (und dann in Augustins "De Civitate Dei") seine "Summe(n)" erhalten hatte, von dem Vergils politische Dichtung (ideologisch) zehrte und wonach der Staat "als einziges Ziel ... die Justitia"[53] besaß, doch Friedrich beerbte diesen Gedanken s o radikal, daß er - wie schon bei den Juristen der römischen Kaiserzeit - in sein Gegenteil umschlug. Theologisch und zwar neuplatonisch - Eusebianisch: "Gott war durch diesen Kaiser gebunden und in bezug auf den Staat von der unfaßbar waltenden Allgnade zum sagbaren und begreifbaren Staatsgesetz, zur Justitia verdichtet ... ja im strengsten Sinne zum Staatsgott" geworden, wie etwa in konstantinischer Zeit nach Sol invictus Christus zum Staatsgott erhoben ward.

98

Friedrich II. hatte den jenseitigen Gott mit dem einzigen, absoluten Sinn des irdischen Staats, mit der Justitia vermählt, ihn dem einzigen Staatssinn des Mittelalters gleichgesetzt und zwar derart, daß sie - in der Person des Kaisers - von ihm abhängig und durch ihn veränderbar wurde. "Allein darauf, daß gemäß den jeweiligen Notwendigkeiten des Staates die Form der göttlichen Justitia durch den Kaiser verändert werden konnte, beruhte der 'l e g a l e Macchiavellismus' Friedrichs II. [+]. Es war das 'Recht des Staates', das er vertrat und kündete. Während aber ... Macchiavell die Lehre vertrat: des Staates und des Fürsten Nutzen und Notwendigkeit breche ... göttliches und natürliches Recht, war für Friedrich II. bei aller Skrupellosigkeit im Gebrauch der Mittel dennoch die Anschauung herrschend: die Staatsnotwendigkeit breche nicht das göttliche und natürliche Recht, sondern sei es selbst".[54] Macht das aber einen Unterschied oder war es nicht n o c h euhemeristischer und machiavellistischer als Macciavelli selbst? Man wird bei der Antwort nicht zögern, wenn man Friedrichs Rechts- und Staatskult kennengelernt hat, und wen vor anderen er mit seinem Absolutismus beerbt, opponierend, indem er imitiert - schon im Zusammenfall von natürlichem und positivem Recht.

d)   Anti - P a p a l i s m u s

"Der vom 'Kult der Justitia' handelnde Gesetzestitel beginnt mit den Worten: 'Der Kult der Justitia heischt Schweigen'. Während Papst und Priester den Gläubigen Gott als Gnade im Wunder und Zauber spendeten, ward Gott als Gesetz und als Norm den Getreuen vermittelt durch den Kaiser und durch seine Richter und Rechtsgelehrten, die damit tatsächlich zu 'Priestern der Justitia' wurden, was schon die Normannen den römischen Digesten entnahmen. Mit vollster Berechtigung sprach man

---

[+]   "'Ex Aristotelismo Macchiavellismus' hat späterhin   Campa - nella erklärt und damit   die wichtigsten Zusammenhänge ... aufgedeckt." (E. KANTOROWICZ, ed. , S. 224).

daher sehr bald nicht nur vom Reich als dem 'Tempel der Justitia',
sondern geradezu von der 'imperialis ecclesia', der kaiserlichen Kirche, und bis ins Kleinste hinein spiegelte tatsächlich dieser kaiserliche Justitia-Staat den kirchlichen Gottesstaat wider, den Innocenz III.
mit dem Ausbau der Hierarchie errichtet hatte. Denn wie aus der päpstlichen 'plenitudo potestatis' die dem Volke zu spendende Gnade über
Bischof und Priester geleitet wurde, so floß vom Kaiser her über Beamte und Richter das zu spendende Recht. " [54a] Innocenz war nicht
nur Friedrichs persönlicher Vormund und Lehrer, dieser P a p s t -
Kaiser, Lehnsherr fast des ganzen Abendlandes und Schirmherr des
byzantinisch-lateinischen Kaisertums, wurde auch das Vorbild seines
K a i s e r - Papsttums, mit dem er ihm in jedem widersprach und so
an seine Stelle trat: "... erst dieser Papst, der der Welt einhämmer-
te: Richter und Priester sind eines ... das Priestertum ist königlich
und das Königtum priesterlich - erst Innocenz hat Richter- und Kö-
nigsamt mit jenem hohepriestlichen Geiste durchtränkt, den Friedrich II. als weltlicher Mittler jetzt nutzte". [55] Nicht anders als in
seinem Gefolge Dante. Auch seine "Universalmonarchie" ist "ein
weltliches Abbild der geistlichen Gemeinschaft, der Kirche. Ihr Kaiser, der seine Autorität der philosophischen Wahrheit gemäß ausübt,
ist das genaue Gegenstück des Papstes, der seine Autorität der theologischen Wahrheit entsprechend ausübt" [56] [+]. Und Dante imitiert
das absolute Papst(-Kaiser)tum gleichfalls, weil er ihm o p p o n i e r t,
und zwar dem hypertrophsten - Bonifazianischen - Papsttum: "Wer
das 'De ecclesiastica potestate' des Aegidius" - im Dienste Bonifaz VIII. geschrieben und Grundlage dessen Bulle "Unam sactam" [++]
- "mit Dantes 'De Monarchia' zusammenhält, dem muß an mehr als

_____

+ Er ist "der unfehlbare Lehrer des römischen weltpolitischen
   Dogmas und der irdischen Eudämonie." (O. EBERZ, ed. ,
   S. 83).

++ Vgl. I, 3d.

einer Stelle die Vermutung kommen, der Traktat des Dichters sei mit
Rücksicht auf den des Augustinermönchs geschrieben und bezwecke
dessen Widerlegung. Wie das De ecclesiastica potestate, so zerfällt
auch das 'De Monarchia' in drei Teile; wie dort im ersten Teil vom
Wesen und Zweck der päpstlichen Gewalt gehandelt wird, so hier vom
Wesen und Zweck der kaiserlichen. Im zweiten Teil entspricht dem Nachweis des Aegidius, 'daß alle Temporalien sub domino et potestate
ecclesiae stehen', bei Dante der Nachweis, daß den römischen Kaisern die weltliche Herrschaft über den Erdkreis gehöre. Im dritten
Teile endlich sehen wir Aegidius sowohl wie Dante mit der Widerlegung der einzelnen Argumente des Gegners beschäftigt." (K. VOSS-
LER, Die göttl. Komödie, ^{2}1925, S. 312).

e) Osmose von Kirche und Staat

Aber Dante und Aegidius stehen sich nicht nur gegenüber, jedenfalls
nicht nur auf den genannten Seiten. Aegidius, eine "Wetterfahne", [58]
war in "De ecclesiastica potestate" entschieden päpstlich - päpstlicher als h e u t i g e Päpste -, in "De regimine principum" aber,
der dem französischen Erbprinzen, seinem Schüler, gewidmeten Schrift,
entschieden fürstlich; hier entwarf er "das Bild des modernen dynastischen Territorialstaates". [59] + - Wie war so etwas möglich, will man
nicht einfach Charakterlosigkeit unterstellen, die K. VOSSLER mit
seinem Wort von der "Wetterfahne" allzu sehr nahelegt? C. SCHMITT
verdeutlicht den s t r u k t u r e l l e n Konflikt, aus dem heraus schon die
friederizianisch-dantischen "opposition par imitation" -Phänomene zu

---

+ Mit ihm hatte Dante noch nichts zu schaffen, er war entschieden
  universalistisch, also reichisch gesonnen, aber die Einheits- und
  Absolutheitskonzeption seines Kaisertums antizipierte - im Welt-
  maßstab - bereits die Souveränität des neuzeitlichen Königtums
  und seines Territorialstaates überhaupt.

erklären sind: "Die Augustinische Lehre von den zwei verschiedenen Reichen", der auch Dante mit seiner "D o p p e l m o n a r c h i e" anhängt [+], "wird bis zum Jüngsten Tage immer von neuem vor diesem Doppelpunkt der offenbleibenden Frage stehen: 'Quis judicabit? Quis interpretabitur?' Wer entscheidet i n c o n c r e t o für den in kreatürlicher Eigenständigkeit handelnden Menschen die Frage, was Geistlich und was Weltlich ist und wie es sich mit den 'res mixtae' verhält, die nun einmal in dem Interim zwischen der Ankunft und der Wiederkunft des Herrn die ganze irdische Existenz dieses geistig-weltlichen, spiritual-temporalen Doppelwesens 'Mensch' ausmachen?" Es ist "die große Thomas-Hobbes-Frage", die in SCHMITTS Schrift "Politische Theologie" von 1922 zu einer "Theorie des D e z i s i o n i s m u s" geführt hat [60] - im Anschluß an die papalistische Unfehlbarkeits-These De Maistres und anderer Restaurationstheoretiker.

4.   Friedrich II. (2)

a)   S t a a t s - Papalismus

SCHMITTS These, daß die zentralen Begriffe des neuzeitlichen Staatsrechts, allen voran der der Souveränität, "säkularisierte theologische" oder besser: kanonistische "Begriffe" [61] seien, hat in Friedrichs Rechts-"Theologie" ihren frühesten Beleg: "Ist der Papst unfehlbar in Dingen des Glaubens als der vom heiligen Geist Heimgesuchte, so ist der Kaiser als der 'von Justitia Übervolle' unfehlbar in Dingen des

---

+   Dies ist sein wesentlich Kirchlich-Katholisches, was "De monarchia" nicht alle Zeit auf dem Index stehen bleiben ließ, immerhin bis 1897. Dantes "Lehrer sind Virgil u n d Beatrice: Vernunft u n d Gnade, Wissen u n d Liebe, k a i s e r l i c h e s u n d c h r i s t l i c h e s R o m." (E.R. CURTIUS, Europäische Literatur und Lateinisches Mittelalter [7]1969, S. 329).

Rechtes ..." [+], weswegen Friedrich den Satz: "'Über Urteile, Entschlüsse und Satzungen des Kaisers zu diskutieren ist Sakrileg'" mit
demselben Anspruch wieder aufnahm, wie ihn der "Dictatus papae" in
seiner XVIII. These dem römischen Recht zugunsten der K u r i e
entnommen hatte [++]. Friedrich hielt ihn ausdrücklich dem Papst entgegen, "als dieser an einer Maßnahme des Kaisers Kritik zu üben sich
unterfing" [+++]. - Es ist der klassische Konfliktfall Carl SCHMITTS,

---

[+] Es benötigt keiner eigenen Erwähnung: die Unterschiede zwischen
     Friedrich und Hitler sind fundamental, ganz und gar verschieden
     ihre historisch-gesellschaftlichen Umstände, doch - über all das
     hinweg - auch Hitler erklärt: "Ich bestreite dem Heiligen Vater
     in Rom nicht, daß er in Glaubensfragen unfehlbar ist. Und mir
     kann niemand bestreiten, daß ich von Politik mehr als jeder ande-
     re auf der Welt verstehe. Deshalb proklamiere ich für mich und
     meine Nachfolger den Anspruch auf politische Unfehlbarkeit."
     (Zitiert nach Baldur von SCHIRACH, in: STERN 27/1967). Und
     der bedeutende katholische Theologe R. GROSCHE legitimiert
     diesen Anspruch: "Als im Jahre 1870 die Unfehlbarkeit des Pap-
     stes definiert wurde, da nahm die Kirche auf der höheren Ebene
     jene geschichtliche Entscheidung voraus, die heute auf der politi-
     schen Ebene gefällt wird: Für die Autorität und gegen die Diskus-
     sion, für den Papst und gegen die Souveränität des Konzils, für
     den Führer und gegen das Parlament." (Die Grundlagen einer
     christlichen Politik der deutschen Katholiken, in: Die Schildgenos-
     sen, XIII. Jg. (1933/4), S. 48 f.). Wie C. SCHMITT erhebt
     GROSCHE "den Führer zum unfehlbaren Papst..." (E. NIEKISCH,
     Das Reich der niederen Dämonen, 1953, S. 200).

[++] Berücksichtigt man die römisch-rechtliche Antizipation der be-
     treffenden Canones des CIC, läßt sich - wohl auch BLUMEN-
     BERG befriedigend - statt von der "Säkularisierung" theologi-
     scher Begriffe durch das neuzeitliche Staatsrecht von ihrer "Re-
     paganisierung" sprechen. (BLUMENBERGS Verwerfung der
     SCHMITT'schen Säkularisierungsthese findet sich in seiner "Le-
     gitimität der Neuzeit" auf den Seiten 60/1).

[+++] Die XII. These des "Dictatus papae" (Gregors VII.) lautete:
     "Quod illi (Romano pontifici) liceat imperatores deponere."

den Friedrich hier zugunsten des Staates entscheidet; ohne daß man, wie im Fall Hobbes' gegen Johannes von Salisbury, [62] ausführliche Textvergleiche über Jahrhunderte hinweg unternehmen muß, auch die "staatliche Souveränitätslehre" Friedrichs entspricht "antithetisch genau" der "hierokratischen" Lehre [+] - Innozenz' (-Bonifatius') in s e i n e m Fall. Friedrich forderte nicht ausdrücklich das von HOBBES dem Souverän zugewiesene Recht der "Examinatio doctrinarum", aber er schuf (gleich) eine eigene (Staats-)Doktrin, und er nannte sich nicht, wie die protestantischen Fürsten Norddeutschlands, "papa in suis terris" [63] oder "in suo territorio", aber er war es in praxi. Nur daß er zu seiner Zeit eben nicht bloß das Reich der "staatlichen Vernunft" dem des kirchlichen Glaubens entgegensetzen und voranstellen konnte; durch den Papst genötigt, mußte Friedrich die religiösen Spekulationen selbst seinem Staate dienstbar machen.

b) S t a a t s k u l t

Spätere als Hobbes und "seine" Souveräne Jakob I. [++] und Karl I. mit ihrem Präjudikator Heinrich VIII. [+++] werden es wieder tun'müs-

---

[+] "Die politische Theologie einer monistisch-hierokratischen Lehre ruht auf dem Fundament der Erwägung: daß das Schwert der weltlichen Obrigkeit überflüssig wird, wenn die Menschen sich der göttlichen Wahrheit der Kirche fügen ... Eben diese Erwägung gehört wesentlich zur politischen Theorie des Saresberiensis. Er faßt die res publica als ein einheitliches 'Corpus' auf, dessen Seele die Priester, dessen bewaffneter Arm die Soldaten und dessen Füße die Bauern sind." (C. SCHMITT, Die vollendete Reformation, in: Der Staat IV. (1965), S. 68).

[++] Jakob I. "hatte von früh an erkannt, daß ... der am sichersten herrschte, der sich des Glaubens und der Gläubigen zu bedienen wußte, ohne sich gebunden zu fühlen an eine Wahrheit." (R. SCHNEIDER, Das Inselreich. Gesetz und Größe der Britischen Macht, [2]1955, S. 430).

[+++] Heinrich VIII. ist "entschlossen, keine Gesetzgebung zu dulden außer der seinen...", trägt er doch "eine kaiserliche Krone, die

sen", weithin unter Verwendung des Rom- und Augustus-Mythos, der selbstverständlich auch bei Friedrich II. eine wesentliche Rolle spiel-te [+]. - DEMPF hat in seinen - nicht einfach anachronistischen - SOREL unterstellenden Worten darauf hingewiesen [++] : "Im vollen Bewußtsein einer euhemeristisch verstandenen, mythenbildenden Kraft wird das 'dumme Volk, das aus Wundertaten Heilige schafft, wie der Mythos Giganten', zum Kult der Justitia als Volksreligion zur Ver-kleidung der Staatsmetaphysik gezwungen. " [64] Friedrich "speku-lierte" nicht nur religiös, er schuf einen eigenen (Staats-)"K u l t", mit "neuen Riten..., die bisher im Abendland nirgends und in dieser Zusammensetzung sonst überhaupt nicht üblich waren. Denn auf unzu-gänglichen Höhen thronte ... (hier) in seiner Sacra Majestas der Kai-ser, über dessen Haupt eine riesige Krone schwebte... Zum Fußkuß nahte man ihm in der Proskynese ... In Prosternation verharrte das Volk vor dem Divus Augustus, der selbst wie die Gottheit im Hinter-grund blieb, fast niemals selbst sprach, sondern nur dem ihm zur Sei-te stehenden Logotheten die Weisung gab, der dann, vom Kaiser durch eine Handbewegung ermächtigt, als Mund und Mittler des Herrschers heiligen und vorausschauenden Willensentschluß als ein Orakel in Wor-te setzte, wobei in gewissen Fällen Glockenläuten des Kaisers Sentenz

---

Gott ihm verliehen"; ihretwegen ist er auch "Herr der K i r c h e Englands", ihr u n f e h l b a r e r Herr. (R. SCHNEIDER, ed., S. 281/2). "...wie hätte er, der weltlicher u n d geistlicher Herr war, irren können? N i e m a n d stand über ihm..." (ed., S. 295/6). Seine Tochter und Nachfolgerin Elisabeth nennt ein Edelmann ausdrücklich: "Unseren G o t t auf Erden". (ed., S. 284).

+ Ausführlich E. KANTOROWICZ, Kaiser Friedrich II., [2]1928, S. 402-470.

++ Apodiktisch-affirmativ C. SCHMITT, der SOREL - in reaktionä-rer Absicht - "verdeutschte": "Zum Politischen gehört die Idee, weil es keine Politik gibt ohne Autorität und keine Autorität ohne ein Ethos der Überzeugung." (Römischer Katholizismus und po-litische Form, 1925, S. 35/6).

begleitete. - Das war in der Tat 'allerheiligster Dienst' und Mysterium: Hochgericht als Hochamt des Justitia-Gott-Kaisers". [65] Bis-
weilen sprach man ausdrücklich davon, "daß des Kaisers Kirche ...
sich manifestiere, 'wenn sich der Geist des Erlauchten (Kaisers)
stärkt beim Mahl mit den Jüngern'. " + [65a]

c) D i v u s Augustus

"Das Wesentliche ... (solcher) Gleichsetzungen Friedrichs II. mit

dem Gottessohn ... ist die Zurückdeutung des Abstrakt-Staatlichen ins

Menschliche: daß die Bindungen des Staates (eben) durch den Glauben

an Friedrichs persönliche Heilssendung wieder ganz und gar ins

Menschlich-Persönliche übersetzt wurden, in den unmittelbaren Jün-

gerglauben an einen lebenden Menschen und an seine Sendung ... ein

Glaube, den sonst wohl Heilige durch ihre Wunder fanden, nie aber Kai

ser außer Friedrich II. , der zwar keine Wunder verrichtete, selbst

aber 'Verwandler' und 'Wunder der Welt' genannt ward. " [66] Infolge

solcher Titulierungen und dementsprechenden bildlichen Darstellungen

glich sich Friedrich immer mehr einem römischen Caesar Augustus

an, d. h. aber auch dem in vielen zeitgenössischen Apokalypsen umge-

henden Antichrist; "ein wirklich wiedergeborener Kaiser römischen

Stils, der sich Standbilder errichten ließ, ward mit Notwendigkeit ge-

gen den Galiläer (Julian Apostatas!) zum Nero und Antichrist. " [67]

"Das Triumphtor von Capua, an dem zuerst sich die Renaissance-

plastik entfaltet, ist der Altar der göttlichen Justitia. In übermenschli-

cher Größe thront sie über dem Tore, unter ihr der gekrönte Kaiser a

ihr irdischer Repräsentant und Hoherpriester". [68] Ähnlich eine Dar-

stellung im Palast von Neapel ++ . Was hier in Unteritalien und Sizi-

lien "ins Leben gerufen wurde, war erstmals eine rein staatliche 'prc

---

+   Für die Konstantin'sche Zeit vergleiche I, 3d.
++   Vgl. E. KANTOROWICZ, aaO. S. 480/1.

fane' Bildnerei, die wie in den Zeiten altrömischer Divi lediglich der Feier des Staates und der Staatsgottheiten diente, ... die erste große profane Bildkunst des Abendlandes überhaupt, wenn man unter 'profan' hier den Gegensatz zu kirchlich-religiösen Darstellungen verstehen will. Denn 'heilig' war ja die weltlich-staatliche Kunst im Stauferstaate nicht minder".[69] Und nicht bloß, weil dieser Staat selbst sakrale Würde beanspruchte, sondern weil sie sich speziell e i n e r heiligen Begehung, dem wiederaufgenommenen Imperatoren-Triumph in Rom[+] nach dem Sieg von Cortenuova (1237) verdankte.

d) Princeps der Renaissance

Mit diesem Triumph begann nicht nur "die schon ganz renaissancehafte römisch-antike Siegesfeier... (sondern) zugleich die Sucht nach 'Trionfi', nach Lorbeer, nach persönlichem Ruhm und nach Verewigung des Menschen"[70] überhaupt. "Zu 'Lob und Ruhm' seines Namens dachte Friedrich II. daran, Wasserleitung und Emissar des Fuciner Sees, ein Werk des Kaisers Claudius, wiederherstellen zu lassen, und 'Zu ewigem und unsterblichem Gedächtnis' ließ er in dieser Zeit (eben) sein Bild in Stein meißeln, daß es als freie Rundfigur das Capuaner Brückentor schmückte, dem wiederum Reliefs, des Kaisers Siege verherrlichend, ganz den Charakter einer Porta triumphalis verliehen. Des Fleisches Vergängnis so wichtig zu nehmen, so schamlos zu feiern war ohnegleichen im Mittelalter".[71]

Nicht mehr in der Renaissance, deren früher Beginner Friedrich in fast jeder Hinsicht ist, ihr "Heros anonymos"[72] - vor anderem der ihrer Staatlichkeit: von Friedrichs II. "zentralisierten, auf Allmacht des Herrschers, straffe Beamtenorganisation und Steuerverwaltung gegründeten sizilischen Königreich" geht eine große Entwicklungslinie

---

+   Vgl. E. KANTOROWICZ, aaO. 408-410.

zur Regierungskunst der Anjou in Neapel, zu dem böhmischen Einheitsstaat des Luxemburgers Karls IV. und zu dem aus der Landeshoheit herauswachsenden Fürstendespotismus des 17. Jahrhunderts.
Weiterhin lebt "sein auf diese feste Verklammerung von Königsgewalt
und Beamtenapparat gestützter hochfliegender Imperialismus fort in
dem Wollen und Vollbringen der Gebieter Frankreichs, von Philipp
dem Schönen bis zum Sonnenkönig, und dessen Lösung 'Der Staat', das
bin ich' paßt ebenso gut auf die politische Anschauung des ... Stau-
fers".[73]

e)   Imperialer Territorialismus

Der staufische Imperialismus, von dem noch Dantes "Monarchie" zehrt
wollte nicht wahrhaben, daß bereits im 12. Jahrhundert viele unabhän-
gige Regna neben dem Imperium bestanden. Seiner Propaganda wurden aus ihren "reges ... bösartige, von rechtswegen dem Reich unter-
tane reguli, die ohnmächtig gegen die göttliche Einrichtung des imperium ankämpf(t)en".[74]   Noch Friedrich hält am Anspruch der Welt-
monarchie fest, ja baut ihn - in Anknüpfung an die heidnische Spätantike - aus wie kein christlicher Herrscher vor ihm. Darin, im Zug
zum Einheitsstaat nämlich, greift er aber zugleich die feudalständi-
sche Struktur des mittelalterlichen Reiches an[+]. Dort waren "alle

---

[+]   Freilich nur prinzipiell; gerade Friedrich II. mußte, wenn -
      subjektiv - sicher auch nur vorläufig (vgl. J. A. SCHUMPETER,
      Aufsätze zur Soziologie, 1953, S. 106), den deutschen Landes-
      fürsten das Wormser Privileg gewähren, "die Grundakte des
      d e u t s c h e n Territorialismus" (O. WESTPHAL). Statt daß das
      sizilische Territorium zur Zelle eines einheitlichen R e i c h s-
      Territoriums geworden wäre, wurde es - tatsächlich - nur Vor-
      bild anderer reichs u n a b h ä n g i g e r Territorien. Immerhin hat
      sich auch in Deutschland bereits Friedrichs "Reichsgutsverwal-
      tung" der "Territorialgewalt" angenähert. (Ausführlich: R.
      HÖHN, Der individualistische Staatsbegriff und die juristische
      Staatsperson, 1935, S. 33).

seine Glieder insgesamt Träger der 'Souveränität'",[75] um diesen neuzeitlichen Begriff anachronistisch zu gebrauchen. Denn mit dem Begriff fehlte dem Reich die Sache: die "eindeutige, höchste, souveräne Entscheidung",[76] d. h. das Reich war gar kein Staat, der erst dadurch konstituiert wird. Sehr wohl Staat aber, der erste, war das Unteritalien und Sizilien Friedrichs II., mit dem er zum geschlossenen Territorium der Renaissance und Neuzeit überhaupt vordrang: "Friedrichs Verordnungen (besonders seit 1231) laufen auf die völlige Vernichtung des Lehensstaates, auf die Verwandlung des Volkes in eine willenlose, unbewaffnete, im höchsten Grade steuerfähige Masse hinaus. Er zentralisierte die ganze richterliche Gewalt und die Verwaltung in einer bisher für das Abendland unerhörten Weise [+]; kein Amt mehr durfte durch Volkswahl besetzt werden, bei Strafe der Verwüstung des betreffenden Ortes und Degradation der Bürger zu Hörigen".[77] Die Steuern wurden mit Hilfe eines "umfassenden Kataster" beigetrieben, ohne Qual und Grausamkeit zu verschmähen, die schließlich in einer staatlichen Inquisition nach dem Muster der innozenzianischen institutionalisiert wurden. BURCKHARDT resümiert: "Hier ist kein Volk mehr, sondern ein kontrollierbarer Haufe von Untertanen..."[78] - wie in den Gewaltherrschaften der italienischen Renaissance, deren Vorbild Friedrichs Territorialstaat war,[79] auch wenn sie ihn nicht alle, wie die Anjous in Neapel, direkt beerben und seinen "Regierungsmechanismus" einfach weiter benützen konnten.[80] [++]

+   KANTOROWICZ spricht mit Bezug auf den "Liber Augustalis"
     von der "Geburtsurkunde der modernen Bürokratie".
     (a.a.O. S. 207).

++   Umgekehrt kam Sizilien "dem Bilde der ummauerten mittelalterlichen Stadt ... recht nahe, und auch die ganze vielbestaunte Wirtschaftspolitik Friedrichs II. läßt sich daher am einfachsten begreifen als eine mittelalterliche Stadtwirtschaft, ausgedehnt auf ein ganzes Königreich. Die fiskalische Ökonomik, die Monopole, die Geldwirtschaft, aber auch in mancher Hinsicht die Verwaltung, etwa: die alljährlich wechselnden Ämter, die Einführung der Nach-

5. N. Machiavelli

a) Partikularismus

"Der Kampf zwischen den Päpsten und den Hohenstaufen hinterließ zuletzt Italien in einem politischen Zustande, welcher von dem des übrigen Abendlandes in den wesentlichsten Dingen abwich. Wenn in Frankreich, Spanien, England das Lehnssystem so geartet war, daß es nach Ablauf seiner Lebenszeit dem monarchischen Einheitsstaat in die Arme fallen mußte, wenn es in Deutschland wenigstens die Einheit des Reiches äußerlich festhalten half, so hatte Italien sich ihm fast völlig entzogen. Die Kaiser des 14. Jahrhunderts wurden im günstigsten Fall nicht mehr als Oberlehnsherrn, sondern als mögliche Häupter und Verstärkungen schon vorhandener Mächte empfangen und geachtet...".[81] Ungünstigstenfalls - für die Kaiser - als fiktive "Oberlehnsherrn"; wenn man

folger ins Amt durch die Vorgänger, die Fremdheit des Justitiars in seinem Sprengel ... alles dies hatten die italischen Kommunen in der verschiedensten Form bereits eingeführt und man mag daran denken, daß auch die Kommunen schon längst nicht mehr einfach übersehbare, mauerumgebene Städte waren, sondern das Gemeinwesen wie Mailand Cremona Piacenza Ravenna einen Landbezirk umfaßten von der Größe eines Herzogtums. Für die Staatstechnik waren dem Kaiser die lombardischen Städte in so manchem vorbildlich, nicht weniger wie auf anderem Gebiete die Kirche." (E. KANTOROWICZ, a.a.O. S.259) - Für Dante ist speziell - wenn auch als Gegensatz zu seiner "Monarchie" - an Florenz zu erinnern, wo "der neue Geschäfts- und Bürgergeist zuerst zum Selbstbewußtsein und zu lebendiger Entfaltung gekommen (ist); hier hat man zuerst in konsequent pragmatischer Gesinnung die großen metaphysischen Faktoren der politischen Welt nur noch politisch gewertet und ausgenutzt, hier zuerst wurde bewußt und konsequent, bis tief in das Volk hinein, die Gesinnung herrschend, die jede irdische Institution ohne Rücksicht auf ihre überirdische Provenienz und Autorität in das Spiel der Kräfte kühl rechnend einbezieht." (E. AUERBACH, Dante als Dichter der irdischen Welt, 1929, S.156). Es ist diese Gesinnung, der Machiavelli klassischen Ausdruck verleihen sollte.

ihre Stellung i d e o l o g i s c h aufbaute, was nichts kostete, hatte
man eine zusätzliche Hilfe, um als Kleinstaat selbständig bleiben zu
können, "nullum superiorem recognoscens". [82] Schon gar nicht das
Papsttum [+]. - Zwischen ihm und den Kaisern "war eine Menge politischer Gestaltungen - Städte und Gewaltherrscher - teils schon vorhanden, teils neu emporgekommen, deren Dasein rein tatsächlicher
Art war" [83] [++] - "Lo stato" geheißen. [84] (Um zu präzisieren: der
"Machtapparat des Fürsten, d e r ihn in der Hand hat", heißt so . [+++])

b)   U r b a n i s m u s

"Was Papst und Italiener" - über die Schlacht von Cortenuova hinaus
- verbunden hatte, "war der gemeinsame Gegensatz gegen das Kaiser-
haus" gewesen; "doch kaum war der Feind zur Strecke gebracht, so
zeigte sich, daß die italienischen Bürger für ihre Autonomie gefochten

---

+   Der Anachronismus San Marino hat noch heute zur Devise:
      "Liber ab u t r o q u e".

++   Gerade im Sinne dieser Verwandlung aller Garantien zu bloßer
      Faktizität bezeichnet BURCKHARDT Kaiser F r i e d r i c h II." ...
      als den Urheber der R e n a i s s a n c e ..." (R. KÖNIG, Niccolo
      Machiavelli. Zur Krisenanalyse einer Zeitenwende, 1941, S. 96).

+++ Es ist im Gesamtzusammenhang unserer Arbeit von höchstem In-
      teresse, daß für den SCHMITT- Schüler R. HÖHN, aus dessen
      Buch "Der individualistische Staatsbegriff und die juristische
      Staatsperson" (1935) wir eben zitierten (S. 26), "der Staat nur
      ein technisches Hilfsmittel des im übrigen freien und unumschränkt
      herrschenden Führers" ist. HÖHN "findet dazu die Formulierung:
      "Der Staat ist ein Machtapparat in der Hand des Führers zu Zwek-
      ken der Gestaltung der Volksgemeinschaft. Das ist aber", um H.
      MUTH zu zitieren, "nichts anderes als der italienische 'stato',
      zu dessen Erkenntnis HÖHN selbst so viel beigetragen hat, -
      der 'stato', bloss verbrämt durch die nationalsozialistische
      Volksgemeinschaftsideologie." (Die verfassungsrechtliche Grund-
      legung des totalen Staates, in: Geschichte in Wissenschaft und
      Unterricht I, 1950, S. 468) - Näheres zur Geschichte des
      R e n a i s s a n c e - "stato" (und seinen Theoretiker Machiavelli)
      bei H. MUTH, ed. S. 450.

hatten und daß die Zukunft Italiens den Städten gehörte ...". Auf ihrem Boden vermochte sich das Individium frei und schrankenlos zu entfalten. "Hier war städtisches Leben vom Altertum her immer wach
geblieben, durch alle Jahrhunderte hindurch, da im Abendlande die na-
turalwirtschaftlichen Zustände herrschten ...; hier stand ein Adel zur
Verfügung, den der Wille der Bevölkerung durch das Gesetz - durch
das 'inurbamento della nobilita' - zu städtischer Lebensweise gezwungen hatte und der mit Türmen und Burgen mitten in der Stadt saß als
geborener Parteiführer aller, die ihn gewinnen wollten. Auf dem Grunde dieser sozialen Verhältnisse konnten Persönlichkeiten erwachsen,
die im Streben nach Macht und Erwerb ... Söldner und Beamte anwar-
ben oder aus städtischen Diensten übernahmen und zu Gewaltherr-
schern sich aufwarfen".[85] Sie mußten fast zwangsläufig erwachsen,
der ständige Bürgerkrieg, nominell Fortsetzung der kaiserlich-päpst-
lichen Auseinandersetzungen der vergangenen Zeit - in Wirklichkeit
Frühform des Klassenkampfes [+] - drängte nach solch diktatorialer
Lösung; es kam vor, daß die Kommunen selbst an einen Signore heran-
traten, auch einen auswärtigen, und ihm die "plenitudo potestatis" [++]

[+] Vgl. A. DOREN, Italienische Wirtschaftsgeschichte, 1934, S. 157 ff.
und R. HÖHN, ebd., S. 22 ff.

[++] Dieser lateinische Ausdruck für die Souveränität, der die selbständige Stellung der italienischen Kommunen gegenüber Kaiser u n d
Papst umschreibt, ist ursprünglich päpstlich. Wie bereits an
Friedrich II. zu erkennen war, ist das Papsttum dem (neuzeitlichen) Fürstentum im "Übergang vom Mittelalter zum Begriff des
modernen Staates" vorangegangen, indem es den "Begriff der ...
plenitudo potestatis zur Grundlage einer großen reformatio, einer
Umgestaltung der gesamten kirchlichen Organisation" machte.
"Dieser Begriff wurde der rechtliche Ausdruck dafür, daß die souveräne Zentralgewalt ohne Rücksicht auf die für den mittelalterlichen Rechtsstaat charakteristischen wohl erworbenen Privilegien
und Rechte am Amt, wie sie dem Amtsinhaber zustanden, eine
neue Organisation schuf und das seltene Beispiel einer legitimen,
auch von den Betroffenen prinzipiell anerkannten Revolution gab,
die von einem wohlkonstituierten (nicht erst durch die Revolution
selbst sich konstituierenden) Organ durchgeführt wurde. Die

übertrugen, damit er die "pax publica" als "alter Augustus" stifte.
Einmal installiert, tendierte sein persönliches Regiment zur Erbmo-
narchie; immer wieder aufgehalten und gebremst, bildete sich der
"Principato". [86]

c)   Il principato

Mitten in seinem Bildungsprozeß steht Macchiavelli mit seinem programmatischen "Principe" den er nicht für "eine 'alte' Monarchie",
sondern "für den 'neuen Fürsten', den 'principe nuovo' ... geschrieben
hat. Machiavelli sagt ... nachdrücklich, daß es leicht ist, sich auf
dem Thron zu halten, wenn man in ruhigen Zeiten als allgemein verehrter und respektierter Fürst die Herrschaft besitzt; dagegen ist es
eine völlig andere politische Situation, eine neue monarchische Herrschaft zu begründen und zu verteidigen". [87] +   Daß es in Italien darum

---

päpstliche Souveränität innerhalb der Kirche hat den mittelalterlichen Lehnsstaat bereits im 13. Jahrhundert überwunden. Das Wesentliche der päpstlichen Amtsgewalt liegt seit Innozenz III. darin, daß der Papst nicht mehr nur der oberste Lehnsherr der Kirche ist; 'er verfügt über die Einkünfte der Kirche uneingeschränkt:
er verteilt ihre Ämter und Benefizien nach reiner Willkür und
Gnade, er ist nicht nur der oberste, er ist der alleinige Herr der
Kirche ... Die Prälaten sind nicht mehr seine Vasallen, sondern
seine Beamten, der Lehnseid ist, ohne daß seine Worte geändert
wurden, zum Amtseid geworden und bleibt in der Hauptsache derselbe, ob ihn nun ein Erzbischof, ein päpstlicher Auditor oder ein
Notar schwört'. " (C. SCHMITT - DOROTIC, Die Diktatur. Von
den Anfängen des modernen Souveränitätsgedankens bis zum proletarischen Klassenkampf, 1921, S. 43). Zur Zementierung des
hierarchisch (-autoritär)en Prinzips in der antikonziliaren (und
antikorporativen) Theorie des 15. Jahrhunderts vgl. A. J. BLACK,
The Political Ideas of Conciliarism and Papalism 1430-1450, in:
Journal of Ecclesiastical History, 20 (1969) 45-60.

+   KANTOROVICZ scheint dies schon für Friedrich II. zu gelten:
    Seine italienische Herrschaft beruhte nicht auf Privilegien und
    Rechten des Gebannten, sondern auf seiner "'virtú', wie Machia-
    velli diese Einung von Kraft und Talent, die auch das Böse ver-
    trägt, genannt hat. " Und KANTOROVICZ zieht die Linie, indem

ging, daran bestand für ihn - im Unterschied zu Dante - kein Zweifel: Der Primat der Außenpolitik verlangte - den "Discorsi" entgegen - den zentralistischen Machtstaat [+]. - Für den - hier
noch eindeutig mittelalterlichen - Dante ist die Krise nur ein "interregnum", das beendet werden wird durch die Wiederbesetzung des leeren Kaiserstuhles durch Heinrich VII. (Paradiso XXX), der die Zeiten wieder einrenken wird. Ganz anders bei Machiavelli : für ihn ist
das "interregnum" ein unüberholbarer, endgültiger Zustand, also im
strengen Sinne auch kein interregnum mehr, sondern die offene Krise.
"Während bei Dante die Menschen schlecht sind, weil sie den wahren
Glauben verloren, der das Abendland in eine einzige große Gemeinschaft zusammenschloß. aber grundsätzlich zu solcher Gemeinschaft
wieder erzogen werden können ..., sind bei Machiavelli" - wie schon
für Friedrich - "die Menschen von Natur aus verdorben und müssen
dementsprechend 'en canaille' behandelt werden. Dante, kann man
sagen, steht an einem Wendepunkt der Geschichte, an dem die alte
Welt abzubröckeln beginnt, während Machiavelli erst im Moment des
vollendeten Sündenstandes auftritt, er steht eben unter allen Umständen jenseits der Barrikade". [88] Wie stets in solchen Fällen, indem er
sich diesseits der vergangenen, Antike und Mittelalter trennenden
stellt. Der Ort seiner Utopie ist jene, d. h. Rom [++], in dessen "wöl-

---

er weiterschreibt: "Virtú ... mußte s e i t h e r jeder der Renais-
sance-Tyrannen wieder aufbringen, um seine illegitime Herrschaft über einen winzigen Stadtstaat behaupten zu können ..."
(a. a. O. S. 613).

+   Mit den Worten H. FREYERS : "Italien soll geeint und befreit
    werden, das ist die Forderung der Stunde. Dazu muß zunächst ein
    gediegener politischer Kern geschaffen werden, irgendein Piemont,
    irgendein Preußen." (Machiavelli, 1938, S. 140/1).

++ Mit Worten R. KÖNIGS : Machiavelli berauscht sich am
    "'Dufte' vergangener Größe" und sucht "durch den Duft ihre Ge-
    genwart zu beschwören ..." (a. a. O., S. 136).

114

fische(r) Politik"[89] er die politische Macht per se verklärt. Und darin den souveränen Staat, dessen "Räson", unabhängig von der jeweiligen Staats f o r m[+], eben die Macht ist, oder die Kunst, sie zu erwerben und zu erweitern: "virtú". Schon bei ihm gewinnt sie "den Sinn einer barbarischen Gesundheit",[90][++], die NIETZSCHE "Il Principe" nächst Thukydides "am meisten" mit sich "verwandt" erscheinen lassen wird: "durch den unbedingten Willen, sich nichts vorzumachen und die Vernunft in der R e a l i tät zu sehen - n i c h t in der 'Vernunft'...".[91][+++]

d)   Euhemerismus

Selbstverständlich hindert solcher "Realismus" den (theoretischen) Vater der politischen Lüge nicht, religiöse Mythen in euhemeristischen

---

[+]   Machiavelli behauptet ,   "daß angesichts der gleichbleibenden Substanz des Herrschaftsverhältnisses einer politischen Minderheit über die Masse der privaten Bürger die normative Ordnungen historisch wechselnde Überbauten darstellen." Er "isoliert im Wandel der Institutionen die zugrundeliegende Struktur eines formal gleichbleibenden Verhältnisses der Repression." (J. HABERMAS, Theorie und Praxis. Sozialphilosophische Studien, [2]1967, S. 23/4).

[++]   In seinem von der NS-Bibliographie geführten "Machiavelli" aus dem Jahre 38 legt H. FREYER dar, daß der Staat "im Zustand des Kampfes ... am meisten Staat" sei: "Der Krieg ist seine hochzeitliche Stunde. Daß das Volk hierzu bereit gestellt ist, ist also die Probe auf die virtú des Staates ...". Der römische Staat w a r "auf die totale Mobilmachung hin gebaut." FREYER kommentiert: "Das ist virtú im organisierten Zustand, virtú in Form einer Dauerstruktur des politischen Körpers." Und: "Wo im menschlichen Raum Energie so überhöht ist, daß sie gar nicht anders kann als sich i m p e r i a l i s t i s c h entlädt, dort ist der Begriff virtú erfüllt ..." (S. 111, 116/17).

[+++] Schon J. de Maistre, der "Machiavell" des Papstes, (J. BERNHART, Über Maistres Papst-Werk und die vorliegende Ausgabe, in: Vom Papste, II. Bd. , 1923, S. 299), dekretierte: Der Mensch kann sich "nichts Besseres ersinnen, als was wirklich ist ..." (ebd., I. Bd. S. 187).

Dienst zu nehmen, ganz im Gegenteil. Erst erlaubt er ihm, bewußt zu tun, was das Mittelalter - schon immer - naiv praktiziert hat. Sein - vormittelalterliches - Muster ist dabei Roms mythische Vergangenheit, wobei ihm im gleichen Maße die historisch-realen Begebenheiten wie die unwirklichen Legenden der ersten Könige interessieren. [92] Gerade durch i h r e Interpretation erklärt und rechtfertigt er die eigene Indienstnahme des Mythos und seines Gottes: daß Numa - das religionspolitische Vorbild des Augustus - "vorgab", "Zusammenkünfte mit einer Nymphe zu haben ..., die ihm rathe, was er dem Volke zu rathen hätte, ... geschah nur, weil er neue und ungewohnte Einrichtungen in der Stadt treffen wollte und besorgte, daß sein Ansehen nicht genügend sein möchte". [93] + Und Machiavelli verallgemeinert seine affirmative Religionskritik, die auch das Christentum miteinbezieht, indem er fortfährt: "In Wahrheit hat es n i e m a l s einen Stifter außerordentlicher Gesetze unter einem Volke gegeben, der nicht auf Gott zurückgegangen wäre, weil sie anders nicht angenommen worden wären; denn es gibt viele gute Dinge, die ein Kluger erkennt, die aber keine so augenscheinlichen Gründe in sich haben, daß er andere davon überzeugen könnte". [94] ++

6.   J. Bodin

a)   Absolutismus

J. Bodin , der grundlegende Theoretiker des (französischen) Absolutismus - bis ins 18. Jhd. und teilweise darüber hinaus - wird in solcher "Technisierung des Rechts durch Machiavelli" - und der Religion in diesem Zusammenhang - "etwas Verderbliches, einen ruchlo-

---

+   Parallel Th. Hobbes,   Leviathan, RK 187-89, S. 91/2 (XII. Kap.).

++   Weiteres zum römischen Euhemerismus im I. Buch des "Principe", XIII. u. XIV. Kap.

sen Atheismus" sehen, "den er als unwürdig von sich weist." Er würde "niemals zugeben können, daß der Wille des Souveräns irgendeinen beliebigen Satz zum Gesetz erheben kann. Das wäre für ihn nicht mehr Staat, sondern Tyrannei".[95] "...der souveräne Herrscher, der Inhaber der summa potestas", ist zwar entsprechend der antiken Formel "legibus solutus", aber "an das 'ius', an die 'lex divina et naturae' gebunden".[96] Diese Schranken darf er nicht verrücken. Ist hiermit allein aber schon - bei aller subjektiven Ehrlichkeit Bodins[+] - der "Machiavellismus" vermieden, um den seit Erscheinen des "Principe" der Streit der Theologen und Juristen geht? Um bei der (vollständigen) Grundformel Bodins zu bleiben: "Summa in c i v e s a c s u b d i t o s legibusque soluta potestas"[97] läßt am Obrigkeitscharakter des absoluten Staates keinen Zweifel, an seinem a b s o l u t e n Obrigkeitscharakter[++]; denn seine Herrschaft kennt tendenziell nur noch Untertanen. Welche Revolution das bedeutet, zeigt der Vergleich mit den ständischen Verhältnissen des Mittelalters, das zwar keine Volkssouveränität kannte, weil überhaupt keine - auch diese ist ein Ergebnis der neuzeitlichen Entwicklung, - in dem es aber "keine Instanz" gab, "die positives Recht setzen oder sprechen" konnte, "ohne darüber, ob dieses positive Recht auch gerecht sei, jemandem anderen verantwortlich zu sein als Gott und ihrem Gewissen. Das Handeln und Gebieten des mittelalterlichen Herrn und Herrschers ...

[+] Weniger mit Ehrlichkeit als mit Einfältigkeit hat es etwas zu tun, wenn Fr. A. v. d. HEYDTE schreibt: "Neben dem Fürsten stand der Beichtvater, dessen Aufgabe es war, ihn daran zu erinnern, daß Souveränität nicht nur Unabhängigkeit, sondern ebenso sehr auch Bindung bedeutet ..." (Vom heiligen Reich zur geheiligten Volkssouveränität. Geschichte u. Politik, Heft 19 (1955) S. 9).

[++] "Die absolute Verantwortlichkeit des Souveräns e r f o r d e r t die absolute Beherrschung aller Subjekte und s e t z t sie v o r a u s." (R. KOSELLECK, Kritik und Krise. Ein Beitrag zur Pathogenese der bürgerlichen Welt, 1959, S. 14).

(konnte) in seiner Rechtmäßigkeit von jedem bestritten werden, der durch dieses Handeln und Gebieten betroffen..." war.[98] Daß dies jetzt unmöglich ist, würde Bodin nicht bestreiten, er will es ja ausdrücklich so, nur übersieht er, daß sein Dezisionismus die Bindung des Souveräns an das göttliche Naturrecht zu einer bloßen reservatio mentalis macht und objektiv-funktional zu einer der Propaganda. "Das Entscheidende in den Ausführungen Bodins liegt (nämlich) darin, daß er die Erörterung der Beziehungen zwischen Fürst und Ständen auf ein einfaches Entweder-Oder bringt, und zwar dadurch, daß er auf den Notfall verweist...",[99] zu dem "eine prinzipiell unbegrenzte Befugnis, d. h. die Suspendierung der gesamten bestehenden Ordnung ..."[100] gehört[+] : In ihm macht sich die "Entscheidung frei von jeder normativen Gebundenheit und wird im eigentlichen Sinne absolut. Im Ausnahmefall suspendiert der Staat das Recht ...".[101]

b)   Staatsräson

Wenn er das kann und darf, ja gegebenenfalls[++] soll, weil darin das eigentliche Wesen seiner Souveränität beruht[+++], wie kann man da noch effektive Grenzen gegenüber der "Tyrannei" und ihren Verbrechen ziehen, es sei denn, man machte aus ihnen - als "S t a a t s - verbrechen" - auch moralisch eine besondere Gattung? Die offizielle Dichtung am Hofe Ludwigs XIV. wird dies tun, so aber auch Bodin

---

[+]   "...nicht jede außergewöhnliche Befugnis, nicht jede polizeiliche Notstandsmaßnahme oder Notverordnung ist bereits Ausnahmezustand." (C. SCHMITT, Pol. Theol., ^{2}1934, 18).

[++]   Ob der Fall gegeben ist, auch darüber entscheidet nur er.

[+++]   Für C. SCHMITT liegen Bodins "wissenschaftliche Leistung und der Grund seines Erfolges darin, daß er die Dezision in den Souveränitätsbegriff hineingetragen hat."
(C. SCHMITT, Politische Theologie. Vier Kapitel zur Lehre von der Souveränität, ^{2}1934, S. 14).

ausdrücklich auf die Seite der "Staatsräson" und ihres Machiavellismus holen. Etwa   Corneille ,   wenn er in seinem "Cinna" Livie, die
Frau des Augustus und Mutter des Tiberius, wie folgt den Himmel an-
rufen läßt: "'Tous ces crimes d ' E t a t qu'on fait pour la couronne,
/ Le ciel nous en absout alors qu'il nous la donne, / Et dans le sacré
rang où sa faveur l'a mis, / Le passé devient juste et l'avenir per-
mis. / Qui peut y parvenir ne peut être coupable; Quoi qu'il ait fait
ou fasse, il est inviolable: / Nous lui devons nos biens, nos jours sont
en sa main, / Et jamais on n'a droit sur ceux du souverain!". [102]
Das Resüme, das Reinhold SCHNEIDER aus diesen Worten zieht, ist
unausweichlich: "Das Recht ist am Staat befestigt, nicht der Staat am
Recht; der höchste Wert ist endlich das Leben, wenn auch das über-
persönliche, und da dieses in der Hand des Herrschers ruht, so ist
keine Pflicht denkbar, die seinen Rechten entgegen wäre". [103]

E. FORSTHOFFS auf Bodin selbst bezogene Worte kommen mit
SCHNEIDERS Kommentar völlig überein: "Die Souveränität gibt ihrem
Träger ... die alleinige Befugnis der Definition von Recht und Unrecht,
und das ohne Sanktionen im Falle eines Missbrauchs. (Bereits) Bodin
erkannte, dass die Anerkennung solcher Sanktionen zur Negation der
Souveränität führen müsste." [103a] Und "der Souverän" ist "eben",
um einen Satz C. SCHMITTS umzudrehen, "Wer die absolute Macht
hat ...". [103b] Dies ist, wenn man will, die affirmative Religionskritik von Bodins Definition, dass souverän sei, "wer ausser dem
unsterblichen Gott kein lebendes Wesen über sich anzuerkennen
braucht." [103c]

c)   Verkappter Machiavellismus

Bei aller Parteilichkeit, die den spanischen Ordensmann zweifellos
gegen den "Politiker" Bodin einnahm, Ribadeneira (z. B.) hat
dessen verkappten Machiavellismus bereits richtig erkannt, und aller
Publizisten, "die in den Hugenottenkriegen eine Stellung über den

streitenden Parteien suchte(n) und zu dem Zwecke eine absolute Staatssouveränität im aufgeklärten Geiste des Machiavell lehrte(n). [104]

Er durchschaute auch die Rolle, die die römische Kaiserzeit und ihr
Historiker Tacitus bei ihnen spielte, nicht zuletzt die einer Maske
selbst: "Der Kunstgriff der Verheimlichung des Machiavellismus bestand darin, daß man statt seiner Tacitus zum Lehrer der historischen
Politik machte." [105] Ribadeneira schreibt : "'Was... Cornelius
Tacitus ... in seinen Annalen von der Regierungsweise des Kaisers
Tiberius schreibt, das halten die sogenannten Politiker für ein Orakel'. Nun war freilich Tacitus ein flagellator tyrannorum, aber er
hatte doch so genau die hinterlistige Regierungsmethode des Tiberius
aufgedeckt, daß schon Machiavell selbst Cesare Borgia, sein politisches Ideal, nur allzu genau mit Tiberius als dem Befestiger einer
neugegründeten Monarchie vergleichen konnte. Fast ein Jahrhundert
lang war Tacitus der am meisten gefeierte und kommentierte Historiker und entgegen seiner eigenen Tendenz der politisch-historische
Lehrer der versteckten machiavellistischen Regierungsmethoden.
Ribadeneira fährt an der angegebenen Stelle fort : 'Die heimlichen
Verehrter Machiavells heben ferner die Schriften bis zum Himmel,
die in unsern Tagen drei französische Schriftsteller verfaßt haben, der
Jurist J o h a n n e s Bodinus, der Herr Offizier de la Noue und
Philipp Mornaeus'". [106]

d)   Neutralisierung von Staat und Religion

D i e Schriften des Bodins und seiner Freunde noch mehr als Machiavells; denn zwar war die absolutistische Staatsidee schon vom Anfang des 15. Jhd. an praktisch und theoretisch durch Machiavell
auf dem Wege, aber den entscheidenden Anstoß zu ihrer vollen Verwirklichung hat sie doch erst durch die Religionskämpfe des späten 16. und
17. Jhdts. erhalten, d. h. t h e o r e t i s c h vor anderm durch Bodin

im 16. - und HOBBES im 17. Jhdt. [+] . Bereits jener wollte den Staat in den Religionskriegen "... zur obersten und inappellablen Instanz ... machen. Die potestas suprema der Regierung sollte als die letzte Richterin über den streitenden Religionsparteien stehen und durch ihre Entscheidungen den Religionskampf beendigen. " [107]

Über den Parteien stehen hieß aber - in theologicis - konsequenterweise "zu einem neutralen, die Gegensätze der verschiedenen Religionen vermeidenden allgemeinen Gottesglauben ..." [108] zu gelangen. Für Bodin e r g a b sich das aus dem Gegeneinanderabwägen der "Argumente der Heiden, Juden und Mohammedaner, und unter den Christen wieder der Katholiken, Lutheraner und Reformierten ...". [109] Doch er, durchaus "der erste moderne Religions- und Bibelkritiker", unterstellte den "allgemeinen Gottesglauben" nur in publicis. "... Für seine P e r s o n" blieb er "fromm und gläubig bis zum Aberglauben ...". [110] Anders als Hobbes, der bereits "Aufklärer und Agnostiker" [111] ist, und nicht nur "für seine Person"; integral wie überhaupt, vertritt er auch einen "p o l i t i s c h e n Atheismus", [112] selbst wenn man "nur" Bodins philosophischen Theismus zum Vergleich heranzieht: dessen - wie auch immer nur moralische - Beschwörung Gottes und des den Souverän richtenden Naturrechts entfällt.

[+]   C. SCHMITT bekennt von ihnen: "In meiner nächsten, alltäglichen Nähe befinden sich ... Jean Bodin und Thomas Hobbes ... Diese beiden Namen aus dem Zeitalter der konfessionellen Bürgerkriege sind für mich zu Namen von lebendigen und gegenwärtigen Menschen geworden, zu Namen von Brüdern, mit denen ich über die Jahrhunderte hinweg in eine Familie hineingewachsen bin ... Bei ihnen habe ich aktuellere Antworten auf völkerrechtliche und verfassungsrechtliche Fragen meiner Zeit gefunden, als in den Kommentaren zur Bismarckschen oder zur Weimarer Verfassung oder in den Publikationen der Genfer Liga. Sie stehen mir näher als alle Positivisten des jeweiligen status quo der jeweiligen Legalitätsfassaden." (Ex Captivitate Salus. Erfahrungen der Zeit 1945/47, 1950, S. 63/4).

7.   Th. Hobbes

a)   Religions - Politik

Hobbes hat - wie "viele schon" - "erkannt", daß die Menschen vor
ihren eigenen Wahngestalten Ehrfurcht haben" und die "Schöpfungen
der eigenen Phantasie ... zu ... (ihren) Göttern" gemacht haben:
"Die Furcht vor dem Unsichtbaren ist der natürliche Keim alles dessen, was man Religion nennt. " Und "Einige haben ihn genährt", "ge-
pflegt", "das Gewächs in Gesetze gezwungen" und "haben selbst nach
ihrem eigenen Dafürhalten weitere Ursachen für irgendwelche künftigen Ereignisse erfunden, weil sie glaubten, ihre Mitmenschen so am
leichtesten leiten zu können und sich selbst die größtmögliche Macht
zu gewinnen. " [113] - Damit hatten sie aber nicht nur machtstrategisch
recht, sondern überhaupt, weil das Machtkalkül - wie schon Machiavelli erklärte - das politische Kalkül schlechthin ist, und die Politik - monopolisiert im Souverän - letzte Richtschnur von allem, auch
der Religion. Ja, um "Aufstände" zu vermeiden, die zeitgenössischen
Konfessionskriege, m u ß der Herrscher "seine Hand ... über die
herrschenden Lehren" halten. [114] "Denn alle menschlichen Handlungen entspringen den Meinungen. Nur wenn man die Meinungen der
Menschen zu lenken weiß, kann man auch ihre Handlungen hinlenken
zu Frieden und Eintracht. Zwar sollte sich alle Lehre nur auf die
Wahrheit gründen; sie aber so zu formen, daß sie dem Frieden dient,
kann niemals in Widerspruch zu ihr stehen". [115] "Um dem Frieden
zu dienen und Zwietracht und Bürgerkrieg zu verhindern, muß der
Souverän deshalb Richter sein über Anschauungen und Lehren - oder
er muß andere dazu bestimmen". [116] Was dann eben doch heißt - gemäß Hobbes' dezisionistischer Grundmaxime: "Auctoritas, non veritas facit legem" [+] - , daß man von "Aberglauben" spricht, "wenn

---

+   SCHMITT expliziert "kongenial": "Nichts ist hier wahr, alles
     ist hier Befehl. Wunder ist das, woran die souveräne staatliche

sich ... jemand in seinem Gottesdienst ... anders verhält als seine Mitmenschen", [117] wie "werturteilsfrei" im anthropologischen Teil des "Leviathan" die herrschende Religion (als Religion der Herrschenden) gekennzeichnet wird.

b) Cäsaropapismus

Phänomenologisch, wie darin vorgegangen wird, gibt Hobbes freilich auch klar zu erkennen, daß, bevor das Machtmonopol geschaffen worden ist, welche eine einzige Religion verbindlich macht, mehrere konkurrieren, gemäß dem Machtpluralismus: die Religionen sind Waffen der Mächte. Und darin ändert sich im Prinzip nichts, wenn der (Zwangs-)Religionsfrieden geschaffen ist, ja die Willkür wird jetzt erst "absolut": "Da der Wille des Staates der Wille dessen oder derer ist, die sich im Besitz der absoluten Gewalt befinden, müssen auch diese die Gesetze schaffen. Was also der Souverän zu einem Zeichen der Gottesverehrung erhebt, sollte von allen Bürgern gebilligt werden und Eingang in den öffentlichen Gottesdienst finden". [118] - Eine neue und andere unfehlbare Instanz soll die alte Katholizität - im formalen, also wörtlichen Sinne - wiederherstellen. Es ist die Instanz der neuen - konfessionellen - Zeit selbst: das absolute Fürstentum, womit sich - um Hobbes in diesem Zusammenhang zu charakterisieren - das Prinzip des "cuius regio, eius religio" "vollendet" [119] im Prinzip des "papa in suis terris". Und zwar ist der "papa" dabei nicht wie im Luthertum eine Art "Notbischof", der nur für eine noch-

---

Gewalt als ein Wunder zu glauben befiehlt; aber auch ... umgekehrt: die Wunder hören auf, wenn der Staat sie verbietet. Die radikal-agnostizistische Kritik am Wunderglauben, die Warnungen vor Betrug und Schwindel enden damit, daß jeder Souverän für seinen Staat endgültig entscheidet, was ein Wunder ist. " (Der Leviathan in der Staatslehre des Thomas Hobbes, 1938, S. 83).

mals aus der Kirche herausdifferenzierte "weltliche" Ordnung zuständig wäre: die "Kirchenordnung", sondern er ist "die klare staatliche Antithese zum römisch-kirchlichen" und damit jedem kirchlichen "Entscheidungsmonopol". [120] [+] Daß dieses oder das staatliche vorliegt und nicht "durch noch so scharfsinnige Distinktionen von Geistlich, Weltlich und Gemischt (res mixtae)" [121] ausgeschlossen werden kann, hat Hobbes klar erkannt und deswegen die aus dem auch hier grundlegenden Satz: "Auctoritas, non veritas facit legem" folgende Frage: "Quis iudicabit?" eindeutig zugunsten des Staates beantwortet, wie die (römische) Kirche immer zugunsten i h r e s Souveräns, des Papstes.

Hobbes verwendet ausdrücklich "die aus dem christlichen Mittelalter überkommene Formel 'Statthalter Gottes auf Erden' für den staatlichen Souverän ... ", [122] aber indem er auch die Genese solcher "Statthalterschaft" umkehrt: "Der Souverän ist nicht 'Defensor Pacis' eines auf Gott zurückgehenden Friedens", - wie Papst u n d Kaiser des Mittelalters; "er ist Schöpfer eines nichts als irdischen Friedens, 'C r e a t o r Pacis'. Die Begründung verläuft also umgekehrt wie in den Gedankengängen 'göttlichen' Rechts: weil die Staatsgewalt allmächtig ist, hat sie göttlichen Charakter. Ihre Allmacht aber ist ganz anderer als göttlicher Herkunft: sie ist Menschenwerk und kommt durch einen von Menschen eingegangenen 'Vertrag' zustande". [123]

c)   Geburt des Staates aus dem Vertrag

Zunächst scheint Hobbes, wie z. B. Thomas und auch Friedrich II.[++], im "Naturzustand", von dem seine Vertrags-Fiktion ausgeht, so etwas

---

+   Vgl. vor allem das XII. Kap. des "Leviathan" (S. 95/6) !

++   Vgl. II, 2e .

wie die realisierte Bergpredigt unterstellen zu wollen: "Es gäbe keine Herrschaft: alle sind frei; es gäbe keine gesellschaftlichen Unterschiede: alle sind gleich; es gäbe kein persönliches und ausschließliches Eigentum: allen ist alles gemeinsam, alle haben ein Recht auf alles. Hobbes übernimmt diese Bestimmungen", aber nur "verbal" und "wechselt ... das Rechtssubjekt stillschweigend aus. Anstelle des animal sociale im christlich-aristotelischen Verstande eines zoon politicon setzt er ein animal politicum im Sinne Machiavellis, um dann mit leichter Hand zu zeigen" - ohne, wie noch Friedrich II. den "Sündenfall" unterstellen zu müssen, "daß gerade die Annahme dieser Rechte, daß zumal das Recht aller auf alles, sobald es auf eine Horde 'freier' und 'gleicher' Wölfe angewendet wird, den mörderischen Zustand wechselseitiger Zerfleischung zur Folge haben muß. D a s d e l i k a t e S p i e l m i t d e n e h r w ü r d i g e n Attributen e n t h ü l l t das r a d i k a l e U m d e n k e n d e r k l a s s i s c h e n Naturrechte in die faktische Rechtlosigkeit eines jeder positiven Regelung und rationalen Vereinbarung entbehrenden Naturmilieus. Die Bedingungen, unter denen die Gemeinschaft der Heiligen leben sollte, erscheinen in diabolischer Verkehrung als die Lebensbedingungen der sich auf Leben und Tod bekämpfenden Tiermenschen". [124] + Man kann, wie CARL SCHMITT, Hobbes darin noch mit einer "Fundamentalontologie" (à la HEIDEGGER) zu Hilfe kommen und sagen, er habe "die existentielle Angst des Menschen furchtlos zu Ende" [125] gedacht, aber auch kritisch bemerken, er habe sie zynisch ausgenützt ++, und vor allem feststellen,

---

+   Wenn dies aber geschehen ist, und die "Reinheit der Natur" verlorengegangen, dann muß auch "die Tendenz zu ihrer Wiederherstellung" fehlen, d. h. die Utopie ausgeschlossen sein.
    (E. BLOCH, Naturrecht und menschliche Würde, 1961, S. 62)
    - Ausführlich II, 9 c .

++ Das gilt schon für seine Religionspolitik, wie HORKHEIMER bemerkt: "Bewußt wird ... die Religion, 'die Furcht vor un-

daß er, was - sicher in erschreckendem Maß - historisch gegeben war, ursprungsmythisch fatalisierte, um desto eher seine gleichfalls fatalen staatstheoretischen Schlüsse daraus ziehen zu können: Um dem Krieg aller gegen alle $^+$ zu entgehen, der ein mit materieller Gewalt ausgefochtener, permanenter und - weil es keinen Schiedsrichter gibt - unlösbarer Rechtsstreit ist, zu beenden $^{++}$, bleibt jedem einzelnen nur übrig, sein Recht, über sich selbst zu bestimmen, aufzugeben zugunsten einer "allgemeinen Macht", die ihm wie allen anderen, den U n t e r t a n e n, als Obrigkeit gegenüber steht: "Wenn sich Menschen so zu einer Person vereinigen, bilden sie einen STAAT ...".

"Dies ist die G e b u r t des Grossen LEVIATHAN $^{+++}$, oder vielmehr (um ehrerbietiger zu sprechen) des s t e r b l i c h e n G o t - t e s, dem allein wir unter dem e w i g e n Gott Schutz und Frieden

---

sichtbaren Mächten', in den Dienst der Beherrschung der Gesellschaft gestellt. " (Anfänge der bürgerlichen Geschichtsphilosophie, 1930, S. 66).

+ Hobbes nennt ihn das "größte ... in diesem Leben nur mögliche Unheil" (Leviathan, XXX. Kap. (S. 259).

++ Für Hobbes liegt der Wert des Staates eben darin, "daß er das Recht schafft, indem er den Streit um das Recht entscheidet. Daher gibt es den Gegensatz von Recht und Unrecht nur im Staat und durch den Staat. Der Staat kann kein Unrecht tun, weil irgendeine Bestimmung nur dadurch Recht werden kann, daß der Staat sie zum Inhalt eines staatlichen Befehls macht ... Auctorias, non veritas facit legem. (Leviathan, cap. 26)."
(CARL SCHMITT, Die Diktatur ..., 1921, S. 22).

+++ Hobbes bemerkt an anderer Stelle: "Ich habe den Vergleich den letzten beiden Versen des 42. Kapitels im Buch H i o b entnommen. Gott sprach zu Hiob von der gewaltigen Macht des L e v i a t h a n, und er nennt ihn den König der Stolzen: 'Auf Erden ist seinesgleichen niemand; er ist gemacht, ohne Furcht zu sein. Er verachtet alles, was hoch ist; er ist ein König über alles stolze Wild'". (XXVIII. Kap., S. 247/8).

verdanken. Durch die (ihm von jedem Einzelnen im Staate zuerkannte) Autorität und die ihm übertragene Macht ist er nämlich in der Lage, alle Bürger zum Frieden und zu gegenseitiger Hilfe gegen auswärtige Feinde zu zwingen. Er macht das Wesen des Staates aus, den man definieren kann als eine P e r s o n, deren Handlungen eine große Menge durch Vertrag eines Jeden mit einem Jeden als die ihren anerkennt, auf daß sie diese einheitliche Gewalt nach ihrem Gutdünken zum Frieden und zur Verteidigung aller gebrauche". [126] - "... n a c h i h r e m   G u t d ü n k e n": die Staatsperson hat Willkürfreiheit - um jedem Sicherheit des Lebens zu gewähren. [+] Dies ist die "Lösung": "Da man das Leben und die Freiheit nicht vereinigen kann, so wählt man besser das Leben", [127] d. h. den Zwangsfrieden des Leviathan [++], der aber eben deswegen "sterblicher G o t t " genannt wird.

+ I h r e Zusage, von der freilich gilt, dass es "keinen Richter für den Fall" gibt, "daß irgendjemand behauptete, der Herrscher habe das bei der Staatsgründung getroffene Abkommen verletzt, und andere Untertanen oder einer der Herrscher selbst behaupteten das Gegenteil. Der Streit könnte nur wieder durch das Schwert entschieden werden ..." (Hobbes, Leviathan, XVIII. Kap., S. 139): "Die Staatsmaschine funktioniert oder sie funktioniert nicht. Im ersten Falle garantiert sie mir die Sicherheit meines physischen Daseins; dafür verlangt sie unbedingten Gehorsam gegen die Gesetze ihres Funktionierens. Alle weiteren Erörterungen führen in einen 'vorstaatlichen' Zustand der Unsicherheit, in dem man schließlich seines physischen Lebens nicht mehr sicher ist, weil die Berufung auf Recht und Wahrheit nicht etwa Frieden schafft, sondern den Krieg erst ganz erbittert und bösartig macht." (C. SCHMITT, Der Leviathan ... S. 69).

++ Anthropologisch: die ständige Unterdrückung seines Gegenprinzips, des "naturhaften Individualismus" als Feind der "den Frieden erzwingenden Ordnung". Apodiktisch: "Der staatliche Absolutismus ist ... der Unterdrücker eines im Kern, nämlich in den Individuen, ununterdrückbaren Chaos." (Ebd. S. 34). H.-J. KRAHL hat Recht, wenn er unter Rekurs auf Freudsche Termini schreibt: "Zur Erkenntnis der Anthropologie b ü r g e r l i c h e r Individualität gehört schon bei Thomas Hobbes, dass die natürliche Vernunft des absoluten Selbsterhaltungstriebes eben um der

d)   Etatismus

Er ist sterblich, weil radikal immanent, aber solange der lebt, ist
Gott allein er. Wie das erste und Hauptgebot des Dekalogs, so etati-
stisch schreibt Hobbes alle Gebote um: "Der Wunsch nach Neuerung
ist zu vergleichen mit der Übertretung des ersten der Zehn Gebote
Gottes: 'Non habebis deos alienos' - du sollst keine anderen Götter
neben mir haben. Denn an anderer Stelle sagt Gott von 'Königen', sie
seien wie Götter". [128] [+] Hobbes' Transzendenzlosigkeit "reduziert"
Herrschaft nicht, sondern "radikalisiert" sie - "unterm Vorzeichen
der Vernunft": "Gott fungiert" zwar nur als "theologisches A n a l o -
g o n", aber als das irrationaler Herrschaft. [129]   Vor anderm ist er
"Macht (potestas)", [130] [++]   woraus für sein irdisch-politisches Ana-

---

Selbsterhaltung willen mit allen staatlichen Zwangsmitteln einge-
schränkt und relativiert werden muss durch die realitätsprinzipiel-
len Leistungen der gattungsbildenden Kultur." (Konstitution und
Klassenkampf. Zur historischen Dialektik von bürgerlicher Emanzipation und proletarischer Revolution ..., 1971, S. 352; zum
bürgerlichen Charakter der - politischen - Anthropologie des
Hobbes ausführlich II, 7 d/e).

[+]   An anderer Stelle heißt es - "neutestamentlicher" -: "... wer
Gott und seinen Nächsten liebt, ist bereit, den göttlichen und
menschlichen Gesetzen zu gehorchen, und Gott verlangt nichts
weiter als einen gehorsamen Sinn. " (Th. Hobbes, Grundzüge der
Philosophie, Teil 2, 1949, S. 285).

[++]   "Die Auffassungsweise einer extremistischen Theologie (des Mittelalters), die, um die grundsätzliche Unbegrenztheit der göttlichen Autorität so stark wie nur möglich zu akzentuieren, die auctoritas glaubte loslösen zu sollen sogar von der veritas ..., damit nicht einmal von daher der Allmacht eine Schranke gesetzt
sei, - diese Auffassungsweise übertrug sich im absolutistischen
Zeitalter auf den Staat: so daß nun der Staat walten konnte wie ein
Deus in terris ...". (A. v. MARTIN, Sola voluntate : Auch ein
Rechtfertigungsglaube, in: Deutsche Beiträge. 1. Beihefte zur
Philosophie, 1948, S. 31). "B e l e g e für die Bekanntschaft des
Hobbes mit der scotistischen und ockamistischen Scholastik"
bei F. O. WOLF, Die neue Wissenschaft des Th. Hobbes. Zu
den Grundlagen der politischen Philosophie der Neuzeit, 1969,
S. 79/80; vgl. auch schon S. 76 ff.

logon, den Staat, folgt, daß er walten kann "wie ein Deus in terris, unumschränkte Gewalt übend". [131] Mit Hobbes' eigenen Worten: "Ein souveräner Herrscher hat immer die absolute Macht [+], oder es besteht überhaupt keine Souveränität ...". [132] Und Hobbes versäumt nicht, aus rücklich auf den römischen Kaiser zu verweisen, in dessen "Gewalt" die "ganze Macht des Volkes lag", weswegen seine "Edikte, Verordnungen und Sendschreiben ... den öffentlichen Bekanntmachungen des englischen Königs" gleichen. [133] Beide entspringen für den "klassischen Vertreter" des Dezisionismus [134] blankem "Befehl", einem "mandatum dessen, der (eben) die höchste Gewalt hat ...". [135] Hobbes betont es immer wieder: "Gültigkeit erhält ein Gesetz einzig kraft eines Befehls des Herrschers". [136] [++]

Darin beruht sein Totalitarismus: "... die Herrschaft über einen Menschen schließt alles ein, was dieser besitzt. Wäre es nicht so, wäre Herrschaft nichts als ein Titel und nicht mehr als ein leeres Wort". [137] Sätze, die nur extensivieren, was Hobbes' Credo an den Befehl intensivieren. Zusammengefaßt gilt: Der Mensch ist nichts, der Staat alles - oder was jener ist, verdankt er allein diesem [+++]. "Denn die

---

[+]   "Absolute Macht" zu haben heißt: "Der Souverän ist den bürgerlichen Gesetzen nicht unterworfen. Da er die Macht hat, Gesetze zu erlassen und zu widerrufen, kann er sich von ihrem Zwang befreien, wenn er die ihm lästigen Gesetze verwirft und sie in neue verwandelt; und folglich war er ihnen auch nicht verpflichtet. Freiheit besteht nämlich darin, daß man frei sein kann, sobald man es will. Und wer niemanden als sich selbst verpflichtet ist, ist in Wirklichkeit niemanden verpflichtet - es steht in seiner eigenen Macht, eine Bindung einzugehen oder sich ihrer zu entledigen." (Leviathan, XXVI. Kap. , S. 206).

[++] Es ist das Credo des Regierungsstaates, wie es SCHMITT abschließend formulieren wird: "'Das Beste in der Welt ist ein Befehl'". (Legalität und Legitimität, 1932, S. 13). Aktualiter: "Die reinste Ausdrucksform der Rechtssubstanz ist der F ü h - r e r befehl." (E. NIEKISCH, Das Reich ..., S. 91).

[+++] B. MUSSOLINI wird ausdrücklich verkünden: "Alles für den Staat, nichts außer dem Staat; nichts gegen den Staat."

Souveränität ist die Quelle aller Ehren. Vor ihrem Herrscher sind alle Untertanen gleich - wie die Sklaven vor ihrem Herrn - und ohne Ehre". [138] Indem auch Hobbes auf das spätantike Sonnenkönigtum zurückgreift, heißt es weiter: "Wenn einige vor den anderen, größeres Ansehen besitzen, so verblaßt doch dieses Ansehen vor dem ihres Herrschers wie das Licht der Sterne in Gegenwart der Sonne". [139] BLOCH hat Recht wenn er schreibt, das Bürgertum habe bei Hobbes seine "Egalisierung ... um den Preis der Nullität" gewonnen. [140]

Die Privilegien der Feudalität sind choses négligeabes geworden, aber nur dadurch, daß Recht überhaupt zum Privileg geworden ist. Einem transitorischen, wie sich - "dialektisch" - durchaus sagen läßt: Nur "um die Formen des Feudalismus zu brechen und ihnen Kapital zu entreissen, bedarf es der Macht und Unbarmherzigkeit eines absoluten Monarchen", also einer - "in ihrem Wesen" - selber feudalen Macht. - "Jedes dem göttlichen Recht" ihres "Willens gegenüber festgesetzte Tun oder Lassen wäre falsch, da ein derartiges festgesetztes Tun oder Lassen nur feudal sein könnte und daher die Entwicklung der bürgerlichen Klasse zurückhalten würde." [140a] Dennoch oder gerade deswegen bleibt richtig, daß das Bürgertum - nicht nur bei Hobbes, sondern zunächst auch in der Realität - seine Egalisierung um den Preis der Nullität gewonnen hat.

"Das Recht aller auf alles, Konsequenz aus der Auflösung des privilegierten Feudalismus und ... erst Bestandstück sozialer Utopien, wird von Hobbes antizipiert und zugleich in den Bereich des Vorzivilisatorischen verwiesen. Als Naturgesetz vor jeder gesellschaftlichen Organisation zugestanden, führt es, da im Idealfall jeder in gleicher Weise sein Recht auf alles durchzusetzen trachten wird, zum permanenten Kriegszustand". [141] Und das wird eben zum Argument für den Staat, der als "deus mortalis" oder - wie NIETZSCHE eindeutiger sagt - als "das kälteste Ungeheuer" [142] "durch den Schrecken (ter-

ror) seiner Macht alle zum Frieden zwingt". [143] Einem "nihilisti-
schen", und nicht erst bei Schmitt, wie KROCKOW meint. [144] Was
BLOCH als Schmitt's "faschistisches Anti-Naturrecht" [145] bezeichnet, ist, wenn nicht der Idee und historischen Funktion, so doch
dem Effekt nach, schon bei Hobbes grundlegend [+]. (Umgekehrt ist
der Nationalsozialismus z. B. "völlig mortal" gewordener "Absolutismus". [146]).

e)   "Eigentumsmarktgesellschaft"

Nun war aber der Faschismus eine Herrschaftsveranstaltung des Bürgertums selbst, was die Behauptung, der es nihilierende Hobbes habe ihn antizipiert [++], paradox erscheinen läßt, doch der Weg von
Hobbes zu Schmitt, d. h. die Entwicklung des Bürgertums aus seinen
Anfängen hin zum Faschismus umfaßt eben nur jene (Real-) Dialektik
der (politischen) Aufklärung, die Anfang und Ende seltsam ineinander-
fallen läßt, wie HANNAH ARENDT dargelegt hat: Die "modernen
Machtanbeter" stimmen "trotz größter Unabhängigkeit mit der Philo-

---

[+]   "Bereits" O. v. GIERKE sprach von der "naturrechtlichen V e r -
      n i c h t u n g des Naturrechts" durch Hobbes. (J. Althusius und
      die Entwicklung des Naturrechts, ³1913, S. 300). BLOCHS Ent-
      lastungen von Hobbes überzeugen nicht. Er sucht Liberalismus
      im Hobbes'schen System selbst, das ihn nicht nur permanent
      ausschließt, sondern sogar liberale Momente - umfunktionie-
      rend - zu seiner Stabilisierung benützt. Liberales läßt sich bei
      Hobbes nur vindizieren, wenn man die genannten Momente aus
      dem Hobbes'schen System herausbricht und von ihnen her g e -
      g e n Hobbes deduziert. Das ist historisch auch geschehen.
      Und nur dadurch hat er einen o b j e k t i v e n Stellenwert in der
      Geschichte der bürgerlichen Revolution.

[++] Mit Worten H. ARENDTS : "Der 'Leviathan' ist der Staat, und
      seine Philosophie ist die Weltanschauung, denen die bürgerliche
      Gesellschaft seit ihrem Beginnen zustrebte." (Elemente und
      Ursprünge totaler Herrschaft, 1955, S. 233).

sophie des einzigen Denkers überein ..., der je versucht hat, das
öffentliche Wohl aus privaten Interessen herzuleiten, und der um des
Privatinteresses willen einen politischen Körper entwarf, dessen einziges und fundamentales Glied die Akkumulation von Macht ist. Hobbes
ist in der Tat der einzige Philosoph, auf den die Bourgeoisie sich je
hätte berufen dürfen; ihre Weltanschauung jedenfalls, ... unbeirrt
von allen christlichen Zugeständnissen, die die bürgerliche Gesellschaft dann doch durch Jahrhunderte zu machen sich gezwungen sah,
ist von ihm entworfen und nahezu endgültig formuliert worden, Jahrhunderte bevor die neue Klasse den Mut fand, sich ausdrücklich zu ihr
zu bekennen, wiewohl sie zu entsprechenden Verhaltungsweisen eindeutig genug gezwungen worden war [+]. Was ihr in neuerer Zeit die ni-
hilistischen Weltanschauungen aller Sorten auch intellektuell so ver-
führerisch hat erscheinen lassen, ist eine prinzipielle Verwandtschaft,
die sehr viel älter ist als das Erscheinen jenes Intellektuellen-Gesin-
dels, das sie dann verarbeitet hat. Es ist immerhin denkwürdig, daß
die einzige reine Begriffssprache, welche die Weltanschauung dieser
Klasse je gefunden hat, vor mehr als dreihundert Jahren bereits in
unübertroffener Offenheit und mit einer durchaus großartigen Konsequenz entwickelt wurde, also zu einer Zeit, in der diese Klasse gewissermaßen gerade erst aus dem Schoß der Geschichte entlassen und

---

[+]   Um M. HORKHEIMER zu zitieren: "Die Episode der freien
      industriellen Wirtschaft mit ihrer Dezentralisierung in die vie-
      len Unternehmer, von denen keiner so groß war, daß er mit den
      anderen nicht hätte paktieren müssen, hat die Selbsterhaltung
      in Grenzen des Humanen verwiesen, die ihr äußerlich sind.
      Das Monopol hat die Grenzen wieder gesprengt und mit ihm
      kehrt Herrschaft zu ihrem eigenen Wesen zurück ...".
      (Autoritärer Staat ..., Schwarze Reihe 3 (1968), S. 98).
      "Der Faschismus wohnt dem Monopolkapital - folgt man den
      frühen Analysen Max Horkheimers - als jederzeit präsente und
      etatistisch aktualisierbare Potentialität inne." (H.-J. KRAHL,
      ebd., S. 212).

in ihre Entwicklung hineingeboren wurde". [147]

Der von Arendt selbst nicht zureichend erkannte point ihrer Hobbes-Kritik ist ein ökonomischer; SCHMITT nennt ihn: "Hobbes ist der Begründer einer Lehre, die das Individium und seine Freiheit in eine konstitutive Verbindung mit dem Eigentum setzt, der Lehre vom 'possessiven Individualismus', wie C. B. MACPHERSON es plastisch genannt hat ..., eine Verbindung, die eine moderne bürgerliche Marktgesellschaft überhaupt erst ermöglicht". [148] Die bürgerliche K l a s s e n gesellschaft. Daß sie eine ist, daran läßt MACPHERSON keinen Zweifel; Hobbes wirft er ausdrücklich vor, daß er die Existenz "politisch bedeutender Klassenunterschiede" außer Acht gelassen habe: "Für Hobbes war die Gesellschaft durch den Kampf eines jeden um die Macht über andere mit Notwendigkeit so zersplittert, daß alle in der Unsicherheit gleich waren. Er durchschaute nicht, daß dasselbe Merkmal einer Gesellschaft, das sie zu einem ewigen Wettkampf aller um die Macht werden läßt, sie auch zu einer in ungleiche Klassen geteilten Gesellschaft macht. Dieses Merkmal ist das alles durchdringende M a r k t verhältnis. Nur dort, wo die Kräfte aller Menschen marktgängige Waren sind, kann es einen ewigen Konkurrenzkampf eines jeden um die Macht über andere geben; und wo die Kräfte und Fähigkeiten aller Menschen Waren sind, entsteht mit Notwendigkeit eine Teilung der Gesellschaft in ungleiche Klassen". [149]

Auch und gerade dann besitzt der souveräne Staat freilich seine - klassenstrategische - Notwendigkeit. "In einer t r a d i t i o n s g e b u n d e n e n Gesellschaft mag das Netz eingeschränkter Eigentumsrechte ohne einen zentralen Souverän gesichert werden können. In einer Marktgesellschaft dagegen, wo das Eigentum ein uneingeschränktes Recht ist, Boden und andere Güter unter Ausschluß aller anderen Menschen zu nutzen, zu übertragen und zu veräußern, ist ein Souverän zur Begründung und Aufrechterhaltung individueller Eigentumsrechte notwendig. Ohne souveräne Gewalt, sagte Hobbes, gibt es

kein Eigentum, und er hatte recht, sofern es sich um die für die Eigentumsmarktgesellschaft charakteristische Eigentumsform handelte"
- den "Besitzindividualismus". [150] Der Intention nach dient der
Zwangsfrieden dazu, daß ein jeder Bürger "sein Vermögen vermeh-
ren" und seine "Freiheit genießen" kann. Diese selbst besteht nur im
"freiverfügbaren Eigentum". [151] Damit es genossen werden kann, ist
die vom Staat zu garantierende Sicherheit nötig, weswegen auch
MARX' späteres Urteil schon auf Hobbes zutrifft: "Durch den Begriff der Sicherheit erhebt sich die bürgerliche Gesellschaft nicht über
ihren Egoismus. Die Sicherheit ist vielmehr die V e r s i c h e r u n g
des Egoismus" [152] - des bürgerlichen.

f)   "P o l i t i s c h e r   Staat"

Hobbes zuerst hat die "feudale Gesellschaft ... aufgelöst in ihren
Grund, in den Menschen. Aber in den Menschen, wie er ihr wirklicher
Grund war, in den   e g o i s t i s c h e n   Menschen". [153] + Nur daß er
diesem Menschen keine wirkliche Sicherheit geben konnte; die "liberalen Intentionen", auf die auch der Inhaber der Staatsgewalt prinzipiell verpflichtet war ++, konnten nicht eingeklagt werden, ja wurden "an die absolutistische Form ihrer Sanktionierung" aufge-

---

+   KROCKOW sieht richtig: "Was das 'kommunistische Manifest'
      an der Bourgeoisie abliest, das nackte Interesse, die gefühllose
      'bare Zahlung', das Ertränken von Schwärmerei und Wehmut
      im 'eiskalten Wasser egoistischer Berechnung', das 'Ver-
      dampfen' alles Ständischen und Stehenden, der Zwang für alle
      Menschen, ihre Lebensstellung, ihre gegenseitigen Beziehungen
      endlich mit 'nüchternen Augen' zu sehen - es klingt weithin wie
      an Hobbes abgelesen. - Marx erhebt keinen moralischen Vor-
      wurf; er stellt die Tatsachen fest. So hätte es auch Hobbes ver-
      standen. Er hält allerdings für 'natürlich', was Marx als
      'bourgeois' erkennt. Und er akzeptiert, was Marx so leiden-
      schaftlich verwirft ..." (Soziologie des Friedens, Drei Abhand-
      lungen zur Problematik des Ost-West-Konflikt, 1962, S. 33/4).

++   Vgl. Hobbes, De cive, XIII. Kap. !

opfert. [154] Aus diesem ver-un-sicherten Egoismus heraus - um MARX zu paraphrasieren - hat das spätere Wirtschaftsbürgertum die Allianz mit dem absoluten Staat gelöst; was ihm der Hobbes'sche Souverän nur versprochen hatte, gab es sich selbst: Gesetze, die die Eigentumsordnung begründen und regeln, d. h. "formale und generalle Normen". Sie trennen "die Rechtsordnung", den Staat, "von der Lebensordnung", der Gesellschaft, und schaffen "rechtlich neutrale, nicht inhaltlich normierte Spielräume für die legitime Verfolgung des privaten Nutzens." [155] Was HABERMAS streng am XIII. Kapitel von Hobbes' "De cive" erarbeitet, deckt sich mit MARX' Analyse der bürgerlichen Revolution, deren "Menschenrechte" den Menschen ausdrücklich als Egoisten "anerkennen": [156+] "Die Konstitution des politischen Staats und die Auflösung der bürgerlichen Gesellschaft in die unabhängigen Individuen - deren Verhältnis das Recht ist ... - vollzieht sich in einem und demselben Akte", [157] und MARX fährt fort - Hobbes gleichsam historisierend: "Der Mensch, wie er Mitglied der bürgerlichen Gesellschaft ist, der unpolitische Mensch, erscheint ... notwendig als der natürliche Mensch. Die droits de l'homme erscheinen als droits naturels, denn die selbstbewußte Tätigkeit konzentriert sich auf den politischen Akt. Der egoistische Mensch ist das passive, nur vorgefundene Resultat der aufgelösten Gesellschaft, Gegenstand der unmittelbaren Gewißheit, also natürlicher Gegenstand". [158] Doch in der Historisierung ist MARX' fundamentale Kritik der bürgerlichen Revolution bereits angelegt: "Die politische Revolution löst das

---

+   MARX' Untersuchung dieser Rechte beginnt mit dem lapidaren
     Satz: "Die praktische Nutzanwendung des Menschenrechts der
     Freiheit ist das Menschenrecht des Privateigentums".
     (Zur Judenfrage, Die Frühschriften, hrsg. von S. Landshut,
     1964, S. 193).

bürgerliche Leben in seine Bestandteile auf, ohne diese Bestandteile selbst zu revolutionieren und der Kritik zu unterwerfen. Sie verhält sich zur bürgerlichen Gesellschaft, zur Welt der Bedürfnisse, der Arbeit, der Privatinteressen, des Privatrechts, als zur Grundlage ihres Bestehens, als zu einer nicht weiter begründeten Voraussetzung, daher als zu ihrer Naturbasis". [159] Da sie aber eine "begründete ... Voraussetzung" ist, kann sie auch geändert werden. Doch warum wird aus der politischen keine gesellschaftliche Revolution?

"Es ist schon rätselhaft, daß ein Volk, welches eben beginnt, sich zu befreien, alle Barrieren zwischen den verschiedenen Volksgliedern niederzureißen, ein politisches Gemeinwesen zu gründen, daß ein solches Volk die Berechtigung des egoistischen, vom Mitmenschen und vom Gemeinwesen abgesonderten Menschen feierlich proklamiert (Décl. de 1791) ...". [160] Und dennoch läßt MARX keinen Zweifel daran, daß auch für ihn die "politische Emanzipation ... ein großer Fortschritt" ist, nur eben "nicht die letzte Form der menschlichen Emanzipation überhaupt ...". [161] Ja, die weitergehende - umfassende - Emanzipation ist von der politischen antizipiert: "Worauf beruht eine teilweise, eine nur politische Revolution? Darauf, daß ein Teil der bürgerlichen Gesellschaft sich emanzipiert und zur allgemeinen Herrschaft gelangt, darauf, daß eine bestimmte Klasse von ihrer besonderen Situation aus die allgemeine Emanzipation der Gesellschaft unternimmt. Diese Klasse befreit die ganze Gesellschaft, aber nur unter der Voraussetzung, daß die ganze Gesellschaft sich in der Situation dieser Klasse befindet, also z. B. Geld und Bildung besitzt oder beliebig erwerben kann - keine Klasse der bürgerlichen Gesellschaft kann diese Rolle spielen, ohne ein Moment des Enthusiausmus in sich und in der Masse hervorzurufen, ein Moment, worin sie mit der Gesellschaft im allgemeinen fraternisiert und zusammenschließt, mit ihr verwechselt und als deren allgemeiner Repräsentant empfunden und anerkannt wird, ein Moment, worin ihre Ansprüche und Rechte in Wahrheit die Rechte und Ansprüche der Gesellschaft selbst sind, worin sie wirklich der soziale Kopf und das soziale Herz ist. Nur im Namen der allgemeinen Rechte der Gesellschaft kann eine besondere Klasse sich die allgemeine Herrschaft vindizieren". [162] Zweifellos, die allgemeine Revolution wird nur ideologisch antizipiert, d. h. zunächst auf Kosten der Allgemeinheit, aber indem sie subjektiv Volksrevolution ist, wird doch mit dem Prinzip der Staatssouveränität gebrochen und ansatzweise Volks-souveränität praktiziert: die Ideologie der Volkssouveränität ist ihre "Vernunft in ... unvernünftige ...(r) Gestalt; als bewußtes Sein ... (ist) sie die in Gedanken gefaßte Praxis, herrschaftssichernde Illusion und unverstandene Utopie zugleich. Die (weiterführende) revolutionäre Praxis ... (kann) daher an einen real bereits vorhandenen und anerkannten, d. h. in Traditionen und Institutionen verkörperten Sinnentwurf anknüpfen". [163] Wie MARX im September 1843 an Ruge schreibt, "enthält ... der politische Staat, auch wo er von den sozialistischen Forderungen noch nicht bewußterweise erfüllt ist, in allen seinen modernen Formen die Forderungen der Vernunft. Und er bleibt dabei nicht stehen. Er unterstellt überall die Vernunft als realisiert. Er gerät aber ebenso überall in den Widerspruch seiner ideellen Bestimmungen mit seinen realen Voraussetzungen. - Aus diesem Konflikt des politischen Staates mit sich selbst läßt sich daher überall die soziale Wahrheit entwickeln". [164]

g)   Konstitutionalismus

Locke war es zuerst, der sich - im Ausgangspunkt mit Hobbes einig - ihm durch die Lehre entgegenstellte, daß das "Volk" gleichgültig, wen es mit der höchsten Gewalt betraut hat, doch immer "eine höchste Gewalt, die errichtete Herrschaftsform" zu entfernen oder zu ändern, zurückbehält, d. h. es behält immer noch ein Recht zur Revolution. [165] Hobbes' Satz : ". . . alle Menschen sind ohne Unterschied von Natur aus frei" [166] bleibt in Lockes Theorie ständig präsent, statt im fiktiven Gründungsvertrag des Staates ein für alle Mal suspendiert zu werden; doch auch dem Lock'schen Staat auf Abruf muß das (bürgerliche) Individuum normalerweise seine gesamte, ihm von Natur aus zustehende Gewalt delegieren. Andererseits kann es das auch mit der Garantie gegen willkürliche Unterdrückung durch diesen s e i n e n Staat tun. Locke fordert jedenfalls eine Verfassung, die in so gut wie allen inneren Angelegenheiten die Exekutivgewalt (welche stark sein muß) dem Gesetz und letztlich einer gesetzgebenden Versammlung mit genau bestimmten Befugnissen unterordnet. Die gesetzgebende Versammlung muß auf die Schaffung von Gesetzen zum Unterschied von "willkürlichen Beschlüssen des Augenblicks" beschränkt werden; ihre Mitglieder müssen vom Volk für ziemlich kurze Zeit gewählt werden und somit "den Gesetzen untertan sein, welche sie selbst gegeben haben". [167]

Es vermittelte jedoch ein falsches Bild von Lockes Theorie, würde man nicht betonen, daß er solche Forderungen nur erheben konnte, da er zuvor - wie Hobbes - die totale Unterordnung des Individuums unter die bürgerliche Gesellschaft begründet hatte, ja sie - als die Gesellschaft des B ü r g e r t u m s - mit dem "Volk" identifizierte. Lockes Volkssouveränität war die der besitzenden Klasse und sein Konstitutionalismus eine Verteidigung ihres Supremats. [168] +

+ Wenn nötig, selbstverständlich auch mit außerkonstitutionellen Mitteln; die sogenannte Habeas - Corpus - Acte wurde stets gerade dann aufgehoben, wenn man ihrer am dringendsten bedurfte, nämlich zwischen 1688, dem Jahr der Glorreichen Revolution, und 1723 allein nicht weniger als siebenmal, und während der Zeit der ersten bürgerlich-demokratischen Bewegung im industriellen Zeitalter zwischen 1794 und 1802 so gut wie dauernd. Eine weitere Suspendierung erfolgte 1817 bis 1818,

Die Arbeiterschaft, also jener Teil der Gesellschaft, der nur seine Arbeitskraft besaß, war ihm kein v o l l w e r t i g e r Teil, bloß Objekt der staatlichen Politik und ihrer Verwaltung, nicht Subjekt. Dieser Staat war eben der des besitzenden Bürgertums. Hierin war bereits die Krise des Konstitutionalismus angelegt und Hobbes' - cäsaristische - Wiederkehr mit ihr.

h) Cäsarismus

C. SCHMITT hat Hobbes ex eventu und in a d v e n t u [+] ausdrücklich als Cäsaristen interpretiert: "Bei Hobbes beruht die Macht des Sou-

---

gefolgt von den berüchtigten Ausnahmegesetzen des Jahres 1819. Auch im letzten Falle ging es im "freiheitlichen" und "parlamentarischen" England gegen die demokratische Bewegung. (Vgl. L. KOFLER / A. BURO, Vom Handelskapitalismus zum Neo-Imperialismus der Gegenwart. Eine Einführung in die Entwicklung der bürgerlichen Gesellschaft, [2]1973, S. 43/4).

[+] Mit der Weimarer Verfassung über sie hinausgehend, schreibt SCHMITT zur Stellung des Reichspräsidenten: "Der Reichspräsident steht im Mittelpunkt eines ganzen, auf plebiszitärer Grundlage aufgebauten Systems von parteipolitischer Neutralität und Unabhängigkeit. Auf ihn ist die Staatsordnung des heutigen deutschen Reiches in demselben Maße angewiesen, in welchem die Tendenzen des pluralistischen Systems ein normales Funktionieren des Gesetzgebungsstaates erschweren oder sogar unmöglich machen." Die geheime cäsaristische Tendenz dieser Ausführungen machen folgende Sätze deutlich, deren Übereinkunft mit der Hobbes -Interpretation in der "Diktatur" evident ist: "Die Weimarer Verfassung unternimmt ihren Versuch ... sehr bewußt und zwar mit spezifisch demokratischen Mitteln. Sie setzt das ganze deutsche Volk als eine E i n h e i t voraus, die unmittelbar, nicht erst durch soziale Gruppenorganisationen vermittelt, handlungsfähig ist, die ihren Willen zum Ausdruck bringen kann und sich im entscheidenden Augenblick auch über die pluralistischen Zerteilungen hinweg zusammenfinden und Geltung verschaffen soll. Die Verfassung sucht insbesondere der Autorität des Reichspräsidenten die Möglichkeit zu geben, sich u n m i t - t e l b a r mit diesem politischen Gesamtwillen des deutschen Volkes zu verbinden und eben dadurch als Hüter und Wahrer der

veräns ... auf einer mehr oder weniger stillschweigenden, aber darum soziologisch nicht weniger wirklichen Verständigung mit der Überzeugung der Staatsbürger, wenn auch diese Überzeugung gerade durch den Staat hervorgerufen werden soll. Die Souveränität entsteht aus einer Konstituierung der absoluten Macht durch das Volk. Das erinnert an das System des Caesarismus und einer souveränen Diktatur, deren Grundlage eine absolute Delegation ist". [169] SCHMITT muß ent-ideologisiert werden, dann ist seine Definition des Cäsarismus durchaus richtig: MARX hat im "18. Brumaire", einer ersten Theorie des Faschismus [+], gezeigt, wie es jederzeit zu solch cäsaristischen Systemen kommen kann, wenn die inzwischen etablierte Macht des Bürgertums durch eine neue Klasse gefährdet wird; dann gibt sie zwar weiterhin vor, die allgemeine Klasse zu sein, kann dies aber nur noch, indem sie in eine Diktatur flüchtet, der sie ihre Macht "absolut" delegiert. SCHMITTS Ausführungen sind ideologisch, insofern sie die Klasse, in deren Interesse der "Cäsar" die Macht ergreift, mit dem "Volk" identifizieren, das als einige Person, die sich "stillschweigend" mit seinem "Souverän" "verständigt", sowieso mythisch

---

verfassungsmäßigen Einheit und Ganzheit des deutschen Volkes zu handeln". (Der Hüter der Verfassung. Beiträge zum öffentlichen Recht der Gegenwart, 1931, S. 158/9). - Hindenburg b e h a n d e l t e den einschlägigen Artikel 48 der WRV, "von Brüning und Papen gelenkt, als den wichtigsten Bestandteil der Verfassung überhaupt. So hatte Hitler 'verfassungstreue' Vorbilder, die ihn lehrten, wie man sich formgerecht von der lästigen Bindung an das Staatsgrundgesetz befreie. Er machte den Artikel 48 'total'; in diesem allumfassend gewordenen Artikel erschöpft sich die Verfassung des Dritten Reiches." (E. NIEKISCH, Das Reich ..., S. 104). Ausführlich: III, 2 c.

[+] Zur Kontroverse über die zuerst von A. THALHEIMER vorgenommenen Übertragung der Marx'schen Bonapartismus-Analyse auf den Faschismus vgl. H. C. F. MANSILLA, Faschismus und eindimensionale Gesellschaft, 1971, S. 137/45.

ist, wie notwendig auch dieser [+]. ("Er besitzt ... eine Art von göttlichem Recht, er ist von Volkes Gnaden". [170] [++]) ARNOLD GEHLEN
macht das offenkundig, wenn er dessen Ideal als "vollkommenen Repräsentanten des Stimmrechts der Wirklichkeit" bezeichnet und
daran keine Psychologie heranreichen läßt: "niemand deutet das ...
Portrait des Augustus, das sich auf einer Gemme im Aachener Domschatz findet". [171] [+++] - Betrachtet man SCHMITTS Worte aber im

---

[+] Der nationalsozialistische SCHMITT wird die naturalistische Basis solchen Mythos' - rassistisch - explizieren: "Auf der Artgleichheit beruht sowohl der fortwährende untrügliche Kontakt
zwischen Führer und Gefolgschaft wie ihre gegenseitige Treue.
Nur die Artgleichheit kann es verhindern, daß die Macht des Führers Tyrannei und Willkür wird ...". (Staat, Bewegung, Volk.
Die drei Gliederungen der politischen Einheit, 1933, S. 42). -
Daß das Gegenteil wahr ist, folgt bereits aus Schmitts zehn Jahre älterer Arbeit "Die geistesgeschichtliche Lage des Parlamentarismus"; bereits dort hiess es: "Jede wirkliche Demokratie beruht darauf, daß nicht nur Gleiches gleich, sondern mit un-
vermeidlicher Konsequenz, das Nichtgleiche nichtgleich behandelt wird. Zur Demokratie gehört also notwendig erstens Homogenität und zweitens - nötigenfalls - die Ausscheidung oder Vernichtung des Heterogenen." (^{2}1926, S. 13/4).

[++] Mit diesem MARX-Wort überein kommt wiederum, was P.
SCHNEIDER zur Interpretation des Schmitt'schen Cäsarismus-
Begriffs ausführt: "Mit dem Volk erwacht der Gott aus der Tiefe."
Ihn "verkörpert" der "Cäsar Napoleon ... in seiner Person
...". (Ausnahmezustand und Norm. Eine Studie zur Rechtslehre
von C. Schmitt, 1957, S. 95/6).

[+++] "... einen Napoleon" konnte "Metternich" z. B. "noch charakterisieren ..." (A. GEHLEN, Urmensch und Spätkultur. Philosophische Ergebnisse und Aussagen, ^{2}1964, S. 70). Und doch hat
kein Geringerer als Hegel auch ihn solcherart divinisiert, daß
Schmitts Worte über Hobbes' Souverän dagegen geradezu unter-
kühlt wirken: "Das einzelne Ich, NAPOLEON, und das allgemeine Ich, das Volk, sind ... identisch, genauer, die Identität der
Identität und der Nichtidentität. Sie bilden 'das Dasein des zur
Zweiheit ausgedehnten Ichs', den demokratisch-plebiszitär legi-
timierten Staat, und der Kaiser wird der 'erscheinende Gott'
mitten unter ihnen, die sich als das reine Wissen wissen! ...
'Der Gehorsam des Selbstbewußtseins' ist hier nicht 'der Dienst

141

Hinblick auf Hobbes selbst, so werden sie zu seiner berechtigten Rettung für den Rationalismus, diesen als jene Aufklärung verstanden, die es - nach HORKHEIMER / ADORNOS Wort - aus ihrer Verstrikkung in blinde Herrschaft [+] zu lösen gilt. "Gerettet" für diesen Rationalismus wird Hobbes im Vergleich mit de Maistre und seinesgleichen. Erst sie ziehen "die letzte Konsequenz" aus Hobbes, der einem C. SCHMITT nicht irrational genug war. [172]

8. De Maistre, de Bonald und Donoso Cortés

a) Theismus

De Maistre, de Bonald und Donoso Cortés wollen den Rationalismus insgesamt erschüttern, indem sie den Katholizismus zu restaurieren versuchen - politisch: die von ihm bestimmte Theokratie (des "ancien régime"). Und darin haben sie in Hobbes einen gefährlichen Gegner; sein "scheinbarer Byzantinismus ist so hönisch, so respektlos, ja so aufrührerisch, daß vor der ... Absolutbestie aus der vor-

---

gegen einen Herrn, dessen Befehle eine Willkür wäre(n), und worin es sich nicht erkennte. Sondern die Gesetze sind Gedanken seines eigenen absoluten Bewußtseins, welche es selbst unmittelbar hat'. Die Vermittlung der Substanz mit dem Subjekt ist vollbracht, die Entäußerung zurückgenommen und die Entfremdung aufgehoben." (H. KESTING, Geschichtsphilosophie und Weltbürgerkrieg. Deutungen der Geschichte von der Französischen Revolution bis zum Ost-West-Konflikt, 1959, S. 50). An solche Möglichkeit, die für Hegel freilich perfectum praesens ist, wird SCHMITT nie glauben - und gerade so Cäsarist bleiben. Er kann es auch; das "Plebiszitäre" ist ihm eh nur als herrschaftsstabilisierende Fiktion interessant.

[+] R. KOSELLECK sieht sehr richtig, daß sich die Vernunft "bei Hobbes ebenso erhaben wusste über jenem wirren Streit der Unvernünftigen, abergläubigen und triebhaften Menschen, wie der absolute Fürst über den Untertan." (Kritik und Krise ..., S. 26)

staatlichen Wolfszeit alle Weihe von Gottesgnaden, samt der eines Vater des Vaterlandes, wie selten zuvor zerspringt". [173] Es ist Hobbes' Radikalismus, der die einstmals lebendige Idee des sakralen Königtums vergehen läßt; nicht nur, daß seine aufklärerische Vernunft mit dem Herrschaftsvertrag den gefährlichsten Feind aller sakralen Ordnung in sein System eingebaut hat, sie hat die Sakralität selbst von Grund auf zerstört. Und die "p r o f a n e Existenz des Irrtums ist kompromittiert, nachdem seine himmlische 'Oratio pro aris et focis' widerlegt ist". [174] - Hobbes formuliert praktisch schon, was Proudhon, Donoso Cortés' "Antichrist", schreiben wird: "Wer Gott sagt, will betrügen". [175] + "Nur" daß sich ihm noch nicht nahelegt, was seit Helvétius und Holbach Wesen aller Aufklärung sein wird, die "Kritik des Himmels" zu verwandeln "in die Kritik der Erde, die Kritik der Religion in die Kritik des Rechts, die Kritik der Theologie in die Kritik der Politik". [176] Ja, er formuliert gerade entgegengesetzt: "Die Menschen könnten sehr viel bessere und gehorsamere Bürger sein, wenn man ihnen mit der abergläubischen Furcht vor Gespenstern zugleich auch den Glauben an Traumdeuterei und falsche Prophezeiungen nähme ++. Dreiste und gewitzte Leute nämlich

---

+ "Nachdem die Schriftsteller der Restaurationszeit ... eine politische Theologie entwickelt hatten, richtete sich der ideologische Kampf der radikalen Gegner aller bestehenden Ordnung mit steigendem Bewußtsein gegen den Gottesglauben überhaupt als gegen den extremsten fundamentalsten Ausdruck des Glaubens an eine Herrschaft und an eine Einheit." (C. SCHMITT, Politische Theologie. Vier Kapitel zur Lehre von der Souveränität, 1922, S. 45). Hobbes will alles andere als "Herrschaft" und "Einheit" bekämpfen, aber nichtsdestoweniger hat er bereits destruiert, was mit Recht als der "extremste ... fundamentalste Ausdruck des Glaubens" an sie gelten muß.

++ An keiner anderen Stelle so wie hier fühlt man sich an J. F. NEUROHRS Diktum erinnert, daß bei Hobbes sich die Aufklärung "gegen sich selbst" sichert. (Der Mythos vom Dritten Reich. Zur Geistesgeschichte des Nationalsozialismus, 1957, S. 69).

machen sich alles, was dieser Furcht entspringt, zunutze, um Treu und Glauben des einfachen Volkes zu mißbrauchen". [177] Aber - "... die Kritik der Religion ist die V o r a u s s e t z u n g aller Kritik". [178]

Umgekehrt wollen die "Restaurateurs" die Wiederaufrichtung der vorrevolutionären Ordnung damit einleiten, daß sie den Glauben an den persönlichen Gott samt seinen Implikationen neu begründen. Wie Cortés gehen sie davon aus, daß "die Idee ... der menschlichen Autorität" verschwunden ist zusammen mit der der "göttlichen" [179] und behaupten demgemäß, daß die christliche Theologie und ein radikaler Demokratismus die eigentlichen Gegner seien. Bonald "begründet diese These durch eine politische Theologie, d. h. durch den Versuch, eine Analogie zwischen den verschiedenen theologischen und politischen Systemen herzustellen. 'Die Demokraten sind die Atheisten der Politik, die Atheisten ... die Jakobiner der Religion'. Wer Gott als Weltenherrscher leugnet, muß konsequenterweise auch jede politische Herrschaft leugnen und das Volk sich selber regieren lassen. In gleicher Weise entsprechen sich Theismus und Monarchie: Ein Gott, ein König". [180] Deswegen wird für ihn in der Restauration "Gott ... der Gesellschaft zurückgegeben werden und der König Frankreich und der Friede dem Universum". + - "Eine majestätische Operation der Natur" [181], wie er meint.

b)   Päpstliche Unfehlbarkeit

Die "Natur", die auch dem "Universum" den Frieden zurückgeben wird, d. h. aber sich selbst, ist Bonalds dritte und - systematisch - entscheidende Größe neben Gott und König. An ihr haben sich Mensch

---

+   Mit diesen Worten schließt sein erstes Werk, die 'Théorie du pouvoir' von 1796." (ROBERT SPAEMANN, Der Ursprung der Soziologie aus dem Geist der Restauration. Studien über L. G. A. de Bonald, 1959, S. 167).

und Gesellschaft auszurichten: Wahre Gesellschaft i s t "nichts als die ewige Ordnung in ihrer Anwendung in der Zeit auf die moralische und physische Erhaltung des Menschengeschlechtes". [182] Und nicht nur, weil überhaupt Onto-logie herrscht, sondern die "Metaphysik wird erst konkret als metaphysische S o z i o l o g i e". [183] "M e t a - p h y s i s c h e Soziologie" par excellence ist aber die (katholische) Ekklesiologie; sie muß "Vorbild und Urbild der politischen Ordnung" sein. [184] Und sie allein kann es auch. Wie Cortés nach der spani- schen Revolution von 1834 schreiben wird, war im "barbarischen Europa ... allein die Kirche eine Gesellschaft. Denn in ihr war E i n - h e i t des Objekts und Harmonie des Wollens vorhanden". [185] Sie besaß noch das "Pathos der A u t o r i t ä t in seiner ganzen Rein- heit". [186] Wie Cortés im gleichen Zusammenhang ausdrücklich er- innert, hat sie "die Bewegung der römischen Welt (zur sozialen Ein- heit) weitergeführt, hat dieselben Ansprüche erhoben und den glei- chen Zielen zugestrebt, nur noch viel unbeugsamer [+]; denn die W a h r - h e i t ist absoluter als die Kraft". [187]

Mit der "Wahrheit" hat Cortés das dogmatische Stichwort ge- nannt. Es gibt das Spezifische der katholischen "Einheit" u n d "Au- torität" an: die päpstliche Unfehlbarkeit. Schon de Maistre umkreist den Gedanken, daß nur dort Einheit herrsche, wo ein einziges glei- chermaßen sie fortwährend erzeugendes und bewahrendes, sie ver- waltendes und deutendes Organ vorhanden ist. Diese Autorität ist in

---

[+]   Parallel zu Cortés, wenn freilich auch kritisch, schreibt H. HEINE im gleichen Jahr 1834 : "Rom wollte herrschen; als sei- ne Legionen gefallen, schickte es Dogmen in die Provinzen ..." (Werk-Ausgabe, 1968, Bd. 4, S. 52). Heine apperziert jenen "d o g m a t i s c h e n Imperialismus" der katholischen Kirche, der - partiell - noch auf dem II. Vatikanum kritisiert werden wird. (Vgl. G. HIRSCHAUER, Der Katholizismus vor dem Risiko der Freiheit. Nachruf auf ein Konzil, rororo 6660/1, S. 199).

der Gestalt des Papstes - mit an Dantes "Monarchie" gemahnenden Worten - "le chef naturel, le promoteur le plus puissant, le grand Démiurg de la civilisation universelle". "Il ne peut y avoir de société humaine sans gouvernement, ni de gouvernement sans souveraineté, ni de souveraineté sans infallibilité; et ce dernier privilège est même dans les souverainetés temporelles (où n'est pas) sous peine de voir l'association se dissoudre". [188] "'Sowohl in der weltlichen als auch in der geistlichen Ordnung' bedarf es (also) einer 'Macht, die richtet und nicht gerichtet wird', einer Macht, die alle auftretenden Konflikte, seien sie nun geistiger oder politischer Herkunft und Art, in letzter Instanz, 'sans appel', und darum endgültig und verbindlich entscheidet ... Würde man auf solche letzte Instanz verzichten, so müßte die weltliche wie die geistliche Gewalt für die Prüfung und Entscheidung aller Konflikte dem 'jugement particulier' des einzelnen Menschen ausgeliefert bleiben. Nie würde man auf diese Weise zu einer wirklichen Einheit gelangen. Wo aber keine geistige Einheit zustande kommt, da gibt es keine Hoffnung für das Bestehen und Gedeihen des Gemeinwesens, wo es ihm an der Einheit gebricht, da bedroht es die Zerstörung". [189]

c)   Monarchische Souveränität

BARTH legt den Finger auf den wesensmäßigen Dezisionismus von Maistres Papalismus - und nicht nur seines. Erst hier ist "die letzte Konsequenz" aus Hobbes gezogen [190] oder besser: nicht einmal mehr intentional auf die Individuen und ihre Rechte Rücksicht genommen, weder formal, noch material. Sie kommen überhaupt bloß noch als "häretische", d. h. anarchische Gefahr vor. Von Vertrag und Delegation der Macht ist keine Rede mehr; es herrscht der bloße Oktroy. Und die papalistische Analogie dient im Effekt nur dazu, die "Infallibilität" als "Wesen der inappellablen Entscheidung" zu fingieren.

"...die beiden Worte Unfehlbarkeit und Souveränität sind 'parfaitement synonymes' (du pape, ch. 1.)" heißt: "In der Praxis" macht es keinen Unterschied, "keinem Irrtum unterworfen zu sein ... (oder) keines Irrtums angeklagt werden zu können; das Wesentliche ist, daß keine höhere Instanz die Entscheidung überprüft". [191]

An einem hielt de Maistre allerdings noch fest, was nun Hobbes schon chose négligeable war, an der Legitimität des Souveräns [+] . Auch Maistre spricht schon von Diktatur, aber wo er es tut, meint er einen Monarchen: den russischen Zaren. Als Napoleon aus der Verbannung von Elba zurückkehrte, erklärte er, daß nichts Erfolg haben werde, wenn man dem Kaiser von Rußland nicht eine "dictature fondée sur la persuation et la conviction universelle" [192] einräume.

d)   Militärdiktatur

Auch Cortés spricht noch mit Bezug auf legitime Herrscher von Diktatur, so vor allem mit Bezug auf das Muster aller Legitimität, den

---

[+]   "Obwohl ... (Hobbes) immer persönlich die Monarchie für die beste Regierungsform hielt, ... hat er doch jederzeit - ganz im Geiste Machiavellis - die Form des Staats als relativ nebensächlich gegenüber der faktischen Existenz irgendeiner starken Herrschaftsgewalt angesehen ... als Philosoph war er Diener der starken, jeweils am Ruder befindlichen Regierung, deren Macht zu festigen ihm höchste Pflicht und Aufgabe schien. Nicht einem Monarchen, noch einer Republik, sondern der stärksten politischen Macht, hat er, wie Machiavelli, seine Wissenschaft gewidmet." (M. HORKHEIMER, Anfänge der bürgerlichen Geschichtsphilosophie, 1930, S. 39) - Es ist alles andere als zufällig, wenn C. SCHMITT seine Ideologiekritik des restaurativen Legitimitätsbegriffs gerade im Hobbes-Buch von 1938 anbringt. Dort heißt es: "Was seit dem Wiener Kongreß von 1815 als 'dynastisches Legitimitätsprinzip' ausgegeben wird, hat eine solide Grundlage in der staatlichen Legalität von Beamtentum und Armee. Alles andere ist geschichtlicher Nimbus und Residuum und wird von den eigentlich wirksamen sozialen Kräften und Mächten zur Legitimierung ihrer eigenen Macht benutzt." (S. 100).

Papst [+], und er behauptet, daß Gott selbst, der ab und zu "die Gesetze, die er sich selbst vorgeschrieben hat, durchbricht", "dikta-
torisch verfährt ...", [193] aber Cortés tut doch gerade dies nur, um
schlußfolgern zu können: "Die Diktatur ... ist ... eine Tatsache in
der göttlichen Ordnung". [194] Und er meint damit vornehmlich die
"i l l e g i t i m e" : "Genügt die Gesetzlichkeit (= Legalität), um die
Gesellschaft zu retten, dann die Gesetzlichkeit - genügt sie nicht,
dann die Diktatur! Dieses furchtbare Wort ..., wenn auch keineswegs
so furchtbar wie das Wort Revolution, das furchtbarste aller Worte
...". [195] Und die legitimistische wie die konstutionelle Gesetzlichkeit k ö n n e n die Revolution nicht verhindern. Die Revolution von
1830 (1834) und 1848 haben es bewiesen; deswegen führt Cortés
"seinen Dezisionismus zu Ende". [196]

Nur der blanke Säbel scheint ihm - inzwischen die s o z i a l i s t i -
s c h e Revolution vor Augen - noch helfen zu können. Er ist überzeugt, daß der Augenblick des letzten Kampfes gekommen ist; "angesichts des radikal Bösen (aber) gibt es nur eine Diktatur, und der legitimistische Gedanke der Erbfolge wird in einem solchen Augenblick
leere Rechthaberei". [197] - Das "radikal Böse" ist der Sozialismus;
"der revolutionäre Radikalismus in der proletarischen Revolution von
1848 (ist) unendlich tiefer und konsequenter ... als in der Revolution
des dritten Standes von 1789 ..." [198] gewesen. Dem glaubt Cortés
entsprechen zu müssen: "Konzentrieren sich ... die Angriffskräfte in
politischen Vereinigungen, dann vereinigen sich auch notwendigerweise die Widerstandskräfte in einer Hand, ohne daß jemand es hindern

---

+ In seinem Schreiben v. 24.2.53 an Pius IX. erklärt Donoso
  Cortés, daß "der Pontifikat im wesentlichen in der Diktatur der
  Lehre und die Diktatur der Lehre im Prinzipat über die Doktri-
  nen beruht." (Der Staat Gottes. Eine katholische Geschichtsphilosophie. Aus dem Spanischen übersetzt und herausgegeben
  von L. FISCHER, 1933, S. 85).

könnte oder auch nur hindern dürfte. Das ist die klare, einleuchtende und unanfechtbare Theorie der Diktatur". [199] Sie geht davon aus, daß es sich "nicht um die Wahl zwischen der Freiheit und der Diktatur" handelt, sondern "vielmehr darum, zwischen der Diktatur der Auflehnung und der Diktatur der Regierung zu wählen. Vor diese Frage gestellt, entscheide ich mich für die Diktatur der Regierung, weil sie weniger drückend und weniger schimpflich ist. Es handelt sich darum, sich entweder für die Diktatur von oben zu entscheiden oder für die Diktatur von unten. Ich wähle die von oben, denn sie kommt aus einem reineren und lichteren Bereich. Und schließlich handelt es sich darum, zu wählen zwischen der Diktatur des Dolches und der Diktatur des Säbels. Ich wähle die Diktatur des Säbels, denn sie ist ehrenvoller". [200]

So kehrt Cortés offen zu einer Art Soldatenkaisertum in Form der Militärdiktatur zurück, doch er tut auch das noch als Katholik; ja, es schwebt ihm eine k a t h o l i s c h e Militärdiktatur vor Augen - die "unverschämt einfache Herrschaft von Säbel und von Kutte", [201] um Marx' "18. Brumaire" zu zitieren. Armee und Kirche zusammen sind Cortés die letzten Pfeiler im revolutionären Strom [+]. Er erklärt:

[+] "... die Ideen von der Unverletzlichkeit der Autorität, von der Heiligkeit des Gehorsams und von der Übernatürlichkeit des Opfers, diese Ideen sind heute in der bürgerlichen Gesellschaft nicht mehr anzutreffen. Sie haben ihre Zuflucht in den Kirchen gefunden, wo man den Gott der Gerechtigkeit und der Barmherzigkeit anbetet, und in den Heerlagern, wo der Gott der Stärke, der Gott der Schlachten unter den Sinnbildern des Ruhmes verehrt wird. Weil heute die Kirche und die Armee die einzigen sind, die die (genannten) Begriffe ... unversehrt bewahrt haben, darum sind sie heute auch die beiden einzigen Repräsentanten der europäischen Zivilisation." (Donoso Cortés, Rede über die allgemeine Lage Europas, in: Der Abfall vom Abendland, hrsg. von P. Viator, 1948, S. 79). Und damit des Christentums. Nicht nur, weil "Jede wahre Zivilisation ... vom Christentum" kommt (a. a. O., S. 78), sondern weil es die Welt eben in dieser dreifache ... (n) Weise" "zivilisiert" hat: "Es macht aus der Autorität eine unverletzliche, aus dem Gehorsam eine heilige und aus der Selbstverleugnung und Opferbereitschaft oder, besser gesagt,

"... die stehenden Heere sind heute die einzigen Stützen, die verhindern, daß die Zivilisation in die Barberei zurückfällt". [202] + Und:

Das "radikalste Mittel gegen die Revolution und den Sozialismus" ist
"einzig und allein der Katholizismus ...". Er ist "die einzige Lehre,
die in absolutem Widerspruch zu ihnen steht". [203] - Warum? Er ist
die Religion, "die die Reichen die Mildtätigkeit und die Armen die
Geduld lehrt; die die Armen lehrt, sich zu begnügen, und die Reichen,
barmherzig zu sein". [204]

Man erkennt, wie wenig Cortés von der "sozialen Frage" verstanden hat, daran, womit er sie lösen will. Zusätzlich an seiner G e -
s i n n u n g keinen Zweifel lassen schließlich diese Worte: " Das Übel
kommt nicht von den Regierungen, es kommt von den Regierten. Das
Übel besteht nämlich darin, daß sich die Regierten allmählich nicht
mehr regieren lassen". [205] - Es wäre aber dennoch ein großer Feh-
ler, Cortés einfach als "extreme ...(n) Reaktionär" rechts liegen zu
lassen. Als "der radikalste Gegenrevolutionär" [206] (des 19. Jhd.),
was mehr ist, hat er in seiner Theorie der Diktatur eine epochale
Wirklichkeit zum ersten Mal gesichtet, freilich umso leichter, da er
sie auch wollte. Aber, wie SCHMITT hervorhebt, die "eigentliche
Energie" des Diktatur-Begriffs liegt in der - Cortés entgegengesetzten - "Sphäre eines revolutionären Demokratismus". Ein "System
konservativer Ideen und Gefühle" führt er nur ad absurdum, wenn
auch notwendigerweise, [207] - ganz bei sich ist der Diktatur-Begriff

---

der Nächstenliebe, eine übernatürliche Forderung. " (a. a. O., S. 79).

+   Der (portugiesische) Erzbischof von Mitilene erklärte noch 1968:
     "Heutzutage ist das Schwert des Soldaten nötiger denn je; denn
     der Soldat als Mann der Tugend und des Glaubens ist der einzige,
     der die Weiterentwicklung der gegenwärtigen Krise verhindern
     kann, die die ganze Menschheit bedroht. " (Der totalitäre Gottes-
     staat. Die Lage der Christen in Portugal ..., Hersg. im Auf-
     trag der AGP in der BRD ... 1970, S. 150).

erst - meint Schmitt mit Recht - im plebiszitären Cäsarismus, der
dennoch keine demokratische oder gar proletarische Angelegenheit ist. [+]
Auch und gerade Auguste Comte, der Anti-Sozialist und Transformator der liberalen - in eine autoritäre: "positive" Theorie, begrüßte
den plebiszitären Caesarismus Louis Napoleons als die Lösung der
revolutionären Krise von 1848 . "Die Abschaffung des 'régime parle-
mentaire' und die Errichtung der 'république dictatoriale' erschienen ihm als die 'double préambule de toute vraie régénération'. Napoleon I. war für ihn ... nur darum ein Tyrann, weil er sich mit einer
rückschrittlichen Theologie zur Stützung seiner Usurpation der Macht
verbündet hatte". [208] Spätere werden das - unter anderem dank
Comte's und seiner Schule - nicht mehr nötig haben oder zumindest
bei einem solchen Bündnis sich die "Theologie" klar unterordnen.
(SCHMITT resümiert:"Der Cäsarismus ... ist eine typisch nichtchrist-
liche Machtform, auch wenn er Konkordate schließt. " [208a]).

Bleiben wird - und erst recht - der diktatoriale Staat, ohne ein
sozialistischer zu sein. Cortés hat den Liberalismus unterschätzt,
d. h. seine Liberalität allzu wörtlich genommen. Der von ihm - neben
der Diktatur und in Verbindung mit ihr - richtig prophezeite (Welt-)
Bürgerkrieg findet die (ehemals) liberalen Bürger durchaus nicht zwischen den Fronten zerrieben. Sie haben sich nahezu ausschließlich an-
tisozialistisch entschieden [++]. Freilich, auch damit ist der Liberalis-

---

[+] "Schon" M. WEBER betonte (November 1918), dass "die viel-
     beredete 'Diktatur' der Massen ... den 'Diktator'" erfordere,
     "einen selbstgewählten Vertrauensmann der Massen, dem diese
     sich - bei WEBER - immerhin nur "so lange ... unterordnen,
     als er ihr Vertrauen besitzt" (Gesammelte politische Schriften
     [2]1958, S. 499). - Ausführlich III, 2 c .

[++] Bonald war allzu ideologisch fixiert, als er meinte, die Konsti-
     tutionellen wären "verkappte Demokraten": Der Konstitutionalis-
     mus drängt zur Diktatur. Durch die Demokratie in die Enge ge-
     trieben, verbindet er alles mit seinem Feind, dem "Sozialismus".
     "Für s o z i a l i s t i s c h wird selbst der bürgerliche Liberalis-

mus und seine "diskutierende Klasse" tot. (Als diskutierende!)
Cortés hat den Untergang mit apokalyptischen Farben vorausgemalt [+]:
"An dem schreckensvollen Kampftage, wo die Entscheidungsschlacht
wird geschlagen werden, wo auf dem breiten Schlachtfeld in unabseh-
baren Reihen die Kämpferscharen der Katholiken und die Horden der

---

mus erklärt, für sozialistisch die bürgerliche Aufklärung, für
sozialistisch die bürgerliche Finanzreform. Es war sozialistisch,
eine Eisenbahn zu bauen, wo schon ein Kanal vorhanden war, und
es war sozialistisch, sich mit dem Stocke zu verteidigen, wenn
man mit dem Degen angegriffen wurde. " (K. MARX, Der 18.
Brumaire des Louis Bonaparte, s. i. 9, S. 61). MARX resümiert: "Die Bourgeoisie hatte offenbar keine andere Wahl, als
Bonaparte zu wählen. Despotie oder Anarchie. " (Die Alternative Donoso Cortés'!) "Sie stimmte natürlich für die Despotie. " (a.a.O., S. 132). Ja, "die Stichworte der alten Gesellschaft, 'Eigentum, Familie, Religion, Ordnung'", hatte sie "als
Parole unter ihr Heer ausgeteilt und der konterrevolutionären
Kreuzfahrt zugerufen: 'Unter diesem Zeichen wirst Du siegen!'"
(a.a.O., S. 20). Dennoch galt für Bonaparte das gleiche wie
für den General, der gleichsam sein Vorgänger war: "Cavaignac,
das war nicht die Diktatur des Säbels über die bürgerliche Gesellschaft, das war die Diktatur der Bourgeoisie durch den Säbel. " (K. MARX, Die Klassenkämpfe in Frankreich, in: Ausgewählte Schriften, Bd. 1 (1968), S. 155). Freilich galt für Bonaparte auch (schon), was für Cavaignac (noch) nicht galt, und
was A. SOHN-RETHEL von den Nazis schreiben wird: "Die
Faschistengarde der Bourgeoisie ist keineswegs ausschliesslich
deren gehorsam dienendes Werkzeug zur politischen Entmachtung
des Proletariats. Sie ist vielmehr dieses Werkzeug nur, indem
sie ihrerseits auf dem Buckel der Bourgeoisie im Sattel sitzt und
diese ihre eigene Bahn reitet. " Folge davon: "Die faschistische
Diktatur der Bourgeoisie erzeugt als ihren unentwegten Schatten
die Opposition der Bourgeoisie gegen diese Diktatur, mit wech-
selnder Rollenverteilung des Pro und Contra auf ihre verschiedenen Sektionen, ja mit gleichzeitigem Pro und Contra in den
verschiedenen Sparten derselben Bilanz . " (Ökonomie und Klassenstruktur des deutschen Faschismus ..., 1973, S. 97/8).

[+]   Wie Mazzini, obgleich von der Gegenseite her, hätte auch und
      gerade er die kommenden Bürgerkriege "soziale Religions-
      kriege" nennen können (Zit. nach R. KOSELLECK, in: L.
      BERGERON / Fr. FURET / R.K., Das Zeitalter der europäi-
      schen Revolutionen 1780-1848, Fischer Weltgeschichte Bd. 26,

Sozialisten auf- und niederwogen werden, da wird man vergeblich danach fragen und niemand wird es sagen können, wo der Liberalismus geblieben ist". [209]

e) Anti - Apokalyptik

Cortés wird von der "kriegerische(n) Vorstellung einer (solchen) blutigen, definitiven, vernichtenden Entscheidungsschlacht" [210] beherrscht. Mit seiner Position in die Verteidigung gedrängt, ist es der Mut der Verzweiflung [+], der sie ihm diktiert. (Wie die Diktatur selbst). Anders bei Proudhon, mit dem sich Cortés als seinem ebenbürtigen Feind Aug in Aug weiß. Beide verlangen - im gemeinsamen Gegensatz zum parlamentarischen Konstitutionalismus - eine Entscheidung. Aber Proudhon, der Vertreter des (anarchosyndikalistischen) Sozialismus (und einer der entscheidenden Väter G. Sorels), befindet sich im erfolgversprechenden "zerstörerischen" Angriff: "In den Augen von Donoso ... (ist er) ein böser Dämon, ein Teufel ...". [211] - Kein Zweifel, SCHMITTS Sympathie verdeutlicht dies nur, Cortés hat in solcher extremen Entgegensetzung für die späteren Feinde des Sozialismus eine "einzigartige Bedeutung", die des Anti-Apokalyptikers. Mit Schmitts Worten: "... in einer Zeit relativierender Auflösung der politischen Begriffe und Gegensätze" hat er "den Zentralbegriff jeder großen Politik" erkannt "und durch alle trügerischen und betrü-

_____

S. 283). - In England hatten umgekehrt "die Glaubenskämpfe ... schon die (freilich) bürgerliche Revolution" bedeutet (Ders. Kritik und Krise ..., S. 11).

+   Nach dem 10. März 1850 schreibt ein Organ der französischen "Ordnungspartei": "'... zwischen dem Sozialismus u. der Sozietät existiert ein Duell auf den Tod, ein rastlos unbarmherziger Krieg; in diesem Duell der Verzweiflung muß der eine oder der andere untergehen; wenn die Gesellschaft den Sozialismus nicht vernichtet, vernichtet der Sozialismus die Gesellschaft' ..." (K. MARX, Die Klassenkämpfe in Frankreich ..., S. 206).

gerischen Verschleierungen hindurch" festgehalten "und hinter den tagespolitischen die große geschichtliche und wesentliche Unterscheidung von Freund und Feind zu bestimmen" gesucht. [212]

9. Carl Schmitt

a) "Freund-Feind" - Schema

Es handelt sich um die typische Scheinneutralität SCHMITTS, einfach von "Freund und Feind" zu sprechen. OTTO BRUNNER hat auf mehr als eine formale Kontinuität hingewiesen, wenn er Schmitts "Begriff des Politischen", der vom Freund-Feind-Gegensatz konstituiert wird, "nur als einen 'Endpunkt' ..., nämlich den Endpunkt der Entwicklung einer Lehre von der Staatsräson registriert." [213] Sie war immer schon wie nach außen, so auch nach innen, repressiv [+]. Wenn man weiß, welcher der - mit Cortés gemeinsame - Feind SCHMITTS ist, sagt einem seine Formalität unmißverständlich, was "Teufel" zu gewärtigen haben [++]: "Der politische Feind ... ist ... der andere, der fremde, und es genügt zu seinem Wesen, daß er in einem besonders intensiven Sinne existentiell etwas anderes und Fremdes ist, so daß im

---

[+] "Die ... Notwendigkeit innerstaatlicher Befriedung führt in kritischen Situationen dazu, daß der Staat als politische Einheit von sich aus, solange er besteht, a u c h den 'innern Feind' bestimmt. In allen Staaten gibt es deshalb in irgendeiner Form das, was ... das römische Staatsrecht als 'hostis'-Erklärung kannte ... mit einem Wort ..." die "innerstaatliche ... F e i n d e r k l ä r u n g . " (C. SCHMITT, Der Begriff des Politischen. Text von 1932 mit einem Vorwort und drei Corollarien, 1963, S. 46/7).

[++] 'Der Begriff des Politischen" ist am Vorabend des deutschen Faschismus geschrieben, in seine Bürgerkriegssituation hinein. Ein Aufsatz von 1939, der sich auf die erweiterte Ausgabe des "Begriffs des Politischen" von 1932 rückbezieht, setzt ausdrücklich "Entpolitisierung", gegen die Cortés schon gegen-

extremen Fall Konflikte mit ihm möglich sind, die weder durch eine
im Voraus getroffene generelle Normierung, noch durch den Spruch
eines 'unbeteiligten' und daher 'unparteiischen' Dritten entschieden
werden können". [214] Schon Bonald notierte: "Je me trouve con-
stamment entre deux abîmes, je marche toujours entre l'être et le
néant". [215] Bereits für ihn war der "extreme Fall" also zum Dauer-
zustand geworden, d. h. der Dezisionismus permanent [+]. "Ü b e r -
a l l, wo die katholische Philosophie des 19. Jahrhunderts sich in geistiger Aktualität äußert, hat sie in irgendeiner Form den Gedanken
ausgesprochen, daß eine große Alternative sich aufdrängt, die keine
Vermittlung mehr zuläßt. No medium, sagt Newman, between catho-
licity and atheism. Alle formulieren ein großes Entweder-Oder, dessen Rigorosität ... nach Diktatur klingt ...". [216] [++]. CARL

---

steuerte, "Entscheidungslosigkeit, Nihilismus und letztlich
B o l s c h e w i s m u s" gleich. (Neutralität und Neutralisierung.
Zu Chr. STEDING "Das Reich und die Krankheit der europäischen Kultur", in: Deutsche Rechtswissenschaft IV. (1939),
H. 2, S. 97) - Schon 1927 - im wesentlichen immer derselbe
- begriff SCHMITT den Klassenkampf als Gefährdung "demokratischer" Homogenität und nicht als Anlass zu deren Herstellung. (Vgl. "Volksentscheid und Volksbegehren. Ein Beitrag
zur Auslegung der Weimarer Verfassung und zur Lehre von der
unmittelbaren Demokratie", S. 52).

[+] "Der Ausnahmefall offenbart das Wesen der staatlichen Autorität
am klarsten. Hier sondert sich die Entscheidung von der Rechts-
norm, und (um es paradox zu formulieren) die Autorität beweist,
daß sie, um Recht zu schaffen, nicht Recht zu haben braucht. "
(C. SCHMITT, Politische Theologie ..., [2]1934, S. 20). Ist der
Ausnahmefall "normal", braucht sie n i e "Recht zu haben. "

[++] Ein Gutachten Donoso Cortés', das Kardinal Fornari auf seinen
"Staat Gottes" hin erbat, formte unmittelbar den gegenrevolutio-
nären "Syllabus" Pius IX. von 1864, den Fornari vorbereitete.
(Vgl. E. PRZYWARA, Humanitas, 1952, S. 243).

SCHMITT, "der christliche Epimetheus", [217] ist ihr - sie aufhe-
bender - Vollender. Das Vorwort, mit dem er 1950 seine gesammelten Cortés - Aufsätze herausgibt, schließt mit den Sätzen: "Mit jeder Steigerung der weltgeschichtlichen Entwicklung, von 1848 und
1918 bis zum globalen Weltbürgerkrieg der Gegenwart, ist seine" -
Cortés' - "Bedeutung mitgewachsen, und zwar so, wie mit der Gefahr
auch das Rettende wächst. Das zum Bewußtsein zu bringen, ist der
Sinn unsrer Veröffentlichung. Sie soll dazu beitragen, daß jetzt, beim
drittenmal, Donosos Name nicht mehr verhallt und seine Rede ihre
Kraft entfaltet". [218] +

b) "Fundamentale Parallele"

SCHMITT verkündet - seit 1944, wo die Rede "Donoso Cortés in
gesamteuropäischer Interpretation" zum ersten Mal (in Madrid)
gehalten wurde [++] - Cortés, wie am Vorabend und hohen Mittag des

---

+ Mit sinngemäß ganz ähnlichen Worten begrüßte bereits 1932/33
   der Bischof von Regensburg, MICHAEL BUCHBERGER, der
   Herausgeber des ersten LThK, die deutsche Übersetzung von
   Cortés' "Staat Gottes": "Donoso Cortés hat mit dem scharfen
   Seherauge eines tiefgläubigen Gelehrten die Bedeutung und Mah-
   nung der sozialistischen Bewegung und sozialen Umwälzung als
   einer der ersten erkannt. Daher ist sein Werk auch heute noch
   und gerade heute zeitgemäß und wertvoll. " (J. Donoso Cortés,
   Der Staat Gottes. Eine katholische Geschichtsphilosophie ...,
   1933).

++ Zuerst abgedruckt wurde "Donoso Cortés in gesamteuropäischer
   Interpretation" 1949 in der vom einflußreichen Dominikaner-
   kloster Walberberg herausgegebenen Zeitschrift "Die Neue
   Ordnung". Dort erschien im selben Jahr auch der Aufsatz des
   SCHMITT -Schülers G. KRAUSS "Die totalitäre Staatsidee", in
   dem offen ausgesprochen wird, warum Donoso Cortés immer
   noch, bzw. mehr denn je "zeitgemäss" ist: "Donoso Cortés hat
   unsere Situation schon vor hundert Jahren vorausgesehen: die
   Diktatur des Proletariats in der Verbindung von Sozialismus und
   Slawentum. Was war sein Gegenmittel gegen diese Diktatur? Die
   Diktatur." Und KRAUSS fragt - rhetorisch: "Haben wir über-

156

Nationalsozialismus V e r g i l . "Das Zeitalter der Neutralisierungen und Entpolitisierungen", das im unmittelbaren Zusammenhang mit dem "Begriff des Politischen" steht, schloß mit den Worten: "... aus der Kraft eines integren Wissens entsteht die Ordnung der menschlichen Dinge. 'Ab integro nascitur ordo'". [219] Mit Bezug auf das Ermächtigungsgesetz des neuen Augustus [+] hieß es 1934 : "Jetzt ö f f n e t e sich ein Weg um ... das revolutionäre Werk einer deutschen Staatsordnung in Angriff zu nehmen". [220] Und am hohen Mittag des "Reichs", 1939/40, schrieb SCHMITT : "Die Tat des Führers hat dem Gedanken unseres Reiches politische Wirklichkeit, geschichtliche Wahrheit und eine große völkerrechtliche Zukunft verliehen. - 'Ab integro nascitur ordo'" [221] [++] .

---

haupt eine Wahl zwischen Totalitarismus und Nicht-Totalitarismus?" Apodiktisch : "... auf weltanschaulichem Feld ist der ohne Chance, der mit halber Kraft und mit leeren Händen kämpft, dazu noch mit anderen Dingen, etwa der Entnazifizierung, beschäftigt ist. Hier gilt Glaube gegen Glaube, Spitze gegen Spitze, wie es im Hildebrandslied heisst, Mythus gegen Mythus, wie man heute" - immer noch - "sagen muss ..." (S. 497/8). Die Kontinuität ist mehr als deutlich, sie ist ausdrücklich.

[+] Der Nachfolger Michael Buchbergers und heutige Bischof von Regensburg, RUDOLPH GRABER, der sich noch 1966 auf Donoso Cortés beruft, ("Maria und die Situation der Welt"), verglich 1933 als geistlicher Gauführer des (Oberschüler- und Studenten-) Bundes "Neudeutschland" den "Führer" ausdrücklich mit Augustus. Wie dieser "Retter, Vater und irdischer Heiland" war, "als er die Antike aus den Wirren des Bürgerkrieges zur 'Pax Romana' als der 'Pax Augusta' führte", so jetzt Hitler. (Vgl. K. BREUNING, Die Vision des Reiches. Deutscher Katholizismus zwischen Demokratie und Diktatur (1929-1934), 1969, S. 250 . Zu Graber überhaupt R. FABER, Der Mufti von Regensburg, in: kritischer Katholizismus, 2. Jg. , Nr. 9, S. 9, sowie III, 4 r).

[++] Wie Chr. Steding glaubte SCHMITT den "Reichsbegriff als Überwindung eines Zeitalters der Neutralisierungen" erkennen zu können. (Neutralität und Neutralisierung ..., S. 115). Schon 1934 schrieb er: Der "höchste ... und deutscheste ... Ordnungsbegriff" ist das "'Reich' als eine ... konkret-geschichtliche,

Was die pessimistische (Cortés-) und optimistische (Vergil-)
Verkündigung miteinander verbindet, ist der Glaube, daß die "umfassende ... fundamentale ... Parallele, die für unseren Äon im ganzen
zentral ist und solange es bleiben wird, wie dieser Äon besteht", "die
Beziehung unserer Gegenwart auf die Zeitwende (ist), mit der unser
Äon einsetzt, die Zeit der römischen Bürgerkriege und des Cäsarismus. Hier handelt es sich um mehr als eine bloße Parallele ... Hier
wird die Frage gestellt, ob der christliche Äon zu Ende ist oder
nicht". [222]

Mit dem "Vergil"-Zitat hatte SCHMITT - wie die Sozialisten,
[223] freilich ihnen entgegengesetzt - sein Ende angenommen, im Ad-
vent und in der Erfüllung einer neuen Zeit und Ordnung gelebt [+].
1944, wo deren Ende schon wieder abzusehen war, besann er sich auf
Cortés und seinen eigenen Katholizismus, aber auch jetzt blieb die
Faszination der "Zeitwende", der "ère actiaque", wie Proudhon, in
Parallele zu ihr, seine Zeit genannt hatte [++]. Doch dieses Mal war

---

Freund und Feind von sich aus unterscheidende ...
politische ... Einheit" (Über die drei Arten ..., S. 44).

+ "Mit dem Sieg des Nationalsozialismus, mit der Wiedergeburt
des sterblichen Gottes", die Hobbes' Vision erst eigentlich erfüllte, ist "die natürliche Einheit wiedererstanden", mit der
"klaren Konsequenz, d a ß die Kirche und die Kirchen ihren
Geltungsanspruch verloren haben. Ein Dualismus zwischen Kirche und Staat erscheint als ausgeschlossen; denn er würde die
natürliche Einheit trennen." (P. SCHNEIDER, ed., S. 211/220).

++ "In den letzten Jahrzehnten war es vor allem OSWALD SPENG-
LERS 'Untergang des Abendlandes'", der einem großen Publi-
kum "überraschend ... wieder zum Bewußtsein brachte, daß das
Zeitalter der Schlacht bei Actium, der Beginn unserer Zeitrech-
nung und die damalige Zeitwende, uns mehr angeht als jeder andere Augenblick der Weltgeschichte." (C. SCHMITT, Donoso
Cortés in gesamteuropäischer Interpretation. Vier Aufsätze,
1950, S. 93/4). Und, wie der Herausgeber u. Übersetzer von
Cortés' "Staat Gottes" 1932 schrieb, ist schon sein Name "gerade in unseren Tagen, in denen so viel geredet wird vom 'Untergang des Abendlandes'... wiederum lebendig geworden." (a.a.O.,
S. 1).

es eine negative Faszination und mußte es sein; für einen "christlichen Epimetheus" konnte der "christliche Äon" nur der letzte sein und sein Ende das Ende überhaupt: "Mit großer Energie hat ... (Donoso Cortés) betont, daß die historische Parallele der physischen und seelischen Regeneration, die das Römische Imperium durch die germanischen Stämme der Völkerwanderung erfuhr, für unser Jahrhundert nicht zutrifft, weil auch die angeblich neuen und jungen Völker das Gift der Zivilisation bereits in ihren Adern tragen ... Ebensowenig können wir uns damit trösten, daß Europa zu allen Zeiten von Osten und Westen, Süden und Norden überflutet worden ist. Denn die Besonderheit der gegenwärtigen Lage besteht gerade darin, daß heute nicht fremde Zivilisationen, sondern Ergebnisse und Ausgeburten des eigenen europäischen Geistes auf uns eindringen. So nähern wir uns wieder dem Standort Donosos. Die geschichtlichen Parallele zergehen, und uns erprobt jetzt der präsente Gott". [224] +

c)   Anti - Judaismus

Wie ein Bußprediger verkündet SCHMITT : "Es ist Gerichtszeit und der Herr ist nahe. " Da er aber - antiprophetisch und antiapokalyptisch wie nur einer - den Untergang dieser (abendländischen) Welt fürchtet, hält er es mit jenem Tertullian, der - bereits vor Konstantin - nach einer "Kraft" Ausschau hielt, "die das Ende aufhält und den Bösen niederhält. Das ist der Kat-echon der geheimnisvollen

---

+   Weniger theologisch, der Sache nach aber dasselbe schreibt der Theologe HANS URS VON BALTHASAR bereits 1939, als SCHMITT gerade die "Neue Ordnung" und ihr Reich Wirklichkeit werden sieht, im dritten Band seiner "Apokalypse der deutschen Seele": "Unberührte Völkerseelen kann ... (die Seele heute) nicht mehr, wie das untergehende Rom nachflutend wähnen. Dann aber ist ein Ausweichen in morphologische, spenglersche Geschichtsdeutung nicht so sehr pessimistischer Heroismus als Flucht vor der Unvergänglichkeit einer dunklen Gegenwart. " (S. 21).

Paulus-Stelle des 2. Thessalonicher-Briefes." Tertullian fand ihn - seine Nachfolger präjudizierend - im römischen Reich [+]. Per "translatio imperii" verstand sich auch das "mittelalterliche Kaisertum der deutschen Herrscher ... geschichtlich als Kat-echon". [225] Und in ihrer Ablösung die souveränen Staaten der Neuzeit [++], die - Hobbes hätte so formulieren können - das Ende, das in den Religionskriegen drohend vor der Tür zu stehen schien, aufhielten, indem sie ihrerseits das bellum omnium contra omnes durch einen Zwangsfrieden beendeten. Hobbes zumindest wollte das so perfekt verstanden wissen, daß darin alle Eschatologie aufhören würde: "Die Utopie des 'himmlischen Reiches' ... bleibt selbst nicht mehr stehen als Möglichkeit des Entrinnens aus organisiertem Gehorsam, sondern wird gerade in Funktion genommen, ihn zu stimulieren: 'das Reich Gottes ist nur den Sündern verschlossen, d. h. denen, welche den Gesetzen nicht den schuldigen Gehorsam geleistet haben'. Gehorsam ist die Eintrittsbedingung ins Gottesreich, in die es sich ohne Rest auflöst. Das ihm gewidmete Kapitel handelt auch schon nicht mehr darüber, sondern - wie es überschrieben ist - 'Von dem zum Eintritt in das himmliche Reich Erforderlichen'". [226] - Das Reich ist da; es ist der "Leviathan", jener "sterbliche Gott", der - unüberhörbares Signal - im Judentum zum "Symbol ... der den Juden feindlichen heidnischen Weltmacht" geworden war, [227] [+++] also auch der römischen [++++].

[+]   Vgl. I, 5 c.

[++]   Für die komplizierte, aber um so eindeutigere Rückbeziehung auf das mittelalterliche Kaisertum als Legitimationsbasis der neuzeitlichen Souveränität vgl. OTTO BRUNNERS Darstellung der Geschichte der deutschen Einzelstaaten in "Land und Herrschaft. Grundfragen der territorialen Verfassungsgeschichte Österreichs im Mittelalter, [4]1959, S. 147/8.

[+++] Noch "Bodinus, ein Kenner des kabbalistischen Schrifttums", spricht "in seiner Daemonomania (lateinische Ausgabe von 1581, Buch II Kap. 6 und III Kap. 1) vom Leviathan als einem Dämon ... Nach kabbalistischen Meinungen" ist er "ein riesiges Tier

Und Hobbes   w a r   Anti-Judaist, d. h. aber auch Anit-Christ, wenn

man - von seiner Aufklärerei abgesehen - nicht jenes Christentum

unterstellt, "das bloß in der aufgezwungenen Form römisch-impera-

torischen Heidentums zum Protagonisten der Autorität werden konn-

---

..., mit dem der jüdische Gott täglich einige Stunden spielt; bei
Beginn des tausendjährigen Reiches aber wird er geschlachtet" -
wie schon Jesajas 27,1 prophezeite - "und die seligen Bewohner
dieses Reiches verteilen und verzehren sein Fleisch. Das alles",
so kommentiert SCHMITT aktualiter, "könnte das mythische Urbild mancher kommunistischer Lehren vom Staat und von dem nach
der Abschaffung des Staates eintretenden Zustand einer staats- und
klassenlosen Gesellschaft sein." (Der Staat als Mechanismus bei
Hobbes und Descartes, in: Archiv für Rechts- und Sozialphilosophie XXX (1936/7), S. 626).

++++   Hobbes setzt ihren Kampf gegen das Juden (-Christen-) tum fort,
indem er den "Leviathan" als politisch-mythisches Bild" nun
"im Kampf g e g e n die judenchristliche Zerstörung der natürlichen (politischen) Einheit" verwendet. (C. SCHMITT, Der Leviathan ..., S. 22/3). Und auch SCHMITT selbst tut das. Sein
"Antisemitismus ist Stellungnahme in dem säkularen, immer wieder aufbrechenden Kampfe Roms gegen Juda ... Ihn peitscht der
Haß, weil der Jude die große römische Form zersetzte ...".
(E. Niekisch, Das Reich ..., S. 201; Belege für Schmitts Antisemitismus bei H. Ridder, Ex oblivione malum, in: Gesellschaft, Recht und Politik, 1968). Umgekehrt-dementsprechend
scheut sich SCHMITTS Schüler R. ALTMANN nicht, auch die
Staatsordnung der Bundesrepublik mit der "civitas magna et
fortis" Babylon der Johanneischen Apokalypse zu identifizieren,
indem er den "katechon"- Topos des Meisters aufgreift: "Die Geschichte ... ist die Geschichte vom ständigen Untergang der Welt.
Die Geheime Offenbarung ist nicht nur für einen Tag geschrieben
worden ... Der Wille zur Geschichte war deshalb immer der Wille, ihren Zerfall aufzuhalten. Aus diesem Willen, der vis conservandi, wie ein großer Römer ihn genannt hat, sind die Staaten geschaffen ...; der Staat als Bewahrer des Fortschritts, als a u f -
h a l t e n d e Kraft ... Ohne einen gemeinsamen Willen zur Geschichte, ohne diese vis conservandi" würden wohl auch wir
"nicht mehr lange im Wohlstand und in der Sicherheit der civitas
magna et fortis leben, von der die Apokalypse in so leuchtenden
Farben spricht." (Späte Nachricht vom Staat. Politische Essays, 1968, S. 60).

te" [228] (um schon hier auf CHARLES MAURRAS und seinen "athei-
istischen Katholizismus" zu verweisen); vor anderm gilt Hobbes'
Feindschaft der "typisch judenchristliche(n) Aufspaltung der ursprünglichen politischen Einheit ..." , [229] die nun selbst im römischen
Katholizismus einen Protagonisten hat: "Die Unterscheidung der beiden Gewalten, der weltlichen und der geistlichen, war ... den Heiden
fremd, weil für sie die Religion ein Teil der Politik war; die Juden
bewirkten die Einheit von der religiösen Seite her. Nur die römische
Papstkirche und herrschsüchtige presbyterianische Kirchen oder Sekten leben von der staatszerstörenden Trennung geistlicher und weltlicher Gewalt. Aberglaube und Mißbrauch fremden, aus Angst und
Traum entstehenden Geisterglaubens haben die ursprüngliche und natürliche heidnische Einheit von Politik und Religion zerstört." Sie
wiederherzustellen, und zwar von Seiten des Staates her, ist "der eigentliche Sinn der politischen Theorie des Hobbes". [230] Im geschichtlichen Zusammenhang ist aber auch sie Theologie [+], ja sie
nähert sich wieder dem, was "Politische Theologie" an ihrem (abendländischen) Ursprung war : in Rom.

d)   "Theologia publica"

Die "politische Theologie" der "urbs", wie sie Varro theoretisier-
te, [231] und wie sie in der "Augusteischen Restauration" wiederauf-

---

[+] "Der große Theologe der partikulären", d. h. territorialstaatli-
chen "gottesunmittelbaren Ekklesia war Hobbes." (E. VOEGE-
LIN, Die politischen Religionen. Ausblicke 7, 1938, S. 41).
H. SCHELSKY hat unrecht, wenn er behauptet, Hobbes habe
"gegen die politische Theologie in j e d e r Form ... seinen
grossen zeitgeschichtlichen Kampf geführt." (Die Totalität des
Staates bei Hobbes, in: Archiv für Rechts- und Sozialphilosophie XXXI (1937/8), S. 191). Gerade die Form, die im
Zuge seiner Zeit war, hat er legitimiert, ja programmiert.

lebe, [232] "gehört zum nomos" der res publica und "konstituiert die Öffentlichkeit durch Götterkult, Opferkult und Zeremonien. Sie gehört zur politischen Identität und Kontinuität eines Volkes, dem die Religion der Väter, die gesetzlichen Feiertage und das 'deum colere kata ta nomima' wesentlich ist, um Erbe, legitime Sukzession und sich selbst zu identifizieren". [233] Im Vergleich hierzu geht das Christentum - ausgenommen seine Eusebianische Spielform [+] - nie darin auf, die "religiöse" Seite der gesellschaftlichen Organisation - des Staates - zu sein [++]. Wie unterschiedlich auch immer, dem Christentum bleibt eine ihm - so oder so - transzendente Dimension [+++]. Deswegen die notwendige Sympathie aller, die römisch-staatlich fühlen [++++], für die konstantinische Staatskirche [+++++]. Eine willkom-

---

[+]   SCHMITT schreibt seine "Politische Theologie II" von 1970 gleichsam gegen ERIK PETERSONS Traktat "Der Monotheismus als politisches Problem". Als "Eusebius redivivus" will er Petersons Negation der eusebianischen Theologie (aus aktuellem Anlaß) nochmals negieren, durchaus mit seiner Analyse darin einig, daß Eusebs "Begriff der göttlichen Monarchie ... nur die Widerspiegelung der irdischen Monarchie im Imperium Romanum war ...", ihre himmlische Verdopplung. (E. PETERSON, Theologische Traktate, 1951, S. 102). Vgl. "Einleitung", S. 3 ff.

[++]   Die "Religion der H e i d e n" - so Hobbes - war "nur ein Teil ihrer Politik ..." (Leviathan ..., S. 92).

[+++] Ex eventu negativ, ja abwertend A. GEHLEN : "Den archaischen Gesellschaften und den Hochkulturen in ihren glücklichen Epochen fehlt vollständig jener fanatische Idealismus (der Moderne), weil es kein Absolutes hinter den Ordnungen gibt, nur in ihnen." (Urmensch und Spätkultur ..., S. 216). Gehlen läßt keinen Zweifel daran, wo dieser "Idealismus" seinen Ausgang nahm: "im Umkreis des christlichen Denkens und der Transzendenz ins Jenseits ... Seither sind ... (die Institutionen) in einem merkwürdigen Zustande der 'Halbtranszendenz' ..." (a. a. O., S. 18).

[++++] C. SCHMITT zu Ernst Niekisch : "Ich bin Römer nach Herkunft, Tradition und Recht." (E. NIEKISCH, Über Carl Schmitt, in: Augenblick 4 (1956), S. 8/9).

mene Hilfe finden sie dabei unter jenen Christen, die theoretisch zwar durchaus "augustinisch", d. h. dualistisch denken, aber doch für ein enges "Miteinander" der beiden "societates perfectae" plädieren, zwar für keine Staatskirche, aber doch Staatsreligion: für die der "christliche S t a a t" keine Unmöglichkeit ist [+]. So eben bei Dante, [++] wo die "Literatur des antiken römischen Imperialismus ... als allgemein gültige, sozusagen natürliche Offenbarung des Staates neben die allgemein gültige übernatürliche Offenbarung der Kirche" tritt [234] - ebenso bei THEODOR HAECKER, auf den SCHMITT als den Verfasser des "Vergil" auch nicht hinzuweisen vergißt, wenn er auf die "Augusteische Restauration" zu sprechen kommt. [235] - Die konstantinische Wende sieht HAECKER so: "'Als die Sieger, nicht als die Besiegten; als die Zivilisierten und Kulturträger, nicht als die Barbaren' sind die Römer Christen geworden". [236] Ergo, folgert er, "hat ... der römische Staat 'aus inneren Gründen', aus seiner Beziehung zu dem 'unabtrennbaren Äußeren' der pietas 'das Christentum freiwillig zur Staatsreligion erhoben'". [237] D. h. - und darauf kommt es hier allein an - auch das Christentum kann und soll politische Re-

---

[+++++] Vgl. C. SCHMITT, Politische Theologie II, 1970, S. 44-93, bes. S. 28 : "Die Einreihung in das Gefolge eines Eusebius ist für mich eine unverdiente Ehrung ..."!

[+] Um den affirmativen H. RAHNER zu zitieren: "Die richtigverstandene 'Konstantinische Wende' gehört in den Ursprung der christlichen Staatslehre (Röm. 13, 1-7). Schon Tertullian hat den Satz geprägt: 'Der Kaiser gehört eher uns, denn er ist von unserem Gott eingesetzt. ' (Apologeticum 33, 1). So gesehen, ist die Wurzel der Konstantinischen Wende in der grundsätzlichen Bereitschaft der Kirche zu suchen, mit dem Staat zusammen zu arbeiten in der Anerkennung auch der staatlichen Gottgewolltheit und damit der staatlichen Pflicht zum Schutz und zur Förderung der Kirche ..." (H. Rahner, Abendland. Reden und Aufsätze, 1966, S. 190/1).

[++] Vgl. das Buch des Haecker-Verehrers B. HANNSLER, Dante bleibt aktuell, Herder-Bücherei 235 .

ligion sein : heute wie gestern. Welch schlimme Kontinuität damit aber affirmiert wird, das können - vorläufig - FR. HEERS Worte angeben, die vom "zweiten Konstantin", Karl dem Großen, ausgehen: "In seinem berühmten Sachsengesetz von wohl 785 werden jene Mittel genannt, die im folgenden Jahrtausend in den Kämpfen des fürstlichen Absolutismus, in Reformation und Gegenreformation, im 16. , 17. , 18. Jahrhundert, verschleiert im 19. , brutal offen im 20. Jahrhundert, immer wieder angewandt werden, um das e i n e Reich zu bauen ...". [238] + HEER pointiert: "Der Totalstaatsversuch Hitlers läßt sich nur von reichischen Bezügen her verstehen". [239] Und umgekehrt: Karl der Große ist der "Erzvater des europäischen Totalstaats ...". [240]

e)   Anti - Pluralismus

Was zur Debatte steht, wenn heute über "Politische Theologie" gehandelt wird, daran läßt auch SCHMITT keinen Zweifel, obwohl für ihn mit am wenigsten gilt, womit HEER seine Darlegungen beschließt: "Eine Lehre der Vergangenheit eine Hoffnung für die Zukunft". [241] ++ Gerade deswegen nicht: zur Debatte steht der "Pluralismus", der durch den "totalen Staat" ersetzt werden soll; die "pluralistische Theorie" bringt "Argumente und Gesichtspunkte ... im Interesse eines gewerkschaftlichen oder syndikalistischen Sozialismus +++ vor

---

+   "HITLER v e r t e i d i g t in seinen Bunkergesprächen ... entschieden Karl den Großen und seine gewalttätige Sachsenmission und vergleicht sich selbst mit Karl dem Großen." (FR. HEER, Der Glaube des Adolf Hitler ... , 1968, S. 236).

++ Und doch gibt er - ex eventu - selbst diese Lehre: "... der letzte der 'politischen Theologen', CARL SCHMITT, zeigt, wohin die Reise ging, i n d e m er seinen Übertritt vollzieht zum Nationalsozialismus ..." (A. v. MARTIN, a. a. O. , S. 29).

+++ SCHMITTS Anti-Pluralismus ist Anti-Sozialismus und sein Etatismus "organisierter" Kapitalismus. Vgl. I. MAUS, Die Lehre vom Pouvoir Constituant. Eine politologische Untersuchung zur bürgerlichen Rechts- und Verfassungstheorie im organisierten

...", "die sonst den Sozialphilosophen der römisch-katholischen Kirche oder anderer Kirchen oder auch religiöser Sekten dazu dienten, den Staat gegenüber der Kirche zu relativieren ...". [242] +

Schmitt verharrt beim dualistischen Katholizismus, um den Zusammenhang zu erklären: Bei Thomas, "wie bei allen Philosophen des Katholizismus", steht "die Kirche als selbständige societas perfecta neben dem Staat, der ebenfalls societas perfecta sein soll. Das ist ein Dualismus, der, wie jede Preisgabe der einfachen Einheit, einer Erweiterung zum Pluralismus viele Argumente bietet. Aus dieser eigenartigen Haltung gegen den Staat erklärt sich jene auf den ersten Blick etwas seltsame geistesgeschichtliche Allianz von römisch-katholischer Kirche und gewerkschaftlichem Föderalismus ...". [243]

Verfassungsrechtlich war dem Weimarer Pluralismus (mit seiner "klassischen" Regierungskoalition aus Sozialdemokraten, Zentrum und Demokraten) der Dualismus des Kaiserreichs vorangegangen - historisch, wie logisch. Als 1918 "der bisherige Gegner des demokratischen Prinzips verschwand", das dynastische -, "traten innerhalb der Demokratie selbst die Gegensätze der verschiedenartigen sozialen Gruppen und Parteien hervor, die sich in Zeiten des gemeinsamen Geg-

---

Kapitalismus unter besonderer Berücksichtigung der Theorie Carl Schmitts, Frankfurt 1971. Diese Dissertation war mir leider nicht zugänglich. - Unkritisch, was auch heisst untheoretisch, doch sehr detailreich die von uns herangezogene Diss. L.-A. BENTINS "Johannes Popitz und Carl Schmitt. Zur w i r t - s c h a f t l i c h e n Theorie des totalen Staates in Deutschland", 1972.

+ LASKI, der führende pluralistische Theoretiker der 30er Jahre, "beruft sich sogar auf einen Namen, der bei uns in Deutschland durch die bekannte Schrift von Görres zu einem Symbol des Kampfes der Universalen Kirche gegen den Staat geworden ist, auf den hl. Athanasius, und beschwört für seinen Sozialismus der zweiten Internationale den Schatten dieses militantesten Kirchenvaters." (C. SCHMITT, Positionen und Begriffe im Kampf mit Weimar, Genf, Versailles 1923-1939, 1940, S. 135).

ners nicht hatten entfalten können. Vielleicht bestand der größte Vorteil von Bismarcks Doppelkonstruktion darin, daß bei der Eigenart der Gegenspieler (- Reichstag und Fürsten -) immer der eine benutzt werden konnte, um den anderen zu zwingen, national zu bleiben. Wenn dieser Zwang aufhört, entsteht die große Gefahr, daß das Nationale als eine Parteisubstanz neben anderen Parteisubstanzen erscheint, neben sozialen, wirtschaftlichen und konfessionellen Sachgehalten verschiedener Art. Das würde bedeuten, daß an die Stelle der dualistischen Struktur etwas Schlimmeres getreten ist, der 'Pluralismus' der sozialen und wirtschaftlichen Gruppen". [244] + "Etwas Schlimmeres" - das Allerschlimmste: nach Artikel 148 der Weimarer Verfassung "wurde das Andersdenken als solches ein Schutzobjekt, das Andersempfinden als solches - eben weil es a n d e r s war - gegenüber dem völkischen Empfinden geschützt, und in dieser Dialektik der Andersheit wird schließlich der Andersdenkende, Andersempfindende und Andersgeartete überhaupt zum bestimmenden Beziehungspunkt des öffentlichen Lebens und zur Zentralfigur der 'Grundrechte' eines 'anderen' Deutschland". [245]

f)   "Totaler Staat"

Hier spricht schon der nationalsozialistische SCHMITT, der sich - dezisionistisch - für die "deutsch-völkische" Art entschieden hat,

---

+   Ihre "Poly k r a t i e", wie SCHMITTS Freund J. POPITZ zu sagen vorzog: "SCHMITT gebraucht den Ausdruck 'pluralistisch', wo es mir vielleicht noch plastischer zu sein scheint, das Wort 'polykratisch' zu verwenden" (Der Finanzausgleich und seine Bedeutung für die Finanzlage des Reichs, der Länder und Gemeinden, Selbstverlag des Reichsverbands der Deutschen Industrie, 1930, S. 6, Anm. 2). Und SCHMITT übernahm später den Ausdruck Popitz', der ihm selbst - samt seinem antipartikularistischen, also antimittelalterlichen Affekt - nahegelegen haben muss. Noch im Aufsatz "Der Staat als Mechanismus bei

aber die Entscheidung hatte - neben ihrer klassenstrategischen Funktion - im Dezisionismus ihre formale Bedingung der Möglichkeit [+] : "Wird die staatliche Einheit in der Wirklichkeit des sozialen Lebens problematisch, so ergibt sich ein für jeden Staatsbürger unerträglicher Zustand, denn damit entfällt die normale", d. h. die Normen erst ermöglichende "Situation und die Voraussetzung jeder ethischen und jeder rechtlichen Norm. Dann erhält der Begriff der Staatsethik einen neuen Inhalt, und es ergibt sich eine neue Aufgabe, die Arbeit an der bewußten Herbeiführung jener Einheit, die Pflicht, daran mitzuwirken, daß ein Stück konkreter und realer Ordnung sich realisiert und die Situation wieder normal wird. Dann tritt neben die Pflicht des Staates, die in seiner Unterwerfung unter ethischen Normen liegt, und neben die Pflichten gegenüber dem Staat eine weitere ganz anders geartete staatsethische Pflicht, nämlich die Pflicht zum Staat" [246] überhaupt.

Hobbes und Descartes" von 1936/7 spricht SCHMITT vom "m i t t e l a l t e r l i c h e n Pluralismus" (In: Archiv für Rechts- und Sozialphilosophie XXX, S. 627).

+ Und zwar historisch sehr bestimmt, insofern er ursprünglich Papalismus ist : SCHMITT "bemerkte, daß dem Dritten Reich die Tendenz innewohne, sich als weltliche Kirche zu organisieren und fühlte, wie sehr er dafür der rechte Mann sei. R o m lebt auch im laizistischen Katholizismus. Es läßt sich eine römische Kirche ebenso auf dem Grunde eines völkischen wie eines christlichen Dogmas errichten, ohne daß sich der Unterschied in den Grundlinien und Umrissen des Baues zu zeigen braucht. Rom war das große Vorbild, in dessen Anschauung und Ehrfurcht Schmitt großgeworden war; ein römisch-lateinisches Kirchengebilde sollte das Reich werden, dem er seinen juristischen Verstand zur Verfügung stellte. Er wußte, was das Dogma für eine Kirche bedeutet; ihm bereitete kein völkischer Wahnwitz Pein, da er zu sehr Katholik war, um es nicht für alle Zeiten in sich zu haben, daß es nicht darauf ankommt, was man glaubt, sondern darauf, d a ß man glaubt." (E. NIEKISCH, Das Reich ..., S. 200).

Schon vor dem Nationalsozialismus hat der italienische Faschismus diese Pflicht ernst genommen und den "t o t a l e n Staat" geschaffen, damit diese Pflicht nicht permanent bestehen bleibt : "Der totale Staat ... ist total im Sinne der Qualität und der Energie, so, wie sich der faschistische Staat einen 'stato totalitario' nennt, womit er zunächst sagen will, daß die neuen Machtmittel a u s s c h l i e ß l i c h dem Staat gehören und seiner Machtsteigerung dienen. Ein solcher Staat läßt in seinem Innern keinerlei staatsfeindliche, staatshemmende oder staatszerspaltende Kräfte aufkommen. Er denkt nicht daran, die neuen Machtmittel seinen eigenen Feinden und Zerstörern zu überliefern und seine Macht unter irgendwelchen Stichworten, Liberalismus, Rechtsstaat oder wie man es nennen will, untergraben zu lassen. Ein solcher Staat kann Freund und Feind unterscheiden". [247] Ein solcher Staat ist das epochale "katechon", nachdem die "Epoche der Staatlichkeit" schon überhaupt zu Ende zu gehen drohte. [248] Aber, um schon hier das Vorwort zu den Cortés-Aufsätzen von 1950 heranzuziehen: "Wo die Gefahr wächst, wächst das Rettende auch. "

Die "Pflicht zum Staat", SCHMITT und der Klasse, für die er spricht, dringend wie nie geworden, hat in ihrer Erfüllung den totalen Staat geschaffen [+], d. h. den wieder offen monistisch-heidnischen

---

[+] Schon 1932 konnte SCHMITT in seinem Vortrag vorm Langnam-Verein, in dem die Ruhrindustrie organisiert war, erklären: "Nach dem man einige Jahre versucht hatte, den Staat zu ökonomisieren, scheint jetzt umgekehrt die Wirtschaft gänzlich politisiert zu sein. Jetzt (!) begriff man plötzlich die wirksame und einleuchtende Formel vom totalen Staat" (Gesunde Wirtschaft im starken Staat, in: Mitteilungen des Vereins zur Wahrung der gemeinsamen wirtschaftlichen Interessen im Rheinland und Westfalen, Jg. 1932, Nr. 1, NF 21. H , S. 16). L. -A. BENTIN geht mit Recht soweit, zu sagen, dass - J. POPITZ' - "Interpretation des Wirtschaftsstaates" Schmitt "das Stichwort zu seiner Theorie des totalen Staates" überhaupt erst "eingab" (Ebd. , S. 125, 9) : zu der des "totalen Staates" passiver Art - "pluralistisch" oder eindeutiger "ökonomisch" genannt - und der des

Staat [+], SCHMITTS beschworene "ordo" nata "ab integro" (die deshalb zugleich mehr und anderes als ein katechon ist - das genaue Gegenteil: ein "Beschleuniger" [++]) : "Der faschistische Staat will mit antiker Ehrlichkeit wieder Staat sein, mit sichtbaren Machtträgern und Repräsentanten, nicht aber Fassade und Anti-Chambre unsichtbarer und unverantwortlicher Machthaber und Geldgeber. Das starke Gefühl des Zusammenhangs mit der Antike ist nicht nur Dekoration ... Man kann es aus jener Reaktion gegen abstrakte Entpolitisierung begreifen, in Verbindung mit dem einfachen geschichtlichen Faktum, daß der große Staat europäischen Kontinents im eigentlichen Sinn immer ein klassisches Gebilde war und in der Tradition klassischen Denkens bleiben muß. Das gilt für die mit der Renaissance und dem Barock entstehenden Staaten und für die großen Zeiten des französischen und

---

"totalen Staates" aktiver Art - "politisch" genannt, d.h. des autoritären, tendenziell totalitären Staates.

[+] Wie es in SCHMITTS "Die geistesgeschichtliche Lage des heutigen Parlamentarismus" ([2]1926) im Anschluß an einen reaktionär interpretierten SOREL ausdrücklich heißt, kann nur ein "Mythus", der stets etwas "Polytheistisches" hat, die "Grundlage einer neuen Autorität, eines neuen Gefühls für Ordnung, Disziplin und Hierarchie" sein. (S. 89)

[++] Der "katechon" USA wird im Aufsatz "Beschleuniger wider Willen" - mit "Verzögerer" übersetzt - abgewertet und befeindet. (In: Das Reich, 19.4.42, S.3) Der (prä-)faschistische SCHMITT ist, eben als solcher - formal gesehen - apokalyptisch, ja pro-gressiv. Sein Schüler R. KOSELLECK hat indirekt darauf hingewiesen, als er schrieb: "Die Beschleunigung, zunächst eine apokalyptische Kategorie, in der sich die verkürzten Abstände für die Ankunft des Jüngsten Gerichtes" (Historia Magistra Vitae, in: Natur und Geschichte. Festschrift Karl Löwith, 1967, S. 218) und damit der "Vernichtung der historischen Zeit überhaupt" (Der neuzeitliche Revolutionsbegriff als geschichtliche Kategorie, in: Studium Generale 22 (1969), S. 831) ausdrückten, "verwandelte sich - ... seit der Mitte des 18. Jahrhunderts - in einen geschichtlichen Hoffnungsbegriff." (Historia ..., S. 210; ausführlich: ebd., S. 218 Fn. 78).

des preußischen Staates ... ". [249] Im Sinn, daß er "Freund und Feind unterscheiden" kann und darin seine Souveränität hat, ist "jeder echte [+] Staat ein totaler Staat; er ist es, als eine 'societas perfecta' der diesseitigen Welt, zu allen Zeiten gewesen; seit langem

---

[+] Unecht ist der Weimarer Staat; "Politische Einheit und Parlamentarismus" schließen "einander aus ..." oder - "um die Formel der ACTION FRANCAISE zu übernehmen" - "das parlamentarische Regime" vermag "nur gegen sein Wesen national u n d politisch zu handeln". Dies das Resüme des SCHMITT - Schülers W. GURIAN (Der integrale Nationalismus in Frankreich. Charles Maurras und die Action Francaise, 1931, S. 131). Ist also der bundesrepublikanische Parlamentarismus pervers? R. ALTMANN glaubt u n d begrüßt das: "Unsere Gesellschaft lebt bereits im Gefühl, wenn auch nicht im klaren Bewußtsein ihrer Einheitlichkeit. Diese Einheit gründet sich auf die Einebnung gegensätzlicher Traditionen, auf soziale und nationale Erfahrungen. Sie manifestiert sich in der Abhängigkeit aller von allen, in ihren kollektiven Lebensformen. Der Pluralismus der   o r g a n i - s i e r t e n   Interessen schließt, grundsätzlich betrachtet, diese Einheit nicht mehr aus. Im Gegenteil: er ist eines ihrer wichtigsten Funktionselemente. Pluralismus und Integration sind k o m - p l e m e n t ä r e Begriffe geworden, wobei Integration augenscheinlich den höheren Funktionswert besitzt." (Die Formierte Gesellschaft, 1965, S. 29/30). - Nur für "die Wirtschaft" nicht. ALTMANN betont: "Die Dynamik der Wirtschaft, die Konzentration auf eine fortdauernde Erhöhung der Leistung und Nutzbarmachung des technischen und wirtschaftlichen Fortschritts innerhalb der kapitalistischen Wirtschaft, darf nicht in die Formierung der Gruppen einbezogen werden, ihr nicht untergeordnet werden." (Bericht von L. SCHÜTZE / W. RIEK über ein Referat R. Altmanns am 1./2.5.1965 vor der Christlich-Sozialen Kollegenschaft, in: Gesellschaftspolitische Kommentare, Nr. 10/65). Wem drängte sich da nicht der Verdacht auf, dass "die Formierung der Gruppen" i h r e Unterordnung unter "die Wirtschaft" bedeutet und darin "die Z u k u n f t unserer Demokratie" liegen soll, auch von Altmanns damaligem Auftraggeber L. ERHARD "Integration" geheissen (Bulletin der Bundesregierung vom 2.6.65)? Ja, wer fragte sich nicht, ob solche Integration nicht die Zukunft der "jüngsten Vergangenheit" wäre? Altmann hält es ausdrücklich für "notwendig, sich der Tatsache bewußt zu werden, daß wir in einer 'nach-faschistischen Gesellschaft' leben"; er betont, daß der "Formierungsprozeß unserer Gesellschaft nach 1945 nicht vorstellbar" ist "ohne das geschichtliche Ereignis des Nationalsozialismus ..." (Ebd.).

wissen die Staatstheoretiker, daß das Politische das Totale ist, und das Neue sind nur die neuen technischen Mittel, über deren politische Wirkungen man sich klar sein muß". [250] (Der Staat neuen Typs, der wie auch immer plebiszitär-diktatoriale, ist sich darüber klar. Deswegen plädiert SCHMITT mutatis mutandis auch heute für ihn [+]).

g) "Politische Christologie"

Mit diesen Worten bekennt SCHMITT indirekt selbst: "Auf den totalitären Staat und seine Rechtfertigung zielt die politische Theologie von Anfang an ...". [251] (Als heidnisch-römische k a m sie von dort her.) Worum es ihr von jeher geht, ist die Sakralisierung der (ungeteilten) Macht, und zwar ganz gleich wie sie inhaltlich bestimmt ist, der Macht als solcher [++] . Schmitt zitiert Papst Gregor den Großen, einen römischen Patrizier und vormaligen praefectus urbis, - noch sein Grabspruch lautet "Dei consul" - : "Gott ist höchste Macht und höchstes Sein. Alle Macht ist von ihm und ist und bleibt in ihrem Wesen göttlich und gut [+++] . Sollte der Teufel Macht haben, so ist auch

---

[+] Vgl. die Vorstellungen einer "Formierten Gesellschaft", wie sie - im Auftrag des damaligen Bundeskanzlers L. Erhard - vor allem der C. SCHMITT - Schüler RÜDIGER ALTMANN, heute stellvertretender Hauptgeschäftsführer des Deutschen Industrie- und Handelstages, entwickelt hat (II, 10 h).

[++] Bereits Machiavelli hatte dieses ihr Geheimnis verraten, wenn auch eben "... erst der italienische Faschismus ... (Machiavelli) als den geistigen Urheber eines politischen Zeitalters, als den Besieger moralistischer Lüge und des politischen cant, in aller Form zum Gegen-Mythos heroischer Sachlichkeit erhob ..." (C. SCHMITT, Der Leviathan ..., S. 129).

[+++] "Die Macht ist nicht böse, denn Gottes ist alle Macht. (Grundsätzliches hierüber hat Th. HAECKER gesagt.)" (R. SCHNEIDER, Gedanken des Friedens. Gesammelte kleine Schriften, 1946, S. 111) Kritisch gewendet heisst das: "Nicht die Legitimität, eine Idealgültigkeit, sondern die Faktizität, das positive Dasein eines (politischen) Systems, ist (für die Kirche) maß-

172

diese Macht, insofern wie eben Macht ist, göttlich und gut. Nur der
Wille des Teufels ist böse. Aber auch trotz dieses immer bösen,
teuflischen Willens bleibt die Macht an sich göttlich und gut". [252]
Wenn aber diese letzte und höchste Sanktion der Macht selbst, Gott,
keine soziale Macht mehr hat - und dies ist, seit der französischen
Revolution sich immer verstärkend, der Fall, - dann wird die Macht
böse und deswegen bekämpft, tendenziell jede Macht. SCHMITT resümiert: "Der Ausspruch 'Gott ist tot' und der Ausspruch 'Die
Macht ist an sich böse' stammen beide aus derselben Zeit und derselben Situation. Im Grunde besagen beide dasselbe". [253] In seiner
neuen "Politischen Theologie" von 1970 verlegt er - subtiler und
theologischer - die Genese dieses "Ergebnisses" der abendländischen
Geschichte in Gott selbst. In ihm war von Anfang an jene Alternative
gestellt, die BLOCHS - damaliger - Freund H. BALL bereits 1918
formuliert hatte: "Christus oder Johova". [254]

Ausdrücklich heißt es im vorangestellten "Hinweis zur Orientie-
rung des Lesers": "Die sach-thematische Weiterführung meiner
Schrift Politische Theologie von 1922" - wo Maistre, Bonald und
Cortés zentral waren - "verläuft in einer Gesamtrichtung, die ...
heute überall erkennbar ist : von der Politischen Theologie zur politischen Christologie". [255] Entscheidende Wegmarke war dabei "Der
Begriff des Politischen". Bereits dort ist die politische Theologie zur
politischen "Stasiologie", d.h. zur Lehre von "Unruhe, Bewegung,
Aufruhr und Bürgerkrieg" [256] geworden, kurz : zur Lehre vom

---

und ausschlaggebend. Was Papst Zacharias dem karolingischen
Usurpator Pippin 751 zurief, ist seitdem Norm : Wer Macht
hat, soll König sein!" (A.M. KNOLL, Katholische Kirche und
scholastisches Naturrecht. Zur Frage der Freiheit ..., 1968,
S. 57) - Schmitt hat Recht : seine Legitimität der Macht ist
die der (Papst-) Kirche von jeher.

Feind [+]. Diese wird jetzt - auch im historischen Sinn - in die Theologie reprojiziert, doch durchaus im Zusammenhang mit einer Analyse realgeschichtlicher Art. Was die Gnosís, etwa Marcion mit seiner Lehre vom "fremden (Erlöser-) Gott", der gegen den (alten) Schöpfergott und Herrn der Welt steht, theologisiert hat [++], wird im Zeitalter des revolutionären Weltbürgerkriegs gesellschaftlich erzwungen: "Der Herr einer zu ändernden, d. h. verfehlten Welt (dem die Änderungsbedürftigkeit zugerechnet wird, weil er sich der Änderung nicht fügen will, sondern sich ihr widersetzt) und der Befreier, der Bewirker einer veränderten, neuen Welt können nicht gut Freunde sein [+++] . Sie

---

[+]   Staatstheoretisch hieß das damals - vor'm "neuen" totalen
       Staat - wie heute nach ihm: D e r   B e g r i f f   d e s   S t a a t e s
       s e t z t   d e n   B e g r i f f   d e s   P o l i t i s c h e n   v o r a u s ...:
       man kann das Politische ... nicht mehr vom Staate her definieren, sondern das, was man heute noch Staat nennen kann, muß
       umgekehrt vom Politischen her bestimmt und begriffen werden.
       Das Kriterium des Politischen aber kann ...   n o c h   n i c h t
       eine neue Substanz, eine neue 'Materie' oder ein neues autonomes Sachgebiet sein. Das einzige wissenschaftlich noch vertretbare Kriterium ist heute der Intensitätsgrad einer Assoziation
       oder einer Dissoziation, d. h. : die Unterscheidung von Freund
       und Feind." (C. SCHMITT, Politische Theologie II, 1970,
       S. 25).

[++]   Marcion, der sich nicht einfach zu unrecht als Interpret des
       Paulus verstanden hat. W. PANNENBERG fragt rhetorisch:
       "Enthalten nicht schon die Schriften des Apostels Paulus einen
       Ansatz für den gnostischen Dualismus, etwa im Gedanken der
       Überbietung des Gesetzes, des Alten Testaments, das von den
       Engeln, nicht von Gott gegeben sei (Gal. 3, 19), durch das
       Christusgeschehen?   Die Gnostiker gingen nur noch einen
       Schritt weiter: sie erstreckten die Opposition der Geschichte
       Jesu gegen das Vorherige auf den gesamten Kosmos." (In:
       R. Koselleck und W. -D. Stempel (Hrsg.), Geschichte - Ereignis und Erzählung, 1973, S. 583).

[+++] Sie können es so wenig, dass - umgekehrt - bereits Milton
       "den offensichtlich revolutionären Kampf Satans mit seiner eigenen revolutionären Erfahrung" bereicherte und "den besiegten Revolutionär zum Puritaner und den reaktionären Gott zu
       einem Stuart" machte (CHR. CAUDWELL, Bürgerliche Illu-

sind sozusagen v o n s e l b s t Feinde. 'En temps de révolution tout ce qui est ancien est ennemi' (Mignet). " [257]

Theologisch sind solche Gedanken häretisch und deswegen mit ihren Urhebern auch verfolgt worden, doch tut das dem keinen Abbruch, daß in allen - noch so orthodoxen - Spekulationen christologischer - und damit verbunden - trinitarischer Art, diese Häresie nicht ausgeschlossen ist. Sie ist die eine extreme Lösungsmöglichkeit des Problems, wie sich Vater und Sohn zueinander verhalten, d. h. geschichtlich alte (Schöpfungs-) und neue (Erlösungs-) Ordnung, dieses und jenes "Reich". Hiermit aber besitzt das Christentum eine Brisanz, die es dem entschiedenen Denker und Woller der (staatlichen) Einheit selbst zum Feind macht, zum Freund oder zumindest Vorbild aber den Katholizismus, dem, J. BURCKHARDT zufolge, die "enorme ... Überschätzung der Einheit" wesentlich ist, [258] und der dementsprechend das christliche Dynamit gleichsam unter Verschluß hält, mit MAURRAS' Worten, den "anarchische(n) Charakter des Evangeliums" durch seine "'Erklärung' paralysiert" [259] : "Der Katholizismus schaltet den Vater so gut aus wie den Sohn" und macht sich selbst zum "Vormund der Menschen". [260]

h)   Atheistischer Papalismus

Was MAURRAS erklärt, fasziniert SCHMITT im - wie er noch 1970 bekennt - für seine "Politische Theologie" grundlegenden Essay "Der römische Katholizismus und politische Form" auch (obwohl er

---

sion und Wirklichkeit. Beiträge zur materialistischen Ästhetik ..., 1971, S. 82). Milton zog die allerletzte Konsequenz einer "Politischen Christologie": S a t a n - Christus gegen Gott-Vater zu stellen. Proudhon wird dasselbe tun und Donoso Cortes ihn eben - verteufeln. Ob negativ oder positiv, "Politische Theologie" wie "Politische Christologie" implizieren die Politische Dämonologie.

MAURRAS' Verachtung des Theologischen im Katholizismus, die zugleich eine Unterschätzung ist, nicht teilt). Er nennt es - juristisch präzis - das "Repräsentative". In ihm sieht er die "Überlegenheit" der Kirche "über ein Zeitalter ökonomischen Denkens". [261] Wesentlich deshalb, weil die "Idee der Repräsentation ... so sehr von dem Gedanken persönlicher Autorität beherrscht" ist, "daß sowohl der Repräsentant wie der Repräsentierte eine persönliche Würde behaupten muß. Sie ist kein dinghafter Begriff. Repräsentieren im eminenten Sinn kann nur eine Person und zwar - zum Unterschied von der einfachen 'Stellvertretung' - eine autoritäre Person oder eine Idee, die sich, sobald sie repräsentiert wird, ebenfalls personifiziert". [262] Das ist das Entscheidende an der "politischen Form" des Katholizismus, von der Schmitt selbst geprägt ist [+] : seine "Tendenz zum Absoluten führt auch in ihrer letzten Konsequenz nicht zu einer alles bedingenden Abstraktion, heiße sie Gott, Form, Autorität oder sonst wie, sondern zum Papste als der absoluten Person ...". [263]

Fiktiv hat bereits de Maistre auf diesen nichts als politischen point des Papalismus abgestellt, was zeigt, wie präzise Schmitt, gerade im Hinblick auf ihn, de Bonald und Donoso Cortés, "der letzte der politischen Theologen" (v. Martin) ist. In einem Brief vom Dezember 1815 an den Erzbischof von Ragusa schreibt de Maistre: "Si j'étais athée et souverain, ... je déclarerais le pape infaillible par édit public, pour l'établissement et la sûreté dans mes états. En effet, il peut y avoir quelques raisons de se battre, de s'égorger même pour des vérités, même pour des fables, il n'y aurait pas de plus

---

+ Der von ihm selbst authentisierte Interpret HUGO BALL (vgl. Politische Theologie II, S. 28, Fn. 5) schreibt: "SCHMITT hat ...den Vorteil seiner katholischen Schulung ...", und nennt ihn - in diesem Zusammenhang - einen "Lateiner". (CARL SCHMITTS Politische Theologie, in: Hochland 21 (1924), S. 281, 284).

grande duperie". [264] Wenn auch nur Fiktion, sie ist entlarvend. Mit Recht schreibt H. BARTH zu dieser Passage: "Die Absolutsetzung der Idee der gesellschaftlichen Ordnung und der Idee der Einheit der religiösen Lehre, die der Ordnung zugrunde liegt, beschwört die Gefahr herauf, daß die innere Rechtfertigung der Lehre in der Idee der Wahrheit kaum berücksichtigt und nicht mehr als unmittelbares Bedürfnis empfunden wird". [265]

i) "Katholizismus ohne Christentum"

Nicht anders bei de Bonald. Auch in seiner Begründung und Rechtfertigung der Lehren der Religion kann man "einen extremen Pragmatismus" sehen. Von der Existenz Gottes, der Unsterblichkeit der Seele und einer letzten Vergeltung des Guten und Bösen schreibt er: "Diese Dogmen sind wahr, weil sie nützlich sind für die Erhaltung der bürgerlichen Gesellschaft." Ja, er erhebt das Prinzip dieses Schlusses zu einer allgemeinen Regel: "Alles, was nützlich ist für die Erhaltung der Gesellschaft, ist notwendig; alles, was notwendig ist, ist eine Wahrheit; also sind alle Wahrheiten für die Menschen oder für die Gesellschaft nützlich; also ist alles, was für den Menschen und für die Gesellschaft gefährlich ist, ein Irrtum." [265a] - Im Sinne Bonalds haben diese Äußerungen keinen pragmatistischen Sinn, so als sei die Wahrheit nichts als die Nützlichkeit einer Meinung. Denn die Gesellschaft in ihrer Totalität ist nicht irgendeine Assoziation, sondern sie ist für den Menschen die daseiende Vernunft; die Gesetze, die zur Erhaltung des Menschen in seiner Gesamtheit nützlich sind, sind eben damit die konstituierenden Elemente der Gesellschaft und als solche mit der Vernunft und Wahrheit schlechthin identisch. [266] Aber gerade dies kann man ja auch mit "säkularen" Voraussetzungen unterstellen, und eine konservative Soziologie als "Stabilisationswissenschaft" wird das tun; Bonald selbst hat es vorausgesehen: "Diese sublimen Betrachtungen über die Sozialordnung - Gegenstand einer entsprechenden

Theorie der Macht - werden die Beschäftigung des anbrechenden Jahrhunderts sein". [267]

Diese Voraussage ist nicht nur insofern "zweideutig" (R. SPAE-MANN), als sich mit der restaurativ gezeugten eine revolutionäre Soziologie, als "Oppositionswissenschaft", [268] herausbilden wird, der gegenüber Bonald, Comte usw. sich immer schon Aug in Aug wissen, sondern auf dem Weg der Verwissenschaftlichung, den Bonald unwiderruflich eingeschlagen hat, ergibt sich je länger desto mehr die "Schwierigkeit, mit Mitteln der Reflexion einer Autorität zu dienen, deren Stabilität angeblich einzig dadurch gewahrt werden kann, daß sie der Diskussion entzogen bleibt. Selbst ein ganzes Volk von Philosophen, so heißt es, würde nicht die substantielle Sittlichkeit zur Darstellung bringen, die in den gesellschaftlichen Institutionen immer schon wirklich ist. Die Konsequenz hieße dann allerdings: daß eine in Unordnung geratene Gesellschaft, die nur durch unmittelbare Autorität wiederhergestellt werden kann, durch eine Theorie der Gesellschaft bloß fortgesetzte Verunsicherung erwarten darf". [269] - Bonald sah diese Konsequenz und begründete seine Soziologie deshalb als Theologie, und zwar als streng dogmatische, in den Händen des päpstlichen Lehramtes monopolisierte. Indem er aber - zusammen mit de Maistre - nicht nur dieses, sondern auch die "Gottesidee" gesellschaftlich "funktionalisierte", tat er gerade d a r i n den entscheidenden Schritt zur "Ablösung der Metaphysik als philosophia prima durch die Theorie der Gesellschaft". [270] Es lag eben nur allzu nahe, Voraussetzung und Folge der Bonald'schen Grundauffassung, "daß die Existenz Gottes keine ernsthaften Konsequenzen habe, wenn sie nicht eine positive Anwendung im gesellschaftlichen Bereich finde", [271] euhemeristisch zu verkehren. (Die kirchliche Theologie selbst schloß das - einmal die demokratische Gefahr erkannt - nicht aus. Im Mainzer Seminar z. B. , wo die theologische Restauration Deutschlands nach den Napoleonischen Kriegen begann, und wo A. Räß und N. Weis , der spätere

Bischof von Speyer, die Lehren der Restauration, zumal de Maistres, eingeführt hatten, die sie auch in der von ihnen 1821 gegründeten Zeitschrift "Der Katholik" publizierten, wußte man, daß die Demokratisierung nur durch Zentralisation und autoritative Führung zu bändigen war, und man war bereit, wenigstens für die Kirche die Folgerungen zu ziehen [272] [+]. - Gesamtgesellschaftlich erschien das Scheitern der politischen Theologie bereits ausgemacht.)

Bonald ging davon aus, daß die umgreifende Ordnung des Seins allein auch die Ordnung der Gesellschaft ist. Tatsächlich aber bestimmte er diese Ordnung des Seins ausschließlich von ihrer gesellschaftlichen Erhaltungsfunktion her. "Hier liegt die Wurzel für den späteren p o s i t i v i s t i s c h e n Traditionalismus." Indem Bonald die Wahrheit von ihrer Nützlichkeit für die Gesellschaft her definierte und Philosophie, "Theorie" nicht mehr als Ziel des Menschen gelten ließ, wurden Religion und Metaphysik zu einer "bloßen Tautologie der Soziologie": [273] "Nur weil der Traditionalismus bereits auf dem Weg eines Katholizismus ohne Christentum war, konnte Comte ihn beinahe völlig säkularisieren". [274]

10.   A. Comte

a)   "Soziologischer Katholizismus"

Bonald als Brückenbauer zwischen seinem "(positivistischen) Katholizismus" [275] und Comtes (katholisierendem) Positivismus, so hat ihn dieser selbst erkannt; er zuerst hat die Originalität des Bonald-

---

[+]   "Da der weltliche Arm für ... (ihre) Herrschaft nicht mehr verfügbar ist, muß man ihn notgedrungen durch eine innerkirchliche Machtanwendung ersetzen; die Kirche im ganzen liegt im 'Belagerungszustand' ..." (BLONDEL, zit. nach H. U. v. BALTHASAR, Integralismus, in: Wort und Wahrheit 18 (1963), S. 739).

schen Werkes gesehen und ihn als Begründer der modernen Soziologie gefeiert. [276] Auch de Maistre, dem er vor allem die Erkenntnis und Hochschätzung der Einrichtung und der Gesetze des "pouvoir spirituel", seines späteren "sacerdoce" [+], verdankt, [277] gedenkt er z 1 wiederholten Malen mit aller Auszeichnung; Comtes Jugendschrift "Considérations sur le pouvoir spirituel" wird von H. GOUHIER geradezu ein "positivistischer Kommentar der Ideen Maistres" genannt. [278]

"Wenn Comte erklärt, Maistre habe sich vorgenommen, 'de fonder le rétablissement de la suprématie papale sur de simples raisonnements historiques et politiques', so will er dadurch der Ansicht zum Durchbruch verhelfen, daß es sich nicht um den besonderen Fall der Organisation der katholischen Kirche handle, sondern daß die Wiederherstellung der Suprematie des Papstes nur ein Beispiel für die Gesetzmäßigkeit aller staatlich-gesellschaftlicher Körper sei, wonach eine soziale Ordnung ohne eine geistige Ordnung und eine autokratische Spitze überhaupt nicht gedacht werden könne ... Comte bringt also zum Ausdruck, daß Maistre dort, wo er die Struktur und die Funktion des Papsttums untersucht, Wesentlicheres zustande gebracht habe als bloß die Zergliederung einer religiös-kirchlichen und damit geschichtlich-bedingten und vergänglichen Institution. Es war Maistre vielmehr vorbehalten, einen gültigen Beitrag zur Erkenntnis der Gesetze der gesellschaftlichen Gebilde zu leisten". [279] Comte greift ihn auf und vollzieht gleichfalls die "Inthronisation der 'autorité spirituelle'", [280] freilich einer neuen - der "wissenschaftlichen": Der Positivismus als Religion - durchaus - bedeutet die Errichtung einer höchsten geistlichen Autorität, die erstens das wissenschaftlich gerechtfertigte und daher das Glück der Menschheit ausschließlich gewährleistende System der Erziehung zur Durchführung bringt und der es zweitens ob-

---

[+]   Vgl. II, 10 i .

liegt, die "direction générale des affaires terrestres" zu übernehmen. [281]   Und zwar ein für alle Mal; der "Positivismus ist das politische und philosophische System, das die endgültige Überwindung der Anarchie der Neuzeit verheißt, welche entstanden ist durch die Zerstörung der geistigen Autorität des Mittelalters". [282]

b)   "Soziokratie"

Die kaum verborgene Eschatologie, die in solchem Anspruch steckt und die Hochschätzung der geistigen Autorität des Mittelalters berechtigen von einer Umwandlung der Theokratie in "Soziokratie" zu sprechen. Näher bei seiner Zeit, Comte zerlegt eben die theokratische Konzeption Maistres durch einen Schnitt in zwei Teile. Den einen verwirft er ebenso unbedenklich, wie er den andern vorbehaltlos sich aneignet. Comte glaubt, daß Maistres Einsichten in die Struktur der Gesellschaft eine Wahrheit enthalten, die nicht preisgegeben werden dürfe. Was nichts taugt, das sind die überlieferte Theologie und die christliche Religion, die den Geist des theokratischen Systems bilden. Da Comte den Katholizismus als eine Theokratie auffaßt, so kann man den Tatbestand auch folgendermaßen zum Ausdruck bringen. Am Katholizismus als einem religiös-kirchlichen und politischen System wird von Comte unterschieden die Lehre und die Organisation, das Dogma und die Struktur der Sozietät. Die Lehre steht im Widerspruch zum Entwicklungsgesetz des menschlichen Geistes, der mit dem theologischen Zustand anfängt, den metaphysischen durchläuft und auf der positiven Stufe zu sich selbst kommt. Das Dogma muß fallen. Die Organisation aber? Sie kann nicht nur bleiben, sie muß bleiben; denn sie stellt nichts Geringeres dar als die wahre Struktur des sozialen Organismus. Diese Struktur und keine andere wird den geistigen und politischen Aufbau der Menschheit im Zeitalter des Positivismus bestimmen. Genau denselben Gedanken hat Comte Geltung verschafft, wenn er das Mittelalter preist als die höchste und erhabenste Gestalt, welche die Menschheit in ihrem Entwicklungsgang bisher erreicht hat. Die Vorbildlichkeit der mittelalterlichen Kultur, welche die religiöse und die politische Ordnung in einem harmonischen System umschloß, beruht darauf, daß es im - hierokratischen - Zeitalter von Gregor VII. bis Bonifatius VIII. gelang, die einzig wahre Struktur der Gesellschaft zu verwirklichen. [283]

c)   Euthanasie der Theologie

"Ce qui devait périr ainsi, dans le catholicisme, c'était la doctrine, et non l'organisation". [284] Sie mußte nur mit der wahren Philosophie des Positivismus verbunden werden. "Das war die Aufgabe, die Comte sich stellte. Der Positivismus übernimmt die Konstruktionsprinzipien des christlichen Mittelalters und vereinigt damit eine neue Philosophie, den Positivismus, und eine neue Religion, die positivistische Verehrung des Grand-Etre, der Menschheit. Die katholische Theokratie wird ersetzt durch die positivistische Soziokratie". [285]

Auch für sie ist "die weltliche Macht lediglich Hilfsmittel"; [285a] denn "obzwar die Positionen des 'positiven' Staatsapparats von den Vertretern des sozial herrschenden" Grossbürgertums "verwaltet werden und der Staat weitgehend im sozialen Interesse dieser Klasse funktioniert", hat das Grossbürgertum "zumindest der Tendenz nach politisch abgedankt ...: der 'Grand-Prêtre' schreibt - innenpolitisch - etwa die Organisation des Erziehungswesens vor und inspiriert - aussenpolitisch - beispielsweise die Zerschlagung der grossen Nationen"; er "regelt die 'positive' Gesetzgebung ..." und entscheidet "die inhaltlichen Bestimmungen des 'esprit d'ensemble', des angeblichen Allgemeininteresses und die Formen, in denen es zu verwirklichen sein soll ...". [285b] (Er "entscheidet"; wie auch anders, will Comte doch nur die "abstrakte Ganzheit" der "Humanité"

gelten lassen - "in welcher die Individuen aufgehoben sein sollen ...".
285 c).

Comtes Soziakratie besitzt also sämtliche strukturellen Kennzeichen einer Theokratie, mit der Ausnahme des einzigen wesentlichen Merkmals. Es ist eine Theokratie ohne Gott. Wie CHARLES MAURRAS, selbst ein Anhänger des Comteschen antidemokratischen, autoritären und zentralistischen Systems, von "atheistischen Katholiken" sprach, so könnte man Comtes "église universelle" als eine "atheistische Theokratie" bezeichnen. [286] (Und man sollte es - auch in kritischer Absicht; denn für MAURRAS wie für Comte ist "die Gottesidee als solche ... gefährlich, weil sie durch die alle äussere Macht überschreitende Beziehung des einzelnen Gewissens zu Gott das Individuum als freies und damit die Gefahr der Anarchie bestehen lässt". [286a]).

Anti-restaurativ ist Comte also nur insofern, als er antitheologisch ist, ja er glaubt, daß hier eigentlich gar kein Anti mehr nötig sei; Theologie ist epochal bereits abgetan. Wer gewisse Zeichen eines "Wiederaufflackerns der Theologie" zu erblicken glaubt, beunruhigt sich grundlos: "Was sich da breit macht, das sind nicht echte religiöse Überzeugungen, sondern nur ein vulgärer und lächerlicher Machiavellismus, beruhend auf der angeblichen sozialen Unersetzlichkeit dieser Geistesordnung", und "je weiter diese systematische Heuchelei sich ausbreitet, desto haltloser wird sie". [287] Die restaurative Soziologie - erklärt Comte - ist die Euthanasie der Theologie; in ihrem "Machiavellismus" löst sie sich selbst auf. Und die bürgerlich-revolutionäre Metaphysik, in der doch Maistre und Bonald ihren großen Feind hatten, ist auch schon in diesem Prozeß der Selbstauflösung begriffen. Comte kann dies mit Recht behaupten, da er selbst es ist, der ihn maßgeblich vorantreibt [+] . Er und seine "apologetische Schule" [++] "usur-

---

[+]   Ausführlich: M. STEINHAUER, Die politische Soziologie Auguste

peren" nicht nur die Nachfolge der restaurativen Philosophie, sondern auch die der revolutionären: "Soziologie, als Sonderzweig der Philosophie aus dieser entsprungen", verzichtet am Comteschen Ende völlig auf sie, um nur noch "praktikable Theorie" zu sein.[288] + (Daß "die Bestimmung des Warum durch jene des Wie" zu ersetzen den Umschlag markiert, sind Comtes eigene Worte.)

d)   Konterrevolution

Nicht nur wo der Positivismus sich ausdrücklich als die zeitgemäße Lösung der konservativen Aufgabe versteht, schon in solcher - "wert-neutralen" - Bestimmung ist er "metaphysischer als die Metaphysik"[289] - selbst die restaurative (die ihn freilich mit ihrer theo-soziologischen Tautologie antizipiert). Denn die metaphysische Apologie, vor allem die der bürgerlichen Philosophie, in den Menschenrechten gleichsam institutionalisiert, "verriet die Ungerechtigkeit des Bestehenden wenigstens durch die Inkongruenz von Begriff und Wirklichkeit. In der Unparteilichkeit der wissenschaftlichen Sprache (aber) hat das Ohnmächtige vollends die Kraft verloren, sich Ausdruck zu verschaffen, und bloß das Bestehende findet ihr neutrales Zeichen".[290] Jede Reflexion auf mehr als bloße Tatsächlichkeit verblaßt unterm Primat einer "analysis of facts",[291] und sie soll es; denn in der

---

Comtes und ihre Differenz zur liberalen Gesellschaftstheorie Condorcets, 1966.

++   "Comte sprach für ein Bürgertum, das bereits gesiegt hatte und zur Apologetik überging ..." (M. HORKHEIMER, Th. W. ADORNO, in: O. NEGT, Strukturbeziehungen zwischen den Gesellschaf lehren Comtes und Hegels, 1964, S. 7).

+   Sozio-technik: die Technik soll "nicht mehr ausschließlich geometrisch, mechanisch oder chemisch usw. sein, sondern auch und in erster Linie politisch und moralisch." (A. Comte, Rede über den Geist des Positivismus. Übersetzt, eingeleitet und herausgegeben von I. FETSCHER, 1956, S. 61).

Reflexion lebt von jeher, wenn auch selten ausschließlich, die verhaßte Revolution, wie Comte richtig erkennt: "Die Geschichte der
Neuzeit" ist - als "die Geschichte des metaphysischen Zustandes" -
einschließlich solcher Denker wie Hobbes [+] - "die Geschichte einer
dauernden Revolution". [292]

Was bei Luther in einer "manière d'abord très restreinte" seinen Ausgang nahm: "le droit d'examen en matière religieuse" auf
seiten des Subjekts, und was durch Hobbes d i a l e k t i s c h e Usurpation zugunsten des souveränen Staates nur zeitweilig aufgehoben werden konnte, hat sich in ihrem Verlauf zum "Dogma der unbegrenzten
Freiheit des Gewissens" ausgeweitet. [293] Demgegenüber dekretiert
Comte, in radikaler Umkehrung jedes subjektive Recht negierend:
Der Positivismus erkennt "niemandem ein anderes Recht zu, als dasjenige, stets seine Pflicht zu tun ... Denn sein jederzeit sozialer
Standpunkt kann niemals irgendwelchen Rechtsbegriff zulassen, der
stets den Einzelmenschen zu Voraussetzung hat". [294] - Die Monopolisierung der Konterrevolution durch die "positive Philosophie" mag
übertrieben erscheinen, eine a u s g e z e i c h n e t e Waffe, die anarchische Tendenz der rein revolutionären Prinzipien zu bekämpfen, ist sie
auf jeden Fall [++]. Gezielt richtet sie sich gegen das "immer und überall revolutionäre ... Prinzip ... der Wahl der Vorgesetzten durch die

---

[+]   Comte erkennt - mit gewissem Recht, wie wir sahen: "Hobbes
ist der wahre Vater der revolutionären Philosophie" (Vgl.
Cours de philosophie positive V, S. 499) - um HAECKER zu
paraphrasieren: der "Vater der neuzeitlichen Politik". Doch
kennt Comte auch den "anderen" Hobbes - in praxi nur ihn -
und nimmt ihn deswegen als "H e i l i g e n" des Positivismus
in seinen Kalender auf.

[++] Thematisch anscheinend die Comte-Arbeit von F. A. HAYEK
"Missbrauch und Verfall der Vernunft", 1959 ; ihr englischer
Originaltitel lautet: "The Counter-Revolution of Science".
Diese Arbeit war mir nicht zugänglich.

Untergebenen ...". [295] Umso mehr, als - seit der 48er Revolution mit materieller Gewalt - die Gefahr droht, daß "nicht bürgerliche", proletarische Schichten in die politische Öffentlichkeit eindringen und sich in den Besitz ihrer Institutionen setzen, an Presse, Parteien und Parlament teilhaben [296] - und dadurch die Demokratie überhaupt antibürgerlich umfunktionieren.

Zureichend können sie das nur, wenn sie die Gesellschaft selbst, als Sphäre der Produktion und Konsumtion, demokratisieren, was aber negativ heißt, den kapitalistischen Unternehmern samt ihren politischen Privilegien auch ihr Eigentum zu nehmen, die gesellschaftliche Grundlage jener. Diese Notwendigkeit erkennt Comte ebenfalls, nur eben als die - in der Konsequenz des demokratischen Prinzips liegende - radikale "Gefahr". Will Marx die Demokratie als organisatorische Form umfassender Selbstbestimmung vollenden, indem er den existierenden Widerspruch ihrer bürgerlichen Zerrform als bloßer politischen Demokratie zu beseitigen drängt, so möchte Comte, die Krise der bürgerlichen Gesellschaft, die er als die ihrer Staatsform verkennt, beenden, indem er die Demokratie selbst zu beseitigen fordert.

e) "Autoritärer Staat"

Zwar heißt das nicht, es müsse nicht auch positiv etwas für die Proletarier geschehen, aber eben "ohne die Klassenschranken in Unordnung zu bringen und ohne die unentbehrliche allgemeine ökonomische Ordnung zu stören". [297] Die Lage der "unteren Klassen" muß vielmehr verbessert werden, damit das nicht geschieht. Comtes "Sozialprogramm der Arbeiter" ist also nur ein "Instrument zur Unterdrückung" [298] "Dem Widerwillen gegen materielle Arbeit" soll zuvorgekommen werden, "maßlose Ansprüche" sollen zurückgewiesen werden können und schließlich "die leitenden Klassen gegen jeden Einbruch der Anar-

chie vollkommen sicher" gestellt werden. [299] Es ist ein besseres
- angepaßtes - Instrument, das Comte dem Bürgertum offeriert. Die
Zwecke, denen es dienen soll, waren schon immer die seinen. Nicht
einmal in der Phase der sogenannten Schreckensherrschaft konnten die
Plebejer vom Wohlfahrtsausschuß die Aufhebung jenes Dekrets vom
Juni 1791 erreichen, das es allen Arbeitern und unselbständigen Hand-
werkern verbot, sich politisch zu organisieren. Arbeitervereinigungen
galten als Attentat auf die Freiheit; die déclaration des droits de
l'homme et du citoyen war eben rein individualistisch gemeint. [300]
Objektiv diente sie nur der Bourgeoisie als neuem Wirtschaftssubjekt:
Insofern es sich im Besitz von Geld befand, bedeutete ihm "Freiheit",
alle jene Entschlüsse endlich unbehelligt von gouvernementalen Einflüs-
sen fassen zu können, die es zur Entfaltung und Abwicklung eines am
Gewinn orientierten Geschäftsbetriebes für nötig hielt. [301] - Jetzt
aber benötigt die "Entfaltung und Abwicklung" dieses "Geschäftsbe-
triebs" selbst "gouvernementale" Eingriffe. Nur so kann die Ver-
fügungsgewalt über das Privateigentum an Produktionsmitteln perpetu-
iert werden. Es ist eine "neutrale" Instanz nötig, die auch gegen die
kurzsichtigen Interessen der Besitzenden, das mit der Existenz des
Proletariats verbundene soziale Problem dauerhaft löst. [302] In dieser Notwendigkeit hat der autoritäre Staat seine "legitime Existenz".
Der liberale Staat ordnet sich "widerstandslos den besonderen Interessen der herrschenden Schichten des Bürgertums" unter [303] und bringt
sie so gerade in Gefahr. Ihm gegenüber will Comtes Staat die wohl-
verstandenen (Macht-)Interessen des Bürgertums eben dadurch sichern, daß er den unversöhnlichen Antagonismus zwischen ihm und
dem Proletariat autoritär schlichtet - zwar zugunsten des Bürgertums, aber autoritär. Das ist der notwendige Preis, der gezahlt werden muß, wenn man die Quelle des Antagonismus selbst, die privatwirt-
wirtschaftlichen Produktionsverhältnisse, bestehen läßt, ihn aber als
seinerseitige Ursache einer permanenten Bürgerkriegsgefahr dennoch
ausschließen will.

f)   Militärdiktatur

Comte fordert diesen Preis - Hobbes mutatis mutandis folgend [+].
Ja, mehr als dieser ist Cortés in Comtes Nähe - eben auch in zeitgenössischer, wenn er der "militärischen Klasse" seine Philosophie
mit dem Wink empfiehlt, daß der Positivismus die wichtige Aufgabe
des Heeres bei der unerläßlichen Aufrechterhaltung der materiellen
Ordnung ohne Umschweife rechtfertigt. Wegen der schweren Unruhen,
zu denen das Gesellschaftssystem neigt, hat die Armee die immer we-
sentlicher werdende Aufgabe, aktiv an der "ununterbrochenen Aufrechterhaltung der öffentlichen Ordnung" teilzunehmen. Mit dem Verschwinden nationaler Kriege wird die Armee mehr und mehr mit der "sozialen Mission" einer großen politischen Gendarmerie ("une grande
maréchaussée politique") betraut. [304]   Schon die liberalen Regierungen des 19. Jahrhunderts begannen im Gefolge des "Aufruhrgesetzes"
von 1789 [++] die Streitkräfte zur Unterdrückung der Volksaufstände
einzusetzen und auf das Volk hinter den Barrikaden schießen zu lassen.
Das war in "Notständen" [+++]. Nun aber, wo Comte - um sie ein für

---

[+]   Umgekehrt, aber dementsprechend, heißt es bei C. SCHMITT :
       "... wenn ... (Hobbes) ein 'Positivist' war, so sind auch die
       sinnvollen und loyalen Möglichkeiten eines Positivismus zu be-
       achten, wie sie sich in den Situationen eines ... Bürgerkrieges
       für einen Denker der philosophia moralis konkret ergeben ..."
       (Die vollendete Reformation. Bemerkungen und Hinweise zu neuen
       Leviathan-Interpretationen, in: "Der Staat" IV (1965), S. 56).

[++]   Vgl. R. KÜHNL, Formen bürgerlicher Herrschaft. Liberalismus
       - Faschismus, rororo 1342/3, S. 41.

[+++] Ein ständiger bestand bereits am Vorabend von Louis Bonapartes
       Staatsstreich. MARX schreibt: "Wenn die Konstitution später
       durch Bajonette aus der Welt geschafft wird, so darf man nicht
       vergessen, daß sie ebenfalls durch Bajonette, und zwar gegen das
       Volk gekehrte, schon im Mutterleibe geschützt und durch Bajonette
       auf die Welt gesetzt werden mußte. " (Der 18. Brumaire ...,
       S. 29).

alle Mal auszuschließen - den Belagerungszustand für normal erklärt, wird die Armee zur Superpolizei des offen repressiven Staates. Nirgendwo anders - mit Ausnahme der Kirche - kann er eine für ihn ähnlich disponierte "Klasse" finden.

"Die Streitkräfte fühlen sich mehr als ein Instrument der Nation, höchster Ausdruck der nationalen Einheit, denn als ein Werkzeug einer jeweilig durch die Staatsgewalt regierenden Gruppe". [305] Sie "fühlen" sich so; das hindert nicht, daß sich die "hohen Militärs ... gewöhnlich wegen ihrer hohen gesellschaftlichen Stellung mit den Interessen der konservativen Gruppen" identifizieren und danach streben, "ein stabilisierendes Element des gesellschaftlichen Lebens ... zu sein". [306] Im Klartext heißt das : sie wollen die Macht der Gruppen, denen sie selbst zugehören, sichern und erhalten, sei es, daß sie - in der industriellen Welt - sich mit den Experten (des "Opus Dei") verbünden wie (zeitweise) in Spanien, mit dem unser letztzitierter Autor LOUIS GARCIA ARIAS, Professor in Zaragoza, sympathisiert, wenn er (in der zweiten Festschrift für CARL SCHMITT) über "die p o l i t i s c h e Funktion der Streitkräfte" handelt, oder daß sie direkt und ausschließlich regieren: "wenn die Zivilverwaltung sich spaltet, sind die Streitkräfte dazu berufen, alles was verloren scheint, zu retten auf Befehl ihres eigenen Gesetzes ...". [307] Die "Gendarmerie" befiehlt sich selbst und damit überhaupt. Cortés hat diese Konsequenz aus der auch von Comte begrüßten "Politisierung" der "militärischen Klasse" ausdrücklich gezogen. Sie lag nur allzu nahe: "Säbel und Muskete, die man periodisch richten und verwalten, bevormunden und zensieren, Polizei üben und Nachtwächterdienst verrichten ließ; Schnurrbart und Kommißrock, die man periodisch als höchste Weisheit der Gesellschaft und als Rektor der Gesellschaft anposaunte; - mußten Kaserne und Biwak, Säbel und Muskete, Schnurrbart und Kommißrock nicht schließlich auf den Einfall kommen, lieber ein für alle Mal die Gesellschaft zu retten, indem sie ihr eigenes Regime als das oberste ausriefen und die bürgerliche Gesellschaft ganz von der Sorge befreiten, sich selbst zu regieren?". [308]

g) "Betriebsgemeinschaft"

Wie der "Theokrat" Comte in dieser Hinsicht (theoretisch) auf halbem Weg haltmachte, so auch in seinen Vorstellungen über die Organisation des Industriebetriebs. Generell formulierte er noch eine Antinomie zwischen den Konstitutionsprinzipien der industriell-zivilen und deshalb friedlichen Ordnung und den vielfältigen Organisationsformen physischer Gewaltanwendung. Heute dagegen, im (bundesrepublikanischen) Post-Faschismus (z. B.) [+] zeichnet sich eine Entwicklung ab, in der diese Antinomie durch eine unmerkliche Angleichung von zivilen und militärischen Denkweisen ausdrücklich gelöst wird. [309] [++] Und diese Assimilation ist Bestandteil der offiziellen Politik; dabei werden die autoritären Strukturen von Industriebetrieb und Kaserne zu komplementären Modellen der geplanten Neuordnung. Während die Industrie heute wieder darauf bedacht ist, "dem gedienten Manne zwangsläufig die besseren Chancen (zu geben) als dem ungedienten", verwandelt sich die Kaserne in einen "Betrieb besonderer Eigenart", in dessen "Betriebsgemeinschaft ... man zu Kämpfern ausgebildet" wird; "die Überzeugung, daß die Armee die Schule der Nation sei, ist, wenn auch in vielfach verschleierten Ausdrucksformen, unter Bundeswehroffizieren genauso verbreitet wie unter Unternehmern". [310] Der ehemalige

---

[+] Der nationalsozialistische SCHMITT schrieb 1934 in "Über die drei Arten des rechtswissenschaftlichen Denkens": "Unternehmer, Angestellte und Arbeiter sind Führer und Gefolgschaft eines Betriebs, die gemeinsam zur Förderung der Betriebszwecke arbeiten." (S. 64).

[++] Vgl. L. v. FRIEDEBURG: Zum Verhältnis von Militär und Gesellschaft in der Bundesrepublik, in: Studien zur politischen und gesellschaftlichen Situation der Bundeswehr, 2. Folge, 1966, S. 10 ff.

Bundeskanzler H. G. KIESINGER vertritt sie 1969 mit ausdrücklichem Hinweis auf das Urteil eines ihm befreundeten Industriellen. Und Bundeswehrgeneral WOLFGANG SCHALL [+] erklärt vor künftigen Managern schon 1965 in einem Vortrag über "Führungstechnik und Führungskunst in Armee und Wirtschaft" generell und apodiktisch: "Wehrordnung und Gesellschaftsordnung dürfen nicht länger zwei divergierende Bereiche sein". [311] Und: "Ein Vergleich zwischen Armee und Wirtschaft ist besonders fruchtbar, da hier die Übereinstimmung im Grundsätzlichen besonders stark gegeben ist. In beiden Fällen wird in Großorganisationen ein in der Spitze gebildeter Wille in einer Reihe geplanter und aufeinander abgestimmter Aktionen bis hin zur untersten Handlungsebene verwirklicht". [312] - Spätestens hier wird klar, daß die Saint-Simonisten, deren reaktionärster einer Comte war, solche Gegenwart bereits antizipierten, als "sie die soziale Struktur der industriellen Gesellschaft, ihr integriertes Gefüge industrieller Führer, funktionaler Hierarchien, systematischer Organisationen in ... Entsprechung zur feudalen Hierarchie, Interessenordnung und Herrschaftsstufung" verstanden. [313] [++] Die Feudalität

---

[+] Seit März 1971 - noch vor seiner von ihm selbst angestrebten vorzeitigen Pensionierung - erster Generalsekretär des neugegründeten CDU-Landesverbandes Baden-Württemberg. (Publik, 12. 3. 71, S. 4).

[++] T h e o r e t i s c h Gegenwart geworden, weil jetzt technisch möglich und damit ökonomisch notwendig (bzw. umgekehrt), ist das saint-simonistische Programm bei FR. W. TAYLOR, dessen ganze Anstrengungen sich darauf richteten, den (Hand-)Arbeitern "sämtliche Funktionen" zu entziehen, "auf die sich die Vergesellschaftung ihrer Arbeit gründet, nämlich deren Kombination zum Ganzen eines durchmechanisierten Produktionsprozesses, ... u n d von der hierarchisch gegliederten spezialisierten Bürokratie der Betriebsleitung im Dienste des Kapitals" usurpieren zu lassen. (A. SOHN-RETHEL, Geistige und körperliche Arbeit. Zur Theorie der gesellschaftlichen Synthesis, 1970, S. 156).
TAYLOR führt methodisch zu Ende, was MARX bereits im er-

lebte aber schon zu ihrer Zeit nur in zwei großen, wirklich mächtigen Institutionen weiter: eben in der Armee - und in der Kirche. Führte Comte die Armee nicht ausdrücklich als Modell an, so selbstverständlich diese [+] und ihre hierarchische Ordnung, die er als die der Arbeitsteilung durch ein "Gesetz" neubegründen wollte: "Das eine Ende der Rangfolge bildet das 'Besondere', d. h. im sozialen Bereich der, dessen Arbeit am meisten spezialisiert ist und der folglich am wenigsten Übersicht über das Ganze habe; das andere Extrem stellt das 'Allgemeine', im gesellschaftlichen Bezug derjenige dar, der das Ganze und damit auch die Arbeit leite". [314] [++]

---

sten Band des "Kapitals" denunziert hatte - unter besonderer Berücksichtigung der militärischen Hierarchie: "Die technische Unterordnung des Arbeiters unter den gleichförmigen Gang des Arbeitsmittels" schafft "eine kasernenmässige Disziplin, die sich zum vollständigen Fabrikregime ausbildet und die ... Arbeit der Oberaufsicht, also zugleich die Teilung der Arbeiter in Handarbeiter und Arbeitsaufseher, in gemeine Industriesoldaten und Industrieoffiziere, völlig entwickelt." (MEW 23, S. 474) - SOHN-RETHEL kritisiert den Taylorismus, wie sich versteht, im Rekurs auf solche und ähnliche MARX -Passagen.

[+] In beiden ist - wenigstens "in Resten" bis heute - jener "Status" erhalten geblieben, in dem man sich "Von den geltenden Institutionen konsumieren" läßt, und in ihnen allein. "...da, wo es schlechthin ernst wird und die höhere Geltung der Institution gegenüber dem Einzelnen unter allen Umständen gelebt werden muß, kommt man ohne ihn nicht aus." So ein heutiger Verteidiger des Institutionellen um jeden Preis: der "Ultrapositivist" (R. HEPP) ARNOLD GEHLEN (Urmensch und ..., S. 208).

[++] Bei FR. W. TAYLOR wird sich der Kreis schliessen und solche "wissenschaftliche Betriebsführung" als auch auf "die Leitung und Verwaltung von Kirchen" anwendbar propagiert werden (Die Grundsätze wissenschaftlicher Betriebsführung, 1913, S. 5/6).

h) "Formierte Gesellschaft" - Ein "Exkurs"

Hier wiederum kündigt sich die Konsequenz an, die mit Comtes Ablehnung des liberalen Staates konvergiert, überhaupt zu totalisieren
und die Gesamtgesellschaft als "Gesamtbetrieb" zu organisieren, um E. VOEGELINS Wort zu gebrauchen [+]. Auch er sieht sich
- heute wieder - "der 'Merkwürdigkeit' eines Betriebes gegenüber,
der 'zwar Teilbetriebe hat, jedoch als gesamter keinen Unternehmer'". [315] Deswegen z i e h t er eben die Konsequenz: "Wenn die
'kooperative' Verständigung der Teilunternehmer gestört ist und das
Gesamtunternehmen 'stagniert', dann 'bleibt als Alternative nur die
Einsetzung eines Unternehmers für den Gesamtbetrieb - und das heißt
der Übergang von der politischen Demokratie zu irgendeiner Form au-
tokratischen oder totalitären Regimes' ...". [316] Um dies zu verhindern, will VOEGELIN die Demokratie selbst entdemokratisieren,
d. h. konkret die "Macht" der - mehr als verfassungskonformen -
Gewerkschaften brechen [++]. Das angebliche "Profitmonopol des Arbeiters an der Produktivität" soll durch "Gesetzgebungsakte gegen
die Arbeiterschaft" beseitigt werden. Ja, VOEGELIN sieht eine

---

+   Präformiert ist Voegelins Theorie in M. WEBERS Aufsatz
     "Parlament und Regierung im neugeordneten Deutschland" vom
     Mai 1918 (Gesammelte politische Schriften, [2]1958, bes.
     S. 309/10 u. 318-21 , sowie - "wertfrei" - in "Wirtschaft und
     Gesellschaft ...", [4]1956, S.552.) Kritisch dazu - in aktueller
     Absicht - J. TAUBES, Kultur und Ideologie, in: Spätkapitalis-
     mus oder Industriegesellschaft? Verhandlungen des 16. Deut-
     schen Soziologentages, 1969.

++   Wenn der "Verfassungsstaat" keinen "Zustand des sozialen
     Friedens" mehr "garantieren" kann, "in dem gesellschaftlicher
     Antagonismus und politische Opposition entkräftet werden", d.h.
     "sich auf lange Sicht" - von selbst - "auflösen", setzt die
     "Chance, den Kapitalismus vor dem Konflikt mit dem Fortschritt
     abzusichern" voraus, "daß Gegengruppen und -parteien zurück-
     gedrängt und isoliert werden ..." (J. AGNOLI,Die Transformation
     der Demokratie ..., 1968, S.18).

"Zeit herauf... ziehen, die den Streik als Waffe im Arbeitskampf ob-
solet werden läßt". [317]

Konsequenterweise müßte VOEGELIN die öffentliche Auseinandersetzung zwischen den "Tarifpartnern" überhaupt dementieren:
Wer den "Gesamtbetrieb" fordert, fordert die Ausdehnung der
"Nicht-Öffentlichkeit des Betriebs" auf die Gesellschaft, was aber
heisst, er strebt die nicht-öffentliche Organisationsform der Staats-
anstalt des 17./18. Jahrhunderts an, an die die "Nicht-Öffentlichkeit
des Betriebs" so stark erinnert: "In der Behandlung der Betriebs-
öffentlichkeit dementiert die kapitalistische Gesellschaft ... die ganze
Emphase des bürgerlichen Öffentlichkeits- und Publizitätsbegriffs."
[317a] - Für VOEGELIN nur partiell und deswegen nicht radikal genug; er will - jedenfalls in letzter Konsequenz - nicht nur eine absolutistische Betriebs-, sondern auch eine absolutistische Staatsverfassung (um NEGT/KLUGES Kritik des geltenden Betriebs-
verfassungsrechts zu folgen).

VOEGELIN gehört, als Apologet des kapitalistischen Gesamt-
betriebs, nicht zufällig, an die Seite jener (katholischen) SCHMITT -
Schüler, die die "Formierte Gesellschaft" propagieren [+], dyna-
misch: "Die Verschmelzung des pluralistischen Status quo zu einem
Sozialsystem". [319] Voraussetzungen hierfür sind: die "Teilhaber"
unseres Status quo "ihres Egoismus zu entwöhnen", sie "einer stärkeren Disziplinierung zu unterwerfen; die Verteilung des Sozialpro-

---

[+] "Die Relevanz der Kritik" an ihnen "beruht darauf, daß diese
Theorie mehr ist als ein Programm für eine autoritäre Gesellschaftsordnung; sie ist bereits die Diagnose und die Theorie der
bestehenden Zustände geworden." (H. C. F. MANSILLA. Faschismus und eindimensionale Gesellschaft, 1971, S. 184). Der
sogenannte Bonner "Machtwechsel" hat daran nichts geändert;
mit Recht sprach O. K. FLECHTHEIM gleich 1969 von "SPD-
Herrschaft im CDU-Staat". In unserem Zusammenhang speziell heisst das, dass sich Karl Schiller "weit besser als Ludwig

dukts allmählich langfristiger zu kalkulieren". [320] Hierzu wiederum

bedarf es "institutioneller Sicherungen". Das angestrebte "Sozial-

system" muß "eine stärkere Integration" bewirken, eine "Verein-

heitlichung seiner verschiedenen Elemente, so daß (es) von ihrer Zu-

sammenfassung her (und nicht mehr aus ihrer Gegensätzlichkeit) zu

begreifen ist". Ein "plebiszitär legitimierter Volks-

kanzler" soll der verwaltenden Staatsgewalt, die ihrerseits das

Volk "in Struktur bringen" muß, jene demokratische Autorität ver-

schaffen, deren sie bedarf, um Widerstände sozialer Gruppen auszu-

schalten [+]. "Spezialisten des Gemeinwohls" [++] können sich ihre

---

Erhard auf den notwendigen wirtschaftspolitischen Regulierungs-
mechanismus einer formierten Gesellschaft" verstand (H. -J.
HAUß / R. OPITZ, Zu Karl Schillers Werdegang, in: Blätter
für deutsche und internationale Politik XII (1967), S. 465) -
auch seinerseits in Verbindung mit C. Schmitt und R. Altmann
(Vgl. ebd. S. 458 und R. ALTMANN, Späte Nachricht vom
Staat ..., S.   ).

Die "Konzertierte Aktion" als im Ansatz praktizierte
"Formierte Gesellschaft" ist inzwischen zum Gemeinplatz geworden.   Wie sehr sich speziell die - mehr als verfassungskonformen - Gewerkschaften "mit ihrer offenen Zustimmung zur
Konzertierten Aktion und der damit notwendig verbundenen Wirtschaftspolitik in die Fänge des Systems begeben haben, beweisen ... Versuche, das Streikrecht über das Stabilitätsgesetz zu
beschränken oder als aufgehoben zu betrachten. Eine derartige
Auffassung - noch als Theorie - vertritt zum Beispiel" der
heutige Generalsekretär der CDU KURT BIEDENKOPF. Bereits 1968 zielt er in einem Vortrag "Rechtsfragen der Konzertierten Aktion" (in: Der Betriebsberater, H. 25) "auf eine feste Bindung der Gewerkschaft an die Diskussionsergebnisse der
Konzertierten Aktion und relativiert damit die Tarifautonomie
bis zur Verhinderung von Streiks." (E. SCHMIDT, Ordnungs-
faktor oder Gegenmacht. Die politische Rolle der Gewerkschaften, 1971, S. 75 ff.) - Zum Verhältnis Biedenkopf - Schmitt
vgl. neuerdings J. STEHL, K. -H. Biedenkopf: Positionen und
Begriffe, in: FH 29 (1974), S. 557 ff.

+   Nach dieser Konzeption "ersetzt" der "Volkskanzler" "praktisch
den kompetenzlos gewordenen Präsidenten" der (späten) Weimarer Republik. Mit Recht bezeichnet H. KOHL die "formierte

Agenten nennen, weil sie sachverständig für ein stetiges wirtschaft-
liches Wachstum und die systemadaequate Verteilung des Sozialprodukts sorgen". [321] +

Praktisch läuft das - wie schon Comtes System - auf eine "autoritäre Bürokratie durch Experten" hinaus. [322] Bereits ihm schwebte
eine exklusive Herrschaft der technischen Experten und Ingenieure,
der Bankiers und besonders des Priesterstandes vor, "der Intelligenz des Positivismus" also, der er die geistige und politische Organisation der menschheitlichen Lebensverhältnisse im "Zeitalter der

---

Gesellschaft" als "sublimierte Form des plebiszitär-autoritären
Staates". (Pluralismuskritik in der Bundesrepublik. Diss. 1968,
S. 111, 143).

++ Von L. ERHARD wörtlich "Spezialisten für allgemeine Interessen" genannt (Protokolle des CDU-Bundesparteitages 1965,
S. 706).

+ "... 'natürlich bleiben die Zuteilungsmarken des Sozialprodukts
ein Politikum' - und sie allein sollen es bleiben; 'die soziale
Disziplinierung, die der Wohlfahrtsstaat mehr und mehr erfordert, betrifft also den Konsum, nicht die Produktion'. Durch
staatliche Leistungen werden die sozialen Infrastrukturen als
'Gemeinschaftsaufgaben' modernisiert: Verkehrswege, Bil-
dungsstätten, industrielle Disparitäten usw. Hierzu sind hohe
finanzielle Mittel erforderlich, die vom Zuwachs des Sozialprodukts über das Steueraufkommen bestritten und vom Staat als
virtuellen Gesamtkapitalisten planend verteilt werden, da die
Konkurrenz der einzelnen Kapitale keine zureichenden Stabili-
täts- und Verwertungsbedingungen mehr zu garantieren vermag.
Während sozialpolitische Eingriffe in die Produktionssphäre un-
terbleiben und die Distribution die Priorität der Produktionssphäre beachtet, weil anders Illusion wäre und die 'Leistungs-
und Produktionsenergie' minderte, erhält die dafür verantwort-
liche Regierung, um jene Gemeinschaftsaufgaben angehen zu können, mehr Autorität: 'Die Regierung im Verteilerstaat hat mehr
Recht auf Autorität als frühere parlamentarische Regierungen.
Eine ihrer stärksten Legitimationen ist die Formierte Gesellschaft'". (G. SCHÄFER, Leitlinien stabilitätskonformen Verhaltens. Entwicklungsperspektiven und Gewaltpotentiale rationalisierter Herrschaftsinteressen, in: Der CDU-Staat 2, ed.
Suhrk. 370/2, S. 445/6).

globalen Industrie" anvertrauen wollte. ³²³

i)   Wissenschafts-Kirche

Für Comte handelt es sich dabei um die notwendige Konsequenz aus
seiner dogmatischen Philosophie : die Macht gehört nur in die Hände
der Wissenden, der universal planenden Führerschicht. ³²⁴   Er ist
davon überzeugt, daß sie wirklich wissend sei, weil sie "sich der positiven Philosophie verpflichtet wisse, auf sie festgelegt sei und diese Philosophie ja nichts anderes als die Gesamtheit der wissenschaftlichen und daher verifizierbaren Sätze umfasse. Was gefordert sei
und berechtigterweise gefordert werden könne, das sei 'l'assentiment
donné à des propostions sur des choses suceptibles de vérification,
propositions admises à l'unanimité par les hommes qui ont acquis
et prouvé la capacité nécessaire pour en juger'. Die Zustimmung
zu verifizierbaren Sätzen setzt immer die dem betreffenden Gebiet an-
gemessene wissenschaftliche Erkenntnis und die Beherrschung der
Forschungsmethoden voraus. Das bedeutet: verifizieren kann überhaupt nur der Sachkundige, der Zuständige. Für alle übrigen bleibt
der Glaube Gebot, 'c'est-à-dire la disposition à croire spontané-
ment, sans démonstration prélable, aux dogmes proclamés par
l'autorité compétente'. Einen solchen Glauben nennt Comte 'la con-
dition générale indispensable pour permettre l'établissement et le
maintien d'une véritable commuion intellectuelle et morale'". ³²⁵

Damit aber ist so etwas wie eine neue Kirche ins Auge gefaßt, eine Wissenschafts-Kirche. Das von HANS BARTH verwandte
Wort vom "Priesterstand" deutete bereits darauf hin, und es stammt
eben von Comte selbst, der von einer ständigen Tendenz, "à fonder
un nouveau sacerdoce" ³²⁶ spricht: "Es genügt ... dem staatlichen
Gemeinwesen nicht, daß die Wahrheit erkannt und die Gesetze der Er-
scheinungen erfaßt worden sind. Der soziale Organismus ist nicht nur

eine statische, er ist auch eine dynamische Größe. Infolgedessen muß das Gefüge der wahren Sätze ständig dem lebendig bewegten Körper und seinen Erfordernissen angepaßt werden. Man muß kritischen Einwendungen begegnen und mit Widerständen aller Art rechnen, und vor allem muß man Irrtümer bekämpfen und Mißverständnisse ausmerzen, was besonders dringlich ist, weil ja der soziale Mechanismus letzten Endes auf Ideen ruht und damit auf die 'Richtigkeit' der Ideen bedingungslos alles ankommt. Das heißt: man muß unter allen Umständen für die Reinheit und Anwendbarkeit der Lehre besorgt sein. Daraus ergibt sich die Institution einer 'autorité spirituelle'. Dazu aber bedarf es eines Organs ...", [327] eben "le sacerdoce", mit seinem obersten Priester, dem "P o n t i f i c a t d e l'Humanité". (Ihm wird eine geistliche Machtfülle und Unabhängigkeit und daher eine Einheitlichkeit der Willensbildung und Amtsführung gewährleistet sein, deren sich das römische Papsttum - "toujours entravée par le sacre collège et souvent exposée aux conciles" - niemals erfreuen durfte. [328]).

"Eine wissenschaftliche Philosophie und eine in ihr begründete Religion und eine Instanz, welche die Philosophie sowohl als auch die Religion in ihrer Reinheit bewahrt, bilden zusammen das System des Positivismus, das durch diese Vereinigung die Fähigkeit erwirbt, 'nicht nur die Zukunft zu bestimmen und vorzubereiten, sondern auch die Gegenwart zu beraten und zu verbessern, und das immer nach der genauen systematischen Einsetzung der Vergangenheit, indem man der gesunden fundamentalen Theorie der menschlichen Entwicklung folgt'. 'Aucune autre philosophie ne peut aborder l'irrévocable question que l'élite de l'humanité pose désormais à tous ses directeurs spirituels: réorganiser sans dieu ni roi, sous la seule prépondérance normale, à la fois privée et publique, du sentiment social, convenablement assisté de la raison positiviste et de l'activité réelle.'" [329] - Diese Worte Comtes lassen ziemlich genau Identität

198

und Differenz mit der traditionellen Kirche erkennen: es gibt keine Offenbarung, sondern nur den Verstand, für die Verantwortlichen keinen Glauben, sondern nur die Wissenschaft, aber - hier beginnt die Identität - nur für die Verantwortlichen; sie monopolisieren und tabuisieren die Wissenschaft, wie die Priester alten Typs den Glauben - und mit dem gleichen Anspruch der Endgültigkeit

j)   Salus praesens

Die "gesunde fundamentale Theorie der menschlichen Entwicklung" impliziert bei Comte eine säkulare Eschatologie, in der das "positive Zeitalter" als ein stationäres "Stadium ohne Ende" [330] verstanden wird. Wenn er es erlangt hat, kommt der Fortschritt zum Stehen; darauf zielt er: der Fortschritt auf Ordnung und die Dynamik auf Statik. [331] Was das für den Fortschrittsbegriff - und den mit ihm gesetzten der Geschichte - bedeutet, ergibt sich schon aus seiner Konzeption in statu movendi; er wird vorgestellt als ein rein linearer und voll nach Ursache und Wirkung berechenbarer: als ein am Modell von Naturprozessen abgelesener - so weit damalige Wissenschaft, Comte denkt vor allem an die Biologie [+], diese erkennen konnte.

Wenn der Fortschritt also gleichsam im Fortschritt endet, in dem, was sein Prinzip von je war, wird er nur durchschau- und des-

---

[+]   Häufig nennt er seine Gesellschaftslehre "soziale Biologie". Und hinter der Biologie, systematisch vor ihr, taucht die Astronomie samt ihrer Vorläuferin, der Astrologie, auf - Campanellas Zentralwissenschaft im "Sonnenstaat". Um den Beginn des 79. Paragraphen von Comtes "Rede über den Geist des Positivismus" zu zitieren: "Die ... notwendige Vorherrschaft der astronomischen Wissenschaft bei der ersten systematischen Verbreitung der Einführung in den Positivismus steht in vollständiger Übereinstimmung mit dem historischen Einfluß dieses Studiums, das bisher der Hauptmotor aller großen geistigen Umwälzungen war." (S. 223).

halb n a c h konstruierbar. Freiheit ist sowohl dort wie hier ausge-
löscht: "nicht in der Überwindung des naturgesetzlichen Zwangs liegt
(ihr) Sinn ..., sondern in der wachsenden Einsicht des Subjekts, daß
Widerstand gegen ihn nutzlos sei und die einzige Form der Versöhnung darin bestehe, ihn als vernünftigen anzuerkennen". [331a] Im Gegensatz zur Aufklärung, doch einmal mehr mit den Gegenrevolutionären einig, ist Comte "frei von der Hoffnung, die Menschheit werde
schließlich einen Zustand erreichen, in dem Wahrheit u n d Glück"
verwirklicht werden. [332] Er läßt keinen Zweifel daran, daß die positive Philosophie die bestehende Ordnung jenen gegenüber bejaht, die
auf der Notwendigkeit bestehen, sie zu "negieren". Ausdrücklich
stellt er fest, daß der Terminus "positiv" einschließt, "die Menschen
dazu zu erziehen, gegenüber dem herrschenden Zustand eine positive
Haltung einzunehmen". [332a] + Er gilt ihm ja auch als der "positive",

---

+ P. Kellermann gibt an, was das bedeutet: "... auf Kritik ... zu
verzichten ist effektiv gleichbedeutend damit, die Situation zu
bejahen , sie unreflektiert oder fatalistisch als 'natürlich' hin-
zunehmen, womit Soziologie so etwas wie ein kurioser Zweig der
Biologie würde." (Organizistische Vorstellungen in Soziologi-
schen Konzeptionen bei Comte, Spencer u. Parsons. Diss. 1966,
S. 224).
- Richtig; "Insofern die Verhärtung der Gesellschaft die Menschen" jedoch "zu Objekten herabsetzt und ihren Zustand in
'zweite Natur' verwandelt, sind Methoden, die sie eben dessen
überführen, kein Sakrileg. Die Unfreiheit der Methoden dient
der Freiheit, indem sie wortlos die herrschende Unfreiheit bezeugt." (Th. W. Adorno, Soziologie und empirische Forschung,
in: Ders. u. a. , Der Positivismusstreit in der deutschen Soziologie, [3]1974, S. 87).
Adorno greift gleichsam Kellermanns Diagnose einer Reduktion
der Soziologie auf Biologie auf und führt - auf die empirische
Sozialforschung von heute abstellend - aus: "Dort, wo die Menschen unter dem Druck der Verhältnisse in der Tat auf die 'Reak-
tionsweise von Lurchen' heruntergebracht werden, wie als
Zwangskonsumenten von Massenmedien und anderen reglemen-
tierten Freuden, passt die Meinungsforschung ... besser auf sie
als etwa eine 'verstehende' Soziologie: denn das Substrat des
Verstehens, das in sich einstimmige und sinnhafte menschliche

d. h. "geschichtsphilosophisch" als der bereits begonnene letztendgültige.

Wissenschaftstheoretisch drängt das Prinzip, dem positiv Gewußten normative Kraft zu supponieren, [333] +, auch politisch zur Konsequenz, "alle gegenwärtige Gewalt bei ihren augenblicklichen Machthabern, wer diese auch sein mögen, zu befestigen ...": [334] ++ die einmal etablierte Ordnung - das meint für die Mehrheit der Gesellschaft Unterordnung - muß der Ordnung wegen bleiben. Die Soziologie, die dies fordert, mißversteht sich als "funktional", indem sie tautologisch feststellt: "wer oben ist, hat die Übersicht und ist damit zurecht oben ...". [335] Nur konsequent verbleibt den "Untergeordneten" als Trost allein der bigotte Spruch: "Wie süß ist es zu gehorchen, wenn wir das ... Glück verwirklichen können, durch weise und

---

Verhalten, ist in den Subjekten selbst schon durch blosses Reagieren ersetzt. Eine zugleich atomistische und von Atomen zu Allgemeinheiten klassifikatorisch aufsteigende Sozialwissenschaft ist der Medusenspiegel einer zugleich atomisierten und nach abstrakten Klassifikationsbegriffen, denen der Verwaltung, eingerichteten Gesellschaft. Aber diese adaequatio rei atque cogitationis" - so wendet gerade auch Adorno ein - "bedarf erst noch der Selbstreflexion, um wahr zu werden. Ihr Recht ist einzig das kritische. In dem Augenblick, in dem man den Zustand, den die Researchmethoden treffen zugleich und ausdrücken, als immanente Vernunft der Wissenschaft hypostasiert, anstatt ihn zum Gegenstand des Gedankens zu machen, trägt man, willentlich oder nicht, zu seiner Verewigung bei. Dann nimmt die empirische Sozialforschung das Epiphänomen, das, was die Welt aus uns gemacht hat, fälschlich für die Sache selbst. In ihrer Anwendung steckt eine Voraussetzung, die nicht sowohl aus den Forderungen der Methode als aus dem Zustand der Gesellschaft, also historisch, zu deduzieren wäre." (Ebd., S. 87/8).

+ Was "wissenschaftlich feststellbar, überprüfbar, nachvollziehbar und mitteilbar ist, soll auch gelten." (O. Massing, Fortschritt und Gegenrevolution. Die Gesellschaftslehre Comtes in ihrer sozialen Funktion. Diss., 1966, S. 41).

++ Th. W. Adorno : "... werden ... bloss die Fakten reproduziert, so ist solche Reproduktion zugleich die Verfälschung der Fakten zur Ideologie." (Ebd., S. 101).

würdige Führer von der drückenden Verantwortlichkeit einer allgemeinen Leitung unseres Handelns angemessen befreit zu werden". [336]

MASSING kommentiert: "... ohne den Zynismus zu merken, der dem
Proletarier seiner Zeit vorgibt, zum philosophischen Nachdenken dis-
ponierter zu sein als die ihn verantwortende Unternehmerklasse, weil
seine Alltagsbeschäftigung ihm mehr 'geistige Muße' ließen, feiert
... (Comte) dessen primäre Verantwortungslosigkeit, die doch eine privatio boni ist, als existentielles Pleroma. Comtes Soziologie
wird ... zur Ideologie der gesellschaftlich schlecht Weggekommenen,
der Kleinen, wie sie auch kleinbürgerlich von Anfang an gestimmt
war, indem sie die schlechte Innerlichkeit derer, die nur mit Hilfe
schnöder Rationalisierungen entlastet in der Gesellschaft überleben
können, ohne vorzeitig einzugehen, heuchlerisch beweihräuchert". [337]

k)   "Bündnis" mit der Kirche

Da der Positivismus tatkräftig mitverhindert, daß Religion, als falsche Verdopplung des Lebens, auch gesellschaftlich, d. h. überhaupt
überflüssig wird, indem er nichts gegen die staatliche Entfremdung
der Menschen (in Form der allgemeinen Menschenrechte) unternimmt, ja sie rückläufig noch verstärkt (da er diese beseitigt) wird
er selbst zu einem - angepaßten - "Opium des Volkes" [+]. Es dem
russischen Zaren (in einem Brief vom 20. 12. 1852) zu empfehlen,
scheut sich Comte dann auch nicht: "Le chef naturel des conserva-
teurs européens (te tzar) doit bientot apprécier une doctrine qui
consolide et développe la politique conservatrice, en l'élevant, du
pur empirisme actuel, à l'état pleinement systématique, qu' exige
sa principale déstination". [338]   Ja, lange geht er mit dem Gedanken

---

+   Vgl. z. B. § 67 seiner "Rede über den Geist des Positivismus"
     (a. a. O. , S. 195-7).

um, sogar die katholische Kirche - sie liegt schon geographisch näher - mit seiner eigenen positivistischen Sozialreligion auszusöhnen [+]. Wenn seine Briefe vom Vatikan auch nicht beantwortet werden - genauso wenig wie der an den Zaren - so soll dieser Gedanke doch seine Zukunft haben. Der zeitweise - zumindest in der französischen Kirche - sehr einflußreiche CHARLES MAURRAS greift ihn mit seiner "Action francaise" wieder auf. Er findet gar nichts Ungereimtes in dem Plan, Positivismus und Katholizismus miteinander in Einklang zu bringen. [339] [++]

Wenn man Comtes generelle Verwerfung der Theologie als unwissenschaftlichen Aberglauben kennt, wird man zunächst stutzen, dann aber erkennen, daß Comtes Inkonsequenz die seines ganzen Systems ist. Das Bündnis mit der Kirche macht sie nur besonders offenkundig. Wem der Fortschritt, der als rein wissenschaftlich-technischer verstanden wird, bloß einer zur Ordnung - um jeden Preis - ist, wem er also nicht schnell genug aufhören kann, für den ist die Zahl der möglichen Bündnispartner gering. Was den Katholizismus angeht, kommt noch hinzu, daß er ja immer schon Comtes formales Vorbild ist. Bereits seine Lehrer de Maistre und de Bonald haben den "positivistischen" Schluß nahegelegt, "daß jede Gesellschaft qua Funktionszusammenhang" - er muß nur bestehen - "eine moralische sei, wie es Durkheim offenbar (wiederum) von Comte" übernehmen wird.

[+]   Comte denkt - sehr bezeichnend - vor allem an die "privilegierte Körperschaft, die die Kerntruppe des Katholizismus, die Inkarnation seines Geistes und der Schlüssel zu seiner Macht ist, die Jesuiten." (H. de LUBAC, Die Tragödie des Humanismus ohne Gott, 1950, S. 171).

[++] Am "Institut d'Action francaise" s t a n d als Symbol der Allianz neben einer Comtes' Namen tragenden Lehrkanzel ein "Syllabus" getauftes Katheder - obwohl im Zuge seiner gegenaufklärerischen "Theologie" Comtes indiziert worden war.

"Schon bei ihm wird nicht mehr deutlich, welchen 'Sinn' die con-
trainte sociale außer den ihrer puren Existenz noch haben sollte;
sinnlos, wird sie selber zum einzigen Sinn".[340]

Wenn, warum dann nicht auch mit dem Katholizismus paktieren,
der selbst genug "Positivismus" in sich aufzuweisen hat? - Comte
hat den Plan eines Bündnisses zwischen Positivisten und Katholiken
e r n s t h a f t ins Auge gefaßt. Alle Gläubigen sollen Katholiken werden und alle Ungläubigen Positivisten, um gemeinsam zu kämpfen
"gegen Deismus, Protestantismus und die anderen Formen der modernen Anarchie, die die Gesellschaft in einem Zustand beständiger Gä-
rung halten". Es gibt für ihn im Grunde nur zwei Parteien: "die der
Ordnung und die der Unordnung, die Konservativen und die Revolutionäre". Comte hat einen Abgesandten, Sabatier, nach Rom geschickt,
um mit den Jesuiten über ein solches politisches Bündnis zu verhan-
deln. Die Worte, die er an Pater Beck in Rom zum Abschied richtete,
sind von großer Prägnanz; Sabatier sagte: "Wenn die politischen Ge-
witter der Zukunft die ganze Intensität der modernen Krise offenbaren
werden, dann werden Sie die jungen Positivisten bereit finden, sich für
Sie töten zu lassen, so wie Sie bereit sind, sich für Gott massakrie-
ren zu lassen." SPAEMANN kommentiert: "Sabatier hat hier zugleich den Unterschied zwischen Positivisten und Katholiken deutlich
ausgesprochen. Die Katholiken sterben nicht (so sehr) für den Katholizismus, sondern für Gott, während die Positivisten für den Katholizismus zu sterben bereit sind als für eine Idee, an die sie selbst nicht
glauben und die sie doch für notwendig halten in ihrer gesellschaftlichen Funktion, so lange es den Gedanken an Gott überhaupt noch gibt.
Hier wird der nihilistische" oder - wie wir lieber sagen: euhemeri-
stische "Charakter des positivistischen Konservatismus offenbar".[341] +

+   "Bonald war Katholik. Es gibt von ihm Gebete, die die Redlich-
     keit seines Glaubens bezeugen. Er wäre zweifellos für Gott ge-
     storben. Alber philosophisch hätte er den Sinn dieses Todes für

1)   Fatalismus - Archaismus

Comte teilt mit den Hauptvertretern der Gegenrevolution die "Resignation, in Wahrheit mit vernünftigem Willen innerhalb der Gesellschaft
und ihrer institutionellen Einrichtung immer weniger ausrichten zu
können ... ". [342] Auch er fällt unter die drei Grundtypen des konservativen Fatalismus, wie sie   KARL MANNHEIM   entwickelt hat. Den
"theologischen" als "das gottgewollte Sosein" hat er in Bonald und
Maistre vor Augen, und in ihm ist - ganz unabhängig von deren laten-
tem Euhemerismus - bereits der "des Naturgesetzes" impliziert [+],
wie auch Schleiermacher bestätigt: Das Gefühl schlechthinniger Ab-

---

Gott nur von der Idee der Erhaltung der Gesellschaft her bestimmen zu können, und insofern steht er genau auf der Grenze
von Christentum und Positivismus; er ist persönlich noch gläubiger Christ, aber seine philosophische Rechtfertigung des Christentums nähert sich bereits seiner positivistischen Funktionalisierung und damit Aufhebung. Damit gehört Bonald ausdrücklich
zu den Lehrern jener französischen Bewegung, in der das Bündnis von Positivisten und Katholiken Wirklichkeit wurde, der
Action francaise. L. Montesquiou, einer der ersten Theoretiker
der Bewegung, hat eine Auswahl von Bonalds Schriften herausgegeben und bemerkt im Vorwort, das Studium dieser Schriften lehre, daß die Idee Comtes von dem positivistisch-katholischen
Bündnis nichts Schimärisches und Utopisches an sich habe."
(R. SPAEMANN, a. a. O. , S. 184).

[+] "Bonald wollte nachweisen, daß 'der Mensch so wenig einer religiösen oder politischen Gesellschaft eine Verfassung geben kann,
wie er es vermag, einem Körper Gewicht oder der Materie Ausdehnung zu geben', und daß sein Eingreifen nur verhindert, daß
die Gesellschaft ihre 'natürliche Verfassung' erlangt. De Maistre wollte zeigen, daß 'die menschliche Vernunft oder was man
Philosophie nennt, zum Glück der Staaten oder Individuen nichts
beiträgt', daß 'es die Fähigkeiten des Menschen übersteigt, etwas zu   s c h a f f e n ', und daß seine Vernunft 'nicht nur völlig
untauglich ist, irgendeine religiöse oder politische Vereinigung
zu schaffen, sondern auch sie zu erhalten. '" (H. MARCUSE,
Vernunft und Revolution, 1962, S. 301). Vgl. auch E. NOLTE,
Der Faschismus in seiner Epoche ..., [2]1965, S. 69/70 !

205

hängigkeit von Gott schließt das Bewußtsein ein, "in einen allgemeinen Naturzusammenhang gestellt zu sein".[343] Beide zusammen aber sind Spielformen des dritten - "geschichtlichen" - Typus.[344] Auf je verschiedene Weise, aber doch in dem einig, worin auch CARL SCHMITT - "marianisch" - das "Arcanum" seines "Fatums" auszudrücken können glaubt: "Vollbringe was Du mußt, es ist schon / immer vollbracht und Du tust nur Antwort".[345 +]

Darin ist zunächst einmal nur das kleinste gemeinsame Vielfache der drei Typen genannt; es hat jedoch seine besondere und verschärfende Bedeutung, daß Comte zentral unter den naturgesetzlichen Typus fällt und nur von daher auch am geschichtlichen partizipiert. Dadurch, daß er den "allgemeinen Lehrsatz von der Unwandelbarkeit der Naturgesetze" als den "wahren Geist" des Positivismus auf die Gesellschaftstheorie anwendet. Für ihn ist die Auffassung grundlegend, "daß die soziale Bewegung notwendig unveränderlichen Naturgesetzen unterliegt, anstatt von diesen oder jenen Willenskräften regiert zu werden". Die positivistische Verwerfung der Metaphysik paart sich mit einer Verwerfung des Anspruchs des Menschen, seine gesellschaftlichen Institutionen seinem vernünftigen Willen gemäß zu verän-

---

+ SCHMITT zitiert Verse des ihm befreundeten katholischen Dichters KONRAD WEIß , "die den innersten Kern ... (seines) Lebens berühren" (Ex Captivitate Salus ..., 1950, S. 52/3). F. KEMP, der von Carl Schmitt authentisierte Interpret Konrad Weiß' (vgl. SCHMITTS Aufsatz "Drei Stufen historischer Sinngebung", in: Universitas 4, S. 927-931) schreibt über den Dichter: Sein "ganze(s) Werk ... wächst aus dem einzigen Bemühen, daß das 'Experiment medietatis', das heißt der Versuch des Menschen, sich selber als ... Mitte, als Ursache und Ziel der Schöpfung und Geschichte zu setzen - sei es in dem klassischen Kult der Persönlichkeit ..., sei es in der Sozialutopie einer rein distributiven Gerechtigkeit ..., - daß dieser Versuch und diese Versuchung mit allen Kräften abgewehrt wird." (Der Dichter Konrad Weiß, in: Wort und Wahrheit 4, S. 285).

dern und neu zu organisieren. Dieses Element hat der Comtesche
Positivismus freilich mit den ursprünglichen Philosophien der Konterrevolution gemeinsam, bei denen Bonald und de Maistre Pate
standen. [346] Aber er geht eben - radikalisierend - hinter die immer
noch c h r i s t l i c h e n Reaktionäre zurück - bis zum Fetischismus,
der nicht getrübt war von "den der Theologie eigenen geistigen Aus-
schweifungen", [347] worunter vor allem die utopischen zu verstehen
sind. "Comte kennt kein Jenseits, in dem die in der Welt unerfüllten
Interessen der Menschen als zukünftig zu verwirklichende aufgehoben
sein sollen." Und: "Das, was an die Stelle des 'Jenseits' des christlichen Weiterlebens im 'Reich Gottes' getreten ist, ist ein 'Reich
der Toten', in dem - eher grauenerregend als hoffnungsvoll - alle
individuellen Dispositionen unterdrückt sind durch die Herrschaft der
toten Gesamtheit über die der jeweils lebenden Menschen." [347a] +
Comte schreibt - "En un mot" - selbst: "... des vivants sont toujours ... dominés par les morts". [347b]

DE LUBAC hat recht: "So progressiv Comte sich auch gebärdet,
seine Philosophie ist regressiv: am Ende fetischisiert sie das erste
Menschheitsstadium ..." [348] mit seiner "staunenswerten philosophi-
sche(n) Potenz" : alle menschlichen Gedanken waren damals in jener
einen großen, "seither durch göttliche Launen nur zu sehr getrübten"
Idee von der "notwendigen Einordnung des Menschen in die Welt" beschlossen, und diese große Idee fand ihren religiösen Ausdruck in der
"allumfassenden Anbetung". [349] - "Das Dreistadiengesetz, das ursprünglich den Abriss eines geradlinigen Fortschritts gibt, erleidet
..., obwohl es dem Buchstaben nach bestehen bleibt", an Comtes
philosophischem Ende "eine Änderung. Die Entwicklung nimmt schließlich in ... (seinen) Augen das Ansehen eines Kreises an. Er kehrt zu-

---

+   Das "Grand-Etre" konstituiert sich "wesentlich" aus den To-
    ten (M. STEINHAUER, ebd., S. 202): "Mortui plurimi" -
    lautet ein altes Wort.

rück zu der alten Idee, dem alten Traum: prima novissima.
Die 'Wiederkehr des Urzustandes im Endzustand' (le rapproche-
ment direct de nos deux régimes extrèmes) drängt sich, so scheint
ihm, 'der wahren Geschichtsphilosophie' auf, denn 'die Einheit der
Auffassung wäre ohne eine solche innere Übereinstimmung undenkbar'. 'Die Ordnung der Endzeit, die Ordnung der positiven Religion'
wird also darin bestehen, 'die instinktive Übung unser frühesten
Kindheit zu systematisieren'". [350] (In klassisch - "Vergil'scher" -
Weise bekennt sich Comte als "konservativer Utopist", [351] ist sein
"goldenes Zeitalter" auch das "der Ingenieure", wie ADORNO
Spengler pointiert. [351a]).

11.   Ch. Maurras

a)   Naturalistischer Aeternismus

Will man Comtes Spekulation von der Affirmation der Urzeit durch
die in sie zurückkehrende Endzeit unter Verwendung des ihm auch hier
zentralen Natur-Begriffs ausdrücken, der von vornherein die Identität
im zyklischen Geschehen festhält, so ergibt sich: Die "zweite Natur",
die der positiven Gesellschaft, wird wieder zur ersten, der der Mensch
ebenso wenig entrinnen kann, wie er, Comtes Hoffnung zufolge, der
ersten entronnen sich wähnen darf. [352] - Den Zwangscharakter der
unveränderlichen Natur zu beschwören nicht müde wird auch CHAR-
LES MAURRAS, der Comtes positivistisches Verständnis des Katholizismus fortführt und auf diesem Weg das wohl durchgebildetste
"System" schafft, "das irgendeine Rechte im zwanzigsten Jahrhundert
bisher hervorgebracht hat". [353] Ein Beispiel seiner naturalisti-
schen Ewigkeits-Emphase folgende Passage: "Solange ist, was ist,
unterliegen die Gesetze des Seins weder dem Zahn der Zeit noch der
Schwingung des Universums. Daß unsere Welt nicht ewig ist, daß ihre
208

Stoffe dahinfließen, das sagt die Evidenz; aber daß ihre Form dauert, daß ihre wesentlichen Beziehungen fest sind und daß sie solange leben wie die Welt selbst: diese Evidenz ist nicht weniger klar". [354]

Die Lehre von der Unveränderlichkeit des Wesens gilt auch und vor allem für die menschliche Natur, [355] die wiederum die gesellschaftliche Ordnung bestimmt. Ein ihr eigener "Egalitarismus" könnte unmöglich der menschlichen Natur adäquat sein, [356] die es nur im synchronen Plural gibt, als je verschiedene, höhere und niedrigere. "Ordnung" - "Egalitarismus" bedeutet "Anarchie" - "ist ihrem Begriff nach Über- und Unterordnung: Hierarchie. Sie wäre leicht zu begreifen, leichter zu verteidigen, wenn jegliches Ding nach seinen größeren oder geringeren Fähigkeiten an 'seinem' Platz der Ordnung diente und darin die ihm jeweils eigene Erfüllung fände. Das etwa ist das Bild der katholischen Ordnungslehre". Aber sie setzt ein anderes un-"kritischeres" Weltbild voraus, "als es der Lukrez-Leser MAURRAS hat. Daß von den Atomen, den 'Vätern der Welt', die einen im Innern der Dinge für immer ins Dunkel geschlossen sind, während die anderen, 'glücklich', das Licht genießen, geht nicht mit Notwendigkeit aus ihrer jeweiligen Natur hervor. Für jedes Atom ist sein Geschick nur Zu-Fall, aber nur diesem Zufall entwächst der einzigartige Glücksfall von Schönheit und Vollendung. 'Die ganze Welt wäre weniger gut, wenn sie eine geringere Anzahl geheimnisvoller Opfer enthielte, die ihrer Vollendung dargebracht wurden'. Qualität ist Position: diese mechanistische Voraussetzung gibt der MAURRAS-schen Ordnungslehre erst ihren unverwechselbaren" [357] - wenn man will, "positivistischen" - Akzent. Und positivistisch heißt wieder, ja mehr als bei Comte, naturalistisch - b l u t s m ä ß i g. Das Blut als "Substanz der Substanzen", ist es, das - diachronisch - die verschiedenen Positionen zuweist und dadurch der jeweiligen Familie - standesmäßig - die Kontinuität ihrer Position garantiert: "Solange die Menschen durch das Blut erzeugt werden und das Blut in Schlachten vergossen wird, wird die eigentlich politische Ordnung durch das Blut verwaltet werden ... die Staaten (als Staaten) sind auf erbliche Führungsschichten angewiesen. " [357a]

"MAURRAS' ontologische Grundgegebenheit 'Tendenz des Seienden, im Sein zu beharren' bedeutet im menschlichen Bereich also vornehmlich: Selbstbehauptung der 'natürlichen' Gruppen, die in sich notwendig differenziert sind. Diese Selbstbehauptung möchte MAURRAS der Natur des Universums so unlöslich vermählen, daß er auf ein griechisches, ja orientalisches Bild zurückgreift, das allem überlieferten europäischen (sprich "christlichen") Verständnis der Geschichte schroff widerspricht: 'Das große Rad, das sich dreht und dreht, hat keinen Weg gemacht, obgleich nichts es anhält'". [358]
Und darin ist er statischer als Comte; dessen Dialektik von erster und zweiter Natur entfällt: der Prätention nach - ist Maurras schlechthin statisch. Aber gerade deshalb muß er, 1900 Jahre Christentums- und 400 Jahre Neuzeits-Geschichte hinter sich, den Feind hypostasieren wie keiner der Gegenrevolutionäre vor ihm: als "Wider - N a t u r".

b) "Widerstand gegen die Transzendenz"

Positiv und abstrakt ist sie - mit E. NOLTES Wort - "Transzendenz" (jeglicher Art). Anthropologisch, das Vermögen der Freiheit, vom Seienden fortzublicken und auf Unsichtbares, Nicht-Seiendes hinzublicken. Und dies wird "nicht widerlegt durch den Nachweis, das Unsichtbare sei eine Illusion." Die Freiheit der Transzendenz ist "die Herauslösung selbst und insofern in der Tat 'Anarchie', da jede Herrschaft als Seiendes und Sichtbares überschreitbar ist." Sie bedeutet d a z u und in einem: "Gleichheit, denn jeder Mensch ist als solcher durch sie bestimmt, und sie läßt sich ihrem Wesen nach nicht in Grade und Stufen einteilen, so gewiß in ihrem jeweiligen

210

Vollzug Unterschiede greifbar werden." ³⁵⁹ +

Mit Bezug auf die - lukrezianische - Naturphilosophie heißt das:
die "Positionen" werden in ihrer Zufälligkeit erkannt und dadurch die
"schönen Ungleichheiten" gefährdet, das heißt, der natürliche und
gesellschaftliche Kosmos selbst gerät in Auflösung: Das von MAUR-
RAS schmerzlich festgestellte "Häßlichwerden der Welt i s t nichts
anderes als eine fortschreitende Auflösung jener 'schönen Ungleichheiten', die das Schöne schön, den Staat stark, das Volk gesund machen ...". ³⁶⁰

Die Hoffnung, die auflösende Widernatur zu vernichten, besteht
nicht, aber diese "muß 'kanalisiert' werden, wenn menschliche Existenz als endliche und natürliche möglich bleiben soll : 'Die Schwierigkeit ... besteht dann darin, das unendliche und absolute Prinzip
ungefährlich zu machen ... Vielleicht besteht die Lösung in der Einrichtung irdischer Autoritäten, die bestimmt sind, diese furchtbare
Einmischung des Göttlichen zu kanalisieren und zu mäßigen. Das tut

---

+ Das spezifisch Antichristliche dieser MAURRAS'schen Gedan-
  kenführung sei hier bereits durch eine Parallelstelle aus
  NIETZSCHES "Antichrist" antizipiert: "... unterschätzen wir
  das Verhängnis nicht, das vom Christentum aus sich bis in die
  Politik eingeschlichen hat! Niemand hat heute mehr den Mut zu
  Sonderrechten, zu Herrschaftsrechten, zu einem Ehrfurchtsge-
  fühl vor sich und seinesgleichen, - zu einem P a t h o s d e r
  D i s t a n z ... Unsere Politik ist krank an diesem Mangel an
  Mut! - Der Aristokratismus der Gesinnung wurde durch die See-
  len-Gleichheits-Lüge am unterirdischsten untergraben; und
  wenn der Glaube an das 'Vorrecht der meisten' Revolutionen
  macht und machen wird, - das Christentum ist es, man zweifle
  nicht daran, christliche Werturteile sind es, welche jede Revolution bloß in Blut und Verbrechen übersetzt! Das Christentum
  ist ein Aufstand alles Am-Boden-Kriechenden gegen Das, was
  Höhe hat : das Evangelium der 'Niedrigen' macht niedrig ..."
  (Werke. Hrsg. v. A. BAEUMLER, 5. Bd. , S. 244) - In der
  "Enquête sur la monarchie" n e n n t MAURRAS Nietzsche
  "notré condisciple" (S. 257).

der Katholizismus'". [361] (Wenn auch nur rückwärts gewandt, MAURRAS kommt an geschichtlichen Unterschieden und ihren Kategorien nicht vorbei. Die Umkehrung des fortschrittlichen, vorm dialektischen Umschlag gerade auch von Comte unterstellten Geschichtsschemas ist ausdrücklich: "Den Radikalen, die sagen 'Wir wollen nicht rückwärts', antwortet der Augenschein, daß rückwärts, in der Vergangenheit, der Vorzug, der Vorsprung, die Überlegenheit, der Fortschritt waren." [362]).

c)   Philokatholizismus

Er tat es von je; darin hat er sein Wesen und auch das französische war von dieser Art : bis zur Revolution - das abendländische bis zur Reformation. Sie, die (bürgerliche) Revolution und heute der Sozialismus sind die sich immer radikalisierenden Wellen der die katholische "Kanalisierung" nach 1200 Jahren doch zerstörenden Flut des jüdisch-christlichen Anarchismus: was einmal die "christ-katholische Substanz Europas" [363] war, ist in seine Bestandteile auseinandergebrochen, ja der "katholische" Teil, in dem eigentlich das ursprünglich integrale Heidentum fortdauert, ist in die Verteidigung gedrängt, wenn gerade auch so die einzige Kraft, worauf sich ein neues - politisches - Heidentum stützen kann: "Je suis athée, m a i s je suis catholique."

d)   Anti - Judaismus

Taktische Überlegungen hintanstellend, weil er es strategisch, d. h. konsequenzlogisch für nötig hält, bekennt MAURRAS den A-Theismus. Im "Chemin de Paradis" stellt er die rhetorische Frage, "ob die Idee Gottes, des einzigen und dem Bewußtsein gegenwärtigen Gottes, immer eine wohltätige und politische Idee ist ... wenn man in diesem von Natur anarchischen Bewußtsein das Empfinden entstehen

212

läßt, es könne direkte Beziehungen mit dem absoluten und unendlichen Sein anknüpfen, dann wird die Idee dieses unsichtbaren und fernen Herrn es schnell von dem Respekt entfernen, den es seinen sichtbaren und nahen Herren schuldig ist: es wird Gott lieber gehorchen als den Menschen". [364] Diese apostolische Maxime, die MAURRAS damit direkt attackiert, steht im Erbe des jüdischen Prophetismus, wie das ursprüngliche Christentum überhaupt. Er, der "E r f i n d e r" des Monotheismus, ist und bleibt die Quelle allen Übels [+]. Nicht nur, daß er durch die neuerliche - "reformatorische" - Rezeption des anarchischen Christentums wirkt, der Jude selbst ist zum "Agenten der Revolution" geworden. [365]

Nicht anders als de Maistre, Cortés und in ihrem Gefolge Comte glaubt auch MAURRAS im Protestantismus den Anfang des "revolutionären Monstrums" (de Maistre) zu erkennen. Hoben de Maistre und Comte die sozialpolitische Bedeutung der Reformation hervor, die Auflehnung der bloß individuellen Vernunft, die den blinden Respekt für die Autorität zerstöre und die Diskussion an die Stelle des Gehorsams setze, [366] so betonte Cortés - inhaltlicher - die von der Reformation an wesentlich h ä r e t i s c h e Qualität aller Revolution: "Die wirkliche Gefahr begann für die menschlichen Gesellschaften ... mit dem Tag, wo die große Häresie des 16. Jahrhunderts in Europa Bürgerrecht erhielt. Seitdem wird jede Revolution zu einer Todesgefahr für die Gesellschaft. Die Todesgefahr liegt darin, daß jede Revolution in der protestantischen Häresie wurzelt und daher von Grund auf häretisch ist." [367] - MAURRAS verbindet die beiden Betrachtungsweisen und radikalisiert sie, indem er eben den Protestantismus seinerseits als das Wiedererwachen des ursprünglichen anarchisti-

---

[+] Wörtlich: "Die großen Nöte der Geschichte erklären sich, für unseren Okzident ... durch das Brüten d e s s e l b e n jüdischen und syrischen Miasmas." (Zitiert nach E. NOLTE, Der Faschismus in seiner Epoche ..., S. 171).

schen Christentum interpretiert, "das bloß in der aufgezwungenen Form römisch-imperatorischen Heidentums zum Protagonisten der Autorität werden konnte." [368]

"Wenn die Reformation nichts bedeutet als den 'entfesselten Tumult des Innenlebens', wenn sie nichts ist als ein anarchistischer Angriff auf die Zivilisation Roms, dann muß sie ihre Wurzel jenseits von Rom haben, in einem barbarisch-anarchistischen, antirömischen Phänomen. Indem Maurras das Selbstverständnis des Protestantismus übernimmt, ihm aber einen entgegengesetzten Akzent verleiht, findet er dieses Phänomen im frühen Christentum. Dieses ist nichts anderes als eine Form des jüdischen Prophetismus, dessen zivilisationsfeindlichen und primitivistischen Charakter Renan beschrieben hatte. Zivilisationsfeindlichkeit verbindet die 'hebräische Wüste' und den 'germanischen Urwald': der Schrei des Propheten ruft im Germanen das ungebändigte Wüten seiner Instinkte wach, Biblismus und Germanismus verbinden sich zur Barbarei der Moderne. Und damit erhält auch die wohlbekannte liberale These, Freiheit und Demokratie hätten ihre Ursprünge in Altgermanien, eine nue und fremdartige Betonung. Die Demokratie, in den Wäldern Germaniens entstanden, nahm mit Recht Nahrung und Bestätigung aus jenem Christentum des Juden Jesus, der "- wiederum nach Renan, aber auch Nietzsche [369] -" ein anarchistischer Schwärmer gewesen war [+] :
'Die Väter der Revolution sind in Genf, in Wittenberg und zu früherer Zeit in Jerusalem; sie leiten sich her vom jüdischen Geist und den Varietäten eines unabhängigen Christentums, die in den orientalischen Wüsten und im germanischen Urwald wüteten, an den verschiedenen Zentralpunkten der Barbarei.'

[+]   Mit Recht betont MAURRAS dabei gegenüber den Katholiken stets, "daß er nicht den Christus der Kirche, sondern den Christus der Saint-Simonisten und Demokraten - den ersten Sozialisten, den Vertreter reiner Humanität, der allen Institutionen

Dieser Judaismus ist aber nicht nur eine entfernte historische Wurzel, er findet sich lebensfrisch und unverändert in der modernen Welt: 'Der Jude, Monotheist und genährt von den Propheten, ist ein Agent der Revolution geworden'. Hatte es Rom verstanden, das 'Gift des Magnifikat' [+] unschädlich zu machen, hatte die mittelalterliche Gesellschaft die Juden zu beschränken und zu benutzen gewußt, so haben Protestantismus und Revolution die Barrieren niedergerissen, und drohend steht der aufsässige Barbar in den Mauern der tief erschütterten Gesellschaft. " [370]

Das geschichtsphilosophische Movens aller Aufklärung, von Idealismus, Positivismus und Sozialismus, der Gedanke des (revolutionären) Fortschritts, bedeutet MAURRAS "ein kaum säkularisierter Messianismus". Der Messianismus aber ist orientalisch und mystisch. [371] - Durch den Protestantismus vermittelt ist die Philosophie der Aufklärung überhaupt eine Frucht vom jüdischen Baum. Auch der Deutsche Idealismus ist "nichts als die sublimste Ausbildung des christlichen Monotheismus", [372] analog die Wissenschaft, wo sie sich nicht dienend höheren Interessen einfügt; ihr System "besteht darin, den Gott der Juden durch die Neugierde zu ersetzen, unpassenderweise 'Die Wissenschaft' genannt, auf einen Altar als

---

entgegen gestellt wird -, hasse und ablehne. " (W. GURIAN, Der integrale Nationalismus ..., S. 54).

[+] Was MAURRAS am Magnifikat speziell aufbringt, ist die - "außen-", wie "innenpolitisch" - revolutionäre Schlußpassage: "ER hat Macht geübt mit seinem Arme, zerstreut die Hochmütigen in ihres Herzens Sinne. Gewaltige hat er vom Throne gestürzt und Niedrige erhöht. Hungrige hat er erfüllt mit Gütern und Reiche leer davon geschickt. Angenommen hat er sich Israels, seines Knechtes, eingedenk seiner Barmherzigkeit, wie er gesprochen hat zu unseren Vätern, Abraham und seinen Nachkommen in Ewigkeit. " (Luk. I, 51-5).

Zentrum der Welt gesetzt und mit den gleichen Ehren versehen wie Jehova". [372]

e)   Anti - Modernismus

Zum schlimmen Ende kommt all das heute im Sozialismus, der radikalsten Form des "Sklavenaufstandes", als den Maurras - Nietzsche konform - die emanzipatorische Geschichte der Neuzeit uminterpretiert. W e i l der Sozialismus die eschatologische Verdichtung eines in Frankreich seit 1789 an der Herrschaft befindlichen Prinzips ist, reicht es aber nicht aus, ihn allein zu bekämpfen; den Sozialismus vernichten kann man nur, wenn man seine - mit ihm verbündeten - Vorläufer mitvernichtet, die g e s a m t e "Linke". Es handelt sich bei ihr nicht nur um eine Schar von Revolutionären und die Massen, die ihnen folgen. "S e l b s t die künftige Volksfront umfaßt bei weitem nicht jene 'Linke', die MAURRAS im Auge hat ... A l l e Republikaner, a l l e Liberalen sind ... 'Rote', Vorkämpfer der 'egalitären Barbarei', gegen die es eine Barrikade aufzurichten gilt. " [373] Selbstverständlich denkt auch MAURRAS an die Armee als an die, die diesseits der Barrikade zu stehen hat: "Man kann in Frankreich das Axiom aufstellen 'Keine Armee, keine öffentliche Ordnung'. Die Herren Radikalen, Sozialisten und Kommunisten werden dann die Herren von allem sein. " [374] Dem ist z u v o r zukommen. MAURRAS propagiert - und organisiert ansatzweise - den "Bürgerkrieg" von rechts. "So tiefe Abneigung er sogar dem Terminus entgegenbringt - er scheut sich doch nicht, ... von 'konservativer R e v o l u t i o n ' ... zu sprechen. R a d i k a l e Reaktion ist Revolution gegen die Revolution. " [375] Emphatisch, in MAURRAS' eigenen Worten: "Au nom de la raison et de la nature, conformément aux veilles lois de l'univers, pour le salut de l'ordre, pour la durée et les progres d'une civilisation menacée, toutes les espérances flottent sur le navire d'une C o n t r e - Révolution. " [376]

Die "Namen", in denen (gegen-) revolutioniert werden soll, signalisieren einmal mehr das Grundsätzliche von MAURRAS' Kampf : "Ciszendenz" gegen Transzendenz; historisch : seinen Archaismus. MAURRAS will die "Widernatur" dort packen, wo sie ihren Anfang genommen hat, im Juden-Christentum, und mit Hilfe der Institution, die sie zuerst - wenn auch nicht für immer - domestizierte, der katholischen Kirche und ihres gesellschaftlichen Systems. Seine "Schalen" sollen ein "Panzer" [377] sein gegen die andrängende - judenchristlich gesteuerte - M o d e r n e.

f)   Katholischer Romanismus und römischer Katholizismus

Die Kirche ist "die Arche des Heils für die Gesellschaften" [378] und zwar, "weil sie eine r ö m i s c h e Institution ist [+]. Rom hat die abendländische Zivilisation geschaffen ..." [379] [++] und das zweite, katholische Rom sie vor ihrer juden-christlichen Zersetzung bewahrt. MAURRAS sieht und beurteilt die katholische Leistung wie Comte, der bereits - mit ausdrücklicher Parteinahme für das römisch-imperiale Heidentum - schrieb : "Tacitus und Trajan konnten nicht vorhersehen, daß die priesterliche Weisheit einige Jahrhunderte lang ... die Unnatur dieser (christlichen) Religion, die sie mit Recht beunruhigte, hinreichend eindämmen würde, um ihr vorläufig die wunderbarsten sozialen Wirkungen abzugewinnen". [380]

G l ä u b i g e Katholiken können solcher Entgegensetzung von Ur-

---

[+]   Eben deswegen gilt: "Le christianisme non catholique est odieux. " (Zitiert nach E.R. CURTIUS, Die französische Kultur. Eine Einführung, 1930, S. 116).

[++] MAURRAS erklärt: "Je suis Romain, je suis humain : deux propositions identiques". (Zitiert nach E.R. CURTIUS, eb.).

christentum und Katholizismus selbstverständlich nicht zustimmen
(genauso wenig wie der unter anderen Vorzeichen - im Gegensatz zu
Maurras - geschriebenen Parabel Dostojewskijs vom "Großinqui-
sitor"). Ihr Selbstverständnis hängt unaufgebbar an der apostolischen
Sukzession des Episkopats. Auch für ihn soll das biblische Wort gelten: "Wer euch hört, hört Mich." Beifällig erklärt so z. B. der katholische C. SCHMITT - Schüler W. GURIAN, nachdem Pius XI.
Maurras' 1899 gegründete "Action Francaise [+] 1926 - spät genug
- exkommuniziert hat [++] : "...der Einfluß von MAURRAS in metaphysischen und religiösen Fragen kann von der Kirche nicht gut geheißen werden, a b e r trotzdem dürfen die Verdienste seiner politischen Doktrin nicht verkannt werden ...". [381] [+++] Auf dieses

---

[+]   Zur Identität und Differenz von Charles Maurras und seiner Be-
      wegung vgl. W. GURIAN, Der integrale Nationalismus ...,
      S. 6/7, 99.

[++] PIUS XI. verdammte die Action Francaise in der gleichen An-
      sprache vom 20.12.26, in der er Mussolini als den Mann be-
      zeichnete, "der mit einzigartiger Kraft und Frische des Geistes
      das Steuer führt." (Zit. nach E. v. BECKERATH, Wesen und
      Werden des faschistischen Staates, 1927, S.71 Fn 1). Die Re-
      habilitation der Action Francaise durch Pius XII. am 1.7.1939,
      d.h. am Vorabend des zweiten Weltkrieges, steht - offensicht-
      lich - nicht einfach im Widerspruch zu Pius XI.

[+++] Um die Repräsentativität seines Urteils zu unterstreichen,
      schreibt GURIAN in einer Fußnote: "Cardinal Charost hat noch
      neulich in seinem Hirtenbrief, der den Brief des Papstes kom-
      mentiert, auf diese Verdienste hingewiesen." (Bloy, Maurras,
      Maritain. Ein Nachwort, in: Orplid III (1927), S.61 Fn.1).
      Der Kardinal setzt damit nur fort, was der Action Francaise
      wohlwollend gegenüber stehende Theologen schon immer taten,
      wenn sie darauf hinwiesen, "daß man das Zusammenwirken von
      Katholiken und Ungläubigen in der Action Francaise nicht als
      Erfüllung des seinerseits von den Jesuiten sofort abgelehnten
      Bündnisangebotes der Positivisten an die kirchlichen Vertreter
      der Ordnung ansehen könne. Es handle sich nicht um eine
      'Allianz' der Doktrinen, die natürlich unmöglich sei, es handle
      sich nur um 'rencontres' auf dem Boden gemeinsamer Tatsachen-
      feststellung." (W. GURIAN, Der integrale Nationalismus ...,

"Aber" wird es in der weiteren Zukunft politisch ankommen, nahezu mit praktischer Ausschließlichkeit bis 1945 [+] und in theoretischer, das "Aber" zumindest nicht ausschließender Hinsicht eigentlich bis heute.

Auch Th. HAECKER, zum Kreis um den j u n g e n C. Schmitt gehörend [++], doch von Anfang an Gegner Hitlers - aus Bewunderung für Salasar [382] - will nichts zu tun haben mit der "Büberei jener 'katholischen Atheisten' oder 'atheistischen Katholiken' der Action Francaise - wie immer man auch die Glieder dieser unsinnigen Antithetik stelle -, die im Evangelium Chaotisches und Anarchisches sieht", [383] aber wie weit ist HAECKER, für den sich der "natürliche Katholizismus" der griechisch-römischen Antike und der "übernatürliche" problemlos miteinander verbinden, tatsächlich vom französischen Faschismus eines Charles Maurras entfernt? - "Politik ist der gerechte ordo, eingerichtet oder aufrechterhalten durch 'Macht' und 'Autorität', welche 'die Gewalt' gebrauchen und sank-

---

S. 100). PATER DESCOQS, der bedeutendste Vertreter dieser Theologen, schrieb ausdrücklich, "daß der ungläubige Maurras die Kirche 'sur plusieurs points' besser verstehe als einige ihrer Kinder", woraus sich "die paradox anmutende Tatsache" ergibt, "daß der Ungläubige k a t h o l i s c h e r zu sein scheint als manche Katholiken. " (ed. , S. 101).

[+] Die Bündnisse der nationalen Katholizismen mit ihren jeweiligen Faschismen sind heute "aktenkundig"; in der zeitlichen Reihenfolge: Italien, Portugal, Österreich, Deutschland, Spanien, Slowakei, (Vichy-)Frankreich, wo Maurras eine Art "Staatsideologe" (E. NOLTE) werden wird, Kroatien und Ungarn. (In Deutschland ist - von den zwei/drei "linkskatholischen" Ausnahmen abgesehen - selbst der Widerstand gegen den Nationalsozialismus noch im Faschismus befangen geblieben.)

[++] "Römischer Katholizismus und politische Form" entstand unter anderm aus Gesprächen mit ihm. (Vgl. C. SCHMITT, Politische Theologie II, S. 27 Fn. 4).

tionieren können." Und nicht irgendeine Macht ist gefordert, sondern die "in einem absoluten Sinne. Wo sie nicht ist, ist der Sinn der Politik nicht erfüllt." [384] Und daß diese Macht "in Kommunion steht mit der göttlichen ...", verstärkt sie nur: "Am Himmel des Glaubensbekenntnisses des Christen steht als erster Fixstern die omnipotentia, die Allmacht Gottes. Ein unermeßlicher Trost! Auch die Macht - und sogar an erster Stelle! - auch die in Form der nackten Gewalt im Laufe der Geschichte der Menschheit so oft mißbrauchte Macht ist Gottes ...". [385] "Darum wird in der Geschichte dieser Welt zuerst und zuletzt angebetet die Macht ...". [386] Konsequenterweise ist das Muster eines Christen der römische Hauptmann des Evangeliums, "der ganz und gar, sozusagen mit Haut und Haaren lebte in der imperialen Welt des römischen Soldaten, der auctoritas und potestas, und der in dem Menschensohn, dem ohnmächtigen König der Juden, durch den Glauben die Allmacht selber erkannte ...". [387]

g)   Militärmonarchie

Wäre diese Stelle des Evangeliums wirklich das ganze Evangelium oder ihm auch nur zentral, hätte MAURRAS nichts gegen es einzuwenden gehabt - im Gegenteil. Der Kult der Armee ist das bedeutendste Motiv seiner Stellungnahme in der Affäre Dreyfuß gewesen, mit der seine öffentliche Wirksamkeit als Publizist der radikalen Rechten begann. Er adorierte die Armee als "ce précieux faisceau de forces nationales"; [388] in ihr erkannte er das Bindemittel für seinen "integralen Nationalismus" (W. GURIAN). MÁURRAS ist deswegen viel mehr Militarist und darin (Prä-) Faschist als Monarchist [+]. Sein König soll ein "Heerkönig"

[+]   MAURRAS Schüler VALOIS wird als einer der Begründer des französischen Faschismus den Monarchismus überhaupt aufgeben und - "ohne die politische Doktrin von Maurras auch nur an einem Punkte umzuändern" - für die Diktatur eintreten -

(E. NOLTE) sein, und er fordert ihn von der Armee. In einem imaginären Gespräch mit seinem erträumten "Monk" [+] sagt er zu diesem: "General, geben Sie uns einen König, wie die anderen Nationen ihn haben." [389] - Maurras' Prophet (Samuel [++]) ist die Generalität, und solange der König abwesend ist, ist das Heer sein Stellvertreter: "kostbarste Garantie der nationalen Existenz". [390] Höchst unbefangen für einen Monarchisten, setzt MAURRAS "royauté" mit "gouvernement militaire" gleich. "Der Heerkönig ist der F ü h r e r seines Volkes im Kriege und zum Kriege: u n u m s c h r ä n k t e r Oberbefehlshaber ...". [391] Darauf kommt es an; in erster Linie war MAURRAS' Monarchismus ein "Ruf nach dem Führer", dem Chef der Gegenrevolution und Souverän des Krieges: "E r fehlt uns, der Mann am Steuer; er fehlt uns, der Mann, und sonst n i c h t s." [392] [+++]

h)   "Klassenkrieg" von oben

Daß er und sein Regime der großen Masse des Volkes oktroiert würden, darüber ist er sich selbst im klaren. Maurras will das ausdrücklich als neuester und schärfster Ausdruck der "défense sociale", [393] des Klassenkampfes von oben. Und daß der - in dieser

---

auch ohne König. (W. GURIAN, Bloy, Maurras, Maritain ..., S. 62).

[+]   "Monk" hieß der General, der im 17. Jahrhundert die Stuarts auf den englischen Königsthron zurückführte.

[++]   Vgl. I, 4 b.

[+++] GURIAN schreibt mit Recht: "Für den Monarchismus der Action Francaise bleibt ihre Entstehung aus einer ursprünglich vom Glauben an den starken Mann ... getragenen Bewegung entscheidend. Die Monarchie der Action Francaise ist der von seinem Augenblickscharakter befreite C ä s a r i s m u s." (Der integrale Nationalismus ..., S. 92).

Schärfe - einen Staat der ständigen Mobilmachung erfordert, sieht er gleichfalls: "Der Heerkönig wird den Staat in ein bewaffnetes Lager verwandeln. Der 'Verräter' werden viele sein, und jede Bestrafung muß ein Exempel darstellen. 'Festigung' der öffentlichen Meinung wird unvermeidlich ihre totale Manipulierung bedeuten. Der (Bürger-) Krieg, der unumgänglich ist, wird ein Kampf auf Leben und Tod sein ...". [394] Seit jenem ersten Artikel zur Dreyfuß-Affäre vom September 1898 ruft MAURRAS hierzu: zur "d e r n i è r e bataille". [395] Und eben nicht nur er allein.

Was sich für GURIAN "denken l i e ß e", "ein Maurrasismus ..., der statt sich seines innern Haltes durch einen Agnostizismus in religiösen Fragen zu berauben, seine Vollendung und Reinigung von Einzelirrtümern im Glauben an die Kirche, und zwar die Kirche als mystischen Leib Christi - nicht nur in ihrer äußeren Annahme als Repräsentantin politischer Form - fände", [396] ist vielfach Wirklichkeit geworden, unabhängig von GURIANS affirmativen Worten, und nicht nur in Frankreich, für das P. LINN P. Garrigou-Lagrange, Prof. am Angelicum in Rom, P. Humbert Clérissac, den Verfasser des "Mysteriums der Kirche", endlich Jacques Maritain als seine Hauptvertreter nennt. [397] Eben auch HAECKERS Autoritarismus hat sich gleichsam abstrahiert und ist nicht mehr notwendig monarchistisch bestimmt. Was der nationalsozialistische SCHMITT in seinem "Leviathan" 1938 schreiben wird, d a m i t ist Haecker schon immer einig: "Was seit dem Wiener Kongreß von 1815 als 'dynastisches Legitimitätsprinzip' ausgegeben wird, hat seine solide Grundlage in der staatlichen Legalität von Beamtentum und Armee. Alles andere ist geschichtlicher Nimbus und Residuum und wird von den eigentlich wirksamen Kräften und Mächten zur Legitimierung ihrer eigenen Macht benutzt." [398]

III.   SOZIALE MYTHOLOGIE

der "Konservativen Revolution"

"Rom ist unser Ausgangs-
punkt, Rom ist unser Endziel.
Rom ist unser Ideal, und Rom
ist unser Mythos."

B. Mussolini

1. Monarchismus - Autoritarismus - Faschismus

a) (Mittelalterlich-) Sakramentales und (neuzeitlich-) institutionelles Königtum

Bereits 1927 heißt es bei HAECKER: "Wenn das Christentum durch
die Sprache der Heiligen Schrift wie der Kirche, wie auch der spontanen Vorstellungskraft mit dem Begriff von 'König' und 'Reich' verknüpft ist, so sehr, daß jede auch nur von ferne gedachte Ersetzung
durch Begriffe wie Parlament oder Präsident oder Diktator auf der
Stelle zu Absurditäten, Skurrilitäten führt, so ist damit beileibe nicht
gesagt, daß es seinen unsichtbaren König - was ja immer doch auch
eine inadäquate Bildersprache ist - und sein unsichtbares Reich auf
Tod und Leben verknüpfen müsse mit Königen und Reichen dieser Welt.
Es kann das Werk, das es allein tun soll, auch in Republiken und Demokratien tun. Vollends heute, wo ein Diktator ungleich möglicher ist als ein König, und wo nur das Interesse großer
Kinderstuben und die Hinterweltlichkeit von Kleinkinderstaaten von Restauration träumen können." [1] Zumal von sakramentaler, wie etwa
die spezifisch Laacher Reichstheologie [+] eines DAMASUS
WINZEN, der 1933 schrieb: "...das Reich entsteht nur unter dem
sakramentalen Einfluß der Kirche, indem nur die mit offenem Herzen aufgenommene Totalität des im Sakramente geschenkten Lebens
Christi das Volk zu einem königlichen Volke und seinen gesalbten Herrscher zu einem Vater und Hirten machen kann." [2] REINHOLD
SCHNEIDER, der mit Aischylos' "Eumeniden" überhaupt meint, daß
ein "Schauer... ausgehen" muß "vom Staat, von seinem lebendigen
Geheimnis", [3] ist es noch 1954 "sehr schwer verständlich, daß Christen, die an das Weltkönigtum Gottes glauben, die eigens das Königs-

---

[+] Vgl. K. P. BREUNING, Die Vision des Reiches..., S. 239-45
u. a. m., vor allem aber R. F., III, 4h.

fest Christi feiern, das Königtum von Gottes Gnaden, als Bild und
Zeichen ewigen Königtums nicht verstehen, daß sie das Amt am Amts-
träger messen, ... während sie doch glauben - und das mit Recht -,
daß der Mönch, der Priester umgeschmolzen werden von der Weihe
...". [4]

Was auch HAECKER nicht sagt, weil grundsätzlich selbst Sakra-
mentalist, was er aber, neben dem Gesagten, von Schmitt gleichfalls hätte lernen können, bleibt SCHNEIDER erst recht verborgen:
schon im katholischen Sakramentalismus der Priesterweihe liegt der
von SCHMITT bewunderte "Rationalismus" des "Institutionellen",
als der einzige, den er an-erkennt, ein "wesentlich" juristischer:
"seine große Leistung besteht darin, daß er das Priestertum zu einem
A m t e macht" unter Abstraktion von der konkreten Person des Priesters. [5] - Interpretiert man, wie Schneider auch, unter solcher
Abstraktion das Königtum, dann ist schon das sakramentale institutio-
nell und, was sich später ändert, nur, daß es nicht mehr notwendig
Gott und Christus repräsentiert oder gar erst durch priesterliche
Weihegewalt diese seine Würde erhält.

b)   Monarchismus ohne Monarch: von der (preußischen) M i l i t ä r -
     monarchie zur (faschistischen) Militär d i k t a t u r

Die Vorstellung von Königtum - wenn überhaupt -, die im Laufe der
Neuzeit an die Stelle der (mittelalterlich-) sakramentalen tritt, ist jene
vom D i k t a t o r Oliver Cromwell zum ersten Mal wirksam ver-
tretene: "Königtum ... war das Amt, das die Autorität umfaßte, nichts
weiter als ein staatsrechtlicher Begriff." SCHNEIDER führt aus:
"Die Krone war für ihn ein Werkzeug, das er anzusetzen bereit war,
wenn es politischen Nutzen versprach; eine E i g e n geltung hatte sie
für ihn nicht...". [6] Schon Cromwell erklärte dem Sinne nach: "Die
Krone g a l t , der Staat wird immer gelten..." [7] - in Wirklichkeit

ein Wort des "General von Buch" in SCHNEIDERS "Kronprinz", der am Vorabend der "Machtergreifung" spielt.

Buch ist der Repräsentant jener von der Konservativen Revolution preußischer Prägung [+] bestimmten Reichswehrgeneräle à la Schleicher; er war der Reichswehrminister Papens, dessen Staatsstreich C. Schmitt vorm Reichsgericht verteidigte. - "Buch" wie Schleicher sind von Hause aus idealiter immer noch Monarchisten, aber sie haben den Übergang zur bloßen Diktatur vollzogen, der M i l i - t ä r diktatur. Sie ist gleichsam die Synthese aus ihrem "angeborenen" Monarchismus und der - des "Bolschewismus" wegen - anfänglichen Tolerierung der Republik [++]. Was SCHMITT vom "Berufsbeamtentum" schreibt, daß es "in seiner Gesinnung königstreu" geblieben sei, "aber nur im Rahmen der Legalität eines Rechts- und Verfassungsstaats", [8] gilt anfänglich auch für sie, wobei SCHMITTS bedauernde Einschränkung nicht allzu viel zu sagen hat. [+++] Auch Legalismus bedeutete nichts anderes als den Willen, "Recht und Ordnung zu sichern", wie ihn Brüning, gleich nach Abdankung des Kaisers, bei den "Herren der (Aachener) Eisenbahndirektion" z. B. findet. [9] BRÜNING faßt die "Legalitäts"- Mentalität des preußischen Beamtentums überhaupt zu-

---

[+] Für A. MOHLER ist die Konservative Revolution überhaupt "prussozentrisch" (ebd., [2]1972, S. 423). Ausführlich: A.-J. SCHWIERSKOTT, A. Moeller van den Bruck und der revolutionäre Nationalismus in der Weimarer Republik, 1962.

[++] Sie ist die Verlängerung der während der letzten Weltkriegsjahre faktisch bereits bestehenden Militärdiktatur (Hindenburgs). C. SCHMITT wird sich 1931 - zur Legitimierung der Brüningschen "Notverordnungen" - ausdrücklich auf die "sehr weitgehende Entwicklung des Verordnungsrechts der kommandierenden Generäle" im Weltkrieg berufen. (Verfassungsrechtliche Aufsätze..., S. 237) - Gerade auch rückblickend zeigt sich, daß Hindenburg nicht erst 1925, oder gar erst 1930 zum "Ersatzkaiser" wurde. (Vgl. E. FEHRENBACH, Wandlungen des deutschen Kaisergedankens 1871-1918, 1969, S. 218/9).

[+++] Immer noch könnte sich der "Fürst" auf dieses "Beamtentum und Militär" stützen, wie der vom Schmitt-Schüler R. KOSELLECK sogenannte "Fürsten s t a a t" von jeher. (Ebd. S. 12).

sammen, wenn er den Pförtner des preußischen Wohlfahrtsministeriums zitiert - "früher Flügelmann der Leibkompanie des 1. Garderegiments zu Fuß" : "Auch wenn der König fort ist, muß doch in Preußen Ruhe und Ordnung herrschen. Diese Revolutionäre" - wenn der Pförtner seinen Ausspruch tut, meint er konkret die K a p p - Putschisten - "kennen eben keine Disziplin mehr". [10]

Der Übergang zur Diktatur legt sich nach 1918 für eine autoritäre Politik mutatis mutandis überhaupt nahe, zumal er ihr keine besonderen Schwierigkeiten macht. Ist sie m a c h t politisch auf der Höhe der Zeit, gelingt ihr der Übergang genauso gut, wie exemplarisch dem Maurras-Schüler und später mit den Nazis kollaborierenden "Faszisten" Valois. GURIAN berichtet bereits 1927, dieser habe "den Monarchismus stillschweigend aufgegeben" und trete - "ohne die politische Doktrin von Maurras auch nur an einem Punkte umzuändern! - für die Diktatur - auch ohne König! - ein". [11] Wie GURIAN betont, ist die "Monarchie der Action francaise" selbst nichts anderes als "der von seinem Augenblickscharakter befreite Cäsarismus". [12] Analoges schreibt SCHNEIDER 1954 selbstkritisch über das Anfang der 30-er Jahre auch von ihm unterstützte Projekt einer H o h e n z o l l e r n -Restauration: "Heute sehe ich, daß die Monarchie wahrscheinlich zum Militärstaat geworden ... wäre." [13]

Wie denn anders? kann man fragen, C. SCHMITTS affirmativer Ableitung des frühen - "Potsdamer" - Nationalsozialismus aus dem preußischen "Militärstaat" (SCHNEIDER) folgend; er war von jeher ein "Soldatenstaat", so die Schmitt'sche Formulierung. In "Staatsgefüge und Zusammenbruch" von 1934 schreibt SCHMITT, es sei diesem Staat "gelungen, den Fahneneid auf den Landesherrn statt auf die Verfassung durchzusetzen und dadurch die Armee als Gefolgschaft eines F ü h r e r s erscheinen zu lassen." [14] Dieses Prinzip nun sei im nationalsozialistischen "F ü h r e r staat" allgemeingültig geworden, der überhaupt "vom deutschen Soldaten her" aufgebaut worden

sei [15]: in ihm ist nicht mehr, wie im "Verfassungsstaat" die 'Lex'",
sondern "der 'Rex' ... maßgebend", d. h. nicht mehr "eine Norm",
sondern "ein Führer". [16]

"Der Führer schützt das Recht" heißt SCHMITTS Rechtfertigungs-
schrift für die Hitler'schen Juni-Morde 1934. [17] Und die geschahen
mit Billigung, ja Unterstützung der Reichswehrleitung, auch und gerade derer ihrer Mitglieder, die - ob im Generalstab oder in der Abwehr - Zellen des späteren Widerstandes waren.

c)   " P r i n z i p der Autorität"

In der weiteren Entwicklung der nationalsozialistischen Herrschaft ent-
deckten die "preußischen" Offiziere die "Rechtsstaatlichkeit" wieder,
doch ohne das Führerprinzip selbst aufzugeben. "In der Diagnose, daß
der Mangel an Führerpersönlichkeit und Führungswille den Niedergang
Deutschlands verursacht hatte, waren (und blieben) sich die Mitglieder
der Opposition" - unbeschadet aller weiteren Unterschiede - "einig". [18]
Lapidar erklärte der Kreisauer STELTZER noch 1944 : "Das deutsche Problem ist a u s s c h l i e ß l i c h eine Führungsfrage." [19] Negativ hieß das: "Nicht zurück nach Weimar"; die Demokratie ist schädlich. Positiv: "Preußen muß sein", um MOELLER VAN DEN BRUCKS
von der Konservativen Revolution übernommenes "Ceterum censeo" zu
zitieren; A u t o r i t ä t tut not. - Es sind unverändert die Parolen, unter denen sich, seit der Kanzlerschaft H. Brünings, die Transformation des Weimarer Staates in einen autoritären und schließlich totalen
vollzog, als Gegenbewegung gegen die gefürchtete sozialistische Revolution, wie man beabsichtigte.

Noch den Widerständlern ist das "Bolschewismus-Klischee ...
bleibendes Argument für die Errichtung eines autoritären Regierungs-
systems nach dem Umsturz" des Nationalsozialismus, [20] den sie als

Krypto-Bolschewismus mißverstehen.[+] Sie gehören zu jenen Anti -
Sozialisten, die g e n e r e l l anti-demokratisch eingestellt sind, vom
Erlebnis der Revolution re-aktiv betroffen. Schon rückblickend auf
die Entwicklung einer jungkonservativen Bewegung, schreibt HOF-
MANNSTHAL, dem es "ein Zeichen höherer Menschlichkeit" ist,
"Autorität über sich (zu) erkennen"[21] : "Der Begriff der Autorität er-
hob sich umso höher und reiner als alle aktuellen Träger der Autori-
tät gefallen waren ..."[22].

d) Befehl und Gehorsam: "Inbegriff r e a l e r Humanität"

In der programmatischen M ü n c h e n e r Rede heißt es von den Jungkonservativen: "...nicht Freiheit ist es, was sie zu suchen aus sind,
sondern B i n d u n g."[23] [++] Und einer ihrer maßgeblichen Autoren,
E. JÜNGER, glaubt 1932 in seinem "Arbeiter", an "vielen Anzeichen
...erkennen" zu können, "daß wir vor den Pforten eines Zeitalters stehen, in dem wieder von wirklicher Herrschaft, von Ordnung und Unterordnung, vom B e f e h l u n d G e h o r s a m die Rede sein kann."[24]
Dieses Jahrhundert i s t ein "Jahrhundert von Gehorsam und Befehl",
wird E. PRZYWARA - post festum? - während des Krieges predigen,
so "wie es Donoso Cortés und Nietzsche heraufkommen sahen: Gehorsam und Befehl nicht um einer einsichtigen Ordnung willen, sondern
geradezu entwürdigender und tötender Gehorsam als harte Zucht auf
Tod und Leben."[25]

In "Heroisch" von 1936 geht PRZYWARA auf Cortés', Nietzsches und Derleths diesbezügliche Prophezeiung ausführlich ein [+++],

---

+   Vgl. W. SCHMITTHENNER / H. BUCHHEIM (Hrsg.), Der deut-
    sche Widerstand gegen Hitler, 1966, S. 89/90.

++ A. MOHLER macht in seiner "klassischen" Studie dieses Stre-
    ben, nach Hofmannsthal die Haupttriebkraft der konservativen
    Revolution, zu ihrem maßgebenden Kriterium.

+++ PRZYWARA schreibt: In Derleth scheint sich "das als Prokla-

geleitet von der Überzeugung, "Befehl und Gehorsam" seien "der Inbegriff der realen Humanität" [26] - der "Inbegriff" von mehr: in der
Kriegspredigt sakralisiert PRZYWARA gleichsam Jüngers "Arbeiter", indem er - deutlich wie selten ein katholischer Soziallehrer -
ausführt: In dieses "Jahrhundert von Gehorsam und Befehl ... sind wir
gerufen - unter dem Schutzherrentum des heiligen Joseph, des stumm
gehorchenden Arbeiters. " [27]

JÜNGER schrieb im "Arbeiter", "daß ein andersartiger Freiheits-
begriff, dem Herrschaft und Dienst gleichbedeutend sind, in den Staat
als das wichtigste und umfassendste Mittel der Veränderung eingeschmol-
zen werden soll. " [28] "D e r g e s t a l t " habe sich die Jugend gegen den
jetzigen Staat "verschworen", "nicht in einer Weise, die die Freiheit
gegen den Staat abzugrenzen sucht ...". [29] Jünger bestätigt aposteriorisch die Jahre voraus liegenden Worte von Th. MANNS idealtypi-
schem Faschisten Naphta, es bedeute "ein liebloses Mißverstehen der
Jugend, zu glauben, sie finde ihre Lust in der Freiheit. Ihre tiefste
Lust ist der G e h o r s a m . " [30] - So beginnt Naphtas Attacke gegen
den Liberalen Settembrini : "... wenn Sie glauben, daß das Ergebnis
künftiger Revolutionen - Freiheit sein wird, so sind sie im Irrtum.
Das Prinzip der Freiheit hat sich in fünfhundert Jahren erfüllt und über-
lebt. Eine Pädagogik, die ... heute noch ... in der Kritik, der Befreiung
und Pflege des Ich, der Auflösung absolut bestimmter Lebensformen ihre Bildungsmittel erblickt - eine solche Pädagogik mag noch rhetorische Augenblickserfolge davontragen, aber ihre Rückständigkeit ist für
den Wissenden über jeden Zweifel erhaben. Alle w a h r h a f t erziehe-
rischen Verbände haben von jeher gewußt, um was es sich in Wahrheit
bei aller Pädagogik immer nur handeln kann: nämlich um den absoluten
Befehl, die eiserne Bindung, um Disziplin, Opfer, Verleugnung des
Ich, Vergewaltigung der Persönlichkeit." [31] - "Wollt ihr Beispiele?"

---

mation ... zu verkünden ..., was im besonderen Sinn in Donoso
Cortés Prophetie war: eine sakrale Kriegerlichkeit. "
(Heroisch, 1936, S. 65).

fragt L. DERLETH, der wesentlich für den "Jesuiten" Naphta Modell
stand: "Die römische Infanterie, das Korps der Assassinen, die Kom-
panie Jesu. " [32] Und dies eben ist das Dekret von DERLETHS "Christus Imperator Maximus" : "Gegen die demokratische Ordnung der
modernen Welt stellen wir das gefürchtete Vorbild des Gehorsams
auf. " [33]

e)   "Beispiele" : der r ö m i s c h e   Cäsarismus und der katholische
     P a p a l i s m u s

Nicht anders als analog die Augusteer; in der hochgradig ideologischen
Rede des noch heute "führenden" Althistorikers J. VOGT vor dem
NS-Dozentenbund "Der Reichsgedanke der römischen Kaiserzeit" heißt
es: "... die korrupte Führerschicht mußte fallen, der Stadtstaat Rom
mußte ein Reichsregiment hervorbringen, nur so konnte der Gedanke der
V e r a n t w o r t u n g   in der Herrschaft wieder allgemeine Anerkennung
finden und das höhere Ziel der Reichsführung für die praktische politische Arbeit m a ß g e b e n d   werden. " [34]   Vogt gibt die zugleich a u -
ß e n politische Funktion des Cäsarismus an, ja ihren Primat. Es ist
gerade auch deshalb, daß SPENGLER in seinem "Preußischen Sozialismus" von 1919, der Jüngers "Arbeiter" in vielem antizipiert,
schreibt, die Jugend solle " r ö m i s c h im Stolz des Dienens, in der
Demut des Befehlens sein. " [35]

Spengler teilt die Meinung des "katholischen Preußen" [36] H.
HEFELE, der in seinem, von E. Reisch 1933 nazistisch zugespitz-
ten Beitrag für die Muth-Festschrift schreibt: "... wirklich ist heute
wie immer der tiefste Sinn römischen Wesens und römischer Geschichte : die klarste und heiligste Offenbarung des politischen Willens, die
Verkündigung der Suprematie der Ordnung über alle menschlichen Dinge und Werte, das Gesetz der Form, das den Einzelnen und seinen Wert
opfernd dem Werk der Gesamtheit unterordnet. " [37]   HEFELE glaubt

- sein Grundgedanke -, daß vor anderm der "deutsche Katholizismus" diesem "römischen Wesen" entsprechen müsse; "...immer müßte er Mut und Stärke finden, zugunsten der großen Forderung der Einordnung und Unterordnung, zugunsten einer auf Zwang und Gewalt gestellten rechtlichen Ordnung und zugunsten einer drückend strengen Erziehung einzutreten...."[38].

Derleth, "müder kirche spätgeborener kämpe",[39] wie GEORGE dichtete, trat immer noch - oder schon wieder für Hefeles Forderung nach einem Römischen Katholizismus ein: sein "Generalissimus" Christus "wird den Teilen die Notwendigkeit auferlegen, entweder das Ganze zu sein oder nicht zu existieren."[40] - Daß sie, ohne Mystifikation betrachtet, freilich gleichbedeutend ist, können die zeigen, die sich entschieden haben, "das Ganze zu sein". Sie warten "nur auf das Kommando" des "Feldherrn", "das ihnen den Weg in das feindliche Zentrum zeigt": "Wir sind Garden, welche vorgehen mit der Logik im Feuer zerspringender Geschosse ... Denn die Logik des Angriffs sagt: kurz ist der Weg in das feindliche Herz für diejenigen, welche im Kampfe untergehn."[41]

"Der Generalissimus", der "den Teilen die Notwendigkeit" auferlegt, "das Ganze zu sein",[42] "wird das Ganze (zuerst) in Trümmer schlagen und (dann) die Stückwerke zwingen, sich von neuem zu organisieren, daß als das letzte Glied einer aufsteigenden Kette der sichtbare Statthalter Gottes auf Erden in das ekstatische Reich hinüberrage."[43] Vergessen wir momentan Derleths "Hinüber"; auch was Chr. STEDING das "Reich" nannte - das preußisch-nazistische - war "der Zusammenhang aller Teile mit dem Ganzen...",[44] nicht anders als das katholisch-abendländische Reich für den Organizisten K. G. Hugelmann.[45] Und STEDING schrieb bereits in seiner "Weber"-Arbeit von 1932, daß die Spann'sche These: "'Das Ganze ist früher als die Teile'...eine eminent 'katholische' These"[46] sei und "aus einer spezifisch 'katholischen' Weltanschauung" entspringe

Ihr "Grundprinzip" sei - dementsprechend - das "Prinzip der Autorität"; "rationem praecedat auctoritas", wie STEDING - "Schmitts" Hobbes [+] im Hinterkopf - Augustinus zitierte. [47]

Die katholische Kirche ist "die zentrale Autorität, von der a l l e autoritativen Verhältnisse, auch die 'weltlichen', einst ihre Ordnung oder Sanktion bekommen haben. Antike Philosophie oder königliche Gewalt haben ja nur insoweit gegolten, als es von der Kirche wenigstens gutgeheißen war." [48] Ja, in "Gestalt der Kirche als der stärksten Autorität hat sich ... die alte autoritative Lebensordnung auch noch nach der Emanzipation der weltlichen Kultur erhalten ..." [49] : nach dem "Ende der Metaphysik" und nach dem Untergang der Monarchie. HOFMANNSTHAL sah 1926 ganz allgemein in dem "weiten Horizont der katholischen Kirche das einzige großartige Altertum, das uns im Abendland geblieben ist - alles andere ist nicht groß genug", sagte er. [50] [++] Und St. GEORGE, der esoterische Erzieher der deutschen Jugend zu "Herrschaft und Dienst" (Fr. WOLTERS), dichtete bereits v o r Kriegs- und Revolutionsbeginn - mit politischer Zuspitzung - über " Leo XIII. " : "Heut da sich schranzen auf den thronen brüsten / Mit wechslermienen und unedlem klirren: / Dreht unser geist begierig nach verehrung / Und schauernd vor der wahren majestät / Zum ernsten väterlichen angesicht / Des Dreigekrönten wirklichen Gesalbten / Der hundertjährig von der ewigen burg / Hinabsieht: schatten schön erfüllten daseins. " [51]

Wenn inzwischen auch "schatten", "Getragen mit dem baldachin", bleibt der Papst "ein vorbild Erhabnen prunks und göttlicher verwaltung ...". [52] Wieviel mehr für einen Katholiken wie den Reichstheo-A. DEMPF : "...unsere ... katholische Idee der Politik ... ist am

---

+ "Auctoritas, non veritas facit legem. "

++ A. MOHLER nennt, vielleicht im Anschluß an Hofmannsthal, dem er generell verpflichtet ist, die katholische Kirche das "bis heute dauerhafteste...Gebilde...dieses Abendlandes..." (Die Konservative Revolution ..., 1950, S. 117).

herrlichsten Form geworden in der Autorität des Papsttums, das mit göttlicher Vollmacht die geistliche und geistige Führerschaft für alle Völker beansprucht. Denn wirklich große Politik kann nur sein und ist immer nur gewesen Autoritätspolitik. Führerschaft der Berufenen." [53] "Durch das Beispiel gläubigen Gehorsams gegen denjenigen, dem Christus die Führung zu unserem übernatürlichen Ziele anvertraut hat, machen die Katholiken sich zu Aposteln des christlichen Autoritätsgedankens. S o dienen sie dem wahren Wohl der Menschheit und zeigen ihr den heilbringenden Aufstieg aus der Not und Gefahr, in die der Niedergang der Autorität unsere Zeit gebracht hat." [54] Worte des damaligen Berliner Nuntius EUGENIO PACELLI, des späteren Pius XII, aus seiner Rede "Die Segensmission des Papsttums" vom Februar 1927. [+]

Der Reichstheologe R. GROSCHE hat "probati autores" aufzuweisen, wenn er 1933 formuliert: "Als im Jahre 1870 die Unfehlbarkeit des Papstes definiert wurde, da nahm die Kirche auf der höheren Ebene jene geschichtliche Entscheidung voraus, die heute auf der politischen Ebene gefällt wird: für die Autorität und gegen die Diskussion [++], für den Papst und gegen die Souveränität des Konzils, für den Führer und gegen das Parlament." [55] Man kann sagen, daß Grosche - post festum - Schmitts "Politische Theologie" von 1922 (^{2}1934) affirmativ bestätigt, nicht anders als der langjährige oberste "Berufskatholik'

+ L. Kaas, zu diesem Zeitpunkt bereits Zentrumsvorsitzender, nimmt sie 1930 in die von ihm redigierten "Gesammelten Reden" Pacellis auf.

++ Intransigent wie Grosche, formuliert der englische Konvertit GREGORY : "Schon die freie Diskussion der E r m ä c h t i g u n g s - urkunde und eine eigenmächtige Entscheidung sei es für, sei es gegen die Echtheit der Jesusworte an Petrus oder über die petrinische Nachfolge bedeutet ipso facto eine Leugnung der Gegenwärtigkeit einer göttlichen Autorität." (Th. St. GREGORY, Das Unvollendete Universum. Schicksalsgestaltung der abendländische Geschichte. Übertragen und eingeleitet von O. BAUHOFER 1938 S. 274).

der BRD, der auch heute noch einflußreiche Karl Fürst zu Löwenstein; G. BINDER nennt ihn in einem Atemzug mit Schmitt, wenn er berichtet, daß jener bei "Gleichschaltung" der katholischen Studentenverbindung "Unitas" verlangte, das "Führerprinzip" einzuführen, in Übereinstimmung - so der spätere ZK-Präsident LÖWENSTEIN wörtlich - "zwischen uraltem katholischen Gedankengut und innerstem Empfinden des deutschen Faschismus." [56] Umgekehrt, und das ist wichtiger, hat Hitler erklärt, wie BALDUR VON SCHIRACH überliefert: "Ich bestreite dem Heiligen Vater in Rom nicht, daß er in Glaubensfragen unfehlbar ist. Und mir kann niemand bestreiten, daß ich von Politik mehr als jeder andere auf der Welt verstehe. Deshalb proklamiere ich für mich und meine Nachfolger den Anspruch auf politische Unfehlbarkeit." [57] Was hier nur angedeutet werden kann, Hitler selbst bestätigt PRZYWARAS rhetorische Fragen: "Steckt nicht als Tiefstes hinter den Faschismen ein absoluter Romanismus?" Und was ist dieses Absolute anderes "als ein säkularisierter Katholizismus...?" [58] Hitler bestätigt die Frage, und darauf kommt es hier vor anderem an, in papalistischer Zuspitzung.

f) Charismatische Institution oder Amtscharisma

Das Hitler'sche Zitat widerlegt exemplarisch die auch von Przywara [59] geteilte einseitig - juristische Interpretation des Papsttums als einer - im SCHMITT'schen Sinn - "rationalen" Institution; in "Römischer Katholizismus und politische Form" heißt es: "Der Papst ist nicht der Prophet, sondern der Stellvertreter Christi. Alle fanatische Wildheit eines zügellosen Prophetentums wird durch eine solche Formierung ferngehalten. Dadurch, daß das Amt vom Charisma unabhängig gemacht wird, erhält der Priester eine Würde, die von seiner konkreten Person ganz zu abstrahieren scheint." [60] Mag das letzte auch stimmen, so ist doch das Amt selbst ein Charisma. Ist es beim katholischen Priestertum mit jenem gegeben, so ist - wie im Falle

Hitlers - auch die Umkehrung möglich; schon das Priesteramt, das Papsttum speziell, geht, wie SCHMITT selbst schreiben muß, "in ununterbrochener Kette, auf den p e r s ö n l i c h e n Auftrag und die P e r s o n Christi zurück", [61] eine zweifellos e x t r e m charismatische. Die charismatische Komponente ist aus k e i n e m Christentum völlig auszuschließen, auch aus dem katholischen nicht, obwohl seine Tendenz sicherlich anticharismatisch-juridisch ist, das Charsma gerade dadurch entschärfend, daß es nicht einfach negiert, sondern an ein Be-amtentum gebunden wird.

Selbst das mönchische Charisma wird "geregelt", wenn auch nicht von vornherein durch Einbeziehung der Mönche in den Priesterstand: "Der heilige Benedikt hat ... der rein pneumatischen Vaterschaft des ö s t l i c h e n Mönchtums die römische Komponente hinzugefügt, so daß wir bei ihm das volle Bild des Abtes nach der pneumatischen und autoritären Seite haben." [62] - Was hier ideengeschichtlich, ja partiell mystifikatorisch, ausgedrückt wird, hat seine sozioökonomische Notwendigkeit; Benedikt nennt sie selbst, wenn er "seine Gründung als eine 'scola cominici servitii' im Sinne der späten römischen Kaiserzeit, als eine militärische Berufskorporation" kennzeichnet. "Der Abt ist der Befehlshaber (maior) ihm kommt zu praeesse, praecipere, imperare, iubere, ordinare, coercere, corripere (iussio, imperium, disciplina), der 'Herr aber, dem gedient, der König, für den gekämpft wird' ist Gott." [63] - Ein "Aber", das noch einmal dem Mystifikationsverdacht nicht entgeht: "... ein alter Urkundenrest" weist "auf ansehnliche Besitzungen Monte Cassinos wahrscheinlich schon zu Benedikts Zeiten auf Sizilien hin ...". Damit "ergibt sich ... eine Latifundien (-, also Sklaven-) wirtschaft, die bedeutende Verwaltungskräfte voraussetzt." [64] Und die konnten keine bloßen "Pneumatiker" sein. (Ob ihr "Gottesdienst" ihnen als " V e r w a l t u n g s k r ä f t e n " eine neue Qualität gab oder nicht vielmehr ihre Aufgabe diesem, wird sich Herwegen wenigstens fragen lassen müssen.)

g) "Primat des V a t e r s"

Der benediktinische Lehrer des Hofmannsthal-Freundes HOFMILLER nennt seinen Ordensstifter - unübertrefflich - den "patrizischen Herrn der geistlichen V i l l a " [+] und erklärt seinem Schüler in diesem Zusammenhang - Benedikt gleichsam als christlichen Testamentsvollstrecker Vergils deklarierend: "Ganz verstehen ... (Vergil) nur wir ... Unser ist die georgische Arbeit, Landbau und Seelenbau, ... unser der römische Wille zu O r d n u n g und Z u c h t." [65] Auf ihn läuft also - wie bei Vergil selbst - der Seelen-Land-Bau allemal hinaus. Er bestimmt den Paternalismus, sowohl Vergils, des "Vaters des Abendlandes", wie Benedikts, seines "Abtes". [66] [++] Für beide ist der "Primat des Vaters ... Urgrund der ... Pietät". [67] Der Primat einer Vaterschaft, die "a u t o r i t ä r e Oberhoheit" ist. [68]

"Die Anschauung, daß einem überpersönlichen Gebilde (Familie, Zweckverband) durch einen bestellten Vertreter (Hausvater, König, Konsul, Magistrat) das unbeschränkte Recht über Leben und Tun seiner Mitglieder zusteht, ja über jede einzelne von ihren Lebensäußerungen, insofern Interessen dieses sie einspannenden Gebildes in Frage kommen," [69] ist "die G r u n d anschauung des römischen Lebens". Auch des nachchristlichen. Noch HOFMANNSTHALS "Grossalmosenier" erklärt: "...der König und der Vater ist in die Mitte gesetzt!" [70]

Von dem Benediktiner- P a p s t Gregor I. , dem "Dei Consul", läßt sich sagen, was HAECKER in seinem "Vergil" von Ambrosius

---

+   Den Herrschaftscharakter der "Villa" betreffend vgl. das -
    R. Borchardts "Villa" metakritisch aufnehmende - Buch
    R. BENTMANNS und M. MÜLLERS "Die Villa als Herrschafts-
    architektur ...", 1970.

++ "Die ersten Mönche des Abendlandes hatten zum geistlichen Vater
    den heiligen Benedikt, zum weltlichen aber den Vergil ...: sie
    waren Benediktiner nach der Ordnung der Gnade, Vergilianer nach
    der Ordnung der Natur." (Th. HAECKER, Werke 5, S. 62).

schreibt: "Er war ein V e r g i l i s c h e r Mensch, ein alter Römer oh-

ne Tadel, seiner Natur nach vom selben Holz und Adel, vom selben

Geiste, wie nur je ein Konsul oder Zensor oder Ädil, fähig, den Staat

zu lenken und politisch zu handeln, so daß wohl gesagt werden darf,

der große Scipio hinwiederum hätte mit Hilfe der Gnade die Kirche so

heilig gelenkt wie der große Bischof von Mailand ...". [71] Scipio

(Africanus) war der E r o b e r e r und Z e r s t ö r e r Karthagos, der

erste Römer, in dem sich der Cäsar-Augustus ankündigte, das Vor-

bild des Ciceroneanischen "Princeps".

h) C h r i s t u s - Vater, Christus - "F ü h r e r"

A. A. T. EHRHARDT führt in seiner "Politischen Metaphysik" den

"Neuen Staat des Augustus ... auf Ciceros Verständnis des 'Princeps'

als 'c h a r i s m a t i s c h e s F ü h r e r a m t' zurück." [72] + Und

H. FREYER läßt mit Recht Vergil selbst Augustus als "Heil- und

Friedensbringer" sehen. In dieser Eigenschaft ist er "zu-

gleich mehr oder weniger als Person, weil er ohne seine Sendung, al-

so ohne die Verwandlung der Welt, die durch ihn geschieht, nicht denk-

bar ist." [73] ++ Und Augustus ist nur der erste seines Namens; seit

"der Zeit, in der Vergils vierte Ekloge dem Abendlande die Idee des

Erlöserherrschers nahe gebracht hatte, ist dieser Gedanke nicht mehr

aus der Vorstellungswelt des europäischen Menschen verschwun-

den." [74] (Für Benzo von Alba gleicht Heinrichs IV. Krönung in Rom

---

+ Ciceros Ahnherrnschaft für den Augusteischen Prinzipat ist nicht
   unbestritten, wie M. Schäfer zeigt; doch eben er macht sie auch
   unbezweifelbar: "Cicero und der Prinzipat des Augustus", in:
   Gymnasium 64 (1957), S. 310 ff.

++ Freyer präjudiziert mit diesen Ausführungen gleichsam GEHLENS
   Interpretation der Aachener Augustus-Gemme als "vollkommener
   Repräsentantin des Stimmrechts der Wirklichkeit": "... niemand
   deutet das doch sprechende Porträt des Augustus, das sich auf ei-
   ner Gemme im Aachener Domschatz findet." (Urmensch und
   Spätkultur ..., S. 70).

"der Geburt des ersten Heilandes, Christi" selbst,[75] so schon sehr
früh die "interpretatio christiana" der vierten Ekloge ansatzweise
repaganisierend.) Am "Himmel" seiner Kaisermythologie thront jener Christus-"Führer",[76] wie ihn SCHNEIDER 1931 exemplarisch
im normannischen Cefalu "schaut": "Herrscher und Richter, nicht
mehr mit dem Ernst des Leidens, sondern mit dem Ernst der Gewalt.
Er ist S c h ö p f e r u n d E r l ö s e r z u g l e i c h , Vater u n d Sohn;
Erlöser vielleicht nur, weil er schuf. In seiner Geste, in seinem Blick
ist eine gnadenlose Forderung, der die Liebe nicht genügt, vielleicht
sogar gleichgültig ist. Er kam, um zu zwingen, Gefolgschaft zu gebieten. Indem er die Schrift aufblättert und weist, den Mantel nur leicht
entfaltet: allein indem er sich offenbart, bringt er die Entscheidung
herauf, der niemand entrinnen kann. Er ist Herr; es gibt nur einen
Weg." [77] Schneider schaut d e n Christus, der für C. SCHMITT
von der katholischen Kirche repräsentiert wird, ihrem Papsttum zumal: den "regierenden-, herrschenden-, siegenden Christus". [78] +
Es ist jener Christus - V a t e r , der für Schmitt allein nicht - wenigstens tendenziell - dem Vater entgegentritt und somit - innergött-
lich - mit der Revolution beginnt.[79] Es ist der Gott des Papstes Gregor, den Schmitt beifällig zitiert. ++ Noch HAECKER bekennt diesen Gott, wenn er schreibt: "Am Himmel des Glaubensbekenntnisses
des Christen steht als erster Fixstern die omnipotentia, die Allmacht
Gottes. Ein unermeßlicher Trost! Auch die Macht - und sogar an erster Stelle! -, auch die in Form der nackten Gewalt im Laufe der Geschichte der Menschheit so oft mißbrauchte Macht ist Gottes, ist ein
Attribut Gottes, nach dem feierlichen Worte Christi vor Pilatus:
'Du würdest über mich keine Macht besitzen, wenn sie dir nicht von

---

+   SCHMITT sieht den kirchlichen "Anspruch auf Ruhm und Ehre ...
    im eminenten Sinne auf dem Gedanken der Repräsentation" dieses
    Christus beruhend. (Römischer Katholizismus und politische
    Form ..., S. 65/6).
++ Vgl. II, 9.

Gott gegeben wäre!'" [80].

Der Christus - Pantokrator von Cefalu - zum Beispiel - ist jener "byzantinische", vor'm abendländischen "Sündenfall" einer "Spaltung der Welt in die Leitbilder des Heiligen und des Helden und in den geschichtlichen Dualismus von Heilig und Profan, Papst und Kaiser, Kirche und Reich, Priester und Adel"; sie trägt bereits "den Keim zur späteren Entheiligung von Staat und Politik in sich" [81] und begründet damit - noch einmal politisch - den generellen Autoritätsschwund. Ihm radikal begegnend, d.h. um eine integrale Resakralisierung bemüht, beschwört Derleth in seinem "Christus Imperator Maximus" [+] eben den "Christus von Cefalu". Seine Soldaten erklären: "Wir unterwerfen uns bedingungslos dem Führer mit dem Feldherrnstab, der mit unauslöschlichem Feuer die Grundfesten des notdürftigen Zwischenreiches endgültig vernichtet, weil er dem Erben des Fischerrings vorausgeht, der auf diesem Felsen seine Kirche baut und erwartet wird als der König und Weltheiland und Retter der Zeit." [82] - Christus ist "Führer", "Feldherr", "Papst", "König und Weltheiland" : alle vergangenen, gegenwärtig und zukünftig relevanten Mon-archen-Titulaturen werden zusammengetragen und auf den einen gehäuft, der - gerade als "complexio oppositorum" - jenen "Führer" antizipiert, nach dem der "Ruf ... das nationalgesinnte Volk durchzittert", wie ROSENSTOCK - HUESSY, der Mentor der (Ur-)Kreisauer, in seinem (und WITTIGS) "Alter der Kirche" 1928 schreibt. Der Ruf "nach dem großen Mann, dem Diktator oder Helden". [83]

[+] H. CANCIK hat mich auf das traditionellerweise Unmögliche dieses Derleth'schen Neologismus aufmerksam gemacht. Ob er aber nicht doch den "byzantinischen" Cäsaropapismus und (west-)römischen Hierokratismus trifft - ganz davon abgesehen, dass "Maximus" unter Umständen nur "der Grösste" (Imperator) heissen soll?

i) "Augustus" Hitler

Schmitt ist der letzte, der die cäsaristische Stimmung nicht bemerkt hätte; er hat sie - "rationalisierend" - g e f ö r d e r t , und,
nicht anders als z. B. der Georgenaner und Althistoriker W. WEBER
auch, seine Prophezeiung der "n e u e n Ordnung" : "Ab integro nascitur ordo", im "Neuen R e i c h " des "Augustus" H i t l e r [+] erfüllt gesehen, jenes - im de Maistre-Schmitt'schen Sinn - p o l i t i -
s c h e n "Papstes", als - im George-Max Weber' schen Sinn -
"c h a r i s m a t i s c h e n Führers".

W. WEBER, Autor des Buches "Der Gott und sein Prophet", schloß
seine Rede "Zur Geschichte der M o n a r c h i e " von 1919 mit den
Worten: Zwischen den "'gewaltigen Gefahren'" der Krise reift, "'von
wenigen erkannt, ... derjenige heran, welcher dazu geboren ist, die
schon weitgediehene Bewegung zu einem Abschluß zu führen... '
(J. Burckhardt). - Wünschen wir uns und unserem Reich, daß der Erlauchte bald kommt!" [84] Im Züricher Vortrag "Europäisches Schicksal historisch gesehen" vom 28. 11. 40 glaubt W. WEBER, daß sich
"J. Burckhardts hellsichtiges Bekenntnis" "jetzt am Schicksal Europas" vollende. [85] Am Schicksal E u r p a s, zu dem "unser Reich"
sich ausgeweitet hat, und bereits "vollendet"; der "Erlauchte" ist
schon über sieben Jahre "an der Macht".

2. Brüning, Hindenburg und die "Transformation der Demokratie"
    von Weimar

a) "Führer" Brüning

Im politischen K a t h o l i z i s m u s gab kein geringerer als der Vor-
sitzende der Zentrumspartei, Prälat Kaas, dem Ausdruck, was Ro-

---

+   Zur Parallelisierung Hitlers mit Augustus in den 30er Jahren
     vgl. Th.ESCHENBURG, Über Autorität, 1965, S. 160.

senstock - Wittig - immerhin im "Alter der K i r c h e" - vom "na-
tionalgesinnten Volk" überhaupt sagten; in seiner Rede auf dem 68.
Katholikentag erklärte KAAS am 1.9.1929 : "Niemals ist der Ruf
nach einem Führertum großen Stils lebendiger und ungeduldiger durch
die deutsche Volksseele gegangen als in den Tagen, wo die vaterlän-
dische und kulturelle Not uns allen die Seele bedrückt. "[86] Auch KAAS
rief nach dem Führer, und 1931 glaubte er ihn in dem bereits ein Jahr
regierenden Parteifreund Heinrich Brüning gefunden zu haben: "Seit
Jahren haben wir nach dem Führer gerufen. Heute haben wir ihn. Folgen wir ihm. "[87] - Kaas gab die Meinung der in ihrer breiten Mehrheit
autoritär gewordenen Partei wieder; sie "scheute sich nicht, H. Brüning als 'den Führer' in ein 'nationales und christliches Reich' zu
proklamieren. "[88] So E c h o ihres "Führers", der sie entschlossen diesen Weg geführt hatte - wobei man freilich entideologisieren
muß.

b) Konservative E v o l u t i o n oder - " Übergangsprogramm
    des F a s c h i s m u s "

Der als "politischer Adjutant"[89] des "christlich-nationalen"[90] und
"diktaturfreundlichen"[91] Gewerkschaftsführers Stegerwald großge-
wordene Brüning war der erste und entschiedene Transformator der
Weimarer Demokratie in Richtung auf ein - wie auch immer beschaf-
fenes - autoritäres System und seine Regierung die erste "rein bürgerliche D i k t a t u r regierung", wie sie die Großkapitalisten und
Generäle ab 1929 nachdrücklich erstrebten, um - zunächst einmal -
die immer kritischer werdende Wirtschaftskrise[+] einseitig auf Kosten

---

+   C. SCHMITT sprach 1931 - die Diktatur damit von vornherein
    präjudizierend - vom "wirtschaftlich-finanziellen A u s n a h m e -
    zustand" der Zeit (Der Hüter der Verfassung, S. 115 ff.).

der - weithin schon domestizierten - Arbeiterschaft lösen zu können [92] : durch "rücksichtslosen Abbau der Löhne, Gehälter und sozialen Leistungen". [93] Und dies sollte nur ein erster Schritt sein, um die verbliebene - nicht zuletzt parlamentarische - Macht der Arbeiterschaft [+] überhaupt zu brechen.

Der mit A. ROSENBERG, dem wir hier weitgehend folgen, politisch befreundete A. THALHEIMER, ein - an Marx' "18. Brumaire" orientierter - Faschismus-Theoretiker, erkannte die Regierung Brüning gleich nach ihrem Amtsantritt als "Anfang eines 'Systemwechsels'" [94] - "objektiv" als "die Erfüllung eines 'Übergangsprogramms des Faschismus' ...". [95]   Auch W. FRANK, der Chefhistoriker der Nationalsozialisten, wird den "allzu spirituellen" Kanzler Brüning rückblickend einen Menschen des " Übergangs" nennen. [96] Und beide extremen Äußerungen zusammen werden vom Organ der entscheidenden Macht hinter Brüning, der deutschen Großindustrie, affirmativ bestätigt; am 4.10.31 heißt es in der "DAZ" : "Brünings politische Tätigkeit kann man nur dahin zusammenfassen, daß sie, mit einem Wort Bismarcks, die V o r frucht der nationalen Diktatur bedeutet, das heißt, er gewöhnt das Volk an die Diktatur und ermöglicht es seinen N a c hfolgern, sich zu behaupten, unter Hinweis auf ihren Vorgänger." [97]   Ja, der konservativ-revolutionäre Prinz ROHAN kann in der ersten Nummer seiner "Europäischen Revue" vom Jahre 32 "das Wort eines bedeutenden Berliner Finanzmannes aus dem vergangenen Frühjahr" überliefern: "Es scheint die Mission Brünings zu

---

[+]   Schon vor den ersten Anzeichen der großen Finanz- und Wirtschaftskrise hatte der "überraschende" SPD-Wahlsieg von 1928 "die gesamte Rechte alarmiert ... Man rüstete zum Sturm auf die verhaßte Republik, die sich in diesen Wahlen als zählebiger erwiesen hatte als allgemein angenommen." (K.O. Freiherr v. ARETIN, Brünings ganz andere Rolle. Seine Verfassungspläne. Bemerkungen zu den Memoiren, in: Frankfurter Hefte 26, (1971), S. 931).

sein, auf legalem Wege den deutschen Faschismus zu v e r w i r k l i -
c h e n . " [98] ROHAN sieht dieses Wort sich bestätigen; bereits im
Januar 1931 hatte B. Mussolini "einen Artikel voller Begeisterung
über die Politik der Reichsregierung" geschrieben, wie Brüning selbst
mit Genugtuung berichtet. [99]

Nun sind immer Differenzierungen im Begriff "Faschismus" nötig;
eine wichtige hat der "Berliner Finanzmann" bereits gemacht, wenn
er von Brünings "l e g a l e m Weg" spricht. Brüning selbst nennt ihn
"den etwas langsameren, aber s i c h e r e n Weg", [100] wobei schon
hier darauf hingewiesen werden soll, daß für ihn persönlich das Prinzip der Rechtsstaatlichkeit nicht n u r ein taktisch wertvolles war.
T a k t i s c h hatte das Prinzip 1930, als Brüning vom - die Reichswehr politisch bestimmenden - Vertrauten des Reichspräsidenten
Hindenburg, dem General Schleicher, "vorgeschickt" [101] wurde,
noch die Mehrheit der deutschen Kapitalisten und Großgrundbesitzer
für sich. Sie zog zunächst "die Methode der sogenannten volkskonservativen Bewegung" - um parteipolitisch zu werden - der bald in der
"Harzburger Front" vereinten Hugenbergs und Hitlers vor. Diese
wollten damals (schon) "einen dramatischen, entschlossenen Bruch
mit der republikanischen Vergangenheit: die sofortige gewaltsame Ab-
setzung der demokratischen Preußen-Regierung und der übrigen Län-
derregierungen, soweit sie nicht auf dem Boden der nationalen Opposition standen, schärfste Unterdrückung der SPD, KPD und der freien
Gewerkschaften, Brechung eines jeden Widerstandes mit Hilfe von
Reichswehr, Schutzpolizei, Stahlhelm und SA." [102] Anders die
"Volkskonservativen". Auch sie waren entschlossen, ihr "Rettungs-
programm" unbedingt durchzuführen, und wenn sich gewaltsamer Widerstand dagegen erheben sollte, wollten sie ihn mit Hilfe der Reichswehr brechen. Wenn es aber gelang, über die Krise auf Kosten der breiten Volksmassen hinwegzukommen, dann wollte man sich nicht unnötig
die Situation durch Gewaltmaßregeln gegen die Arbeiterparteien, ge-

gen die Gewerkschaften oder gegen die Preußen-Regierung erschweren. " [103] Eben für d i e s e n Weg entschieden sich zu Beginn des
Jahres 1930 die größeren, noch konkurrenz- und vor allem export-
fähigen Teile des deutschen Kapitalismus: für Brünings "etwas langsameren, aber" - wie zumindest dieser und seine "volkskonservativen" Freunde [+] meinten - "sicheren Weg". [++] Und eben auch die Generäle - von Schleicher vorweg: der nicht zuletzt unter seinem Einfluß stehende Hindenburg [+++] ernannte die neue Reichsregierung nach
den volkskonservativen Vorschlägen und H. Brüning zum Reichskanzler.

Umgekehrt muß f e s t g e h a l t e n werden, daß (im gesellschafts-
politischen Kern) Brüning und das von ihm repräsentierte P r o g r a m m
sich nicht von dem der "Hugenberg (-Hitler-)' schen" Kapitalisten unterschied. "Brüning sieht alles, was notwendig ist, aber er z a u d e r t,
es durchzuführen", [104] ist ein Hugenberg' sches Wort. - Vielleicht
war es gar nicht so sehr, daß Brüning die "glänzenden politischen Eigenschaften" Stresemanns fehlten, wie ROSENBERG meint; Brüning wollte "den gegenrevolutionären Gewalten" Zugeständnisse ma-

---

[+]   Unter sie sind nicht nur die Mitglieder der gleichnamigen Partei
      zu zählen. Umgekehrt und besser läßt sich freilich sagen, daß -
      programmatisch - alle Anhänger Brünings und auch er selbst
      den von der DNVP Hugenbergs abgespaltenen - gemäßigten -
      ("Volks"-) Konservativen anhingen. (Über die - nicht zuletzt -
      personellen Zusammenhänge ausführlich: E. JONAS, Die
      Volkskonservativen 1928-33 ..., 1965, S. 64 Fn. 3.   JONAS
      nennt die Volkskonservativen "die Partei 'Brüning sans phrase'";
      ebd. S. 154).

[++] An anderer Stelle nennt er ihn den "ü b e r l e g t e n und sicheren
      Weg (Memoiren, S. 402) - im Gegensatz zum (offenen) "Staats-
      streich", den im September 31 "selbst" der Prälat Kaas (im
      Verein mit Schleicher) zu propagieren begann. (Vgl. Memoi-
      ren, S. 399, 402).

[+++] Brüning nennt Schleicher - ins Gesicht - "die Macht hinter dem
      Thron" (Memoiren, S. 577).

chen, d a er selbst ein Gegenrevolutionär war. [+] Im Unterschied eben

zu Stresemann, dem repräsentativen bürgerlichen D e m o k r a t e n.

Was er immer - noch einen Tag vor seinem Tod im Oktober 29 mit

---

+ Um beim Ende des Politikers Brüning zu beginnen, an dessen - gerade am Ende - entschiedener Ablehung des Nationalsozialismus kein Zweifel bestehen kann: der "Tag von Potsdam"war für ihn "das Niederdrückendste s e i t dem Einmarsch nach Deutschland 1918" (Memoiren, S. 657), dieser also auch jetzt noch niederdrückender. Damals hatte er, wie er dem "vaterlandslosen" Nationalsozialisten Rosenberg in einer Reichstagsrede 1932, nicht ohne Triumph, entgegen hält, "an der Spitze der Gruppe Winterfeldt den Einmarsch nach Deutschland mitgemacht . . . , um die Revolution niederzuwerfen" (ebd., S. 529): Ihre "Unterdrückung erschien mir durchaus möglich und eine dauernde Abschaffung der Monarchie undenkbar." (ebd. , S. 27).

Nur konsequent steht Brüning von Anfang an auf Kriegsfuß mit dem "dogmatisch linken" Zentrum, wie er formuliert (S. 67), und tritt eben in die Gefolgschaft des nationalen und autoritären Stegerwald. Die von den Deutschnationalen tolerierte preußische Ministerpräsidentschaft Stegerwald des Jahres 21 geht bereits auf Brünings Bemühungen zurück. Ihr Scheitern kommentiert er mit den Worten: "Ein gewaltiger R ü c k schlag in der Zentrumspartei nach links war die Folge." (S. 179) - Hindenburgs Wahl zum Reichspräsidenten im Frühjahr 1925 gab ihm dann "die freudige Zuversicht, daß er ein konservatives Regime unterstützen würde." (S. 116) Daß das erste entschiedene das eigene sein würde, konnte er damals nicht wissen, aber er ist berechtigt, Hugenberg zu versichern - dessen Partei der Kanzler Brüning immer wieder zu gewinnen sucht, "daß es in all den Jahren . . . (sein) Wunsch gewesen sei, eine dauernde Koalition im Reich und in Preußen mit den Rechten zustande zu bringen, um gemeinsam die Reichsreform und die notwendigen finanziellen und sozialen Reformen durchzusetzen." (S. 180) Hindenburg hat er bei ihrem ersten Gespräch erklärt, in dem ihm dieser die Kanzlerschaft antrug, daß es "die Schuld Hugenbergs" wäre, "daß die Zentrumspartei g e z w u n g e n sei, mit den Sozialdemokraten zusammer zugehen. Die Mehrheit der Fraktion, namentlich seit dem die Kriegs teilnehmergeneration den maßgebenden Einfluß bekommen habe, sei an sich für ein Zusammengehen mit der Rechten." (S. 148) (Brüning kann darauf hinweisen, daß er nicht der einzige "Volkskonservative" des Zentrums ist.)

In der "zweiten Phase" der von ihm beabsichtigten Transformation des Weimarer Staates - nachdem die aktuelle (Wirtschafts-) Krise

Erfolg - versucht hatte, die nicht-deutschnationalen - also nicht offen republikfeindlichen - Großkapitalisten zu Kompromissen mit der - vor allem durch die Sozialdemokratie politisch vertretenen - Arbeiterschaft zu bewegen und insofern eine "pluralistische" Politik zu betreiben, das wollte Brüning gar nicht mehr [+], sondern genau das Gegenteil: a l l e i n die Sozialdemokratie sollte fortan Zugeständnisse machen. Und Brüning wollte diese Politik außerdem - gar n i c h t ungeschickt - nur taktisch- v o r l ä u f i g. Auch sein Ziel war eine Mächtekonstellation, in der die Sozialdemokratie jederzeit zu überstimmen war, um von den Kommunisten ganz zu schweigen; s i e zu verbieten, war ihm nur eine Frage des Augenblicks. [105] - Sicher, die Sozialdemokratie sollte nur ü b e r s t i m m t werden können, aber das

---

bereinigt wäre - "hoffte" Brüning besonders auf ein Bündnis mit "der Rechten", wie e r H i t l e r in ihrem ersten Gespräch sagte. Die für diese Phase vorgesehene "Verfassungsreform" machte ein solches Bündnis unumgänglich. Nach seinen "persönlichen Wünschen" sollte sie "in einer monarchischen Restauration" enden (S. 194). Davon wird noch zu handeln sein. Soviel ist jetzt schon zu sagen: der "Tag von Potsdam" des Jahres 33 brachte nicht die neuerliche Kaiserproklamation eines Hohenzollern - dennoch aber den "Sieg des preußischen Soldaten über den Bürger", um C. SCHMITT zu zitieren. Und, so oder so, gewährleistete der "Ersatzkaiser" Hindenburg die "Kontinuität", wie sie ihm nicht zuletzt Brüning zugedacht hatte.

[+] J. AGNOLI, B. BLANKE und N. KADRITZKE folgend, kann und muß man freilich auch sagen, daß er nicht und niemand mehr das konnte; die beginnende Weltwirtschaftskrise hatte die "nichtgewaltsame(n), auf sozialpolitischen Zugeständnissen an die Arbeiterschaft basierenden Integrationsmöglichkeiten der "reformistisch abgesicherten Herrschaftsform der 'stabilen' Jahre der Weimarer Republik" zerstört. Ja, Brünings Revision des Weimarer Reformismus sollte sich nur allzu bald als nicht ausreichend genug erweisen. Die "ökonomisch zwingend gewordene Krisenlösungsstrategie des deutschen Kapitals" setzte "den Zwang zur terroristischen Diktatur des Faschismus" - "der als politischer Garant dieser Krisenlösung seinerseits die ökonomischen Zwangsgesetzt vollstreckt(e)" (Einleitung der Herausgeber, in: A. SOHN-RETHEL, Ökonomie und Klassenstruktur des deutschen Faschismus, 1973, S. 11, 13).

garantiert.

Brünings konservative E v o l u t i o n verlangte eine Taktik, wie er sie im September 31 Hindenburgs Sohn Oskar entwickelte; Brüning erklärte, es sei sein "Plan . . . , die Basis der Regierung schrittweise . . . nach rechts zu verbreitern", "o h n e die Sozialdemokraten abzustoßen". [106] Und Hugenberg hatte Brüning im August 31 - weitergehend - gesagt, "es müsse . . . der Zeitpunkt kommen, in dem man die Rechte in die Regierung h i n e i n n ä h m e". Er "selbst könne, mit Rücksicht auf die bisherige loyale Unterstützung durch die Linke, wohl kaum in einem solchen Kabinett bleiben. Das würde . . . (ihn) aber nicht hindern, nur die Interessen des Staates zu bedenken und die Ü b e r l e i t u n g zu einer solchen Regierung in dem Augenblicke vorzubereiten, der die   r i c h t i g e . . . Konstellation biete." [107] - Bis zu diesem Zeitpunkt war Brüning auf die parlamentarische Toleranz der Sozialdemokratie angewiesen. Daß er sie nach einem ersten gelungenen Mißtrauensvotum gewann - das über die nachfolgende Auflösung des Reichstags zum großen Wahlerfolg der NSDAP (und KPD) geführt hatte - war eine conditio sine qua non des "legalen" Wegs - der kein "absolut" legaler war.

c)   Extensivierung und Monopolisierung des Art. 48 der WRV

Die Art und Weise, wie Brüning den Art. 48 WRV gebrauchte, trübt den Glanz seiner Legalität, aber er war auf dessen - expansive - Anwendung angewiesen, da die SPD zwar - außer dem einen Mal - keinen Mißtrauensantrag gegen ihn mehr unterstützte, aber auch seinen Gesetzesentwürfen die Zustimmung verweigerte, und er selbst auf keinen Fall mit ihr koalieren wollte; auch die SPD konnte es nicht, genau so wenig, wie seine arbeiterfeindliche Politik offen unterstützen; mehr als sie zu tolerieren war für ihre Wähler unerträglich. So wurde Brünings "Sparprogramm" vom Reichspräsidenten "mit Hilfe einer Notverordnung auf Grund des Artikels 48 der Verfassung in Kraft gesetzt. Das war ein glatter Verfassungs b r u c h. Denn der Artikel 48 der Weimarer Verfassung bezog sich nur auf den Fall gewaltsamer Unruhen, und die Schöpfer der Reichsverfassung dachten niemals daran, das normale Gesetzgebungswerk des Reichstags durch ein Notverordnungsrecht des Reichspräsidenten verdrängen zu lassen. Die Männer der deutschen Gegenrevolution wußten ganz genau, daß diese Praxis mit der Verfassung nichts gemein hatte. [+] Aber der Mißbrauch des Art. 48 ist

---

[+] Gerade auch C. SCHMITT wusste das; noch 1931 schreibt er: "Ich habe ... die ... Gleichstellung" des Reichspräsidenten mit dem "einfachen Reichsgesetzgeber ... auf dem Staatsrechtslehrertag 1924 als theoretisch unrichtig nachzuweisen versucht, weil im Art. 48, Abs. 2 dem Reichspräsidenten nur die Befugnis zu Massnahmen übertragen ist, und halte es auch heute noch theoretisch für einen Irrtum, Massnahmen und Gesetze nicht zu unterscheiden. A b e r hier, wie sehr oft im Rechts- und insbesondere im Verfassungsleben, ist der theoretische Irrtum zum Vater eines Gewohnheitsrechts ... geworden und hat dazu beigetragen, dass die Rechtsüberzeugung, die zu einer solchen ständigen Übung gehört und sie trägt, unbeirrt geblieben ist." SCHMITT "kann" jetzt schreiben: "Im modernen Gesetzgebungsstaat (Weimars z. B.) ... wird ein summarisches Gesetzgebungsverfahren zum notwendigen und e n t s p r e c h e n d e n Mittel des Ausnahmezustandes." (Die staatsrechtliche Bedeutung der Notverordnung, in: Verfassungsrechtliche Aufsätze ..., 1958, S. 242, 259). Immerhin spricht SCHMITT noch vom "Ausnahmezustand"; ein Jahr später, in "Legalität und Legitimität", konstatiert er: "Die seit über zwei Jahren gehandhabte Praxis des Notverordnungsrechts nach Art. 48 Abs. 2 RV verwirklicht bereits ein grosses Stück des reglementierenden Verwaltungsstaates" (S. 18) - der nach Schmitts jetzt offen eingestandener Intention den Weimarer "Gesetzgebungsstaat" überhaupt ablösen sollte. Mit Recht nannte G. QUABBE diese Abhandlung Schmitts einen "Leitfaden für Diktaturbeflissene" (Zit. nach H. Muth, C. Schmitt in der deutschen Innenpolitik des Sommers 1932 ..., 1971, S. 145). - Als Antizipator (und Legitimator) des Papen' schen Staatsstreiches in Preussen hatte sich SCHMITT in "Legalität und Legitimität" bereits selbst gefühlt; ihr erster Satz lautet: "Diese Abhandlung lag am 10. Juli 1932 abgeschlossen vor." (S. 6).

bereits im ... (Krisen-) Jahr 1923 vorgekommen.[+] Im Jahre 1928 veröffentlichte der frühere Reichskanzler Luther eine Darstellung, wie die Mark stabilisiert wurde. Er schreibt darin: 'Am 30. November (1923) kam das neue Kabinett unter Führung des Reichskanzlers Marx zustande. Ich gehörte ihm wiederum als Finanzminister an. Da nun aber das neue Ermächtigungsgesetz nicht sofort zur Verfügung stand, so wurden die notwendigen Steuermaßnahmen auf dem Wege des Artikels 48 der Reichsverfassung ergriffen. Dieser Artikel gibt dem Reichs präsidenten das Recht, Anordnungen mit gesetzgeberischer Kraft zu erlassen. Selbstverständlich bedürfen auch diese Anordnungen der Gegenzeichnung eines Ministers. Es mag zugegeben werden, daß bei der Entstehung dieses Paragraphen zunächst nur an polizeiliche oder sonstige, die äußere Ordnung betreffende Maßregeln gedacht worden ist. Tatsächlich hat sich dieser Paragraph aber als sehr nützlich erwiesen, um in Fällen dringendster Not auch wirtschaftliche, insbesondere steuerliche Maßregeln zu ergreifen. ' Hier ist alles so deutlich gesagt, wie man es sich nur wünschen kann. Die Anwendung des Artikels 48 für eine wirtschaftliche und steuerpolitische Gesetzgebung ist zwar verfassungswidrig, aber 'sehr nützlich'. Nach diesem Grundsatz handelten Brüning, seine Ministerkollegen und Hintermänner im Jahre 1930" [++]

[+] Und Schmitt hatte damals bereits den Parlamentarismus insgesamt "zur geschichtlich überholten und anachronistischen Verfassungsform" erklärt (Vgl. Die geistesgeschichtliche Lage des heutigen Parlamentarismus, 1923); "in der Krisensituation des Jahres 1923, als bestimmte Kreise eifrig Pläne zur Errichtung eines 'nationalen Direktoriums' ventilierten", erhielt diese Erklärung "eine aktuelle politische Bedeutung ..., die weit über die Reichweite üblicher staatstheoretischer und verfassungsrechtlicher Erörterungen hinausgeht." (H. MUTH ebd. , S. 140).

[++] Der wichtigste juristische "Hintermann" war C. Schmitt. Seine diesbezüglichen Überlegungen in "Der Hüter der Verfassung" und "Die staatsrechtliche Bedeutung der Notverordnung", beide von 1931, gehen in allem Wesentlichen auf das umfangreiche verfassungsrechtliche Gutachten zurück, das Schmitt Anfang Juli 1930 für die Regierung Brüning abfasste. "Zum Teil finden sich

und - analogerweise - seine ganze Regierung hindurch. Die "Mitte" aber, einschließlich der SPD, tolerierte diese Handlungsweise, was nichts anderes bedeutete, "als daß die Demokratie, indem die Mehrheit die Regierung autorisierte, das zu tun, was sie, die Mehrheit, ihrerseits nicht billigte und nicht tun wollte, die Diktatur aus ihrem eigenen Schoße hervorbrachte, ein System, das formal, durch die T o l e - r i e r u n g der Notverordnungen, demokratisch, Substantiell aber, durch die Ablehnung der Verantwortung für den I n h a l t der Notverordnungen, bereits autorität war." [109] ROSENBERG resümiert: "Am 18. Oktober 1930 beschloß eine Reichstagsmehrheit, die sich aus den Anhängern Brünings und den Sozialdemokraten zusammensetzte, die Notverordnungen der Regierung einem Ausschuß zu überweisen und über die vorliegenden Mißtrauensanträge gegen Brüning zur Tagesordnung überzugehen. Damit stellte die Reichstagsmehrheit den Kampf gegen die verfassungswidrige Diktatur ein. Es war die T o d e s s t u n - d e der Weimarer Republik. Seitdem hat in Deutschland eine Diktaturregierung die andere abgelöst." [110]

Die Sozialdemokraten und die wenigen liberal gebliebenen Bürgerlichen hofften, daß sich "durch irgendeine günstige Wendung die demokratische Republik wiederherstellen lassen" würde, "wenn in der Zwischenzeit Brüning, im Kampfe gegen Hugenberg-Hitler, wenigstens das Schlimmste vermied." [111] Und Brüning wollte nie einfach das, was diese wollten, aber - davon abgesehen - er wurde von deren Helfershelfern gestürzt, und von den Diktaturregierungen, die auf die seine folgten, war eine diktatorischer als die andere; der Art. 48 wurde "normal" erklärt, wie (noch) mit Bezug auf den "Goerdeler'schen" Verfassungsentwurf gesagt werden wird [+]; die Reichsverfassung

─────────────────

in diesen beiden Veröffentlichungen Ausführungen, die wörtlich mit dem Gutachten übereinstimmen." (H. MUTH, ebd. , S. 98, Fn. 69).

+   Noch dieser Verfassungsentwurf ist indirekt von Schmitt bestimmt; direkt durch den "etatistischen Faschismus" des Gördeler-Beraters Popitz, der ein "Schüler" Schmitts war. (Vgl. W. SCHMITT-

w a r jetzt im Prinzip die Erhebung des Artikels 48 zur Norm.

Schließlich begab sich der Reichstag per "Ermächtigungsgesetz" auch

selbst jeder Macht und erklärte s e i n e r s e i t s den Art. 48 für per-

---

HENNER / H. BUCHHEIM, Der deutsche Widerstand gegen Hitler. Vier historisch-kritische Studien ..., 1966, S. 132/3).
Freilich war in gewisser Weise auch Schmitt Schüler des "F r e u n d e s", dem er noch 1958 seine "Verfassungsrechtlichen Aufsätze" widmete. (Zur Begründung vgl. ebd. S. 8). Unter Verweis auf frühere Ausführungen von uns sei in diesem Zusammenhang nur erwähnt, dass "wesentliche Teile des 'Hüters der Verfassung' ... in Gemeinschaftsarbeit" mit Popitz entstanden, wie drei Jahre später "Staatsgefüge und Zusammenbruch des zweiten Reiches" (L. -A. BENTIN, J. Popitz und C. Schmitt ..., S. 126).

+ Brüning hatte Schleicher gegenüber erklärt: "Der Artikel 48 ist zur Änderung oder Umbiegung der Verfassung nicht zu gebrauchen." (Memoiren, S. 146). Ohne die Verfassung selbst zu ändern, sollte die Anwendung des Artikels 48 die geltende nur zeitweise stornieren, um konkrete Maßnahmen durchführen zu können. Freilich waren - objektiv - diese selbst von großer (verfassungs-) politischer Relevanz.
Brünings Erklärung gegenüber Schleicher deckt sich mit Ausführungen des Verfassungs i n t e r p r e t e n C. SCHMITT von 1924: "... auf verfassungsmässigem Wege nach Art. 48 das Deutsche Reich aus einer Republik in eine Monarchie zu verwandeln ist unmöglich. Die Befugnis des Reichspräsidenten beruht auf einer Verfassungsbestimmung. Mit Hilfe einer solchen Befugnis auf einem anderen als dem in der Verfassung geregelten Weg der Verfassungsänderung, also anders als nach Art. 76, die Verfassung zu ändern, wäre verfassungswidrig. Damit sind keineswegs Massnahmen des Reichspräsidenten ausgeschlossen, welche in einzelne Verfassungsbestimmungen eingreifen und dadurch Ausnahmen schaffen, o h n e die Verfassung aufzuheben. Solche ... Durchbrechungen einzelner Verfassungsartikel sind keine Änderungen der Verfassung, setzen sie nicht ausser Kraft und heben sie nicht auf. Sie sind das typische Mittel der Diktatur: durch eine Ausnahme von Verfassungsbestimmungen die Verfassung selbst als Ganzes zu retten." (Die Diktatur des Reichspräsidenten nach Art. 48 der RV, in: Veröffentlichungen der Vereinigung Deutscher Staatsrechtslehrer H. 1, S. 91).

SCHMITT betonte weiter unten: "Was der Staat als Ganzes ist, entscheidet eben die Verfassung im Hinblick auf eine als normal vor-

manent gültig. Auf seine ausschließliche Geltung schmolz die Weimarer Reichsverfassung zusammen - wie es C. Schmitt bereits in "Die
Diktatur" von 1921 grundsätzlich konzipiert und dann während der

---

ausgesetzte Sachlage. In Art. 48 Abs. 2 ist eine abnorme Situation
vorausgesetzt und daher eine aussergewöhnliche Befugnis erteilt,
u m die Herstellung der normalen Situation zu ermöglichen. "
(S. 92). Doch vor seinen erst-zitierten Ausführungen hatte der
Politologe SCHMITT schon damals geschrieben: "Es mag politisch möglich sein, den Art. 48 zur Beseitigung der Weimarer
Verfassung zu benutzen, so wie 1851 in Frankreich die Stellung
des Staatspräsidenten benutzt wurde, um durch einen Staatsstreich
eine andere Verfassung einzuführen". (Ebd. , S. 91) - Ab 1930
schien ihm das - in Deutschland - wieder möglich u n d notwendig zu sein. Interpret und Politiker Schmitt wurden deckungs-
gleich, indem dieser die "plebiszitäre Legitimität" (C. Schmitt,
Legalität und ..., S. 62) des Reichspräsidenten als eigenständi-
ges und der parlamentarischen "Legalität" überlegenes Verfas-
sungsprinzip herauspräparierte, von dem aus dann der Parlamentarismus und der ihn bedingende Pluralismus überhaupt beseitigt werden konnte. Schmitt verwandte jetzt die verfassungsmässige Anormalität, um eine n e u e Normalität zu begründen, das heisst der
Anormalität D a u e r zu verleihen.
Inwieweit Schmitt hiermit die nur halb verwirklichten "Verfassungs-
ideale" Max Webers, eines der Väter der WRV und heimlichen
Lehrers Schmitts, "bloss" antidemokratisch umdeutete, indem er
eben der W e b e r s c h e n "Konstruktion des plebiszitären Präsidenten eine ... gegen das Repräsentationsprinzip überhaupt gerich-
tete Tendenz" gab (W. J. MOMMSEN, Max Weber und die deutsche Politik. 1890-1920, ²1974, S. 409), dazu vgl. W. J. Mommsen, ebd. S. 407-15. MOMMSEN fasst unseres Erachtens sehr
richtig zusammen: "Wenn Weber den demokratischen Staat von Weimar auf zwei sich gegenseitig ergänzende Legitimierungsprinzipien
hatte gründen wollen, die verfassungsmässige Legalität des parlamentarischen Gesetzgebungsstaates und die 'revolutionäre Legitimität' des volksgewählten Reichspräsidenten als eines charismati-
schen Führers, so schob Carl Schmitt die erstere Legitimierungs-
form beiseite und erhob die plebiszitär-demokratische Legitimität
zu alleiniger Geltung. " (Ebd. , S. 411). Und: Schmitts "Lehre der
beiden Legitimitätsprinzipien der formellen, satzungsgemässen Legalität und der plebiszitär-demokratischen Legitimität als 'zweier
Arten dessen, was Recht ist', war eine radikale Fortentwicklung der
bei Max Weber implizit bereits angelegten Dualität zwischen ra-
tionaler Legalität und charismatisch-plebiszitärer Legitimität. "
(Ebd. , S. 412).

Brüning'schen Regierung - im "Hüter der Verfassung" des Jahres 31 legitimiert hatte [+]. Er vor andern hat theoretisch "Den am permanenten Ausnahmezustand sich legitimierenden Maßnahmenstaat" antizipiert "den p e r f e k t e n Notstandsstaat". [113]

Ihn hat Brüning nicht gewollt, aber er ist es gewesen, der die - ihm ja im Grunde wohlgesonnene - Legislative entmachtet und den Kanzler, nicht zuletzt sich selbst, in die völlige Abhängigkeit vom Reichspräsidenten und seinen Hintermännern gebracht hat. Daß Brüning, wie der Volkskonservatismus überhaupt, wollte, jener solle die Richtlinien der Politik bestimmen - negativ: durch sein jederzeitiges Veto-Recht gegen eine Notverordnung - , hatte der Diktatur Tür und Tor geöffnet. Papen, Schleicher und dann natürlich Hitler würden Notverordnungen erlassen, die die Verfassung überhaupt angriffen, sie zerstörten und schließlich die f u n d a m e n t a l s t e n Rechte aufhoben.

Schon über den Papen'schen Staatsstreich in Preußen [++] urteilt

---

M. Webers sicher ungewollte Ahnherrnschaft für Schmitts allein- und ausschliesslich "plebiszitäre Legitimität" besitzt theoretisch mindestens dieselbe Signifikanz wie die Brüningsche Vorbereitung der Hitlerschen Diktatur, hat er doch "in vieler Hinsicht als Repräsentant einer Spätform des klassisch-liberalen Denkens zu gelten" - im Unterschied zu Schmitt. Besser als das seine spiegelt Webers politisches Denken "die Krise des Liberalismus" wider: "in exemplarischer Weise" (ebd. S. 461). Ja, gegen Mommsen gewandt: es entbehrt j e d e r Ironie, "den letzten grossen Vertreter des klassischen Liberalismus zu den Herrschaftsmitteln jenes Cäsarismus" greifen zu sehen, "in dem dieser einst seinen Todfeind sah ..." (W. MOMMSEN, Max Weber. Gesellschaft, Politik und Geschichte, 1974, S. 69). Wie unser Rekurs auf Hobbes (II, 7h) gezeigt hat, war er dies nie und schon garnicht ausschließlich. Endlich bedeutet Liberalismus ja Kapitalismus. - In Bezug auf M. Weber vgl. hierzu H. Marcuse, Kultur und Gesellschaft 2, S. 107 ff., besonders S. 114/5, 121-5, 128/9 .

+   Vgl. II, 7 h.

++ Ausführlich: Th. Trumpp, Fr. v. Papen, der preussisch-deutsche Dualismus und die NSDAP in Preussen. Ein Beitrag zur Vorgeschichte des 20. Juli 1932 (Phil. Diss.), Tübingen 1963. -

Brüning: "Die moralische Autorität der Obrigkeit wurde durch die autoritäre Regierung restlos zertrümmert. " [114] Und nachdem er den Papen'schen Ausspruch überliefert hat: "Man muß dem Volke nur den Stiefelabsatz durch die Schnauze ziehen, dann pariert es schon" [115] - schreibt Brüning: "E s w a r w i e i n e i n e m T o l l h a u s . Mit Politik hatten diese Dinge überhaupt nichts mehr zu tun. " [116] Wieder mit Bezug auf den Staatsstreich heißt es: "Meine ausgearbeitete ... Notverordnung gegen Preußen, die ... nach einer willkürlichen Handhabung der preußischen Regierungsgewalt durch die N a z i s gegen sie angewendet werden sollte, wurde nun gegen die rechtmäßige preußische Regierung eingesetzt. So könnte ein General, der einen für jeden Tag im einzelnen ausgearbeiteten Aufmarschplan vorgefunden hat, von rückwärts blätternd, die Endmaßnahmen zuerst ausführen wollen. " [117] - Nachdem Brünings Kritik deutlich geworden ist, müssen wir hierauf den Akzent legen; auch Brüning wollte die preußische Regierung liquidieren, und nicht nur eine "willkürlich"-nazistische. Gerade auch die sozialdemokratisch geführte Koalition sollte beseitigt werden oder - um "loyaler" zu formulieren: Brüning wollte, außer Reichskanzler, auch preußischer Ministerpräsident werden. Ende 1931 war die Situation günstig: der sozialdemokratische Ministerpräsident Braun bot Brüning sein Amt an. Brüning kommentiert: "Das war ein Schritt von gewaltiger Tragweite. Als Reichskanzler konnte ich vom Reichspräsidenten entlassen werden, als preußischer Ministerpräsident nicht ... Ohne eine Änderung der Verfassung war die Reichsreform praktisch durchgeführt, im Sinne einer tatsächlichen Rückkehr zu den Prinzipien der B i s m a r c k ' s c h e n Verfassung. " [118] Damit ist - über die

---

Was C. Schmitts Rolle dabei angeht, vgl. H. Muth, ebd.
(Erst Schmitts Auftreten vorm Reichsgerichtshof als Verteidiger der Regierung Papen liess die deutsche Öffentlichkeit ahnen, welche Rolle er "in der deutschen Innenpolitik des Sommers 1932" überhaupt spielte).

preußischen Pläne hinaus - Brünings Zielprojektion überhaupt genannt.
Doch Hindenburg verweigerte sich einer Brüning'schen Ministerpräsidentschaft in Preußen. Der bittere - damit aber zugleich die wesentliche Identität seiner Politik mit der Papen'schen bestätigende - Kommentar Brünings: "Acht Monate später hat der Reichspräsident unter
Bruch der Verfassung die Kumulierung der beiden Ämter auf die Person des Herrn von Papen zugelassen." [119]

d) "Treuhänder" des "Ersatzkaisers"

Brüning fühlt sich - nicht nur hier - von Hindenburg betrogen, als dessen "Treuhänder" er sich doch immer gefühlt hat, so, wie KAAS noch
nach Brünings Sturz; in seiner Unterredung mit Hindenburg vom
18.11.32, weniger als zwei Monate vor H i t l e r s Kanzlerschaft, erklärte er dem Präsidenten: "Wir wollen nicht zurückfallen in den Parlamentarismus, sondern wir wollen dem Reichspräsidenten einen politischen und moralischen Rückhalt schaffen für eine autoritäre Regierung, die vom Reichspräsidenten inspiriert und instruiert wird." [120]
- Brüning wollte Hindenburg Rückhalt geben, ihn - erst einmal -
"als Staatsoberhaupt erhalten mit dem Ziel, die friedliche Wiedereinführung der Monarchie vor seinem Ableben zu ermöglichen.": "Das
war der Angelpunkt meiner g a n z e n Politik." [121]

Wie schon das Stichwort "friedlich" andeutet, sollte auch bei der
Restauration "langsam, aber sicher" vorgegangen werden. In seinem
ersten Sondierungsgespräch mit Schleicher - bevor ihm Hindenburg
die Kanzlerschaft antrug, erklärte Brüning, "daß die Monarchie unter
keinen Umständen im Kampfe gegen die Masse der geschulten Arbeiterschaft eingeführt werden darf.[+] Die Monarchie muß am E n d e der

---

+ Das war gegen die Vorstellungen Hindenburgs; Brüning "erkannte
  sehr früh, daß eine Monarchie nach englischem Muster, die sich
  a u c h auf die Arbeiterschaft stützte, für ihn überhaupt keine wahre Monarchie sei." (Memoiren, S. 454).

Reformen stehen. " [122] Sie dürfe mit ihrer Unpopularität nicht bela-
stet werden. Brüning wollte die Monarchie unter Stillhalten der SPD
wieder einführen, d. h. - mittelfristig - diese so weit bringen, "daß
sie zumindest ... eine Situation wie in Ungarn toleriert", [123] einen
"Reichsverweser" also, wie sie ihn unter Fr. Ebert 1918 selbst einmal ins Auge gefaßt hat. [124] Eine Kaiserproklamation sei- wie Brüning Hitler erklärte - schon deswegen vorläufig nicht möglich, da "im
Hause Hohenzollern selbst keine Einigung über die drei möglichen Kan-
didaten erfolgt sei. " [125] Brüning wollte statt dessen Hindenburg mit
einer Zweidrittelmehrheit des Reichstages und des Reichsrates die Re-
gentschaft "für einen der Söhne des Kronprinzen" übertragen (was
eine ganz große Koalition - nur unter Ausschluß der Kommunisten -
erfordert hätte. [126]) Er erschien Brüning zumindest als Vorläufer eines Reichsverwesers und insofern bereits als der gewünschte (Ersatz-)
Kaiser. [+] Um was es ihm ging, war - so oder so - die "legitime"
Kontinuität zu sichern. Deshalb letztlich wollte Brüning die Parla-
mentsherrschaft - im j e d e r z e i t i g e n [++] Recht des Mißtrauensantrags kulminierend - brechen [+++] : "Dann war die Stellung des Staats-

---

[+] Mit der Schwierigkeit, daß Hindenburg wiederum - zumindest -
vorgab, der "Treuhänder des Kaisers" (BRÜNING, Memoiren,
S. 453), Wilhelms II. , zu sein, und als was ihn die übergroße
Mehrheit der Reichswehroffiziere auch ansah (ebd. , S. 42) - ein
bedeutender Teil des alten Berufsbeamtentums wohl ebenfalls. -
Brüning betrachtete sich als "Treuhänder des Reichspräsidenten"
(ebd. , S. 378) und dieser als "Treuhänder des Kaisers"...

[++] Insofern in seiner Zielprojektion nicht einfach autoritär, wollte
Brüning das Recht des Mißtrauensantrags während der Etatbera-
tungen und beim Regierungsantritt bestehen lassen, aber nur bei
diesen Gelegenheiten.

[+++] Durch eine Änderung der Geschäftsordnung des Reichstags. Eine
"einzige" schien ihm nötig, "um dem Artikel der Reichsverfassung, der das Vertrauen des Reichstages für die Regierung fordert, eine A u s l e g u n g zu geben, die das Parlament auf die praktischen Rechte des englischen Unterhauses zurückwirft. " Hiernach
- so glaubte Brüning - wäre "die Bahn für die konstitutionelle

oberhauptes eine s t ä r k e r e als in der Bismarckschen Verfassung. Die Kontinuität der Politik auf allen Gebieten war gesichert, und es war eine Frage des richtigen Augenblicks, um an die Stelle des Präsidenten wieder einen Monarchen zu setzen. " [127]

Brüning, dessen Kabinett doch im Reichstag "immer ... gerettet" war, [128] ließ sich von Hindenburg zu seinen Siegen über das Parlament gratulieren, [129] obwohl sie ihn, aber eben wissentlich und willentlich, in die Abhängigkeit des Präsidenten brachten. [130] Brüning hing "um j e d e n Preis " an dem, was er "das Prinzip einer nicht parteigebundenen" Präsidial-"Regierung" nennt, - "um die Evolution zu einer Stellung der Reichsregierung im Sinne der Bismarckschen Verfassung "weiter vorwärtszutreiben". [131] + Das heißt es sollte überhaupt wieder - kontinuierlich - eine "pouvoir neutre" geben, wie sie ansatzweise in der Präsidentschaft Hindenburgs und der ihm auch persönlich ergebenen Reichswehr erneut "greifbar" geworden zu sein schien. Brüning schreibt: "... als zum ersten Male wieder die Wache mit klingendem Spiele durch die Straßen zog", schlossen sich "Kom-

---

Monarchie ... frei. " (Memoiren, S. 579). Es ist richtig zu betonen, die k o n s t i t u t i o n e l l e. Aber die für sie nötige Vorbereitung in Form einer "englischen" Auslegung des betreffenden Artikels der WRV kam dennoch einem kalten Verfassungsbruch gleich (und die "Volkskonservativen" erstrebten generell eine "T o r y -Demokratie" an. - Vgl. E. JONAS, ebd. S. 59 und als repräsentativen Beleg G. QUABBES programmatisches Buch "Tar a Ri. Variationen über ein konservatives Thema", 1927).

+ Zentrumsimmanent bekennt sich Brüning durch sein Engagement für die Restauration der Bismarckschen Verfassung als Erbe jener - gerade im Kaiserreich - verschwindend kleinen Fraktion, die "staats-" und "nationalkatholisch", das Zentrum zu einer "Partei der preußisch gesinnten Rechten und einer Schutztruppe der Bismarckverfassung" umfunktionieren wollte. (Repräsentant dieser Bestrebungen war M. Spahn, Brünings akademischer Lehrer in Strassburg; ausführlich: K. BUCHHEIM, Die Katholiken und die deutschen Widersprüche, in: Hochland 63 (1971)).

munisten, Sozialisten und Bürgerliche ... der Wache an und marschier-
ten mit ihr im Gleichschritt zum Hause des Reichspräsidenten, der sc
zum ersten Male für sie zu einem greifbaren Repräsentanten der unparteiischen höchsten Staatsgewalt wurde." [132] [+]

Daß ihre "Neutralität" keine sein konnte [++], sondern nur die umso
wirksamere Klassenherrschaft von oben, entging Brüning immer wieder, vom Schein eines Gleichmachend-Militärischen zusätzlich geblen-
det. Er durchschaute nicht die Dialektik der Wilhelminischen Formulierung vom August 1914 : "Ich kenne nur noch Deutsche". Brüning
war ein mustergültiger Angehöriger der von ihm auch wiederholt be-
schworenen "Frontgeneration". - Vor Kriegsbeginn gab es massenhaft
"vaterlandslose Gesellen", und daß die sich auch weiterhin nicht erlaub-
ten, Deutschland zu ihrem Vaterland zu machen, hieß es bei Kriegsbeginn, es gäbe nur Deutsche. An Gleichheit erkannte der Satz allenfalls
die des Todes an, aber das Wort - und wofür es stand - wirkte, auch
auf große Teile der Arbeiterschaft, je nach Zeitpunkt stärker oder
schwächer: Wilhelm II. hatte mit seiner Rede zu Kriegsbeginn dem
"nationalen" Sozialismus das Motto geliefert; die Gegenrevolution rekurrierte nach Kriegsende auf die August-Tage des Jahres 14 und behauptete, dort habe sich bereits die wahre - deutsche - Revolution er-
eignet; so zum Beispiel O. SPENGLER in seinem programmatischen
"Preußischen Sozialismus" von 1919 : "...eine e c h t e Revolution
ist nur die eines g a n z e n Volkes, e i n Aufschrei, e i n eherner

---

[+]   Wie ganz anders und richtig die Szene - "Marinewache für das
      Präsidentenpalais zieht durch das Brandenburger Tor" - ver-
      standen werden konnte, beweist V. Klemperer. Ihm erschien die-
      se "Szene ... nach dem Antritt der Regierung Papen", am "Tag
      der Skagerrakschlacht", als "Vorspiel" des "Dritten Reiches".
      (Die unbewältigte Sprache ..., 1966, S. 25/6).

[++] Brünings eigenes Kabinett war "nur insofern überparteilich, als
      es keine Mitglieder der SPD" mehr "enthielt", wie Fr. BAER-
      WALD pointiert. (Kritische Erinnerungen zu Brünings Memoiren,
      in: FH 26 (1971), S. 771).

Griff, e i n Zorn, e i n Ziel. - Und das, diese deutsche sozialistische Revolution, fand 1914 statt. Sie vollzog sich in legitimen und militärischen Formen. Sie wird ... die Widerlichkeiten von 1918 langsam überwinden ..." [133]

"Militärisch und legitim", beides war Hindenburg; d e r Feldmarschall des Krieges und jetzt Platzhalter des Kaisers - Bürge der Gegenrevolution. Es gab einen "M y t h o s Hindenburg" und sein Träger hatte Charisma; das "nationale Deutschland" fühlte sich in ihm verkörpert. Damit rechnete gerade auch Brüning. Er war stets bemüht, den "mythischen Glanz seines Namens" zu "erhalten" und zu " e r - h ö h e n " [134]. Über die Ansätze hinaus, die im Präsidentenamt begründet waren, und zu dessen Machtvollkommenheit nicht zuletzt der Oberbefehl über die Reichswehr gehörte, sollte der mythische Name "Hindenburg" der mon-archischen Restauration zugute kommen. Sie würde das persönliche Charisma des kaiserlichen Feldmarschalls institutionalisieren und so erst festigen - über seinen Tod hinaus. Brüning sprach auch vom "N i m b u s des Reichspräsidenten" [135] : Ursprünglich handelt es sich dabei um eine "göttliche" Eigenschaft von (römischen) Kaisern (speziell von S o l d a t e n kaisern). Und preußisch, wie Brüning dachte, - rebus sic stantibus - auch denken mußte, sollte der dynastische Monarch ein m i l i t ä r i s c h e r sein, gerade darin ein "i m m e r w ä h r e n d e r Hindenburg". Von Schleicher, damals der einflußreichste General der Reichswehr, erklärte Brüning : "Für mich ist die Wiedereinführung der Monarchie keine Angelegenheit des Gefühls, sondern ausschließlich des Verstandes. Der Oberstkommandierende der Reichswehr muß eine Uniform und einen Ordensschrank besitzen, sonst wird der einfache Soldat niemals mit Hochachtung zu seinem Höchstkommandierenden aufsehen. " [136]

e) Verkappter "Militärstaat"

Bei der gleichen Gelegenheit sagte Brüning, er hätte "der Reichswehr

260

als letzter Grundlage der Ordnung im Staat eine ausschlaggebende Stellung verschafft", [137] d. h. er hatte sich, "je mehr" er "die Macht des Parlaments zurückdrängte", in ihre Abhängigkeit begeben [138] und das auch gewollt, wie die Abhängigkeit vom Reichspräsidenten; beide Abhängigkeiten waren praktisch identisch und - wenn es darauf ankam - "ultimativer" Art. Brüning wurde "gezwungen", ihm wurde "befohlen", und er gehorchte - sehr weitgehend jedenfalls. - Ganz wesentlich trägt Brünings Regierung die Züge einer verkappten Militärdiktatur, deren offene und direkte, damit auch terroristische Form er freilich fürchtete. Aber nicht erst das Papen'sche Kabinett war "von einer Militärkamarilla diktiert", wie der amerikanische Außenminister STIMSONS das formulierte [139]; dieses war in seiner Zusammensetzung und Tendenz - zumindest für diese Kamarilla - nur die Eskalation des Brüning'schen. Und die Absichten der Militärs deckten sich weitgehend mit denen der Industrie; beide waren an einem Arbeitsbeschaffungsprogramm interessiert als Grundlage für eine Aufrüstung "im großen". [140] + Und sie plante Brüning auch schon, "ein Volksheer ... von solcher militärischer Schlagkraft, wie wir es nie v o r dem Krieg besessen hatten". [141] Daß er dabei geschickter, um nicht zu sagen raffinierter, vorgehen wollte als Hitler, wird ihm jeder zugestehen, aber gerade deswegen ist es - auch besonders in diesem wichtigen Punkt - n i c h t "schlechthin witzlos, Brüning einen Schrittmacher des Nazismus zu nennen", wie der Herausgeber der Brüning-Memoiren, der "Laacher" Theologie-Professor Th. KAMPMANN meint. [142] Setzt man statt "Nazismus" Militarismus, was sicher nicht einfach das gleiche ist, aber auch nichts toto coelo Verschiedenes, so hat die Unterstellung Hand und Fuß. Sie sagt dann nicht mehr

---

+ Ausführlich: G. W. F. Hallgarten, Hitler, Reichswehr und Industrie, 1954; Th. Vogelsang, Reichswehr, Staat und NSDAP, 1962; E. Czichon, Wer verhalf Hitler zur Macht? Zum Anteil der deutschen Industrie an der Zerstörung der Weimarer Republik, 1967; A. Sohn-Rethel, ebd.

und nicht weniger, als was SCHNEIDER im Bezug auf eine Hohenzollern-Restauration überhaupt meint, daß sie "wahrscheinlich zum Militärstaat geworden [+] u n d damit der Gefahr, den Krieg heraufzurufen, kaum entgangen wäre." [143]

3. "Preußen muß sein"

a) Nationalsozialistisches Ü b e r - Preußen

An anderer Stelle schreibt SCHNEIDER - retroperspektiv und pointiert zugleich: "Daß die Könige sich zuerst als Offiziere empfanden; das eben war der Untergang." [144] [++] Schneider kritisiert, was H. BALL schon 1918 so formulierte: "Seit Clausewitz wird auch die deutsche Moral vom Generalstab gemacht." [145] - Schneiders Kritik zielt auf die Militarisierung des Adels, Balls auf die des Bürgertums und "Volks" überhaupt. Und radikalen Preußen wie R. BORCHARDT oder C. SCHMITT ging sie im Bismarck'schen Reich noch nicht weit genug, wo ein soldatisch-bürgerlicher Dualismus bestand, ja "ein eben mühsam in der Schwebe gehaltener latenter Bürger- und Bruderkrieg, verschweißt und verstählt nur in der kurzen Spitze der heergebundenen Volksauslese ..." [146]. Diese "Spitze" sollte jetzt verbreitert werden,

---

[+]   SCHNEIDER fürchtet retrospektiv, wenn man will wie die Linke
      des konstituierenden Norddeutschen Reichstages von 1867, eine
      "absolute Militärherrschaft", d i e der Abgeordnete WALDECK
      ausdrücklich mit der des "römischen Imperators" verglich.
      (E. FEHRENBACH, ebd., S. 122/3).

[++] Wie sehr der p r e u ß i s c h e König "der erste Soldat seiner Ar-
      mee" (Wilhelm I.) war, oder um Friedrich II. zu paraphrasie-
      ren, der "erste D i e n e r" seiner Armee, können MOELLER
      VAN DEN BRUCKS affirmative Worte verdeutlichen: "Wenn die
      preußischen Fahnen vorübergetragen wurden, dann wurden sie ge-
      grüßt w i e einst die römischen Adler: selbst der König stand
      barhaupt und in Ehrfurcht." (Der preußische Stil, 1931, S. 112).

indem sie "über ihren eigenen Rahmen hinaus" - "gegenüber dem ganzen deutschen Volk den t o t a l i t ä r e n Führungsanspruch" erhob, der - nach SCHMITTS Meinung - eben "zu jeder politischen Führung und Entscheidung gehört. " [147] Ja, umgekehrt, dem "führenden Staatslehrer des wachsenden Preußens" [148] gilt "das Militärische" als "die Totalität des Politischen" [149]. Post festum schreibt SCHMITT : "Deutschland hat ... (den) Zweispalt ("von bürgerlicher Gesellschaft und preußischem Soldatenstaat") heute überwunden und entfaltet in geschlossener Einheitlichkeit seine soldatische Kraft. " [150] - Ein solches - eindeutig faschistisches - Super-Preußen lag BRÜNING fern, aber auch seinen Wiederaufrüstungsplan empfand er als eine preußische "V o l l e n d u n g", die der "Scharnhortstschen Gedanken." [151] Einschließlich der Jugend sollte - mutatis mutandis - die ganze männliche Bevölkerung "erfaßt", und so auch die Volks-"Erziehung" des Scharnhorst-Freundes Clausewitz vollendet werden.

b) Klassenstrategischer "Preußen"-M y t h o s

BRÜNING erkannte zu spät, wie schädlich der von ihm und seinen Freunden noch "vergrößerte Mythos Hindenburgs" war; sogar bei ihren eigenen Wählern trübte er den Blick für die nationalsozialistische Realität. [152] Doch BRÜNING glaubte eben überhaupt an Preußen; der Hindenburg-Mythos war nur Bestandteil eines umfassenden preußischen. In seinen Memoiren wird das gerade dann deutlich, wenn er den Hindenburg des "Tages von Potsdam" kritisiert: "Ich dachte daran, wie ich im Frühjahr 1919 oft sonntagsmorgens nach Potsdam hinausgefahren war, an der Garnisonskirche vorbei nach Sanssouci, um dann um zehn Uhr wieder in meinem Büro zu sein. Ich brauchte das damals als Trost für die Bitterkeit des Kriegsendes. " [153]

ROSENBERG kritisiert Brüning mit den überaus scharfen Worten: "Brüning glaubte an alle Phrasen von 'Pflicht', 'Dienst' und 'Treue', mit denen in Preußen die feudale und kapitalistische Reaktion seit 200

Jahren ihre Herrschaft zu verkleiden pflegte. " [154]   Brüning mißverstand seine autoritären Bestrebungen als Restauration dessen, was - "idealistisch" - bloßer Überbau war, funktional freilich von großer Bedeutung für eine Politik der "Arbeitsfront", die im Innern die außenpolitisch-imperiale vorbereiten sollte; E. JÜNGERS "Arbeiter" etwa ist vom Soldaten her konzipiert, und der technische Soldat der modernen (Hitler-) Armee wiederum soll "funktionieren" wie der hochtechnisierte Arbeiter.

c)   "Gesinnungsmilitarismus"

Um den von BORCHARDT nahegelegten Gedanken, man müsse die "Spitzen"-Qualität "der heergebundenen Volksauslese" [155] verbreitern, hierauf zu applizieren, möglichst jedes Leben - und daß Leben Arbeit sei, war oberster Grundsatz $^+$ - sollte wie das im Elternhaus der Hindenburg-Nichte (und Hofmannsthal-Freunding) Helene VON NOSTITZ sein; sie berichtet: "...jeder Überraschung wurde eine eiserne und starre Regel entgegengestellt, der das Leben wie ein Rekru gehorchen mußte, und nur große Gewalten konnten diese geschulte Kraf umstoßen, die aus dem preußischen H e e r e stammte, wo alle wie ein Mann einem Ziel entgegendachten und unbedingtes Pflichtgefühl un Gehorsam gegen Gott und den Kaiser alle übrigen Gefühle beherrschte. " [156]   SCHNEIDER spricht von einer "Denkweise, die den Dienst a l s Dienst für gut und unantastbar ansah, ohne zu fragen, von wem und für wen er gefordert wurde, eine Flucht in den Befehl als Lebenssinn..." [157]. Und Schneider verschärfend, ist ja zu sagen, daß die von Nostitz angeführten "Gott und Kaiser" typisch dezisionistische Berufungen sind; sie schreibt selbst: "Diese beiden Mächte, über di man nicht räsonnierte, gaben immer den Ausschlag und wurden imme mit einer Selbstverständlichkeit als einzig bestimmend erwähnt, die

---

+   "Arbeit macht frei"

264

keinen kritischen Gedanken aufkommen lassen durfte." [158] Und
HAECKER polemisiert im Mai 1940 - gleichsam zu unserm Ausgangspunkt zurückkehrend, und post festum: "Der deutsche Soldat ist deshalb der ... Soldat an sich, weil er nicht zu wissen braucht, wofür er
kämpft, und es eigentlich seit der preußischen Hegemonie auch niemals faktisch gewußt hat. Er fragt gar nicht danach. Er ist einfach hyp-
notisiert von seinem Lieblingsberuf, für den er ein so immenses Ta-
lent hat. Wer ihn dabei zu packen versteht, kann das verworfenste Subjekt sein und das Volk mit Sicherheit in das größte Elend führen. Das
macht nichts. Der deutsche Soldat wird funktionieren,
ungleich besser als seine Maschinen, die auch
schon gut funktionieren." [159]

d) Preußische Romanitas

Haecker sieht gleichsam erfüllt, was SPENGLER, nicht einfach im
Gegensatz zu ihm, nach dem 1. Weltkrieg prophezeit hat: "Härte,
römische Härte ist es, was jetzt in der Welt beginnt. Für etwas
anderes wird bald kein Raum mehr sein." [160] Schon während des
Krieges schreibt er im "Untergang des Abendlandes": "Das Römertum, von strengstem Tatsachensinn, ungenial, barbarisch, diszipli-
niert, praktisch, protestantisch, preußisch, wird uns, die wir auf
Vergleiche angewiesen sind, immer den Schlüssel zum Verständnis der
eigenen Zukunft bieten." [161] Und 1933 wird es bei J. SCHMIDHAU-
SER umgekehrt-dementsprechend heißen: "Gesetz und Gehorsam:
das ist in Preußen von antiker Fraglosigkeit, Einfachheit, Schlichtheit,
Geradheit. - Preußen ist das protestantische Rom." [162] Ja,
es ist römischer als Rom: "Der Mensch, der sich gehorsam, ge-
hörig, zugehörig macht, der sich zur Sache einer höheren Macht ent-
persönlicht: das ist Rom und noch mehr Spanien und noch mehr
Preußen." [163]

e) "S t a a t s - Kapitalismus "

SCHMIDHAUSER proklamiert ausdrücklich eine "preußische Religion" - mit den Worten: "Ist der Mensch reine Sache, reines Werk ohne persönlichen Willen - dann ist er dort überwunden, wo seine Erbsünde steckt, in seiner Willkür. [+] Das ist preußische Religion. " [164] Die Religion des "Preußischen S o z i a l i s m u s ", wie ihn SPENGLER 1919 in der programmatischen Schrift gleichen Namens - vitalistisch - begründete. "Der deutsche, genauer preußische I n s t i n k t war : die Macht gehört dem Ganzen. Der einzelne d i e n t ihm. Das Ganze ist souverän. Der König ist nur der erste Diener seines Staates ... Jeder erhält seinen Platz. Es wird befohlen und gehorcht. Dies ist, s e i t dem 18. Jahrhundert autoritativer Sozialismus ...". [165] [++]

[+] "In solchen Passagen überspringt" Schmidhauser wie bereits Hegel, auf den noch einzugehen ist, "die gesamte geschichtliche Dialektik und proklamiert die antike Gestalt der Sittlichkeit ... ohne Zögern als die wahre: 'Denn die Sittlichkeit des Staates ist nicht die moralische, die reflektierte, wobei die eigene Überzeugung waltet; diese ist mehr der modernen Welt zugänglich, während die wahre und antike darin wurzelt, dass jeder in seiner Pflicht steht. '" ADORNO kommentiert aktualiter : "Der objektive Geist rächt sich an Hegel. Als Festredner des Spartanischen antezipiert er um hundert Jahre den Jargon der Eigentlichkeit mit dem Ausdruck 'in seiner Pflicht stehen'. " (Negative Dialektik, 1967, S. 316/7).

[++] Sieht man von dem mißbräuchlichen Gebrauch des Sozialismus - Begriffes ab, hat Spengler mit seinem Rückgriff auf das preußische 18. Jahrhundert so Unrecht nicht: "Das soziale System des preußischen Staates in der Epoche seiner Geschichte von den Reformen des 'Soldatenkönigs', Friedrich Wilhelms I., seit 1713 bis zur Zeit der Erneuerung durch den Freiherrn von Stein und den Staatskanzler Hardenberg nach 1807 i s t im übereinstimmenden Urteil von zeitgenössischer Kritik und späterer Geschichtschreibung in hohem Maße ein Ergebnis der altpreußischen Heeresverfassung des 18. Jahrhunderts gewesen. Die preußische Armee war Anlaß, Mittel und Basis zugleich für die Errichtung, Ausbildung und Aufrechterhaltung dieses sozialen Systems. " S i e "forderte die Reglementierung des Wirtschaftslebens ebenso wie

Und sein Urbild hat er, wie STEDING, selbst Rom noch einmal archaisierend, in seinem nationalsozialistischen "Reich" meint, in Ägypten : "Mit gutem Grund nennt man die Ägypter die P r e u ß e n des Orients, die dort in ihrem staatssozialistischen Leiturgiestaat in einer kaum überbietbaren Weise die Idee der Übereinstimmung des Einzelnen mit dem Ganzen, die Identität verwirklicht haben, die das Dritte Reich in jetzt ungleich gelockerter und ebenso ungleich härterer Form wiederdurchzuführen sich anschickt. Preußen u n d das Dritte Reich schauen ihre eigenste Möglichkeit und täglich realisierte Wirklichkeit an, wenn sie die Stein gewordenen Denkmäler der ägyptischen Architektur und Plastik sich vor Augen führen. " [166] Es ist ein Topos des "Preußischen Sozialismus"; bereits in SPENGLERS, "Untergang" heißt es : "Friedrich Wilhelm I. , das Urbild eines Sozialisten in großem Sinne, ist in dem Staat am Nil immerhin denkbar. " [167] Und Spengler radikalisiert, d. h. revolutioniert - konservativ - nur, was immanent preußisch, bereits seine T r a d i t i o n hat: Bismarcks angeblichen "Staatssozialismus", in Wirklichkeit ein protektionistisch organisierter Kapitalismus, begründeten die Kathetersozialisten [+] ursprungsmythisch mit der Legende vom "sozialen Königtum der Hohenzollern" - Friedrich Wilhelms I. und Friedrichs des Großen. [168] ("Wilhelm II. (selbst) äußerte vorübergehend den Ehrgeiz, ein 'Arbei-

---

die straffe Ordnung des Soziallebens. Das Merkantilsystem, wie es im alten Preußen geübt wurde, war die gegebene E r g ä n z u n g der kriegerisch organisierten Gesellschaft. " (O. BÜSCH, Militärsystem und Sozialleben im alten Preußen 1713-1807. Die A n f ä n g e der sozialen Militarisierung der preußisch-deutschen Gesellschaft, 1962, S. 1, 3).

[+] Sie, wie ihre Tradition betreffende (Sekundär-) Literatur findet sich bei A. Mohler, ebd. [2]1972, S. 254 - unter der Überschrift "Deutscher Sozialismus"; synonym sind: "Deutscher Staatssozialismus", "Deutsche Volkswirtschaftslehre" und schliesslich "Deutsche Schule der Soziologie".

terkaiser' werden zu wollen. " [169])

Bismarcks Staats k a p i t a l i s m u s war die preußische Variante des französischen Bonapartimsus [+] und eine der Anfänge des Weimar-Potsdamer Cäsarismus der dreißiger Jahre. Sein erster Prophet war - eben mit dem "Untergang" Spengler, und die praktische Konsequenz der dort tatsächlich "fundamentalen Parallele" zwischen dem römischen Cäsarismus und der Gegenwart (C. SCHMITT) ist sein "Preußischer Sozialismus". Unter dem gegenrevolutionär-sophistischen Motto : "Friedrich Wilhelm I. und nicht Marx ist ... der erste bewußte Sozialist gewesen" [170] - plädiert SPENGLER für eine "sozialistische Monarchie" [171] oder "monarchisch-sozialistische Ordnung".[172] SPENGLER versteht darunter eine "Organisation, die den Unterschied von Arbeitern und Beamten grundsätzlich aufhebt, indem sie jedem Befähigten eine geregelte Laufbahn von der Handarbeit untersten Ranges über die Aufsichtsämter bis zur Leitung eines Wirtschaftskörpers eröffnet ... " [173]. Apodiktisch:"Sozialismus ist, rein t e c h n i s c h gesprochen, das Beamtenprinzip" [174] (das - im "größten Stile" - in der "ägyptischen Kultur" verwirklicht war [175]).

In der von SPENGLER angestrebten "technischen" Bürokratie werden seiner Meinung nach "unter der Hand eines geborenen Staatsmannes konservative und proletarische Endziele : die vollkommene Verstaatlichung des Wirtschaftslebens nicht durch Enteignung, sondern durch Gesetzgebung, schließlich doch zusammenfallen" [176] : "A l t - p r e u ß i s c h e r G e i s t u n d s o z i a l i s t i s c h e G e s i n n u n g, die sich heute mit dem Hasse von Brüdern hassen, s i n d e i n u n d

---

+ Der Generalrat der Internationale h a t unmittelbar nach dem Kriege von 1870 g e s a g t : "Sie, Herr Bismarck, haben das bonapartistische Regime in Frankreich nur gestürzt, u m e s b e i s i c h w i e d e r a u f z u r i c h t e n !" (Mit diesem Zitat endet Fr. ENGELS Artikel "Der Sozialismus des Herrn Bismarck", in : MEW 19, S. 175).

d a s s e l b e . " [177] - Um die idealistischen Wörter "Geist" und "Gesinnung" ganz auf sich beruhen zu lassen, Spengler konzipiert objektiv die (militärische) Disziplinierung der Arbeiter, und, da er an den
Eigentumsverhältnissen nicht rühren will, zugunsten der Kapitalisten.
Die "Verstaatlichung" einer Wirtschaft auf dem Boden des Privatei-
gentums kann nur eine zu dessen Gunsten sein [+]; auch wenn es die Gesetze nicht mehr parlamentarisch machen kann, bleiben es seine Gesetze - ja sie werden jetzt erst eigentlich die seinen: unter den Bedingungen der kapitalistischen Wirtschaftsform bedeutet der Rekurs auf

---

+   Mit der SCHMITT'schen Formel: ihr Ziel und Zweck ist die
     "f r e i e Wirtschaft im starken Staat". Dass gerade sie auf den
     in der Tradition des preussischen "Staatssozialismus" stehenden
     J. Popitz zurückgeht, ist höchst signifikant. (Vgl. L.-A. BEN-
     TIN, ebd., S. 125 ff.). Freilich bedeutet Schmitts Formel -
     entideologisiert - nicht mehr als die Sohn-Rethels von einer
     "staatlichen Wirtschaft auf private Rechnung". SOHN - RETHEL
     expliziert: "Der Staat übernimmt die Unternehmerfunktion in ih-
     rem dispositiven Teil, aber das Kapital bleibt nach wie vor pri-
     vat. Was produziert wird, in welcher Weise und von wem, mit
     welchen Profitmargen und zu welchen Preisen, wird zur staat-
     lichen Regelung; der Staat bestimmt über die Einfuhr und Aus-
     fuhr jeder Firma, über die Rohstoffbeschaffung und Rohstoffver-
     teilung; er dekretiert den Lohnstop für die Bevölkerung als Pro-
     duzentenmasse und den Preisstop für sie als Konsumentenmas-
     se; er entscheidet, welche Bautätigkeit, welche Textilproduktion,
     welche Transportmittel, welcher Maschinenenbau gefördert oder
     vernachlässigt wird, welche Kredite die Banken zu bewilligen und
     welche sie zu verweigern haben ... usw. Die Gewinne und die
     Verluste aus alledem schlagen freilich als Privatgewinne und
     Privatverluste des Kapitals zu Buche, obwohl die Proportion zwi-
     schen Konsumtion und Akkumulation der Privatgewinne wiederum
     staatlich bestimmt wird. Die Terrorgewalt der Faschistenpartei
     dient nicht nur zur Vernichtung der politischen Gegner; die Sus-
     pendierung der bürgerlichen Rechte, die den Faschismus spezi-
     fisch definiert, ermöglicht erst die reibungslose Sicherung dieser
     Unternehmerfunktion des Staates f ü r das von seiner Existenz-
     krise bedrohte Monopolkapital." (ebd., S. 187/8).

den "aufgeklärten" Absolutismus k a p i t a l i s t i s c h e n Etatismus [+],

zumal da es sich im Falle Preußens speziell um einen "M i l i t ä r -

staat" handelte; er bedeutet eine "Verstaatlichung" jenes "militärisch-

ökonomischen Machtkomplexes", wie er uns im Bündnis des großen

Kapitals mit der Reichswehrführung bereits zum Beginn der Brüning'

schen Regierungsphase begegnet ist, und wie er schon dem preußisch-

deutschen "Zollverein" das Gepräge gab [++]; er wesentlich stand am

Beginn des Preußisch - DEUTSCHEN Bismarck - REICHES.

f)   P r e u ß i s c h e r   F a s c h i s m u s

Daß Spenglers "autoritativer Sozialismus" ein etatistischer ist, daran

gibt es - auch subjektiv - keinen Zweifel. Was F. SCHNABEL - mit

objektivem Recht - schreibt, daß die "Begründung des preußischen

Staates . . . die größte staatliche Tat der deutschen Geschichte" [178]

sei, kann geradezu als die Bedingung der Möglichkeit für SPENGLERS

Diktum gelten: "Mit dem Preußentum steht und fällt der . . . gedanke

des   e c h t e n   Sozialismus. " [179]   Für den   N a t i o n a l sozialisten

STEDING sieht - unter Verweis auf das vorgängige Römertum - ". . .

jeder entschiedene Wille zum Staate . . . 'preußisch' aus . . .   D a h e r

nahm sich das faschistische Italien auch den Preußenkönig Friedrich

---

+   M. HORKHEIMER hatte recht, als er - ein Jahr später als der
    mit ihm von früher her verbundene Sohn-Rethel, 1942 - schrieb:
    "Der Staatskapitalismus ist der autoritäre Staat der Gegenwart. "
    (Autoritärer Staat, in: Walter Benjamin zum Gedächtnis, S. 124).

++ Der letzte preussische Finanzminister J. POPITZ, dem Erbe
    Fr. List's, des Programmierers des Zollvereins stark verpflich-
    tet, liess daran keinen Zweifel. Was er wesentlich mitpraktizierte:
    die Kriegswirtschaft des "Dritten Reiches", legitimierte er auch,
    etwa auf der 944. Sitzung der "Mittwochsgesellschaft" am 4. 11.
    1936. (Vgl. L. -A. BENTIN, ebd. , S. 63/3). - Kritisch :
    A. Sohn-Rethel, ebd. , S. 109/10.

Wilhelm den Ersten zum Vorbild. " [180] + Ein Vorgang, den SPENG-
LER im "N e u bau des Deutschen Reiches" von 1924 zum Anlaß
nahm zu dekretieren: "Italien ist ... heute preußischer ...", [181]
was bedeutet: "Italia d o c e t", wie J. F. NEUROHR Moeller van den
Brucks Italien-Begeisterung resümiert. [182] Die "preußischen Sozialisten"-Et a t i s t e n schauen mit Neid und Bewunderung auf das faschistische Italien - und bekennen sich damit selbst als Faschisten. Auch
in theologicis : SCHMITT schreibt 1929, daß der "faschistische Staat
...mit a n t i k e r Ehrlichkeit wieder Staat sein" will [183] - "t o t a l e r
Staat".

g) Neo - p a g a n e r Etatismus

Daß "jeder entschiedene Wille zum Staate ... preußisch aussieht", wie
STEDING schrieb, dafür ist - "theologisch" - ausschlaggebend, daß
der preußische Staat als erster und in Reinheit gerade dadurch Staat
war, daß er "nichts als Diesseitigkeit und Wirklichkeit, Bestimmtheit
und Begrenztheit" war, wie Steding gleichfalls schreibt. [184] ++ Der

---

+ Noch die der "Abwehr" angehörenden, besonders etatistischen
  Widerstandskämpfer werden "nach dem dicken, aber gerechten
  Knüppel Friedrich Wilhelms" rufen. (W. SCHMITTHENNER /
  H. BUCHHEIM, ebd. , S. 125). Umgekehrt hatte es bereits im von
  Schleicher entworfenen Schreiben Groeners, des Chefs der alten
  Armee, an Fr. Ebert vom 27. 6. 1919 geheissen: "Preußen muss
  Deutschland werden, und dieses Deutschland muss vor allen Dingen
  innere Politik treiben, die Politik eines modernen Friedrich Wil-
  helm I." (Zit. nach Th. VOGELGESANG, Kurt von Schleicher
  ..., S. 29).

++ Daß Stedings Worte nicht nur eine antichristliche Absicht haben,
   sondern eine antitranszendente überhaupt, auch und gerade dann,
   wenn die Transzendenz eine immanent-geschichtliche ist, erhellt
   besonders gut daraus, daß er seine Staats- als S t a t u s -Inter-
   pretation im Gegensatz zu Nietzsche entwickelt, dessen Verkündigung des "Übermenschen" - als Positivum des "Todes Gottes"
   - wegen der gleichzeitigen Verkündigung der "Ewigen Wiederkehr
   des Gleichen" ja in einer stetigen Zweideutigkeit verbleibt: "Den

extreme Rechtshegelianer faßt in diesen Worten zusammen, was 1967 auch R. HEPP noch als Ergebnis der religiös-politischen Geschichte des Abendlandes erscheint: "Die Verweltlichung des Geistes endet ... im heiligen, geschlossenen Kosmos des S t a a t e s. Die Welt ist umso freier, je geschlossener sie ist; sie ist umso 'heiliger', je politischer sie ist." [185]

Dieser Neopaganismus ist die "vollendete Reformation" im Sinne C. Schmitts, wie HEPP ausdrücklich schreibt: das Resümee seiner am - "anderen" - Hegel [+] orientierten Entwicklung des religiös - politischen Geistes. - "Luther hat die Religion auf das Gewissen reduziert. Hegel betrachtete sich als seinen legitimen Nachfolger, i n d e m er die Autonomie des Gewissens und damit die protestantische Form der Entzweiung im Staate 'aufhob'. Die 'Versöhnung des Staates und der Kirche', die in der Reformation erst 'unmittelbar'" - eben im subjektiven Bewußtsein - "eingetreten sei (Hegel, S. W. XI, 532), sollte nun im Recht des Staates vermittelt werden: 'indem die Intensität des subjektiven freien Geistes sich zur Form der Allgemeinheit entschließt, kann der objektive Geist erscheinen.'In diesem Sinne muß man es fassen, daß der Staat auf Religion gegründet sei.' (ed., 524). Das

---

Übermenschen wollen, heißt Jenseitigkeit, Grenzlosigkeit, Unbestimmtheit, Unwirklichkeit wollen...". "Der Staat aber, der sich selbst will vermittels der in seinem Bereich lebenden Menschen ..., ist nichts als Diesseitigkeit und Wirklichkeit, Bestimmtheit und Begrenztheit." (Das Reich und die Krankheit der europäischen Kultur, 1928, S. 214).

+   Wie sehr dieser "andere" Hegel der preußische ist, erhellen C. SCHMITTS eigene Worte von 1929 : "Die Staatsphilosophie Hegels gehört ... ebenso zu diesem preußischen Staat und seinem preußischen Stil, wie der damalige Generalstab mit Scharnhorst und Gneisenau, die geordnete Finanzverwaltung unter Motz und Maaßen und die klassizistische Architektur Schinkels." (Positionen und Begriffe ..., S. 292).

'Heilige' sollte nicht mehr von der 'Welt' getrennt bleiben." [186]

Ob lutherisch oder "preußisch", in jedem Fall antikatholisch schreibt HEGEL, während in der "katholischen Welt" das "Heilige auf der einen Seite und auf der anderen die Abstraktion gegen die Religion, d. h. gegen ihren Aberglauben und ihre Wahrheit" stehe, lasse der Protestantismus "nicht zweierlei Gewissen" zu. (ed. , 555) Die Hegelsche Philosophie, "nicht ohne Grund ... Welt-weisheit genannt" (ed. , 556), tritt den Beweis an, daß im Staat das Wirkliche vernünftig und die Welt in Wahrheit göttlich sei. Im Staate als dem "weltlichen Gott" sollte der "göttliche Geist" das "Weltliche immanent durchdringen", weil erst dann die ewigen Konflikte von weltlichem und geistlichem Regiment "aufgehoben" sind." [187] - HEPP kommentiert : "Hegel sah es als das epochale Ereignis der Reformation an, daß sie mit der potestas indirecta der Kirche in politicis aufgeräumt habe : denn 'es ist dies ... der höchste, der unheiligste Widerspruch, das religiöse Gewissen, dem die weltliche Gesetzgebung ein Unheiliges ist, an diese binden und ihr unterwerfen zu wollen. ' Daß sie der Staatsgesinnung, in der Geistliches und Weltliches, Religion und Politik miteinander 'immanent' verschmolzen waren, den Weg bereitet habe, das erschien Hegel als die weltgeschichtliche Leistung der Reformation. Mit der katholischen Kirche schien ihm keine vernünftige Verfassung des Staates möglich zu sein, 'denn Regierung und Volk müssen gegenseitig die letzte Garantie der Gesinnung haben und können sie nur haben in einer Religion, die der vernünftigen Staatsverfassung nicht entgegengesetzt ist. ' (ed. , 560)" [188] - "'Der Staat ist die Wirklichkeit der konkreten Freiheit. ' Erst im Staate ist die Reformation 'vollendet'. " [189] D.h. Hegel vollendet sie - vom preußischen Aposteriori her - so, indem er "den Protestantismus zur Staatsgesinnung" umdeutet. Er schreibt, der Staat habe die "Beruhigung über die sittliche und rechtliche Wirklichkeit in der Gesinnung, welche selbst, mit der Religion eins, die Quelle alles rechtlichen Inhalts im Privatrecht und in der Staatsverfassung ist. " [190] Hegel fordert darum, "daß es gegen die Gesinnung des Staates nichts Höheres und Heiligeres gebe, oder daß, wenn zwar die Religion höher und heiliger, in ihr doch nichts enthalten sei, was von der Staatsverfassung oder ihr entgegengesetzt wäre ... wenn Religion und Staat auch dem Inhalt nach verschieden sind, so sind sie doch in der Wurzel eins und die Gesetze haben ihre höchste Bewährung in der Religion. " [191] Der "preußischen", von der SCHMIDHAUSER 1933 sprechen wird : "Ist der Mensch reine Sache, reines Werk ohne persönlichen Willen - dann ist er dort überwunden, wo seine Erbsünde steckt, in seiner Willkür. Das ist preußische Religion. " [192]

h) "Preußischer Militärkatholizismus"

Daß diese - formal, d. h. wortwörtlich - dennoch eine "katholische" ist, zumindest innerhalb der Staatsgrenzen, darauf weist (Derleth-) "Naphta" mit Recht hin, ohne Hegel zu widersprechen, und im Einverständnis mit C. Schmitt (dessen Züge Naphta schließlich auch tragen soll [+]); der angehende Jesuit nennt den "preußischen Staatsphilosophen" einen "katholischen Denker" und führt aus, "gerade das Wort 'Staatsphilosoph' bekräftige, daß er im religiösen, wenn auch nicht im kirchlich-dogmatischen Sinn mit seiner Behauptung von Hegels Katholizität im Rechte sei. Denn ... der Begriff des Po-

---

[+] K. KERENYI hat recht, wenn er Naphta als "erstaunliches Produkt einer Montagetechnik" bezeichnet. (Vorbetrachtungen, in: Th. Mann / K. Kerenyi : Gespräch in Briefen, dtv, sr 61, S. 19) - G. W. F. Hallgarten hat Th. MANN selbst gesagt, "die Figur des Naphta ..., des aus ähnlicher" - ostjüdisch-katholisch-deutscher - "Umgebung stammenden Jesuiten ... trage (auch) viele von Cossmanns Zügen", des langjährigen Herausgebers der konservativ-revolutionären "Süddeutschen Monatshefte". (Das Schicksal des Imperialismus im 20. Jahrhundert ..., 1969, S. 74).

litischen sei mit dem des Katholischen psychologisch verbunden, sie bildeten eine Kategorie, die alles Objektive, Werkhafte, Tätige, Verwirklichende, ins Äußere Wirkende umfasse. " [193] Naphta vergleicht das Preußische mit dem Katholischen abstrakt-psychologisch, also unhistorisch, doch die exemplarische Konkretion seiner preußisch-katholischen Analogie besitzt ihre historisch- g e n e t i s c h e Wahrheit.

Naphta erklärte, im "Jesuitentum ... werde das politisch-pädagogische Wesen des Katholizismus evident; Staatskunst und Erziehung habe dieser Orden immer als seine Domäne betrachtet. " [194] Und als er selbst "Erzieher" geworden, waren das seine Prinzipien: "Absoluter Befehl! Eiserne Bindung! Vergewaltigung! Gehorsam! Der Terror!" [+] "Es war das Exerzierreglement des preußischen Friedrich und des spanischen Loyola, fromm und stramm bis aufs Blut. " [195]

Das D r i t t e R e i c h wird E. NIEKISCH "eine schauerliche Synthese von Rom und Potsdam, von Kirche und Feldlager, von Beichtstuhl und Kaserne, von Seelsorger und Feldwebel, von Pfaffe und Gamaschenknopf, von Katechismus und Prügelstock, von Dogmatik und Kadavergehorsam" nennen: "Alle glauben dasselbe und tun das gleiche. Rom und Potsdam steigern sich, indes sie sich vereinigen, zu ihrer äußersten Konsequenz. Der geistige Mensch wird exerziert w i e der leibliche ..." [196]. Niekisch konzipiert aposteriorisch den von H. Ball am Ende des ersten Krieges in kritischer Absicht anti-

---

[+] In BALLS "Kritik der deutschen Intelligenz" heißt es: "Das Exerzieren des miles perpetuus und die Exerzitien der Jesuiten treffen sich in punkto menschlicher Erbärmlichkeit, Nullität und Zerknirschung. Kaserne, Kloster und Zuchthaus wetteifern in Pauperismus, schlechter Kost und Verachtung des menschlichen Stolzes. " (1970, S. 112/3). - A f f i r m a t i v heißt es noch in H. VORGRIMLERS "Karl Rahner. Leben - Denken - Werke" (1963) : "In der Gründung des Ignatius ... sind die spanische und die deutsche Auffassung vom Kriegsdienst eine ... naheliegende Synthese eingegangen ..." (S. 8).

zipierten "preußischen Militärkatholizismus". Vom "miles perpetuus" des Großen Kurfürsten ausgehend, den dieser - statt ihn als "Marodeur" aufzuhängen - "zu lebenslänglichem 'Dienst' begnadigte", schreibt BALL : "Der preußische Militarismus in seinen Grundlagen ist eine Institution 'praktischen Christentums' ... Die von Gott eingesetzte Obrigkeit begnadigt den Sünder. Es ist ein religiöser Militarismus. Bei einer Exaltierung des Bußbegriffes ließe sich daraus ein preußischer Militärkatholizismus abstrahieren." [197]

Die Nazis haben ihn konkretisiert; in Reinkultur in ihren "Ordensburgen"; sie sind "halb Novizen-, halb Kadettenanstalten. 'Ich will keineswegs', erklärte LEY, 'einen neuen Priesterstand heranbilden, sondern mein Ideal ist der politische Soldat, der den Begriff Prediger und Soldat in sich eindeutig vereinigt.'" [198] NIEKISCH kommentiert: "Der 'politische Soldat' ist eine Art 'Jesuit', ein Glaubenssoldat; aber er ist es in gesteigertem Maße: er handhabt unmittelbar auch das weltliche Schwert. Der Gläubige steht zugleich auch im Heeresdienst ..." [199].

Schon dem "Hans Castorp" des Mann'schen "Zauberbergs" scheinen - wohl in Abhängigkeit von BALLS "Kritik der deutschen Intelligenz" - Soldatentum und Jesuitentum "militärische Stände" zu sein, "der eine wie der andere, und zwar in allerlei Sinn: in dem der 'Askese' sowohl als dem der Rangordnung, des Gehorsams und der spanischen Ehre [+]. Letztere namentlich waltete mächtig ob in

---

[+]   Wenn man will, zitiert "Castorp" aus DONOSO CORTÉS' Rede "Über die Lage Europas", wo es heißt: "Wenn Sie alles, was das Leben des Priesters an Mühen und Plagen mit sich bringt, erwägen, dann werden Sie sein wahres Wesen erkennen. Denn es gleicht ja tatsächlich einem Dienst unter den Waffen. Und wenn Sie die Heiligkeit des Kriegsdienstes ins Auge fassen, dann wird Ihnen dieser einem wahren Priestertum gleichen." (Der Abfall vom Abendland, Hrsg. von P. Viator, 1948, S. 80).

Naphtas Orden, welcher ja auch aus Spanien stammte und dessen geistliches Exerzierreglement, eine Art Gegenstück zu dem, welches später der preußische Friedrich für seine Infanterie erlassen, ursprünglich in spanischer Sprache abgefaßt worden war ..." [200]. Und auch das "Reglement vor die Königl. Preußische Infanterie" ist wesentlich ein spanisches; sein Vorbild ist das "Kriegsreglement des Spaniers Della Sala ed Abarca (1681), das auf Befehl ... Königs (Friedrich Wilhelms I.) ins Deutsche übersetzt wurde und mit geringen Änderungen auch an Friedrich den Großen überging." [201] BALL in seinem antipreußischen Pamphlet von 1918 resümiert: "... der preußische Militarismus ... ist spanisch nach seiner Herkunft, Zuchtrute und Geißel ...", [202] wie - so läßt sich fortfahren - der Jesuitismus militärisch; auch er hat seinen Anfang im spanischen Militarismus des Ignatius von Loyola. Um R. SCHNEIDER zu zitieren: "Spanisch ist diese Religiosität; spanisch ist dieses Soldatentum; durchaus spanisch ist die Bewegung, die der Soldat von Pamplona, der Verteidiger der spanischen Grenze, erweckte." [203] Apodiktisch - wie irgendein Satz Derleths - heißt es bei SCHNEIDER : "Auch die Vollendung des Glaubens wurzelt im Krieg." [204] "Schlaft nicht, schlaft nicht. Denn es gibt keinen Frieden auf Erden" [205], ist der Refrain eines "Kampfliedes" der TERESA VON AVILA, womit wir ins Zentrum der spanischen Mystik gestoßen wären, doch nur um zu erkennen, daß auch und gerade sie militant ist - und nicht nur in "spiritueller" Art und Weise.

Teresas "Kampflied" könnte "ebensogut, statt von Frauen in einer kleinen Kapelle gesungen zu werden, ein Kreuzfahrerheer auf verbrannten Straßen begleiten ..." [206]. Und "in Ignatius von Loyola w a r die Tat nicht mehr zu trennen vom Glauben, der Glaube nicht von der Tat" [207], deren "Bedingung" eben "soldatischer Gehorsam" ist. "Auf der höchsten Stufe" des Gehorsams "bleibt keine Wahl; es gibt nur einen Befehl, dem er folgen kann." [208] "Der Gehorsam reinigt alles", [209] heißt es in DERLETHS "Proklamationen".

Wenn dem Jesuiten PRZYWARA sich in Derleth (-Naphta) "das als Proklamation ... zu verkünden scheint, was im besonderen Sinn in Donoso Cortés Prophetie war: eine sakrale Kriegerlichkeit", [210] so ist damit - vom Kontext ausdrücklich - impliziert, daß hinter Derleth wie Cortés, die beide zeitweise Jesuiten werden wollten [+], noch einmal Ignatius steht, und der war selber "Krieger", bevor er Mönch wurde - ein Mönchs s o l d a t. Seine große geschichtsphilosophische Vision ist und bleibt eine (apokalyptisch-) kriegerische; noch "Naphta" (-Derleth) spricht "von den 'dos banderas', von den 'zwei Fahnen', um welche die Heere sich zum großen Feldzuge scharen: das höllische und das geistliche; in der Gegend von Jerusalem dieses, wo Christus, der 'capitan general' aller Guten, kommandiert - in der Ebene von Babylon das andere, wo Luzifer den 'caudillo' oder Häuptling macht ...". [211] Vor wem aber "die beiden Fahnen wehten", wer "Christus auf dem Felde sah und Satan auf seinem Thron", [212] dem - so zieht SCHNEIDER die ignatianische Konsequenz - "bleibt keine Wahl; es gibt nur einen Befehl, dem er folgen kann. Die Macht und der Wille des Dienenden werden eins. Der Wille des Führers ist gleichgerichtet." [213]

"Als der erste Königsfeldherr aller Zeiten hat ... (Christus) den Menschen Befehle gegeben, ein heroisches Leben zu führen ..." [214], wie DERLETH (-Naphta) noch im "Tod des thanatos" von 1946 erklären wird. (Religions-) P o l i t i s c h im Dienste des gegenreformatorischen Roms; unter seinen "Zeichen" kämpft der Jesuitenorden "im hohen Norden ... als unversöhnlicher Feind des Neuen, als Schürer des Widerstandes ..." [215] - "in einer drakonischen, geradezu militärischen Wertzentralisation" [216]. SCHNEIDER resümiert: "Dem nordischen Jubel über den Fall der Schranken antwortet der Sü-

---

[+] Reinhold Schneider übrigens auch.

den mit dem Hammerschlag auf den Grundstein eines noch strengeren Gebäudes." [217] Aber gerade für Schneider gilt diese Aussage nur in Anbetracht des 16. - und Teilen des 17. Jahrhunderts. Später glaubt er, in P r e u ß e n das protestantische Gegenstück zu Spanien erkennen zu können; er schreibt über den Zusammenhang seiner "Hohenzollern" mit dem "Philipp": "Das Militärische ist mir immer ganz fremd, entschieden entgegen gewesen ...". Es war "für mich nur Gewand, Erscheinungsform: mir ging es um das I n n e r s t e : die Tragik des Preußentums wie der Krone. Denn als ein Weg zum Erfolg und zur Vergeltung wurde es damals gepriesen [+]. Es war allenthalben im Auferstehen - wie ja mit einem Friedrich-Wilhelm - Film ... die nationalistische Reaktion vor Jahren aufgebrochen war." - "... i c h wollte sagen: Nein: Das Wesen ist das Opfer, ist die Tragödie: es ist das Unmöglich-Notwendige; das, was nicht gelebt werden kann, aber gelebt werden muß. Und eben das ist das Adlige, das der Zeit gebricht. War ich damit nicht P h i l i p p II. und den Heiligen seiner Zeit merkwürdig nah?" [218] - Nah sicherlich dem Tragizismus Nietzsches, zu dem sich Schneider damals auch ausdrücklich bekannte. Und sein Freund PRZYWARA n a n n t e Nietzsche drei Jahre später den "deutschen Propheten des ... 'Heroischen Menschen' als des Menschen, der in der Antike (Musarion-Werke III, 202, II 374 f.), in der Gesellschaft Jesu (II 374 f.) u n d im Preußentum seine Tradition hat (VI 340) ...". [219] (Der s p a n i s c h e "Prophet" des "heroischen Menschen" sei Cortés gewesen.)

+ So schon 1919 von SPENGLER; es ist in seinem "Preußischen Sozialismus", daß er schreibt: "Der Spanier fühlt eine große Mission in sich, kein 'Ich', sondern ein 'Es'. Er ist Soldat oder Priester. Er dient Gott oder dem König. E r s t der preußische Stil hat ein Ideal von solcher Strenge und Entsagung wieder ins Dasein gerufen." - "Bismarck war der l e t z t e Staatsmann spanischen Stils." (Politische Schriften. Volksausgabe, 1933, S. 27).

Das Schneidersche Preußentum war wie das Nietzsche'sche gebrochen, aber noch seine Verinnerlichung politisch. Ja, vielleicht war
S c h n e i d e r s Ruf "Preußen muß sein" besonders intensiv; er bekennt: Es "fiel ... mir namenlos schwer, in die preußische Form
mich einzuleben. Aber sie war der einzige Halt. Ich mußte mich ihr
unterwerfen." Daß er rückblickend - die Männer des 20. Juli vor Augen [+] - fragt: "Suchte ich (in Preußen) nicht, durchaus ohne es zu
wollen, denn ich befand mich in Protest gegen das Christentum, die
protestantische Gestalt des E i n e n Phänomens? Und dieses Grund-
phänomen, was ist es anders als das christliche Leben, das das absolut Unmögliche: die Vollkommenheit des Unvollkommenen, die Heili-
gung des Unheiligen, verwirklichen soll?" [220] - Diese Frage hindert
SCHNEIDER nicht, zu "bekennen", daß er, wenn auch unfreiwillig, an
der "geistigen Vorbereitung" des "Tages von Potsdam" beteiligt war.

Andere, d a m a l s bereits katholisch, waren es noch mehr, unter anderm nämlich auch praktisch: sei es, daß sie wie Brüning nach
Laach [++] - bis zu seiner eindeutig nationalsozialistischen Phase ausschließlich - und Potsdam zugleich pilgerten, um im Bild zu sprechen,
oder wie C. Schmitt im päpstlichen Rom begannen und im Potsdam
Hindenburg - H i t l e r s endeten - unter Beibehaltung des institutio-

---

[+] Das "Hohenzollern"-Nachwort von 1953 schließt mit den Worten:
     "Das war noch einmal Preußen, aber nun Dienst der Entwaffneten,
     Glaube, Bekenntnis, Gewissen, stummes Opfer: Preußen j e n -
     s e i t s des Ruhms, Adel ist nur noch Sein, nicht mehr Eigen-
     schaft; er ist innerer Stand, nicht mehr Recht. Die letzte Form
     der Sichtbarkeit ist das umschleierte Leiden des königlichen Men-
     schen." (FI-BÜ 242, S. 198).

[++] Vgl. H. Rink, Reformer aus der Kraft der Tradition ..., PUBLIK
     3.9.71, S. 25, Sp. 1. - Die Laacher Abtei verdankt ihre Wiederer-
     richtung Kaiser Wilhelm II. (Noch heute hält eine Bildserie im
     Kapitelsaal des Klosters den Augenblick der persönlichen Schlüs-
     selübergabe durch den Monarchen fest.)

nellen Dezisionismus. Spätestens Donoso Cortés hatte die kirchen-
militärische Osmose theoretisiert[+], und ein konservativer Revolutionär wie W. v. SCHRAMM appliziert dessen Theorem in der "Radikalen Politik" von 1932 eigentlich nur auf das Preußen-Deutschland
des Zwischenkriegs, wenn er die von ihm gestellte Frage: "Wie soll
diese radikale Politik in die Wege geleitet werden?" - wie folgt beantwortet: "Die Zeit scheint vorläufig noch christlich-hierarchischen Prinzipien völlig entgegengesetzt ...", [221] aber es gibt in Deutschland
"außerhalb der Kirche ... noch eine andere Institution, die zu einem
neuen, von der radikalen Politik bestimmten Zeitalter hinüberleiten
kann: das ist die preußisch-deutsche Armee, ihr Geist und ihre Überlieferung. Denn in dieser Armee hat sich der Geist des christlichen
Rittertums und seiner strengen Ordnung und Gliederung hinübergerettet
und bis zum heutigen Tag erhalten. S i e schlägt die Brücke zu der
universalen Restauration." [222]

H. BALL hat solche Funktionalisierung der preußischen Armee zugunsten des "Christentums" - des katholischen speziell - bereits indirekt an Scheler kritisiert, im Zusammenhang seiner kritischen Antizipation eines "preußischen Militärkatholizismus". [223] Für SCHELER
war die "europäische und katholische Zukunftsvision" selbst "in con-
creto gebunden an den Sieg der preußischen Militärdiktatur". [224]
Nicht verwunderlich, daß er dieser und ähnlicher Äußerungen wegen zu
offiziellen Propagandaaufgaben herangezogen wurde. - Ball verließ unter Protest Deutschland und emigrierte in die Schweiz, wo er eine der
bedeutendsten Figuren der deutschen Links-Opposition wurde, unter
anderm eng verbunden mit E. Bloch. Aber Balls - sich sein Leben
durchhaltende - Preußen-Polemik war (bereits am Ende des Krieges)
katholisierend und damit nicht ohne tiefere Affinität zum Gegenstand
seiner Kritik. BALL, der sich wegen seines "antipreußischen Affekts"

+   Vgl. II, 8d.

- um Schmitt zu variieren - mit diesem noch in den zwanziger Jahren nach einer kurzen Freundschaft überwarf, macht das ausdrücklich, indem er schreibt: "... der preußische Militarismus ... wird nur überwunden werden von einer geistigen Disziplin, die sich an j e s u i t i s c h e n Vorbildern schulte. " [225] BALL fragt: "Wann werden preußische Offiziere zu Loyolas w e r d e n ? " [226]

i)   Der preußische O r d e n s staat

Der von ihm selbst herausgearbeiteten Genese entsprechend, fordert Ball damit eine preußische "Verinnerlichung" wie Loyolas Jesuitismus eine spanische war, ja - seine Genese pointierend - fordert Ball die Negation der b r a n d e n b u r g i s c h - preußischen Negation - des Deutsch o r d e n s staates in Ostpreußen. In einem Fragment aus dem Umkreis "Zur Kritik der deutschen Intelligenz" heißt es, Preußen habe "die mönchische Zucht des Klosters auf die Kaserne übertragen" und so "die Askese, sagen wir der preußischen Ordensritter [+], entweiht ...", [227] die "Uniformitas", die - "von so vielen Regeln gefordert" - sich (R. SCHNEIDER zufolge) im Deutschorden vollendet hatte. [228] - Im Vollzug der beschriebenen Dialektik schreibt BALL weiter: "Ein Satz wie der von Scharnhorst: 'Hat die Vorsehung irgend eine neuere Einrichtung dem Menschen unmittelbar eingegeben, so ist es die Disziplin der stehenden Armee. Durch diese allein ist ihr Werk gegen eine sonst unvermeidliche Zerstörung gesichert, und der Mensch der diese geheiligte Einrichtung verdächtig zu machen sucht, weiß nich was er tut oder verdient nicht den Namen eines Menschen' - : ein sol cher Satz hat Wort für Wort seine Richtigkeit, wenn man ihn nimmt und von der preußischen Armee auf das stehende Heer des Jesuiten-

---

[+]   Auch "Naphta" (-Derleth) erzählt "von kriegerischen Mönchstypen des Mittelalters ... und von streitbaren Tempelherren ..."
(Th. MANN, Der Zauberberg, 1964, S. 410).

Balls neukatholischer Integralismus, ausdrücklich genauso anti-
liberal wie der "preußische", mag hier auf sich beruhen bleiben, der
Hinweis auf die spezifisch katholische Vergangenheit Preußens als solcher verdient Beachtung. Umso mehr als W. v. SCHRAMM zum Beispiel auf die Kontinuität des Katholisch-Preußischen abhebt, wenn
er schreibt, daß sich "der Geist des christlichen Rittertums" in die
preußisch-deutsche Armee "hinübergerettet und bis zum heutigen Tag
erhalten" habe. Und auch das, um dessentwillen Schramm die Armee
"pontifex" der "universalen Restauration" sein läßt, der christliche
Ständestaat, wird in Kontinuität mit dem Ordensstaat gesehen. M.
Spahn, einer der einflußreichsten konservativen Revolutionäre, der
schon 1907 eine "berufsständische Verfassung" empfiehlt, [230] versteht seinen preußischen "National- und Staatskatholizismus" überhaupt immer wieder vom Genius seines Geburtsorts bestimmt, Ma-
rienburgs an der Nogat, des ehemaligen Sitzes der ordensstaatlichen
Regierung. SPAHN schreibt: "Der mächtigste (Eindruck) ging von
dem alten Hochmeisterschloß in Marienburg aus, das meine Phantasie
zur Beschäftigung mit dem Deutschherrenorden antrieb. Der Nachhall
seiner Staatsauffassung, seiner ganzen Art, das Leben anzusehen, legte
sich mir unmerklich in die Seele, ohne je wieder daraus zu entweichen
..." [231]. Und PRZYWARA glaubt, daß der christliche Konservatismus des "andern Preußen" Friedrich Wilhelms IV. und seines Kreises - der Gebrüder Gerlach vor allem - "auf eine Wieder-Erweckung
des alten 'Ordensstaat Preußen'" ausging: "unter einer 'Weltherrschaft Gottes' im 'Reich Gottes' 'Dienst' zu tun, - eben darum aber
in dem Gesetz der h e i l i g e n Ämter - S t u f u n g, wie es das Gesetz des 'Heiligen Reich' war und darum überkommen war von dem
Staat des Ritterordens, der dieses 'Heilige Reich' in die Weiten des
Ostens hinein 'repräsentierte'. " [232]

Wie Przywara das "andre Preußen" zurückverfolgt ins mittelalterliche "Sacrum Imperium", so verlängert er es auch bis in die
fünfziger Jahre hinein, in denen H. J. Schoeps unter diesem Titel seine Studien über den Kreis des - auch von R. Schneider besonders ge-
schätzten - Friedrich Wilhelms IV. veröffentlicht hat. PRZYWARA
glaubt, daß die "Gesamtkonzeption des 'andern Preußen' alles vorweg (nimmt), was der Gedanke des 'Dienstes' - auch und gerade für
den ehemaligen Proletarier - als Positivum des Nazismus wollte, und
wohinein die echte Idee eines 'Ständestaates' zielte, und gerade in der
neuesten Entwicklung zielt (die wenigstens den Bundesrat aus einem
zweiten 'Parlament' in einen echten Ständerat umgestalten möchte)."
[233] - Man sieht, Przywara geht weit. Auch dem SS- "Ordensstaat"
(O. WESTPHAL) wird ein Anteil am Erbe des Deutschritterordens
zuerkannt, und ideologiegeschichtlich kann es keinen Zweifel an ihm geben: der "Preußische Sozialismus" Spenglers glaubte sich -
über Friedrich Wilhelm I. und Friedrich II. hinaus - dem deutsch-
ritterlichen Ostpreußen verpflichtet; SPENGLER dekretierte: "Mit
dem Preußentum steht und fällt der Ordensgedanke des echten Sozialismus." [234] Und, auf den Zusammenhang zwischen "preußischem
Sozialismus" und (christlichem) Ständestaat abstellend, schreibt G.
WEIPPERT - u. a. auch Autor eines Buches über das "Prinzip der
Hierarchie" [+] : "Deutscher Sozialismus ist ein Sozialismus der
Ränge, ein Sozialismus der Stufen ...". [235] Als Weippert dies -
1933 - formuliert, noch in der "Deutschen Rundschau" des (katho-
lisch-) konservativen Revolutionärs R. Pechel, hat er sich bereits dem
Nationalsozialismus zugewandt. Und auch in O. SPENGLERS "Jahre

---

+   Vgl. R. FABER, Das Laacher Syndrom. Über den Zusammen-
     hang zwischen Liturgischer Bewegung und gesellschaftlicher Re-
     stauration, in: kritischer Katholizismus, Jg. 5, Nr. 8, S. 6/7 und
     vor allem ders., Romano Guardini und Joseph Höffner. Über den
     Zusammenhang zwischen Pluralismus und Organizismus, in:
     kritischer Katholizismus, 1973, Nr. 1, S. 10/11.

der Entscheidung" aus demselben Jahr heißt es: "Der nationale Umsturz von 1933 ... war preußisch durch und durch, wie der Aufbruch
von 1914 ...", [236] + durch den, Spengler zufolge, ja der "Preußische Sozialismus" seinen Anfang genommen hatte.

Auch R. SCHNEIDER unterstellt eine preußische Kontinuität vom
Deutschordensstaat an, obwohl er - im Unterschied etwa zu von
Schramm - ein nur symbolisch-gebrochenes Verhältnis zur Armee
hat, erst recht zur Zeit seiner inneren Emigration und danach; am
Ende des "Hohenzollern"-Nachworts von 1953 heißt es vom "v e r -
h ü l l t e n Rittertum" seiner adligen Kreisauer Freunde, "das sein
Kreuz nicht mehr auf dem Mantel, sondern am Fleisch und am Geiste
trägt ..., künftigem Rittertum die Bahn weisend." [237] Aber gerade
auch so kann schon das eigentliche Buch 1933 mit den Worten beginnen: "Die Brüder des deutschen Ordens trugen als erste die Farbe der
künftigen Macht: aus dem Weiß ihres Mantels hob sich das schwarze
Kreuz. Dieses Kreuz, das sie vereinte und ihnen Werk und Richtung
gab, wich langsam zurück im Lauf der Jahrhunderte: vielleicht ist der
Inhalt der Geschichte, die hier entworfen werden soll, nichts anderes
als das Verschwinden des Kreuzes; aus dem Mantel wird einmal ein
Banner; aus demütiger Führerschaft Herrentum; aus dem Dienst an
der Ewigkeit ein Dienst an der Erde." [238] Und schon damals - "durchaus im Protest gegen das Christentum" - schließt sich der Satz an:
"Vielleicht aber kommt zuletzt die Ewigkeit wieder über den Menschen:
dann ist das Ende der Form gekommen, und wir können das Gleichnis
verstehn." [239] Jetzt aber - wir wissen es - geht es Schneider gerade um die "Form", eine zerstörte, doch zu restaurierende. Und

---

+ Auf dieser Identität Spenglers mit dem Nationalsozialismus ist
  zunächst zu insistieren, erst dann kann man auf die Contra-
  Literatur gegen die "Jahre der Entscheidung" aus dem nationalsozialistischen Lager hinweisen, wie es A. Mohler - allein -
  tut. (Die Konservative Revolution ..., 2 1972, S. 181/2).

schon der "Dienst" der Ordensritter - wenn überhaupt - war nicht nur "Dienst an der E w i g k e i t"; SCHNEIDER weiß das: Zum "schwarzen Kreuz" trat schon bald, nachdem die Deutschritter in den slawischen Osten gekommen waren, der "schwarze Adler", und ihn haben sie - vor jedem - den Kurfürsten und Königen vererbt. SCHNEIDER kann a u c h resümieren: "... der schwarze Adler, den (Kaiser) Friedrich II. dem Hochmeister Hermann von Salza für seine Fahne verlieh, erhob sich ... über dem Haupt eines andern Herrn aufs neue, als das Hochmeistertum vergangen war ..." [240].

j) Der Bismarckisch - Hitler'sche Reichs s t a a t als Erfüllung der "ghibellinischen Idee"

O. WESTPHAL geht in seinem nationalsozialistischen "Reich" so weit zu schreiben, daß Kaiser Friedrich II. selbst "den Ordensstaat Preußen gegründet" habe [241]; zweifellos war Hermann von Salza, der überragende Hochmeister des Ordens, bis zu seinem Tode Friedrichs II. "vertrautester Staatsmann". [242] Und auch E. KANTOROWICZ spricht in seinem "Friedrich" - Buch davon, daß Preußens Staatsidee aus Sizilien stamme. [243] SCHNEIDER selbst, der rhetorisch fragt: "Hat das große Werk der Staufen in Sizilien hier im Nordosten einen Nachfolger gefunden?" [244] - schreibt vom Ordensstaat: "Rechnung und Rechenschaft, eine unerbittliche ... Kontrolle, der die niedern wie die höchsten Beamten unterliegen, überwacht die Verwaltung der harterkämpften Erde." [245] Die kritische Historie freilich konkretisiert, daß es sich beim Preußen des Deutschordens "um eine großkapitalistisch organisierte barbarische Militärdiktatur größten Stiles" handelte, "einen 'Staat im Staate' ..." [246]. Gerade so aber wird seine staufische "Modernität" bestätigt, die nicht zuletzt eine außenpolitisch-imperiale war. Der Auftrag zur Heidenmission tat ihr keinen Abbruch. Nach der "G r u n d urkunde des Ordensstaates", Friedrichs II.

"Goldener Bulle" von Rimini, soll der Orden ausdrücklich "nicht
w e n i g e r die Unterwerfung als die Bekehrung der Heiden anstre-
ben. [247]

WESTPHAL kann - zumindest ex eventu berechtigt - schreiben,
daß mit der Staats- auch die Reichsidee von Sizilien nach Preußen
"hinübergeworfen" worden sei, [248] also die "ghibellinische" überhaupt. PRZYWARA versucht Preußen zu katholisieren, wenn er es
zum Repräsentanten des "S a c r u m Imperium" erklärt, freilich konsequent, da er dies auch mit dem Staufenkaiser Friedrich II. selbst
tut. Die "ghibellinische Idee" beruhte aber auf diesem "d o p p e l t e n
Anspruch" des Kaisertums: nach außen auf dem Anspruch der "Weltherrschaft", nach innen dem der "Staatsidee". Daß damit die ghibellinische Idee eine "a n t i k m o d e r n e" war, [249] darauf weist WEST-
PHAL nachdrücklich hin: "Mit beiden Zügen, Weltherrschaft und
Staatsidee, trat das deutsche Kaisertum ... in eine weit engere und
unmittelbarere Beziehung zum antiken Imperium als bisher. " [250]
Es kommt Westphal darauf an, das preußische Reich, wie es 1871
definitiv entstand, aus dem c h r i s t - katholischen Mittelalter heraus-
zusprengen, und doch auch so, wie seine alldeutsch-hitlerschen Welt-
herrschaftsbestrebungen, mit Hilfe des Gedankens von der translatio
imperii an die Reichstradition überhaupt anzuknüpfen - über Jahrhunderte, vor allem die habsburgischen, hinweg.

1250, mit Friedrichs II. Tod, war das mittelalterliche Reich eigentlich gestorben, gerade nachdem es am meisten zu sich - d. h. zu
seiner "antiken" Form gekommen war. Im Innern war es nur ansatzweise zu ihr gekommen, allein das - ehemals normannische - Königreich war unter Friedrich II. zum "antik-modernen" Staat geworden,
anderswo, vor allem in Deutschland selbst, wurde der feudale Partikularismus jetzt sogar erst i n s t i t u t i o n a l i s i e r t : die Fürsten konnten dem deutschen König Heinrich, Friedrichs II. Sohn, "das Worm-

ser Privileg von 1231 auf (zwingen), das der Kaiser im Mai 1232 ...
bestätigte. Es ist das 'Statutum in favorem principum', die Grundakte
des deutschen Territorialismus (die erst durch das Reichsstatthaltergesetz des nationalsozialistischen Reiches außer Kraft gesetzt worden
ist)." [251] Friedrich war nicht stark genug für den universalen
Staat, so daß er sich - unterm Vorzug des Universalismus - für einen nichtstaatlichen entschied, von der Basis des integralen, aber partikularen Normannen-Staates aus. Wollte er den "welt"-herrschaftli-
chen Universalismus überhaupt, mußte er den Fürsten, auf deren Unterstützung er angewiesen war, das Zugeständnis des Partikularismus
machen: "Es ist kein Zufall, daß eben in der Epoche der staufischen
Weltherrschaft die deutsche Landeshoheit entstand: Universalismus
und Partikularismus trieben sich wechselweise empor." [252] Bis der
Partikularismus - nach Friedrichs II. Tod und dem Westfälischen
Frieden definitiv - überhaupt über den Universalismus obsiegte.
Auf die Länge der Zeit brachte seine - staufische - Überspannung nur
jenem Erfolg. Eine Wende - zumindest für die preußische, nicht unbedingt kleindeutsche Geschichtsbetrachtung - trat erst mit der
Entstehung des brandenburgisch-preußischen Staates ein: "allein" dieses "Staatswerden ... ließ" Deutschland "den Reichsverfall" der "ersten neuzeitlichen Jahrhunderte ... überstehen ...". [253] Ja, wie
Westphals - und Schmitts - Schüler STEDING schreibt: "Der bran-
denburgisch-preußische Staat" war die "Keimzelle der europäischen Neuordnung" - "die Bedingung der Möglichkeit des zweiten
und Dritten Reiches ...". [254]

Das Neue - preußisch-deutsche - Reich entstand aus dem Partikularismus heraus, einem partikularen Etatismus, ähnlich dem -
diesem zum Vorbild dienenden - Friedrichs II. in Sizilien und Unteritalien. Rückblickend und wie am Ziel, erklärt C. SCHMITT 1941,
daß "das deutsche Volk ... durch den Engpaß der staatlichen Souveränität hindurchgehen" mußte, "ehe es einem neuen Deutschen

Reich möglich wurde, für Deutschland die Führung in Europa zurück-
zugewinnen." [255] Eng war freilich nur die Partikularität des p r e u -
ß i s c h e n Staates, nicht die Staatlichkeit selbst; sie sollte und s o l l
selbstverständlich sein: es geht Schmitt und seinesgleichen um ein
s t a a t l i c h e s Reich. Er erklärt: "... in der heutigen Zeit" besitzt
das Reich den "selbstverständlichen Anspruch auf Staat und volle
Staatlichkeit ... " [256].

SCHMITT proklamiert Hitler zum Erben der mittelalterlichen
Kaiser und preußischen Könige zugleich, d. h. zum Verwirklicher der
"ghibellinischen Idee" Kaiser Friedrichs II. (O. WESTPHAL), indem er - "in der heutigen Zeit" - den Reichs-Mythos "einer tausendjährigen großen deutschen Geschichte" und den "Staatsmythos" Preußens zugleich und zusammen am Werke sieht. [257] Deutschland ist
wieder das Volk eines europäischen R e i c hs , zugleich aber - auf
Grund des von Westphal bereits erwähnten und von Schmitt kommen-
tierten "Reichsstatthaltergesetzes" [258] - seines Partikularismus ledig + und ein einig-zentralistischer Staat; "ghibellinisch" handelt es
sich beim "REICH", wie es 1940 offiziell, statt "Großdeutsches" oder
"Drittes", einfach heißt, um einen REICHS s t a a t.

4. "Das n e u e Reich"

a) Europäischer "Großraum"

Seine Konturen vor Augen schreibt im selben Jahre der nationalsozialisti-

---

+ Auch des preußischen; der Schmitt - Freund POPITZ erklärte
immer wieder ausdrücklich: "Preußen vollendet seine reichs-
bildende Mission, indem es auf den staatlichen Zusammenhalt
seiner Provinzen verzichtet." (Zit. nach L.-A. BENTIN,
ebd., S. 73 Fn. 294).

sche Chefhistoriker W. FRANK : "Wir waren ausgezogen, den Frieden von Versalles zu revidieren. Aber das Schicksal und sein gewaltiger Abgesandter" - Hitler - "führten uns mitten hinein in eine beginnende Revision jenes Friedens, der im Jahre 1648 einst das jammervolle Ende des alten heiligen Reiches ... besiegelte. " [258a] Ein Erfolg, den Stedings "Reich" FRANK geistig vorweggenommen und wissenschaftlich begründet zu haben scheint [259]; in der Vorrede zur 1940 erschienenen zweiten Auflage von Stedings Buch, aus der wir oben zitierten, vermeint er, in der Sicht der Kriegsereignisse dieses Jahres seine Arbeit erst richtig deuten zu können, als "ein Werk s e h e r i - s c h e r Wissenschaft". [260] Völkerrechtlich, und das heißt wieder mit Bezug auf C. Schmitt : Steding hat dessen Konzeption der "Völkerrechtlichen Großraumordnung" "geschichtsphilosophisch" (R. HEPP) antizipiert.

Noch im "Nomos" der Erde" von 1950 definiert SCHMITT "Reich" als Großmacht "mit einer über das Staatsgebiet hinausreichenden Raumhoheit", [261] das heißt so, wie er es bereits 1939 "als eine spezifisch völkerrechtliche Größe in die völkerrechtswissenschaftliche Erörterung" eingeführt hat; der Aufsatz "Völkerrechtliche Großraumordnung mit Interventionsverbot für raumfremde Mächte", in dem SCHMITT dies tat, beginnt mit dem lapidaren Satz: "Eine Großraumordnung gehört zum Begriff des Reiches ...". [262] + "Reiche in diesem Sinne", schreibt er weiter, sind die führenden und tragenden Mächte, deren politische Idee in einen bestimmten Großraum ausstrahlt und die für diesen Großraum die Interventionen fremdräumiger Mächte grundsätzlich ausschließen. Der Großraum ist natürlich nicht identisch mit dem Reich, in dem Sinne, daß das Reich der von ihm vor Interven-

---

+   "In der großen Welt hat noch jedes echte Reich einen ... über die Staatsgrenzen hinausgehenden Bereich seiner Raumhoheit für sich in Anspruch genommen. " (C. SCHMITT, Der Nomos der Erde ..., 1950, S. 256).

tionen bewahrte Großraum selber wäre; und nicht jeder Staat oder jedes Volk innerhalb des Großraums ist selber ein Stück Reich ... Wohl aber hat jedes Reich einen Großraum, in den seine politische Idee ausstrahlt und der fremden Interventionen nicht ausgesetzt sein darf. " [263] "Im bisherigen, staatlich konstruierten Völkerrecht war das berühmte Witzwort Taÿlerands, Nicht-Intervention bedeute ungefähr dasselbe wie Intervention, nicht etwa ein überspitztes Paradox, sondern eine alltägliche Erfahrungstatsache. Sobald aber völkerrechtliche Großräume mit Interventionsverbot für raumfremde Mächte anerkannt sind und die Sonne des Reichsbegriffes aufgeht, wird ein abgrenzbares Nebeneinander auf einer sinnvoll eingeteilten Erde denkbar und kann der Grundsatz der Nicht-Intervention seine ordnende Wirkung in einem neuen Völkerrecht entfalten. " [264]

Schmitt strebte eine "sinnvolle" Aufteilung der Erde an, das heißt, er forderte die G r o ß m ä c h t e auf, sich ihren Raum zu sichern, dessen Definition, oder Schmitt gemäßer: dessen Definitor, freilich ungenannt blieb. Es gab keinen anderen als den jeweils mächtigsten, der selbstverständlich Deutschland sein sollte. ("Vom Reich zum W e l t reich" heißt K. HILDEBRANDS umfängliche Geschichte der nationalsozialistischen Außenpolitik.) - Bereits STEDING hat an der dezisionistischen Grundlage der "Völkerrechtlichen Großraumordnung" keinen Zweifel gelassen; in seinem "Reich" schrieb er - noch vor der Eroberung Österreichs: "... das höhere g e s c h i c h t l i c h e Recht der W i r k l i c h k e i t , das in Deutschland aufsteht", tritt mit dem "Anspruch" auf, "das europäische Völkerrecht dieser Wirklichkeit a n - z u p a s s e n." [265] Zumindest innerhalb des kontinentaleuropäischen Großraums konnte seine Sicherung also nur die Unterwerfung der nichtreichischen Staaten und Völker bedeuten, um Schmitts eigenes Vokabular zu gebrauchen: die ständige Interventionsmöglichkeit des Reiches in die von ihm abhängigen Staaten und Länder; das war die Schattenseite des hochgepriesenen Schutzes vor der Intervention "raumfremder Mächte". Ja, wurde sie nicht eben deshalb vom "Reich" so nachdrücklich verboten, damit es selbst im "Großraum" umso ungehinderter nach seinem - man muß doch wohl sagen - imperialistischen Gutdünken schalten und walten konnte? Schmitt sagte es selbst, wenn freilich auch mit kaum überbietbarem "Idealismus" : "jedes Reich" strahle "seine politische Idee" in einen "Großraum" aus.

Es ist derselbe Idealismus, der sich - gleichsam per Reprojektion - in J. VOGTS "Vom Reichsgedanken der Römer" findet. Wie Schmitt betrachtete der damalige NS-Dozent 1942 "als wesenhaft für das Reich das Dasein einer weitausgreifenden politischen Macht, die in einem großen Raum für viele Völker die Frage der Herrschaft und des Dienstes dauerhaft regelt. "[266] Und es war im Anschluß an diese Definition, daß VOGT auch bestimmte: "In diesem Ordnungsgefüge muß ein geistiges Band wirksam sein, ein einheitliches Ziel sichtbar werden. Über die Regelung des materiellen Betriebes hinaus müssen die Glieder vom Ganzen her die Geborgenheit ihres Lebens gewinnen und den Sinn ihrer Opfer empfangen. "[267] Vogt ist verräterischer als Schmitt; aus dessen "Idee" wird bei ihm ausdrücklich eine Integrationsideologie, w a s die "politische Theologie" Roms ja - gerade in der Interpretation Schmitts - tatsächlich war[+]. Vogt hatte Recht; in seinem - und Schmitts - Sinn, "erweist sich das Reich als Einheit von Macht und Geist in einem weltweiten Raum. "[267a]

"Möglichkeit und Zukunft des Völkerrechts hängen ... davon ab, daß die wirklich tragenden und gestaltenden Größen des Zusammenlebens der Völker richtig erkannt und zum Ausgangspunkt der Erörterung und Begriffsbildung gemacht werden. Diese tragenden und gestal-

---

[+] Und schon 1934 schrieb auch SCHMITT : Der "höchste ... und deutscheste ... Ordnungsbegriff" ist das "'Reich' als eine ... konkret-geschichtliche ..., Freund und Feind von sich aus unterscheidende ... politische ... E i n h e i t " (Über die drei Arten des rechtswissenschaftlichen Denkens, 1934, S. 44).

tenden Größen sind heute nicht mehr, wie im 18. und 19. Jahrhundert Staaten, sondern Reiche. " [268] Von dem ständigen abstrakten Abheben auf das Völkerrecht einmal ganz abgesehen, SCHMITTS abstrakter Reichs-Plural kann nicht darüber hinwegtäuschen, daß er mit diesen Worten für die europäische Vormachtstellung d e s Reiches plädiert, dem ihm zufolge - allein dieser Name gebührt, des Deutschen. Ex negativo noch 1950, wo ihm das Ende des "Jus publicum E u r o p a - e u m " , das für ihn 1945 eingetreten ist, als "Absturz in das Nichts einer raum- und bodenlosen Allgemeinheit" [269] erscheint.

Sie sollte - so plädiert SCHMITT völkerrechtsimmanent bereits 1939 - durch die Durchsetzung des deutschen Führungsanspruchs ver- hindert werden. In anderer Form wäre dadurch "die Kontinuität eines europazentrischen Völkerrechtes gewahrt und der Führungsanspruch außereuropäischer Mächte abgewiesen worden, und zwar in solcher Reinheit, wie die ganze Neuzeit über nicht; Deutschlands Hegemonie hätte auch E n g l a n d die Einflußnahme in Europa verunmöglichen sollen, einer nicht "rein" europäischen Macht. Doch Deutschland scheiterte durch den - für SCHMITT selbstverständlich völkerrechts- widrigen - Eingriff "raumfremder" Mächte, der USA zumal. S o trat an die Stelle der "überaus konkreten Ordnung" eines europazen- trischen Völkerrechts doch das bereits im Aufsatz von 1939 verächt- lich abgewiesene "universalistisch-imperialistische Weltrecht" der "westlichen Demokratien", [270] das heißt i n n e n politisch siegte nach schwerer Niederlage dennoch die "Revolution von 1918/9", die nach dem Schmitt - Schüler HEPP "eine Weltrevolution in Richtung auf die 'Eine Welt!'" war, im Gegensatz zur "Konterrevolution von 1933/4", die "eine Welt-Revolution" war, "mit dem Ziel, eine eigene deutsche Welt zu definieren. " [271]

Zumindest völkerrechtlich am nachdrücklichsten tat das SCHMITT, der - d a m a l s mit Erfolg - "eine ... konkrete ... völkerrechtliche

Raumordnung" [272] konzipierte, im Gegensatz zur "gleichmacheri-schen" One world der Angelsachsen, um noch einmal HEPP zu para-phrasieren.

SCHMITT ging bei seiner neuen Völkerrechtskonzeption von 1939 vom "Volksbegriff" aus, und ließ deshalb, wie er behauptete, "die im Staatsbegriff enthaltenen Ordnungselemente durchaus bestehen". Zu-gleich vermochte er freilich "den heutigen Raumvorstellungen und den wirklichen politischen Lebenskräften gerecht zu werden ..."; seine Völkerrechtskonzeption konnte angeblich "'planetarisch', das heißt erd-raumhaft sein ..., ohne die Völker und die Staaten zu vernichten ...". [273] Mit ungeheurem Aufwand an völkischer Prätention schrieb SCHMITT : "Wir wissen, daß die Bezeichnung 'Deutsches Reich' in ihrer konkreten Eigenart und Hoheit nicht übersetzbar ist. Es gehört zu der Geschichtsmächtigkeit jeder echten politischen Größe, daß sie ihre eigene, nicht beliebig subsumierbare Bezeichnung mitbringt und ihren eigentümlichen Namen durchsetzt. Reich, Imperium, Empire sind nicht dasselbe und von innen gesehen untereinander nicht vergleich-bar. Während 'Imperium' oft die Bedeutung eines universalistischen, Welt und Menschheit umfassenden, also übervölkischen Gebildes hat ... ist unser Deutsches Reich wesentlich volkhaft bestimmt und eine wesentlich nicht-universalistische rechtliche Ordnung auf der Grund-lage der Achtung jedes Volkstums. Während 'Imperialismus' seit dem Ende des 19. Jahrhunderts zu einer oft als bloßes Schlagwort miß-brauchten Bezeichnung ökonomisch-kapitalistischer Kolonisierungs-und Expansionsmethoden geworden ist, blieb das Wort 'Reich' von die-sem Makel frei. Auch bringen sowohl die Erinnerungen an die Völker-anschauungen des untergehenden römischen Imperiums wie die Assi-milierungs- und Schmelztiegel-Ideale der Imperien westlicher De-mokratie den Begriff des Imperiums in den schärfsten Gegensatz zu einem volkhaft aufgefaßten, alles volkliche Leben achtenden Reichs-begriff. Das wirkt um so stärker, als das Deutsche Reich, in der

Mitte Europas, zwischen dem Universalismus der Mächte des liberal-
demokratischen, völkerassimilierenden Westens und dem Universalismus des bolschewistisch-weltrevolutionären Ostens liegt und nach beiden Fronten die Heiligkeit einer nicht-universalistischen, volkhaften,
völkerachtenden Lebensordnung zu verteidigen hat. " [274]

b)   Nationalsozialistische W e l t reichsambitionen

Um am Ende des Schmitt'schen Passus zu beginnen, der Völkerrechts-
lehrer proklamierte den auch außenpolitisch eigenen - dritten - Weg
des neuen Deutschland, zwischen Liberalismus und Sozialismus, dem
prätendierten innenpolitischen entsprechend. Ein Gedanke, wie er bei
den konservativ-revolutionären Ideologen des autoritären Staats schon
vor der nationalsozialistischen Machtergreifung gang und gebe war.
"Weil bei jeder Vergemeinschaftung Über- und Unterordnung sein muß",
schrieb zum Beispiel W. STAPEL in seinem "Christlichen Staatsmann" von 1931, "darum ist a u c h eine Gemeinschaft von Nationen,
ein übernationaler Verband nicht ohne eine natürliche Randordnung,
a l s o ohne eine echte Herrschordnung möglich. Sonst bleibt sie eine
Fiktion und Diskussion. Es muß eine z w i n g e n d e Autorität da sein,
welche die Abtrünnigen zu unterwerfen und die Widerspenstigen zu bändigen vermag. " [274a]   "R o m " muß sein, jenes Rom, dem Vergil in
der Äneis ein für alle mal sein Gesetz gegeben hat: es den anderen zu
geben, subiectis parcens, superbos, debellans. SCHMITT selbst hat
gleichsam in diesen Ruf eingestimmt, als er seinen, dem hier zitierten
verwandten Aufsatz "Der Reichsbegriff im Völkerrecht" von 1939
mit den Sätzen beschloß: "Die Tat des Führers hat dem Gedanken unseres Reiches politische Wirklichkeit, geschichtliche Wahrheit und eine große völkerrechtliche Zukunft verliehen. - 'Ab integro nascitur
ordo. '" [275]

Die Abgrenzung gegenüber dem römischen Imperium im Aufsatz

"Völkerrechtliche Großraumordnung mit Interventionsverbot für raumfremde Mächte" aus demselben Jahr widerspricht dem nicht. In
"Raum und Rom" von 1952 schreibt SCHMITT: "Eine Formulierung
wie 'Großraum' im Sinne einer Großraumordnung, die in deutschen
Sprachen ohne weiteres verständlich ist, läßt sich in romanischen
Sprachen nur durch Umschreibungen, nicht durch einfache Übersetzung
richtig wiedergeben. Julius Evola hat das deutsche Wort 'Großraum'
im Italienischen mit 'spazio imperiale' auf eine andere Ebene überführt. " [276] Aber eine ihm völlig gemäße, gerade in den Augen
SCHMITTS. Es ist im gleichen Aufsatz, daß er auch schreibt: "Ich
bin sicher, daß 'Raum' und 'Rom' dasselbe Wort ist. " [276a]

Das römisch-imperiale Gesetz Äneis VI, 851-3 war der harte Kern
des organizistischen Nebels, wie ihn gerade auch Schmitt in seiner
"Völkerrechtlichen Großraumordnung" erzeugte. Hitler gehorchte diesem Gesetz, und es gibt keinen Zweifel: "Anders als das nationalsozialistische Deutschland hätte auch Hitlers E u r o p a nicht aussehen
können ...". [277] Auch für es wäre nur eine "zentralistische Lösung"
in Frage gekommen, die alle Macht in seiner Hand "konzentrierte". [278]
Objektive Tendenz war ein deutscher Imperialismus römischer
Prägung[+], der Schmitts - künstliche - Trennung "Reich" und "Großraum" hinfällig machte. J. POPITZ wies 1940, vom Schmittschen
Konzept ausgehend, treffend darauf hin, daß die "Völkerrechtliche

---

[+] Wie ehemals "das römische Bürgervolk" wurde jetzt das deutsche
"Reichsvolk" "eindeutig in die Herrenstellung eingesetzt
(J. VOGT, Vom Reichsgedanken der Römer, 1942, S. 11) -
durch den Mythos von der Überlegenheit der nordischen Rasse
"begründet", in eine W e l t -"Herrenstellung": Die Liquidation
der "Rest-Tschechei" vor Augen, fiel das Wort vom "Großdeutschen Weltreich". "Zwar untersagte die von Goebbels gelenkte
Propaganda den Gebrauch dieses Begriffs. Es wurde aber keineswegs endgültig verboten, sondern es hieß bezeichnenderweise, er
sei s p ä t e r e n Gelegenheiten vorbehalten. " (K. HILDEBRAND,
Deutsche Außenpolitik ..., 1971, S. 86).

Großraumordnung", wie sie sich mit den Siegen dieses Jahres anzu-
bahnen schien, auch eine staatsrechtliche war, ein völker-staatsrecht-
licher Zwitter, wie wir kritisch bemerken müssen. Und Popitz hatte
- weitergehend - die immer mehr zunehmende staatsrechtliche Tendenz der "Völkerrechtlichen Großraumordnung" unterstellt, wie sie
die Nazis dann in einer Instruktion für die Parteiredner aus dem März
1942 auch definieren sollten: "Es muß unser Bestreben sein, unter
dem Begriff 'Das Reich' künftig das neue Deutschland in a l l seinen
Besitzungen vor der Weltöffentlichkeit als geschlossene staatliche Einheit aufzuzeigen. " [279] Schmitts "Reichsbegriff bildete gleichsam
(nur) den Nebelvorhang, in dessen Schutz und Schatten Deutschland Position um Position, von Mittel- und Osteuropa über ganz Europa bis
zur Führungsposition in der ganzen Welt hätte erreichen können. " [280]
Und teil- und zeitweise ja erreicht hat; Schmitts und ähnlicher Ideologen "nichtimperialistische" Reichsfiktion lenkte bloß von der weit
vorausgeplanten Welteroberungsstrategie Hitlers ab, indem sie - in
Übereinstimmung mit der offiziellen Propaganda - vorgab, Deutschland habe nur europäische Interessen, und die seien nochmals in Übereinstimmung mit denen der anderen europäischen Völker, ihre Rechte
nicht nur achtend, sondern auch gegen gemeinsame äußere Feinde
schützend.

c)   Nationalsozialistischer Romanismus

Mit Re-Projektion auf das Augusteische Zeitalter, die Gegenwart damit zugleich von ihm her legitimierend, ja sakrifizierend, schreibt der
Althistoriker J. VOGT 1942 : "...die augusteische Weltherrschaft"
sollte "echte F ü h r u n g, das ist Schutz, Verwaltung und Pflege der
Länder sein ...". [281]   Und solche Verkündigung des Römisch-Augu-
steischen Imperiums war keineswegs vereinzelt, nicht gleichsam die
departmentale Verlegenheit eines Althistorikers, obgleich sie freilich

durch die Berufung auf das mittelalterlich - d e u t s c h e Imperium ver-
mittelt war. VOGT selbst ging in seinem Vortrag "Der Reichsgedan-
ke der römischen Kaiserzeit" - in aktualisierender Absicht, aus dem
wir zitieren, nicht gleich medias in res, sondern stellte ihm folgende
Vorüberlegung voran: "Heute da der Reichsgedanke seine Kraft und
Hoheit wiedergewinnt, mag es zunächst fragwürdig erscheinen, diesen
Begriff auf eine ferne Vergangenheit, auf eine fremde geschichtliche
Zone anzuwenden. Jedoch das erste Reich der Deutschen, an dem unser
Reichsgedanke sich vor allem aufrichtet, hat sich auf das Imperium
Romanum bezogen und sich selbst nach ihm benannt. Es war mit dem
römischen Reich nicht nur in der Zeitenfolge, sondern auch innerlich
verbunden; als geistige Welt ist es rückwärts mit der Antike ebenso
verwandt wie andererseits mit dem nachfolgenden neuzeitlichen Europa. Treffend hat man jüngst die griechisch-römische Antike in dem
charakteristischen Nacheinander von griechischer Poliswelt und römischem Großreich als das erste Europa bezeichnet und damit als eine
menschlich-politische Grundordnung anerkannt, die bis in unsere Tage
wirkt. Zu dem gemeinsamen Gut der Antike und des Abendlandes gehört ... auch der Begriff des Reichs, und zwar in der Bestimmung, die
auch für uns wieder gültig ist. " [282]

Vogt war und ist Katholik, die Bezeichnung als "christlicher Humanist" ließe ihn sich sicher geehrt fühlen, aber auch ein dezidiert preu-
ßisch-p r o t e s t a n t i s c h e r Nationalsozialist wie O. WESTPHAL
schrieb in seinem mittelalterlichen "Reich": "...unerläßlich ist es
..., wenn das 'Römische Reich deutscher Nation' uns nicht bloßer
Name bleiben soll, einen Blick zu werfen auf die Struktur des 'Imperium Romanum'. Dem, der meinen würde, daß der Gegenstand, den
wir betrachten, damit zu sehr in die Ferne rücken würde, wäre zu er-
widern, daß das Reich uns eben aus der Ferne zugekommen ist. " [283]
Ja, WESTPHALS Heranziehung der alten Geschichte - in aktualisierter
Absicht ging so weit, daß er 200 Seiten später schrieb: "Die Epoche

der großen deutschen Kaiser erscheint uns heute ... als der gewaltige Brückenpfeiler, über den sich das Geschehen vom Altertum zur Gegenwart wölbt. Und ... diese Wahrnehmung verbietet uns jede engstirnig-partikularistische Kritik an der deutschen Kaiserpolitik des Mittelalters ... ". [284] Geschichtsphilosophisch - "die Philosophie der Geschichte" ist WESTPHAL die "eigentliche Reichswissenschaft" [285] - erhält das Imperium Romanum, über das selbstverständliche Prius hinaus, fast den Primat. Eindeutig, mit dem Hintergrund massiv-nazistischen Bodenkults (der einem Vergil z. B. auch gar nicht fremd war) bei Chr. STEDING, wie Westphal protestantisch-preußischer: "Hegelscher" Nationalsozialist : "Staaten können nur von 'Bauern' und 'Baumeistern' geschaffen werden, und da bisher in unserer abendländischen Welt der römische Staat der staatlichste aller Staaten war und gewissermaßen in idealtypischer Reinheit die Idee eines nordischen Staates verwirklicht hatte, so kann es schon nicht überraschen, wenn er als vorbildlich empfunden wird: auch von Männern, die etwas auf sich halten, wie die Deutschen des Mittelalters". Ihnen - so fügte STEDING unmißverständlich hinzu - sei "die 'römische' Überfremdung ... zum mindesten nicht schlecht bekommen ...". [286]

d)   "Neues Mittelalter" des Nationalsozialismus

Nicht zuletzt ihr den Römern verpflichtetes Reich bot sich als historische Parallele an, um den "nicht-imperialistischen" Charakter eines "Großraum"-Reiches à la Schmitt zu "verdeutlichen". "...über den völlig veränderten Inhalt aller staatlichen Funktionen kühn hinwegsehend" konnte man, "auf die alte Führungsrolle ... (jenes) Reiches gestützt", seinen eigenen "Nachfolgeanspruch über Europa anmelden, mit all den Unklarheiten und Unbestimmtheiten hinsichtlich so vieler Gebiete, die jetzt längst außerhalb der Grenzen eines deutschen oder auch eines großdeutschen Staates lagen. " [287] So erinnerte Hitler 1939 beispielsweise daran, "daß Böhmen ein alter Lehnstaat des Reiches,

dann eines der sieben Kurfürstentümer des Reiches ... endlich durch
die Verbindung der letzten böhmischen mit der österreichischen Dynastie ein integrierender Bestandteil des Reiches gewesen sei. " [288]
Und der Mediävist H. AUBIN konnte zwei Jahre später auf andere
Genealogien verweisen; mit "dem Protektorat Böhmen und Mähren,
mit der Übernahme des Schutzes über die Slowakei, mit der Unterwerfung Polens bis zum Bug" schien ihm das "Dritte Reich" sogar "sein
W e s e n grundlegend verändert" zu haben: "... wo wir hinhören,
klingt uns heute die Berufung auf das alte, das Erste Reich entgegen.
Aber nicht mehr als Losungswort für den Nationalstaat. Es ist seine
andere Seite, sein weiterer Begriff, die vorschweben. " [289] T a t -
s ä c h l i c h wollte das "Dritte Reich" nie nur "Nationalstaat sein";
AUBIN hatte die zeitweiligen - Vorkriegsproklamationen vom bloß
"n a t i o n a l e n Deutschland" für bare Münze genommen und mußte deshalb eine andere Sprachregelung gleich als Wesensveränderung auffassen, obwohl er den Grund für die neue, sich aufs mittelalterliche
R e i c h berufende Ideologie richtig erkannte; in seinen affirmativen
Worten: "Vor neue und große Aufgaben in der übernationalen Ordnung
Europas gestellt, sucht der Deutsche nach geschichtlichen Vorbildern
für ihre Bewältigung, sucht gleichsam eine geschichtliche Bekräftigung
für die Mission, die er sich heute auferlegt fühlt, nämlich eine verwandte Staatenordnung unserer eigenen Tage aufzurichten, in der um einen deutschen Kernstaat fremdstämmige Nebenstaaten gelagert sind. "
[290] Eine "Großraumordnung", wie sie Schmitt antizipiert hatte,
scheinbar apriorisch. Aubin erkannte sie als im Mittelalter bereits prä
formiert. Schon der Mitbegründer der "großdeutschen" Mediävistik
im vorigen Jahrhundert, J. FICKER hatte geschrieben, das "heilige
römische Reich deutscher Nation" sei "weder ein Weltreich, noch ein
Nationalreich" [291] gewesen, sondern "eine Staatenbildung, geeigneter"
wie ihm schien, "als irgend eine andere, um gleichzeitig einer Lösung
nationaler wie übernationaler Aufgaben gerecht zu werden. " [292]

Mit "übernationaler" Zuspitzung und wie Ficker in aktualisierender Absicht [+], freilich zu anderer Stunde, schrieb der NS-Historiker
GANZER in seinem "Das Reich als europäische Ordnungsmacht" 1940
wieder: "Nur im Reich waren die gemeinsamen europäischen Aufgaben
gesehen und in den glücklichsten Stunden Europas gelöst worden. "
Und: "Nur das (deutsche) Reichsvolk hatte die ordnende Kraft bewiesen, die Zonen der europäischen Unruhe sinnvoll zu formen. " [293]
Am anderen "Ende" als Ganzer beginnend, eben am nationalen Anfang
des "Dritten Reiches" stehend, hatte sein - und noch mehr Aubins -
Kollege, der auch nach 45 einflußreiche Mediävist H. HEIMPEL bereits 1933 erklärt: "Wir wollen das Höchste für unser Volk: daß es,
in seiner Art stehend, in seiner Besonderheit das Allgemeine verwirk-
liche. So wollen wir das Reich. Aber nicht das alte, sondern das neue.
Indem wir unser Mittelalter überwinden, werden wir unseres Mittelalters würdig sein. " [294] - Alles, was danach, in "fortgeschrittener"
Stunde, gerade auch von offizieller Staats- und Parteiseite, an Mittel-
alter-Parallelistik geboten werden sollte, folgte dieser Heimpel'schen
"Dialektik".

"...wie wurde und wie soll sein Deutschlands Mittelalter Deutschlands Schicksal?" [295] fragte HEIMPEL in seiner Rede gleichen The-
mas und antwortete: "Deutschlands Mittelalter ist Deutschlands Anfang in Macht, Größe und Weltruf. Darum haben alle Zeiten nationaler
Entscheidungen um ihr Bild von diesem mittelalterlichen Anfang gerun-
gen, und darum ist auch in den Herzen des Dritten Reiches stark und
durchaus lebendig das Gefühl, daß in jenem Ersten Reiche der Deutschen, dem Reich der heroischen Kraftanstrengung, der Macht und der

---

[+]   "Seitdem wir ... des ungeheuren Anblicks, wie Reiche entstehen
      selber teilhaftig geworden sind, tut sich über einen vielhundert-
      jährigen Abgrund hinweg die reale Kraft der alten Reichsordnung
      ohne Verhüllung kund. " (K.R. GANZER, Das Reich als euro-
      päische Ordnungsmacht, [2]1941, S. 89).

Einheit Urbilder des deutschen Daseins stehen müßten ...". [296] Am

ursprungsmythischen Charakter dieser nationalsozialistischen Berufung auf das mittelalterliche Reich - durchaus mythisch im "sozialen" Sinn eines reaktionär verstandenen Sorel - keinen Zweifel las-
send, heißt es bei HEIMPEL ausdrücklich: "Wenn ... das Wort
'Reich' seine Feierlichkeit ... vom Bilde des Ersten Reiches nimmt,
so kommt das nicht von gelehrtem Wissen um den 'wahren Charakter'
des mittelalterlichen Reichsbegriffs, sondern der politische
Wille nimmt vom Klang des mittelalterlichen Reiches eben das auf,
was der Gegenwart sein soll: Einheit, Herrschaft des Führers, reine
Staatlichkeit nach innen, abendländische Sendung nach außen." [297]

Fragt man doch nach dem "'wahren Charakter' des mittelalterlichen Reichs", ist nicht zu übersehen, daß sich das Reich der "Gegenwart" "nur" außenpolitisch dem mittelalterlichen "verdankte", in dem,
was Heimpel affirmativ seine "abendländische" Sendung nannte; im
übrigen aber, folgt man der Heimpel'schen Charakteristik, dem neuzeitlichen Etatismus, wie er in Deutschland vor allem von Preußen
vertreten worden war. Und diese "complexio oppositorum" wurde und
wird - affirmativ oder kritisch - auch immer wieder als das Wesen
des nationalsozialistischen Reiches genannt. Im Prinzip erstrebten
schon Teile der konservativen Revolution ein solches "Drittes" über
den Gegensätzen - gerade auch der deutschen Geschichte. In der vagen,
"vitalistischen" Art Heimpels, durch das größere schriftstellerische
Können noch gesteigert, hieß es zum Beispiel beim vorkatholischen
SCHNEIDER, der das Reich "vor allem erlebt und weniger beurteilt"
sehen will: [298] "... das Reich ... ist ... der Inbegriff der Einheit
alles dessen, was nicht vereinbar scheint und was andere Völker auch
nicht zu vereinen vermochten; es wird daher nur von dem ergriffen, der
sich losreißt von den Für und Wider und in sich den Zusammen-
klang erlauscht, den die Streiter unter der einen oder anderen Fahne
nicht vernehmen konnten." [299] Und der Georganer L. HELBING

302

zählte in seinem "Dritten Humanismus", der ein "staatlicher" sein sollte, das scheinbar Unvereinbare auf, von dem auch Schneider sprach: "Norden und Süden, Christliches und Heidnisches. Protestantismus und Katholizismus, Links und Rechts ..." [300]. Auch HELBING sah "keine andere Wahl, als die Verwirklichung eines dritten Sacrum Imperium nach der cusanischen Formel als einer coincidentia oppositorum (einer Gleichzeitigkeit der Gegensätze) zu fassen: ... zur neuen Einheit des Staates." [301]

Das Sacrum Imperium als Staat oder umgekehrt, wir kennen das Programm: es ist das unverwirklicht gebliebene Programm Kaiser Friedrich II., das Steding und "Volksgenossen" jetzt wieder aufgreifen. Es ist noch das der deutschen Widerständler um Gördeler; nach dem Sieg über Frankreich erstand auch vor ihren Augen "die verführerische Vision eines Deutschen Reiches mittelalterlichen Umfangs und preussisch-konservativer Prägung", [302] wie H. GRAMS formuliert. POPITZ, Gördelers "rechte" Hand, gab der Vision in einem Vortrag am 11.12.40 die - von C. Schmitt übernommenen - Strukturen: "Der moderne und brauchbare Reichsgedanke sei so zu verstehen, daß ein Volk, das in einem Staate politisch geeint sei, über die Grenzen seines eigentlichen Staatsgebietes hinaus auf andere Gebiete und andere Staaten einen 'bestimmenden Einfluß' ausübe, der sich dahin steigere, daß es in diesen Gebieten 'gewisse Sonderrechte' genieße. So entstehe völkerrechtlich ein 'Großraum' und staatsrechtlich ein 'Reich' ...". [303]

Man kann die Synthese von Reich und Staat, den Gedanken des Reichsstaates, als Vollendung der p r e u ß i s c h -deutschen Geschichte zu begreifen, wofür sich - objektiv gesehen - die Zeit bis zum Beginn des Weltkrieges vor allem anbot: Die "deutsche Sendung" des Führers ließ 'die Sendung Preussens erst zur wirklichen Einheit der Deutschen im Großdeutschen Reich werden ...", [304] hieß es in GRIMMS Vorwort zur deutschen Ausgabe der Bainvill'schen "Geschichte zweier Völker" von 1939. Man konnte auch - nach 1939 mußte man es mehr oder weniger - auf das "erste" und "alte" Reich rekurrieren, dem GRIMM' schen Satz gemäß: "Der Sinn der deutschen Geschichte ..., wie er sich heute unter Adolf Hitler vollendet, ist ein Kampf um das Reich ...",[305] jetzt aber eben nicht mehr nur um "die Einheit der Deutschen",[306] wie GRIMM fortfuhr. AUBIN kritisierte ihn post festum, indem er schrieb: Das "Zweite Reich war ganz von der Staatsseite her aufgebaut. Es trug zwar der geschichtlich gewordenen Doppelheit von Reich und Ländern Rechnung, nicht aber der von Deutschen und Nichtdeutschen."[307]

Ganzer, Steding und andere haben den statischen Gegensatz eines Nacheinander zu einem dialektischen Prozeß dynamisiert: um das Ziel Friedrichs II., den übernationalen Einheitsstaat zu erreichen, mußte aus dem Interregnum partikularer deutscher Fürstengewalten der preussische Staat hervorgehen, Deutschland einigen und - im Nationalsozialismus - zentralisieren, um schließlich, auf neuer Ebene, wieder zur Gründung eines übernationalen Reiches ausholen zu können, den Frieden von Münster und Osnabrück r a d i k a l revidierend. SCHNEIDERS physiognomischer Blick wiederum sah, die Dynastien symbolisch nehmend, dieses dialektische Bündnis - zwischen Staufen und Hohenzollern - bereits im Ursprung beschlossen: Die Burg Hohenzollern, "wo der südliche und der nördliche Zweig des Geschlechts sich einen, die Stammbäume der Hohenzollern und Hohenstaufen derselbe Raum umfängt und die katholische und die protestantische Kapelle einander gegenüber im Burghof stehen", bezeugt den "Willen zum Reich, zur u m f a s s e n d e n Einheit des Vielfachen ...".[308]

Den Nationalsozialisten nun schien das "Gleichnis" Wirklichkeit geworden zu sein und die "deutsche Geschichte als" - tatsächliche - "Einheit" gesehen werden zu können.[309] Um O. WESTPHAL zu zitieren: "Während der Fahrt, auf der er im Frühjahr 1938 die deutschen Gaue zur 'heiligen Wahl' aufrief, betrat der Führer und Reichskanzler zum erstenmal den Saal des Römers zu Frankfurt am Main. Der Schöpfer des Großdeutschen Reiches trat den Bildern der großen germanischen Kaiser gegenüber. In Frankfurt, wo neunzig Jahre zuvor die denkwürdigen Parlamentskämpfe zwischen Großdeutschen und Kleindeutschen ausgefochten worden waren, sprach er von der Notwendigkeit auch des Zweiten, kleindeutschen Reiches. Die drei Reiche - das heilige römische Reich deutscher Nation, das evangelische Kaisertum deutscher Nation, wie Bismarck sein Werk, und das germanische Reich deutscher Nation, wie Hitler das seine genannt hat - erschienen vor seinem Auge als ein großer, heiliger, notwendiger Zusammenhang." [310]

Vom "germanischen Reich deutscher Nation" hatte HITLER seit seinem Artikel im "Völkischen Beobachter" vom 1.1.21 gesprochen und sein darin impliziertes Programm mit der "Schöpfung" des "Großdeutschen Reiches" - der "Gewinnung" Österreichs und der Sudeten - "erfüllt". In Verfolgung seines mit dem unterdrückten Wort vom "Großdeutschen W e l t reich" angegebenen Ziels, überschritt HITLER ab 1939 das ö f f e n t l i c h propagierte Anfangsprogramm, und so war es nur konsequent, daß per Verfügung vom 21.3.42 der Ausdruck "Reich" allein Name seines Machtbereiches wurde: "es gebe viele Staaten, aber nur ein Reich", mit welcher Begründung implizit der W e l t reichs-Anspruch wieder auftauchte, und zwar in bewußter "Assoziation ... zum mittelalterlichen Reich ... Seines wesentlichen ursprünglichen Inhalts, nämlich der Symbiose mit dem Christentum, ... entkleidet, mochte doch noch der Klang des Wortes, der Adel einer hehren Tradition, der Glanz und Reichtum einer tausendjährigen Geschichte in diesem Reich einen mystischen Rausch erzeugen." [311] Und - etwas im Gegensatz zu diesen Worten P. KLUKES - Hitler selbst war offensichtlich nicht unempfänglich für diesen "Rausch".

Daß auch er seit dem "Rußlandfeldzug", wie der mediävistische

Reichsvisionär Heimpel bereits 1933, das Wort von Deutschlands "abendländischer Sendung" im Munde führte, war nicht nur ins Mikrophon gesprochen. "Hitler l e b t e und w e b t e in der Anschauung des mittelalterlichen Kaisertums, dessen Verunglimpfung er Rosenberg und Himmler untersagte. Er wollte gar nichts von Widukind wissen. Karl der Große, das war er." [312] [+] Dieser umgekehrt, um Heers Karls-Kritik zu zitieren, der "Erzvater des europäischen Totalstaats." [313] Karl war "totalitär" mit Hilfe des Papstes, was Hitler die Parallele schwierig machte, wie sein "Trotzkist" WESTPHAL nach 45 meint. "Aber dann war er Otto der Große, der einen Papst in Hamburg hatte sterben lassen." [314] Otto, "den von Gott Erwählten, von König Heinrich Bestimmten und von den Fürsten Erhobenen bestätigte das Volk mit erhobenen Händen und dem Ruf: Heil und Sieg!" [315] A l l e deutschen Kaiser nannten sich, wie bereits ihr aller Urbild Augustus, "Mehrer des Reichs"; [316] Bischof LUDWIG SEBASTIAN von Speyer rekurrierte anläßlich der Saarabstimmung des Jahres 1935 ausdrücklich darauf. [++] Und Hitlers Generalstab gab - dementsprechend - dem "Rußlandfeldzug" den Decknamen "Unternehmen Barbarossa".

[+] Wörtlich erklärte Hitler bei Gelegenheit: "Karl der Große war einer der größten Menschen der Weltgeschichte, da er es fertig gebracht hat, die deutschen Querschädel zueinanderzubringen." (Zit. nach Fr. HEER, Der Glaube des Adolf Hitler ..., S. 393 - Hitlers Tischgespräche im Führerhauptquartier 1941/2, Hg. von P. E. Schramm ..., [2]1965, S. 173).

[++] Vgl. H. MÜLLER, Katholische Kirche und Nationalsozialismus, 1963, S. 333. - R. GROSCHE, einer der führenden katholischen Reichstheologen, hatte bereits ein Jahr früher geschrieben, "daß der deutsche Staat ... in einer Ordnung sich aufbaut, die ihrer Natur nach erweiterungsfähig ist und über die Grenzen des deutschen Siedlungsraumes hinaus weist, daß er" - à la Schmitt - "'verschiedene Grade der Staatlichkeit kennt' ..." (Reich, Staat und Kirche, in: Die Kirche im deutschen Aufbruch, 1934, S. 44).

Es war eine fromme Illusion, als man am Vorabend der nationalsozialistischen Machtergreifung glaubte, zum Beispiel in der "Allgemeiner Rundschau", "dem großpreussisch-militaristischen Revanche-
kriegszäsarismus und Imperialismus" das "Imperium des 'Imperator
pacificus semper Augustus'" [317] positiv konstrastieren zu können.
HEER weist darauf hin, daß Friede eng mit Krieg zusammenhängt und
- dementsprechend - der mittelalterliche "Friedensfürst ... der große Kämpfer" war, "der Heiden-Ketzer-Rebellen für Christus" unter-
warf und nur d e r a r t "das goldene Zeitalter" heraufführte. [318]
HAECKER verkannte Vergil, auch den "Virgilius christianus", als
er meinte: "Der Abscheu vor dem Krieg, den Vergil, der Freund des
Augustus, des Erhabenen, des größten Kaisers jenes Imperiums, das
aller weltlichen Imperien Muster ist, so offen äußern durfte, brächte
ihn heute zum Schweigen in einem Konzentrationslager. Das ist ein
Charakteristikum dieses fluchbeladenen Reiches, das durch den aus-
drücklichen Abfall vom 'Glauben' abgrundtief unter dem adventistischen
Heidentum steht." [319]

Haecker halbierte Vergil; der ganze Vergil der M a c h t -
Friedens-Konzeption war den Nazis gar nicht so fremd gewesen.[+]
V e r g i l i s c h ist es, wenn Bischof "Konrad von Speyer", der Kanzler
dreier Kaiser, zu "Otto IV." - als dem "Erben a l l e r Kaiser" -
sagt: "Deine M a c h t wird der Friede sein mitten unter den Völ-

---

[+] MOENIUS bestätigt schon für's zweite - preußische - Reich:
"Aus dem 'Tu regere imperio populos ...' wurde der Wahn von
der deutschen Weltaufgabe und der Wille zur deutschen Hegemonie."
(Einführung zu H. MASSIS, Verteidigung des Abendlandes, 1930,
S. 21). "Nicht umsonst", schreibt schliesslich - sub specie
Tertii Imperii - H. SCHAEFER, "steht das römische Volk spontan
im Theater auf, wenn Vergils Verse rezitiert werden: 'hinter dem
machtvollen Heldenpanzer seiner Rede hört es den ehernen Tritt
römischer Legionen dröhnen und die erbarmungslose Herrscher-
gewalt Roms seine Kommandoworte sprechen'." (Horaz und Vergil im Dritten Reich, in: Das humanstische Gymansium 47
(1936), S. 205).

kern."[320] Es stimmt, was HEER 1949 am Ende seines "Aufgangs Europas" schrieb: "Es geht nicht an, romantisch und romantisierend für das 'heilige Reich des Mittelalters' zu schwärmen und das ganze Unheil der Neuzeit Preußen in die Schuhe zu schieben."[321] "Die Wahrheit, eine bittere Wahrheit, sieht anders aus."[322] Heer urteilt nicht anders als der selbstkritische Reichsvisionär von ehemals, R. Schneider, schon nach dem 30.6.34; rückblickend schreibt SCHNEIDER 1954 : "... ich konnte nicht leugnen, daß die sich vollziehende Parodie des Reiches in Zusammenhängen geschah, daß nicht ein Gedanke neu war. Neu war nur die beispiellose, folgerichtige Roheit des Vollzuges. Gewiß hätte der Strom sich ein anderes Bett wühlen können, riß er vieles ihm nicht Zugehörende mit; aber seine Wucht war doch das Gefälle deutscher Geschichte."[323] "Schneider" erklärt, ohne doch - bis an sein Lebensende - vom Reich und seinen Kleinodien loszukommen, daß es nicht einfach illegitim war, als "die Insignien des alten Reiches" 1938 "- mit militärischen Ehren, wie Symbole eines e x i s t i e r e n d e n Staates - nach Nürnberg überführt"[324] wurden, und die Stadt der "Reichsparteitage" so erneut "zur symbolischen Hauptstadt des Reiches"[325] wurde, wie 1424 schon einmal, als die Kleinodien zum ersten Mal in Nürnberger "Obhut" kamen.

e) F o r t d a u e r n d e s Mittelalter des Katholizismus

Man muß SCHNEIDERS Urteil, daß 1933/4 oder 1938/45 "ein Ende" gekommen ist [+], womit er das des "Reiches" meint,[326] auf einen sich immer noch am Mittelalter orientierenden - römischen - Katholizismus ausdehnen, der in seiner Karfreitags-Liturgie bis Ende der

---

[+] "... die Herrschaft der zwölf Jahre kam nicht von ungefähr, sondern aus einer deutschen Geschichte wesenseigenen Möglichkeit - sonst hätte sie schwerlich die unbestreitbare Zustimmung gefunden." (R. SCHNEIDER, Verhüllter Tag, Herder-TB 42, S. 168).

fünfziger Jahre eine Fürbitte enthielt, die in der Bergengruen'schen Übersetzung des Jahres 37 (2. Auflage 1950⁺) so lautet - wir zitieren BERGENGRUENS Eingangsverse zur "Fürbitte aus der Karfreitags-Liturgie" mit: "So weit der Adler des Reiches die völkerbewahrenden Schwingen gespannt, / von den sizilischen Domen bis zur Burgundischen Pforte, / von den palmengedeckten Kapellen im neu ersegelten Land / bis zu den deutschen Altären von Bergen und Nowgorod, / traten am großen Freitag jährlich am heiligen Orte / Vätergeschlechter vor Gott. / Und sprachen in Einmut die Worte: // Erheben wir die Stimme des Gebets / für unsern Herrn, den Allerchristlichsten, / den Kaiser Roms, allzeit des Reiches Mehrer; / daß unser Gott und Herr ihm untergebe / die ungezähmten Völker der Barbaren, / und immerdauernd wir in Frieden bleiben. / Um solches laßt uns beten. Beugt die Knie. // 'Allvermögender Gott, / Ewiger Du, / in dessen Hand der Staaten Mächte sind // und jeglicher Herrschaft Gerechtsame, / in Gnaden siehe an das Römische Reich. / Und füg es so: / daß jene Völker, die allein der Kraft / der eignen Wildheit unerleuchtet trauen, / die bändigende Stärke Deines Arms erfahren. // Solches geschehe durch Deinen Sohn, unseren Herrn, Jesus Christ, / welcher mit Dir und dem Geist in Leben und Herrschaft ist, / Ihr, die Ihr wahrer Gott selbdritt in Einem seid / aus dem Uranfang her und bleibet in Ewigkeit. '" [327] BERGENGRUEN endete mit dem Zusatz: "Diese Bitten sind gesprochen / von Geschlechte zu Geschlecht, / und der Fluch wird nicht gebrochen, / eh ihr neu die Worte sprecht. " [328] HEER hat nur z u Recht, wenn er in Fortführung obigen Zitats 1949 weiter-

---

+ In BERGENGRUENS "Nachwort" zu dieser unveränderten Auflage heißt es u. a. : "Was mich bewogen hat, nach anderthalb Jahrzehnten den Zyklus von neuem und unverändert vor die Öffentlichkeit zu stellen, das ist nicht zuletzt die gewaltige geschichtliche Aufgabe, die heute vor den abendländischen Völkern, ja, vor denen der Erde steht: die Pflicht, das Widerstrebende in höheren Zusammenfassungen zu einen, w i e sie im augusteischen Kaiserreich der Antike, im römisch-deutschen des christlichen Mittelalters ihre Vorfor-

schreibt: "Der Totalstaatsversuch Hitlers läßt sich nur von reichischen Bezügen her verstehen - aus der Perversion, gewiß, aber auch
aus der echten Nachfolge des alten Sacrum Imperium."[329] Jenes
Sacrum Imperium, dessen "erster Dichter - Prophet"[330] Vergil
war, wie HEER gleichfalls an anderer Stelle formuliert.

f) Sacrum Imperium

Um - aus HAECKERS affirmativen "Vater des Abendlands" zu zitieren: "Vergil und sein Werk" gewähren die Möglichkeit eines natürlichen innerlichen Verständnisses ... für das zwar am Anfang den eigentlich und unmittelbar Beteiligten und auch noch Jahrhunderte später
einem Augustinus und noch später Dante anscheinend gar keine Schwierigkeiten bereitende, später aber mit zaudernden und fallenden Jahrhunderten immer größeres Ärgernis erregende, immer unzulänglicher
und unfähiger erklärte, ja scheinbar überhaupt unerklärliche Faktum,
daß aus dem heidnischen Rom ein christliches Rom wurde und ein
christliches Abendland, dem wir angehören, daß das Imperium Romanum, nachdem es sich grausam mit allen Mitteln seines allmächtigen,
die Gottheit selber usurpierenden Staates gewehrt hatte, schließlich
doch freiwillig, durch einen freien Akt der Zustimmung, sua sponte,
aus seinem Innersten heraus - und sein Innerstes war der Staat -, eine

---

mungen gehabt haben." Und: "Es steht der Dichtung nicht zu, die
Formen künftiger europäischer und übereuropäischer Zusammen-
schlüsse vor ihr Urteil zu laden und Erwägungen darüber anzu-
stellen, auf was für Schultern die ehemals kaiserliche Aufgabe in
Zukunft ruhen werde. Wohl aber darf sie in ihrer Weise daran erinnern, daß jene Zusammenfassungen der Völker, auf die wir hof-
fen, von den nämlichen seelischen und geistigen Kräften getragen
sein werden, die dereinst das Bild des alten Reiches geformt haben.
Und so wird etwas von ihm weiterleben und des Kaisers ewige Gestalt überall dort zugegen sein, wo Steine zum überwölbenden Bau
des neuen Völkerhauses zusammengetragen werden." (Der ewige
Kaiser, S. 76/7).

Religion, die von Afang und in alle Ewigkeit über dem Staat steht - zur Staatsreligion machte. " [331] Symbol d i e s e s Faktums "zuinnerst" - denn auch der "christliche" Humanismus ist, als römischer, ein "staatlicher" - ist das "Lotharkreuz", d a s Symbol der "politischen Imperium- und Augustus-Theologie" (E. PETERSON). R. SCHNEIDER interpretiert realtypisch - er legt seine Worte Kaiser Otto IV. in den Mund : "Wo die Balken sich treffen, leuchtet das Antlitz des Kaisers Augustus. Gleicht er nicht Christus? Das wäre die Lösung gewesen. Es sollte geschehen, was nicht möglich ist, " [332] - und doch nicht aufgegeben werden darf, weil ihm die "Verheißung" gehört [+] - so wie sie Schneider versteht: die Verheißung des "Evangelischen" und "Römischen" Friedens z u g l e i c h .

1952 führt L. ZIEGLER unter dem einseitigen, aber Schneider ausdrücklich verpflichteten Titel "Evangelischer Friede" unter anderm aus: "Was in der Sehnsucht christlicher Äbte und Mönche gekeimt und ausgetrieben hatte, fand in der Seele des Salischen Kaisers Heinrich des Dritten die nährende Mutterscholle, darin es vollends sich entfalten konnte. Das nie zuvor und nie nachher Erhörte geschieht - der Träger der obersten weltlichen Gewalt im Abendland macht zu seinem höchsten Anliegen die Gottestreue Clunys, oder genauer noch: den evangelischen Frieden Jesu Christi in Gestalt der Treuga Dei. Als einzigem konnte ihm es auferlegt sein, als einziger konnte er in eigener Person sich auferlegen, den Frieden von unten i m Frieden von oben, im evangelischen Frieden, entstehen zu lassen. Wiederum würde den

---

[+] Schneiders Freund PRZYWARA erklärt das "Sacrum Imperium" zum "neutestamentlichen Erben der alttestamentlichen Theokratie", um daraus die Schlußfolgerung zu ziehen, daß ihm "dann ... auch ... das heilig-kühne Wort" gilt, "das der ... Römerbrief über die Auserwählung und den Sturz Israels schreibt: 'Unrückrufbar sind die Gnadengaben und Berufungen Gottes' ... " (Logos. Logos - Abendland - Reich - Commercium, 1964, S. 111).

Frieden von oben lediglich der allgemein verpflichtend zu verkünden befugt sein, der ihn zuvörderst in sich selber hergestellt. Am Gründonnerstag 1043 sagt der Salische Kaiser dieses Schlüsselereignis im Konstanzer Münster feierlich an und setzt hierdurch der Christenheit für immer das eichende Maß, hinter welchem kein künftiger Herrscher zurückbleiben durfte, wenn anders er unter den Gläubigen des Evangeliums als Friedensstifter Glauben finden wollte. Unabdingbar mußte er den inneren Frieden zuvörderst in sich selber gestiftet haben, ehe er versuchen durfte, den äußeren unter seinen Völkern zu stiften: seiner Wesenheit nach ist jener die außenweltliche Spiegelung eines innenweltlichen Menschheitszustandes" [333]: des Augusteischen als Christlichen. - Heinrichs III. Gründonnerstagspredigt vom Jahre 1043 war deshalb ein "Schlüsselereignis", d a s Schlüsselereignis des "Sacrum Imperium", weil damals "ein Erbe Cäsars das Charisma de Cäsar - es gibt auch ein solches! - mit dem Charisma Christi in sel bigem Kelche gemischt" hat, "in welchem, nach der Legende der heilige Gral, das Blut und Wasser aus der Seite des Gekreuzigten dereinst sich mischte." [334] Doch das "Schlüsselereignis" war kein eschatologisches, wie die "Grals"- Analogie vielleicht vermuten lassen könnte. ZIEGLER selbst betont, daß "Heinrichs Gründonnerstags botschaft als die Stiftung eines b e w a f f n e t e n , nicht eines unbewaff neten Friedens zu nehmen" sei, "wenngleich jener von jetzt ab in die sem gegründet sein soll. Auch einem fürwahr 'heiligmäßigen' Träger der Potestas Temporalis mußte der Gedanke fern liegen, sich für die Dauer seiner Amtszeit des Schwertes einfach zu entledigen. Und dami in etwa die Entsagung v o r w e g n e h m e n d zu üben, die im Spiel von Antichrist der letzte Kaiser der Christenheit dadurch übt, daß er di Abzeichen seiner Würde auf Gottes Altar opfert und so der Welt das Zeichen gibt zum Anbruch des J ü n g s t e n Tages. Nicht darin gipfel Heinrichs Absicht, dieser Kaiser der Endzeit selber schon zu sein. Wenn anders die verborgen-offenbare Wahrheit des evangelischen Fri

dens der w a f f e n l o s e Friede ist, dann ist sogar des Saliers Treuga
Dei nicht dieser Friede - oder noch nicht. " [335]

g)   Imperium R o m a n u m

Ziegler sagt, was SCHNEIDER in seinem Essay über den Stifter des
"Lotharkreuzes", Otto III. , auch meint: daß es "n i e m a l s gelang",
"die beiden Friedensreiche, das der staatlichen Ordnung und das von
innen", zu "vereinigen". [336]   Nur umso deutlicher wird, daß - seiner
"katechon"- Funktion entsprechend [+] - das "S a c r u m Imperium"
die "w e l t geschichtliche Fortsetzung des a n t i k e n Imperiums"
ist [++], "in welchem einmal die Pax Romana" hat "verkündet werden
können - der Weltfriede, nicht der Krieg!" So die affirmativen und
eben darin exemplarischen Worte W. HAUSENSTEINS, der - direkt
an sie anschließend - nicht versäumt, "k u l t u r katholisch" zu resü-

---

[+]   Th. HAECKER verweist ausdrücklich auf "die prophetischen
Worte" des 7. Verses des 7. Kapitels des Buches Daniel, "die
uns angehen, ob wir glauben oder nicht, ob wir Europäer sind
oder Asiaten oder Neger: 'Post haec aspiciebam in visione noctis,
et ecce bestia quarta terribilis ... et habebat cornua decem. '
Niemand seit über zwei Jahrtausenden hat auch nur einen Augenblick lang in Zweifel gezogen, daß damit das Imperium Romanum
gemeint ist. Insofern ist diese Prophezeiung vollkommen klar ...
Ich weiß nicht, was ein Christ, der nicht politisch ein Naturalist
werden sill, anderes sagen kann, als daß er noch im Imperium
Romanum lebe, auch wenn er in vollkommener Unwissenheit darüber ist, welche partikularen Reiche mit den zehn Hörnern gemeint
sind und in welchem dieser zehn d i r e k t e Bestandteile des Imperium Romanum bezeichnenden Reiche wir leben. "(Werke 1,
S. 450) - Treffend spricht K. BREUNING von Haeckers "Reichstheologie des 'Imperium Romanum' als einer apokalyptischen Erscheinung der Endzeit" (Die Vision des Reiches ... , S. 172).

[++]   Ja, Th. HAECKER erklärt in seinen "Betrachtungen über Vergil
..." von 1932 : "... wir leben zwar heute nach wie vor im Imperium Romanum, das nach den Weissagungen Daniels nicht aufhören wird bis ans Ende der Welt, aber wir leben nicht mehr im
Sacrum Imperium, d a s v o r e r s t a u f g e h ö r t hat ..."
(Werke 1, S. 454/5).

mieren, daß der "Begriff deutscher Kultur ... von d a h e r in zu-
sammenhängendem und e c h t e m Stil bestimmt" sei; "er müsse
es b l e i b e n." Und das hieße - konfessionell, "man müsse zum
k a t h o l i s c h e n Gepräge des Heiligen Römischen Reichs Deutscher
Nation auch als Protestant wohl oder übel ein objektiveres Verhältnis
gewinnen." [337]

h)   "Reichs k a t h o l i z i s m u s"

Wenn schon einem Protestanten, der Hausenstein vor'm ersten Krieg
noch ist, das "katholische Gepräge" des Sacrum Imperium unabweis-
bar zu sein scheint, wieviel mehr einem Katholiken, in dem - jedenfalls vor der zweiten Reichsgründung - n o r m a l e r w e i s e [+] - die
"großdeutsche" Reichsidee weiterlebt, "mit ihrem Anspruch, daß dem
deutschen Volke die Führung im A b e n d l a n d zustehe ..." [338] und
- "dementsprechend" - den deutschen Katholiken das "E r s t geburts-
recht" auf dieses fortdauernde oder zu erneuernde (Heilige) "R e i c h"
[339]. Mit diesen Worten affirmiert F. X. HOERMANN 1925 den
"Reichskatholizismus" [340] des 19. Jahrhunderts (wie er publizistisch
vor allem von Görres' "Historisch-Politischen Blättern" vertreten
wurde): "Die großen Ideen, welche einstens Deutschlands Stämme und
Länder einten, mußten, wenigstens bei dem katholischen Volksteile,
fortleben ... Die Katholiken mußten die Träger des Gedankens eines
Wiederaufbaues des Reiches, eines christlichen Mitteleuropa sein ...

[+]   Umgekehrt empfand es "der aus der katholischen Einheit heraus-
       getretene Teil des Volkes" - normalerweise - "deutlich, daß die
       Idee des Reichs, so wie es als christliches Imperium dem heid-
       nischen gefolgt war, eine katholische Idee ist, und übertrug seine
       Abneigung gegen Kirche und Papsttum ganz folgerichtig auch auf
       jene Idee, die in der Herrschaftsteilung von Papsttum und Kaiser-
       tum gipfelt." (K. MUTH, Das Reich als Idee und Wirklichkeit
       - einst und jetzt, in: Hochland 30, I., S. 488).

Aktualiter auch und gerade 1933/4, wie der führende "Reichs-theologe" R. GROSCHE affirmiert: "Es darf gesagt werden, daß den katholischen Kräften beim Aufbau des Reiches eine bedeutsame Aufgabe zufällt, weil der universale Gedanke ... im katholischen Denken gehütet wird." [342]

Grosche antizipiert u n d befördert, was Fr. HEER post festum k r i t i s i e r e n wird, daß der "Totalstaatsversuch Hitlers ... sich nur von reichischen Bezügen her verstehen"läßt - "aus der Perversion, gewiß, aber auch aus der echten Nachfolge des alten Sacrum Imperium." [343] Und H. GÜNTER meinte schon 1933, d a ß die "neueste Wandlung, das Dritte Reich ... über die Parteien und Konfessionen auf die mittelalterliche Idee der Reichsautorität im Führer zurück" greife. [344] - Chr. STEDING, als "r e c h t gläubiger" Nationalsozialist, wollte den Rückgriff "dialektisch" verstanden wissen, indem er auf Identität u n d Differenz des "dritten" zum ersten Reich bestand: "Im Mittelalter redete man vom heiligen römischen Reich deutscher Nation und faßte dieses Reich als zur Ordnung der Mitte Europas berufene Macht auf ... Im 19. Jahrhundert vollzog sich der Beruf zum Reich in Anpassung an das diesem Jahrhundert Vertraute als Nationalstaatsbewegung. Im Zeitalter der Naturwissenschaften realisiert sich der Beruf der Deutschen zum Reich als dem ordnenden, hegenden Mittelpunkt Europas unter der Parole von der Auserwähltheit der germanischen R a s s e." [345] Eine "Parole", die Katholiken - mit Ausnahmen [+] - nur zurückweisen konnten, schon vor der Machter-

---

[+] Der bereits zitierte R. GRABER, heute Bischof von Regensburg, z. B. führte als Gaukaplan des Bundes Neudeutschland aus: "Die germanische Rasse trat als eine gesunde, unverbrauchte Rasse ein in die Geschichte. Sie ist nicht angekränkelt von der sittlichen Fäulnis der ausgehenden Antike, von deren müder Resignation und Untergangsstimmung, sondern tritt froh und freudig mit ihren blauen Augen und blonden Haaren hinein in die Welt, die ihr gehört." Und GRABER fragte: "Soll das heilige Reich einem greisenhaft

greifung; vielleicht am prononciertesten tat das G. MOENIUS, als er
die rassistische "Perversion des Reichsgedankens" wie folgt attak-
kierte: "Heute ... gibt es kein Land, wo gegen die Reichsidee so ge-
frevelt wird wie in Deutschland. Man haßt nicht bloß Frankreich und
Polen um die Wette; man ist dem dümmsten Stolz verfallen, dem Ras-
senstolze, um ein 'Reich' aufzubauen ...".[346] Apodiktisch: "Nichts
bezeugt deutlicher den Abfall Deutschlands von der Reichsidee, als daß
es einer neuen Häresie verfallen ist, nämlich der, blutsmäßig Politik
zu machen ...".[347] Aber man braucht nicht andere Aufsätze Moenius' zu kennen, um K. BREUNING zuzustimmen, daß er nur die
"Pervertierung" des "Reichsgedankens" kritisierte; es war an derselben Stelle, daß MOENIUS auch ausführte: "Einst lebte ...
(das Reich) aus dem Blute Christi. Wo Missionare hingedrungen waren, war das Reich, wie einst das Imperium dort war, wo römische Legionen ihre Schritte hingelenkt hatten."[348]

Und andere Reichstheologen, weniger hellsichtig für den nationalsozialistischen Rassismus - alias "Paganismus" - oder ihm mit geringerer Kritik gegenüberstehend als Moenius, werden eben dem Dritten Reich, teilweise bis zum Ende, seine Abkunft vom Sacrum Imperium abnehmen, ja bestätigen. Sie betrachten die nationalsozialistische Propaganda als Ausdruck eines mit dem ihren übereinstimmenden Glaubens. Daß "keiner von denen, die das Dritte Reich
vorbereitet oder begrüßt" haben, versäumte, "von jenem Ersten Reich
zu sprechen, von dem 'Reich', das wir über die Vorläufigkeit des
Zweiten Reiches wieder haben als unser Urbild", wie zum Beispiel
der Mediävist H. HEIMPEL affirmiert,[349] erscheint ihnen als un-

---

abgelebten, sterbenden Volk oder einem in jugendlicher Kraft
strotzenden Volk anvertraut werden?" Apodiktisch: "Diese" -
germanische - "Rasse hat ... eine überschäumende, fast unheim-
liche Fruchtbarkeit an differenzierten Volkstumskräften in sich
...!"(zit. nach K. BREUNING, Die Vision des Reiches ...,
S. 249).

abweislicher Hinweis für Deutschlands "Rückkehr nach Rom": seine
Rekatholisierung. Noch am 19.2.41, dem Höhepunkt der Nationalsozialistischen Machtentfaltung, ist im "KLERUSBLATT" zu lesen:
"Wir erleben es heute, wie unser Volk wieder zu all den Werten zurück-
zufinden sucht, die es einmal so groß und mächtig werden ließen, daß
es als Heiliges Reich nicht nur den Deutschen, sondern dem ganzen
Abendland Schutz und Ordnung bot ...". [350] (Bischof Splett
scheint sich bestätigt zu haben, was der Speyerer Bischof L. SEBA-
STIAN schon 1930 zustimmend zitiert hatte: Uns ist "das Bild der alten deutschen Kaiserherrlichkeit nicht die traumumwobene Erinnerung
an ein Einst ohne Wiederkehr, nicht der Abendtrost eines müden Grei-
ses: es tritt heraus aus dem Rahmen der Geschichte und spricht zu uns
als lebenerweckender Prophet neuer Zukunft. Sie sind nicht tot,
die alten deutschen Kaiser, sie schlafen nur." [351])

Das offizielle Organ des bayerischen Klerus antizipierte über ein
Jahr im voraus, was am 21.3.42 durch Verfügung staats - offiziell
wurde: daß es - in "Assoziation ... zum mittelalterlichen
Reich der Deutschen" - nur e i n "Reich" gäbe: das "Deutsche".
P. KLUKE interpretiert diesen - propagandistischen - Rückgriff aus
der Überlegung, daß "der Klang des Wortes, der Adel einer höheren
Tradition, der Glanz und Reichtum einer tausendjährigen Geschichte
diesem Reich einen mystischen Rausch erzeugen" könne - auch wenn
sie ihres "wesentlichen ursprünglichen Inhalts, nämlich der Symbiose
mit dem Christentum entkleidet" seien. [352] Die Reichs theologen
griffen weder auf das Mittelalter insgesamt - einfach propagandistisch,
also gleichsam euhemeristisch zurück, noch schien ihnen gar die
"Symbiose mit dem Christentum" aufgebbar; ganz im Gegenteil wollten sie sie gerade restaurieren. Was RITTER VON SCHRAMM
1932 schrieb, ist ihrer aller Meinung: "Wer vom 'Reiche' spricht, der
muß auch vom Christentum sprechen, das ganz allein diesem Reich seine Kraft und Sendung verleihen, es wahrhaft erst organisieren kann." [353 +]

Und der Laacher Reichstheologe D. WINZEN konkretisierte ein Jahr später dies dahin, daß "das Reich ... nur" entstehe "unter dem sakramentalen Einfluß der K i r c h e ..." [354] - d a s Reich, von dem es noch 1935 - in der Laacher Schriftenreihe "H e i l i g e s Reich" - hieß, "Volk u n d Kirche" seien in ihm " e i n s". [355] Der gleichfalls aus der Laacher Abtei hervorgegangene Th. MICHELS betonte im selben Jahr sogar ausdrücklich, daß es sich bei solcher Reichstheologie um das "politische Konzept" von K a t h o l i k e n handle, die "die große Vergangenheit" ihres Volkes liebten und "in der Ehrfurcht vor dem geschichtlich Gewordenen auch das Heil für die Zukunft des deutschen Volkes verbürgt" sähen: "Nur zu lange und zu eigenem Schaden haben wir Katholiken darauf verzichtet, uns selber ein politisches Konzept zu bilden und zu vertreten, das uns nicht nur zu Objekten, sondern zu Trägern politischen Geschehens macht." [356]

Nichts kann deutlicher zeigen als dieser späte Anspruch auf selbständige, ja bestimmende Politik der Katholiken, daß man sich als Konkurrent der Nazis verstand (eben - als "K o n k u r r e n t"), und dies in ungeheurer Überschätzung der eigenen Kräfte. Michels glaubte 1935 - mit deutsch-nationaler Zuspitzung - offensichtlich immer noch, was K. ADAM in seinem epochalen "W e s e n des Katholizismus" 1924 so formuliert hatte: "Wie die Kirche durch die geschlossene Einheit und Kraft ihrer Christusbotschaft der mittelalterlichen Völkerwelt die innere Einheit und die starke Seele gab ..., so vermag sie a l l e i n in der Gegenwart in die auseinanderflutende, zerrinnende, vertrocknende abendländische Geistesbewegung wieder ein einziges erhabenes Ziel, auferbauende und treibende religiöse Kräfte, positive sittliche

---

+ Vgl. beispielsweise auch, was R. A. SCHRÖDER über O. v. Taube schrieb (Aufsätze 1, 1952, S. 990/1), und was der Laacher Reichstheologe D. Winzen - 1933 - ausführte (Gedanken zu einer "Theologie des Reiches", in: Catholica 2, S. 110).

Energien und lebenweckende Spannungen hineinzutragen. " [357]

D e u t s c h national, -i m p e r i a l zugespitzt, hieß das - für Th. Michels eben noch 1935 - neben die (katholische) Kirche, als spirituelle Vormacht des Abendlandes, das Reich der Deutschen als politische
treten zu lassen (jenes "H e i l i g e Reich", in dem "Volk und Kirche
... eins" wären) - wie im Mittelalter.

i)   D e u t s c h e s "Reichsvolk"

Damals - "in den glücklichsten Stunden" - waren im "Reich", und
"nur" in ihm, "die gemeinsamen europäischen Aufgaben ... gelöst ..."
- durch das deutsche "Reichsvolk"; es allein hatte "die ordnende Kraft
bewiesen, die Zonen der europäischen Unruhe sinnvoll zu formen", wie
NS-Historiker GANZER 1941 - die Brücke über sieben Jahrhunderte
vom dritten zum ersten Reich zurückschlagend [+] - formulieren wird.
J e t z t vollbringt es diese "Leistung" erneut; "selbst" der Außen-
politiker des Goerdeler-Kreises U. v. HASSELL dekretiert 1941 :
"Niemand in Europa kann verkennen oder bestreiten, daß der stürmi-
sche Aufstieg des d e u t s c h e n Volkes ... die Raben verscheucht hat,
die den e u r o p ä i s c h e n Kyffhäuser umflatterten. " [358]   Es hat sich
"bestätigt", was R. PANNWITZ schon 1919 behauptete: "Einen europäischen geist einen europäischen menschen eine europäische rasse
ein europäisches r e i c h ... schaffen", "das können nur die in der
mitte. " [359] "Reichsvolk" (GANZER) ist und bleibt das deutsche [++],

---

+   GANZER schreibt: "Seitdem wir ... des ungeheuren Anblicks,
     wie Reiche entstehen selber teilhaftig geworden sind, tut sich über
     eine vielhundertjährigen Abgrund hinweg die reale Kraft der alten
     Reichsordnung ohne Verhüllung kund. " (Das Reich als europäische
     Ordnungsmacht, [2]1941, S. 89).

++   Nicht nur die "deutsche G e s c h i c h t e ist ... das Streben nach
     dem Reich ..." (R. SCHNEIDER, Theoderich der Große, in:
     Weiße Blätter 5 (1936), S. 257), "Deutschland ist w e s e n t l i c h
     dadurch zu bestimmen, daß es das Reich, d. h. den Inbegriff der

das "Weltvolk", wie H. HEIMPEL es 1933 nannte: seine "weltgeschichtliche", eben mittelalterliche "Stunde" sah seine "Macht in
der Koinzidenz mit den Bedürfnissen der damaligen Menschheit schlechthin, sah die Deutschen ... als den ersten Treuhänder aller der Anliegen des Menschen überhaupt, die die A n t i k e als allgemeine, auf
den Stamm nicht beschränkte Güter ausgebildet und der fränkische
Staat gehütet hatte." [360]

Die Deutschen waren das "allgemeine", also "katholische" Volk
- und sie sollten es wieder werden [+] ; HEIMPEL "bekennt" 1933 :
"Wir glauben, wenn wir Deutschland bauen, bauen wir das Abendland.
Wir glauben an das neue Deutschland. D a r u m : wir glauben an das
Abendland." [361] Ein Th. HAECKER wollte mit d i e s e m "neu-
en Deutschland" und seinem "Abendland" nichts zu tun haben, aber
auch und gerade er schwamm "im Strome des reichsideologischen Denkens jener Jahre mit ..." [362]; nicht zuletzt glaubte er - wie Heimpel, daß die Idee des Reiches "als eine natürlich katholische im deutschen Wesen angelegt" sei ("jene großherzige Herrschaft, die staatlich-

---

europäischen Ordnungen wollen muß." (Chr. STEDING, Das Reich
..., S. 37) ."W o l l e n"; "in Deutschland ist das Volk ... dann
es selbst, wenn es sich auf seinen Beruf zum Reich b e s i n n t"
(ed., S. 434) - die "deutsche Reichs l e i d e n s c h a f t" (ed.,
S. 38), von Schneider "das S t r e b e n nach dem Reich" genannt.
Das deutsche Volk ist das "K a i s e r volk" (G. v. Le Fort) :
"Deutschland und Kaisertum sind u n t r e n n b a r e Begriffe."
(O. SPENGLER, Der Untergang des Abendlandes 2, S. 218)
Denn "die Kaiser des Abendlandes" sind "nur Deutsche" und
k ö n n e n "nur Deutsche ... sein ..." (W. v. SCHRAMM, Ra-
dikale Politik ..., 1932, S. 70, Fn. 1). "Deutschland allein hat
durch das Reich die Voraussetzung, Europa zu einer Ganzheit zu
machen und wahrhaft zu organisieren." "Das Reich" ist s e i n e
"Mission". (ed., S. 70).

[+] Ingeniös formuliert Th. W. ADORNO : "... nicht umsonst ist
Katholizismus nur ein griechisches Wort für das lateinische To-
talität, das die Nationalsozialisten r e a l i s i e r t haben."
(Minima Moralia, 1969, S. 172).

politisch Stämmen und Völkern die äußerste Freiheit und Selbstbestimmung gewährt unter der einzigen Bedingung, daß das letzte Band, welches die Einheit selber ist, nicht verletzt wird. " [363])

j)   "Reichstheologie"

Auch Grosches "reichstheologische" Überzeugung teilte
Haecker, schon vor 1934, wenn eben auch ohne sie aufs "Dritte
Reich" zu applizieren; GROSCHE schrieb: "Es ist nicht Zufall, daß
das deutsche Volk das Reich geschaffen und selbst in ihm seine Erfüllung gefunden hat. Denn weniger als irgendein anderes europäisches
Volk ist das deutsche aus der Natur allein zu verstehen. " [364]   HAECKER
vertrat diese Überzeugung über 1933 und 1939 hinaus; es ist
der 9. April 1940, daß er dekretiert, die "providentielle Berufung
der Deutschen zum 'Reich'" bleibe den Deutschen, "auch ... wenn sie
ihre Mission schmählich verraten" hätten. [365]   Selbst in ihrem Verrat
erkennt er noch die "Berufung": "Die Gabe der Organisation ist den
Deutschen gewissermaßen 'natürlich': das muß im Zusammenhang stehen mit ihrer - verratenen - Berufung zum 'Reich' und zur Herrschaft.
Erst die deutsche Organisation des Terrors macht ihn so furchbar." [366]
Ja, Haecker schließt es nicht aus, daß - "heilsökonomisch" - gerade
dieser Terror dem "Reich" - der Deutschen von Nutzen sein könne:
zum Siege gereiche; unter'm 13.5.40 notiert er sich: "Gott wird denen den Sieg geben, die seinem Ziele, welches das Reich Gottes ist,
jetzt und vor allem in der Zukunft am besten dienen können. Wer das
ist, weiß vorher nur Gott und die, denen er es sagen will. Wer weiß,
vielleicht entscheidet sich Gott für jenes Reich, das den Märtyrer in
seiner sichtbaren, ursprünglichen Gestalt wieder hervortreten läßt. Das
würden aber nicht die Demokratien sein. Wir wissen nichts. Am Anfang
ihres Bestandes wurde die Kirche in ein Reich gestellt, das Märtyrer
schuf. Ob die Deutschen als Apostaten diese Aufgabe wieder zu übernehmen haben mit allen Folgen für sie, wir wissen es nicht. " [367]

Noch und gerade in seiner offenen Antichristlichkeit versteht HAECKER das Reich "Deutscher Nation" als "Römisches", d. h. t h e o logisch: "die katholischen Deutschen" wurden im Mittelalter "die Erben des römischen Reiches" [+], und das "b l e i b e n" sie "bis ans traurige Ende, wiewohl" sie ihre Erbschaft schon dadurch "verwirkt" haben, "daß sie Luther, den Häresiarchen, mehr liebten als Christus, s o wie die Juden das Volk der Auserwählten bleiben bis ans Ende, wiewohl sie einen Aufrührer mehr liebten als Christus, oder auch Christus mehr haßten als einen Aufrührer." [368] Je m e h r sie Christus "hassen", desto mehr "nähern sich ... die Deutschen ... den Juden und deren Schicksal. Sie kreuzigen ja heute Christus zum zweitenmal, a l s V o l k! Ist es nicht wahrscheinlich, daß sie auch ähnliche Folgen durchzuleben haben werden" [369] wie dieses - jüdische - Volk? - "Gesendet waren beide. Heil und Macht / Der Welt zu tragen waren sie berufen. Und beide widersagten dem Gebot." [370] Wie die Juden haben auch die Deutschen "eine Beziehung zum Reiche - ein Wort, das nur ihnen gehört, als eine politische Analogie in via zu dem e w i g e n Reiche ...". [371]

Die Deutschen sind ein eschatologisches, ja d a s eschatologische Volk. Eine Annahme, die auch und gerade in "säkularisierter" Form die Reichsideologie der Zwischenkriegszeit bestimmt; die höchst repräsentative "Reichsidee" MOELLER VAN DEN BRUCKS zum Beispiele läuft darauf hinaus, daß das Deutschtum als "Streiter für das Endreich" eine besondere historische Aufgabe habe, die ihm kein anderes Volk abnehmen könne. [372] Welches es wollte, würde - und wird tatsächlich - zum Feind. Eine Konsequenz, die wiederum theologisier-

---

[+] "... der Stuhl Karls des Großen steht auf d e u t s c h e m Boden. Dieser Stuhl ist das schauererregendste, inhaltsvollste Nationalheiligtum der Deutschen." (Th. HAECKER, Werke 5, S. 128/9).

bar ist; offensichtlich an die Lügenmär von der "Jüdischen Weltver-
schwörung" glaubend, führt der "Reichsvisionär" R. GRABER in seiner schon mehrfach zitierten Rede 1933 aus: "Ich glaube, es liegt in
dem Kampf gegen das Judentum die instinktive Abneigung des ganzen
deutschen Volkes, das sich unbewußt als das auserwählte Volk der
n e u testamentlichen Verheißung betrachtet und nun einmal mit Recht
nicht verstehen kann, warum das verworfene Israel die Welt beherrschen soll und nicht das Volk der Mitte. " [373] Um kein Mißverständnis
aufkommen zu lassen, GRABER grenzt sich im gleichen Atemzug gegen den "Rassenwahn" ab, in den ein -"relativ" freilich "berechtig-
ter" - "Rassengedanke" ausschlagen könne, und nicht nur gegen ihn;
auch der "wilhelminische Imperialismus", so weit er sich "in den
Reihen der Bewegung" findet, wird abgewiesen: er hat "mit dem
e c h t e n Sendungsgedanken unseres Volkes nichts zu tun. " [374] Wie
aber ein - theologisch aufgeladenes - Sendungsbewußtsein überhaupt
von Graber gefördert wird, so auch - ob er will oder nicht - der Antisemitismus, der als Antijudaismus ja seine christ-katholische Tradition hat, und - r e i c h s theologisch - eine wie auch immer imperiale Außenpolitik des - "Reiches" eben.

Mit Recht protestiert MANNS "Settembrini" gegen "Naphtas"
"v e x a t o r i s c h e Alternative von Preußentum und gotischer Reaktion", [375] mit Recht betont Fr. Heer : "Es geht nicht an, romantisch und romantisierend für das 'heilige Reich des Mittelalters' zu
schwärmen und das ganze Unheil der Neuzeit Preußen in die Schuhe
zu schieben. " [376] Genau dies taten nämlich die (katholischen)
"Reichstheologen"; sie betrachteten - wie übrigens auch H.
PLESSNER - "den Konflikt zwischen der alten Reichsidee und der
neuzeitlichen Nationalstaatlichkeit" als den "G r u n d konflikt" der
deutschen Geschichte, [377] "fragten" : "Bismarck oder Karl der
Große? " [378] und entschieden sich für diesen, im Glauben, damit
schon die Bahn des "(wilhelminischen) Imperialismus" (GRABER)

verlassen zu haben.

k)   K a t h o l i s c h e s   Reich

Sicher kann und muß festgehalten werden, daß im 19. Jahrhundert,
nach dem Untergang des "alten Reiches", sein "Wunschbild ... im
Lichte des neuen Nationalismus gesehen [+] und selbst der Name 'Heiliges Römisches Reich Deutscher Nation' entsprechend verstanden"
wurde: "Man verstand nicht: Deutscher Teil des römischen Reiches
- sondern man träumte von einem Reich der Deutschen Nation, dem
der römische Titel als Schmuck oder als Vorwand für (nationale) Eroberungen angehängt gewesen sei. " [379] Wenn man aber die nationale
Akzentuierung - immerhin setzt sie FÜRST SCHWARZENBERG, den
wir eben zitierten, selbst in Klammern - beiseite läßt, war das nicht
einfach ein Mißverständnis, sondern zweifellos   r e a l i s t i s c h e r
als zum Beispiel HAECKERS allzu idealistische Bezeichnung des
mittelalterlichen Reiches als "jene großherzige Herrschaft, die
staatlich-politisch Stämmen und Völkern die äußerste Freiheit und
Selbstbestimmung gewährt unter der einzigen Bedingung, daß das letzte Band, welches die Einheit selber ist, nicht verletzt wird. " [380]
Und   i d e o l o g i s c h affirmiert HAECKER ausdrücklich, wie Le
Fort [381] und Przywara ebenfalls, den - mittelalterlichen - "Satz
..., daß den Deutschen das Imperium, den Italienern das Sacerdotium, den Franzosen das magisterium zukomme; [382]   er betrachtet

---

[+]   STEDING bestätigt: "Im 19. Jahrhundert vollzog sich der Beruf
      zum Reich in Anpassung an das diesem Jahrhundert Vertraute
      als N a t i o n a l staatsbewegung. " (Das Reich ... S. 573) Als
      "Rückzug auf den 'eigenen Namen'"; "diese prinzipielle Über-
      windung des einst geistlich begründeten, dann säkularisierten
      Universalismus" war "ein Kernstück der Ideen von 1871", wie
      O. WESTPHAL das zu nennen pflegt. (Theologie der deutschen
      Geschichte, 1933, S. 40).

seine Aussagen als "Erkenntnisse völkischer Art, gewonnen aus der konkreten F ü l l e geschichtlichen Seins", [383] eben als "Erkenntnisse von B e r u f u n g e n". [384] Man muß voraussetzen, daß Haecker, der "christliche V i r g i l -Verehrter" (C. SCHMITT), wußte, was "Imperium" heißt, und darf deswegen den Schluß daraus ziehen, daß er den D e u t s c h e n das "Imperium" zuspricht. J. VOGT jedenfalls führte in seiner Rede "Der Reichsgedanke der römischen Kaiserzeit" aus, daß im Imperium Romanum "das römische B ü r - g e r volk ... eindeutig in die H e r r e n stellung eingesetzt" wurde. [385] + Daran und an der analogen "Herrenstellung" des deutschen ("Reichs"-) Volks im "Sacrum" Imperium scheint uns nicht zu rütteln zu sein. Wer an der Fiktion der "translatio imperii" ad Francos et Alemannos festhält, d i e ein fundamentum in re h a t t e, mag, wie auch PRZYWARA, noch so sehr das "sogenannte 'Heilige Römische Reich Deutscher Nation' ... eine Geschichtsfälschung"[386] nennen, auch er muß - im Falle Przywaras schon drei Seiten später -, und sei es nur ex negativo, sich zum "Imperium" der D e u t s c h e n bekennen; PRZYWARA schreibt: "Denkt man d...en 'idealen Nationalismus'" - Frankreichs - "zu Ende ..., so ist es das 'magisterium' ..., das das 'imperium' sein will ...". [387]

Was man gegen das Bismarckreich und - mutatis mutandis - das "Dritte" hatte, war selten deren "Imperialismus" (GRABER), schon gar nicht in erster Linie, sondern deren Protestantismus oder Paganismus, in jedem Fall ihre A-Katholizität. ++ Man hatte einen "an-

---

+ So wie Vergil in der "Äneis" dichtete: "Du aber, Römer, gedenke mit Macht der Völker zu walten ..." (VI, 851).

++ Apodiktisch heißt es in HAECKERS "Betrachtungen zu Vergil ..." von 1932: "...das 'Reich' ist entweder 'katholisch', oder es wird zur Karikatur, wenn nicht zu Schlimmerem. Ein protestantisches 'Reich' ist eine herzquälende c o n t r a d i c t i o in adjecto ..." (Werke 1, S. 462).

325

tipreußischen" (H.P. SCHWARZ) und schließlich antigermanischen Affekt, "weil" Preußen (Liberale und Nazis) einen "antirömischen" (C. SCHMITT) hatten - als antipapistischen. Ihn in vorchristliche Zeiten zu reprojizieren fiel selbstverständlich nicht schwer. G. MOENIUS zum Beispiel ließ den "antirömischen Affekt" bereits in den "Sümpfen des Teutoburger Waldes" beginnen, [388] und HAECKER schrieb - schon 1932 : "Im selben Augenblick, wo Preußen die Idee des 'Reiches' übernahm, wurde dieses eine interne, tief provinzielle, plebejische Angelegenheit nur noch der Deutschen, als 'Stämme' (wurzelnd im Teutoburger Walde! [+]), und hatte definitiv aufgehört, eine Angelegenheit des c h r i s t l i c h e n Abendlandes zu sein ...". [389 +] Die sächsischen und schwäbischen Kaiser - "wahrlich auch oft große Sünder" - w a r e n, gerade auch das, s t e t s "innerhalb der felsenfesten Ordnung, welche bis ans Ende die Römische Kirche ist, die Kirche des Petrus, und niemals a u ß e r h a l b dieser Ordnung, was politisch die Todsünde ist - was aber von Anfang an das h ä r e t i s c h e Königreich Preußen war." [390] Nicht hat dieses mit dem alten "S a c r u m Imperium" zu tun, auch und gerade dann nicht, wenn es zum "Kaiserreich" geworden ist; "es ist eine B l a s p h e m i e , oder einfach auch ein simpler N o n s e n s , zu meinen, daß von der Krone der deutschen Kaiser, und auch der geringsten unter ihnen, die spiritual der Kirche Petri und ihrem Oberhaupte, dem Papste, dem

---

+ Umgekehrt-dementsprechend notiert sich HAUSENSTEIN apodiktisch: "Germania ist gleich R e i c h s preußen oder großpreussisches Reich." (Impressionen und Analysen ... 1969 , S. 58).

++ Auch Haecker wiederholt hier nur einen Topos des - von (Görres-) Jörgs "HISTORISCH-POLITISCHEN BLÄTTERN" im 19. Jahrhundert publizistisch vertretenen - "Reichskatholizismus": daß die preussisch-deutsche Reichsgründung ein "anti-abendländisches Ereignis" sei. (zit. nach H. GOLLWITZER, Europabild und Europagedanke, Beiträge zur deutschen Geistesgeschichte des 18. und 19. Jahrhunderts, ²1964, S. 295).

Bischof von Rom, untertan waren, substantiell oder symbolisch auch nur ein Splitterchen sei in der Krone der deutschen Kaiser von 1871 bis 1918. Es gehört ein schlechtes oder gar kein wesentliches Denken her, um zu meinen, die Krone, die ein häretischer König sich selber aufsetzt - wer sollte sie ihm auch aufsetzen, da er ja sein eigener und seiner Untertanen Papst ist -, habe eine Verwandtschaft mit der Krone Karls des Großen - das ist, wie gesagt, absurd." [391]

Haecker bekämpfte die Ansicht, wie sie etwa auch R. BIE in seinem "Katholischen Europa" vertrat, Preußen sei der Träger des Reiches geworden, "das das erste Reich des Kaisertums Christi im evangelischen Kaisertum Bismarcks und Wilhelms I. fortsetzt." [392] + Und HAECKER bekämpfte diese Fiktion, in der sich - zu Ende gedacht - "die Reichsherrlichkeit des feudalen Mittelalters mit der protestantischen Prätention einer Ablösung der päpstlichen Autokratie durch das preussische Summepiskopat" [393] verband, mit

---

+   L. ZIEGLER wendet - mit Haecker einig - in seinem "Heiligen Reich der Deutschen" hiergegen ein: "Jenes Reich des Mittelalters war seiner Idee nach ein römisches, und das will heißen europäisches; es war ein ökumenisches, und das will heißen katholisches; es war ein theokratisches und das will heißen sakrales. Das Reich Bismarcks jedoch ist nach Ursprung und Umfang deutsch, deutsch und norddeutsch, protestantisch und profan, und so in jedem Zuge recht eigentlich das Gegenreich zu jenem geschichtlichen Gebilde. Was ihm vor allem fehlt, ist die metaphysisch-religiöse Unterwölbung, welche die beiden älteren Imperien getragen und ihnen ihren Ausnahmerang geschaffen hat, den sie inmitten aller andern europäischen Staaten für Jahrhunderte behaupten. Denn das Reich von 1870 ist schlecht und recht ein Staat wie andere Staaten, und weder erhebt dieses Groß-Preußen den Anspruch, seine Untertanen in Zusammenarbeit mit der Kirche dem göttlichen Heile zuzuführen, noch fühlt der neue Kaiser sich als das verkörperte Sakrament des Friedens und der Gerechtigkeit. - obschon der Friede Ziel ist und die Gerechtigkeit der (ciceronische) Wahr-, Wahl- und Wappenspruch seit dem ersten Könige in Preußen ..." (1925, S. 262).

dementsprechender Radikalität: dem "protestantischen Papst zu Berlin"[394] setzte er die päpstliche "potestas indirecta" (in profanis) entgegen, dem - "häretischen" - Cäsaropapismus die Hierokratie. Apodiktisch heißt es - gleichfalls in seinen "Vergil"-Betrachtungen von 1932: "Ein protestantisches 'Reich' ist despotische Anarchie oder, wenn man lieber will: anarchischer Despotismus; zum mindestens in dem Sinne, daß das hierarchische Recht der Römischen Kirche, souverän zu entscheiden, ob faktisches Staatsrecht und Gesetze und Politik mit katholischem Glauben und Sitte übereinstimmen oder nicht, außer Kraft gesetzt, ja überhaupt bestritten wird."[395]

Daß das Reich "von Natur katholisch" ist und "eine katholische Führung verlangt" - "sonst zerfällt es oder wird eine lallende und brutale Barbarei"[396] - kann sich als Konsequenz nur die "Umkehr" ergeben: "Um wieder auf den Weg zu kommen, der vorwärts führt, mußte der verlorene Sohn den Weg gehen, der zurückführte zu seinem Vater. Freilich", so wendet HAECKER selbst ein: "Einzelne finden immer wieder in großer Zahl den Weg zum unendlichen Ziele dadurch, daß sie zurückkehren, ob auch Völker, dafür mangeln die Beispiele, mit einer einzigen Ausnahme, dem der Juden nämlich."[397] Wieder zieht HAECKER also sie als das den Deutschen analoge Volk heran, doch dieses Mal um zu betonen: "Kein Volk der Völker, der Heiden, der gentiles, hat eine ähnliche Weissagung und Verheißung" - daß es zurückkehre - "auch christlich geworden nicht, auch jenes nicht, das eine natürliche Anlage hatte zum Sacrum Imperium, dieses selbst kurze Augenblicke versah, um durch eine Häresie zu erblinden. Einzelne kehren zurück! Ob je ganze Völker es tun oder tun können?"[398]

1) "Großdeutsches (Volks-)Reich"

Solche Fragen - "theologisch" - zu stellen, heißt von vornherein auf

328

Antworten zu verzichten. Die ganze reichstheologische Spekulation ist
- in sich - bodenlos, doch besitzt sie unbeschadet dessen ihre politischen Optionen, wenn sie sich auch stets historisch kostümieren. Wie
R. SCHNEIDER das Bismarckreich für ein "ephemeres Reich" zu
halten,[399] heißt - positiv - die Ansicht vertreten, daß d a s Reich
größer sei als das von 1871, nämlich das "Abendland" selbst[400] -
das "a l t e" - mittelalterliche - "Reich der Deutschen";[401] e s
soll wieder erstehen, d. h. von d o r t aus, wo sich dieses alte Reich
am längsten erhalten hat : von Ö s t e r r e i c h und seiner Hauptstadt
Wien aus, die einstmals nicht nur die seine war. Mit Bismarck ansatzweise einig, der selbst wußte, "daß die e c h t e Krone in Wien
sei",[402] beschließt SCHNEIDER noch 1956 seinen Essay "Bismarck und Lasalle" - beide "gehören zusammen" - mit dem Satz :
"Huldigen wir den Reichsinsignien, dem geretteten, aus der Geschichte geworfenen Kleinod ...".[403]

Als Schneider dies kurz vor seiner Wiener Reise 1957, der letzten des Vielgereisten überhaupt, schreibt, hält er das "Heilige Reich",
das die - allein "geretteten" - Insignien symbolisieren, definitiv für
verloren. Nicht so die christlich-sozialen und schließlich autoritär-
faschistischen Katholiken des Z w i s c h e n kriegs- Österreich selbst.
In ihm vor allem hatte der g r o ß deutsche Gedanke, nach dem Untergang des habsburgischen Groß ö s t e r r e i c h, einen nachhaltigen Auf-
trieb erhalten - von katholischer Seite ausdrücklich als der akkomo-
dierte Gedanke des mittelalterlichen Reiches verstanden. Und er lebte
dort auch am l ä n g s t e n, "teilweise noch bis in die ersten Jahre
des Zweiten Weltkriegs hinein".[404] Wie schon nach 1866 - so
affirmiert noch 1958 KARL FÜRST SCHWARZENBERG - war
Österreich, gerade auch für (reichs-)deutsche E m i g r a n t e n, "die
Fluchtburg des e c h t e n Reichsgedankens"[405] geworden.
Schwarzenberg meint hiermit das selbst - zumindest präfaschistische
- Österreich der Dollfuß und Schuschnigg, d a s sich "als Träger

einer heiligen Mission des Heiligen Römischen Reiches" verstand,

ja glaubte, dieses sei "d u r c h   d i e   R e i c h s r e l i q u i e n" in der

Wiener Schatzkammer immer noch oder schon wieder "präsent". [406]

Was die "Echtheit" dieses "Reichsgedankens" angeht, so ist die

in solcher Bezeichnung implizierte Abgrenzung vom nationalsoziali-

stischen schwieriger, als Schwarzenberg und seinesgleichen wahrha-

ben wollen. Der Wiener Historiker H. v. SRBIK zum Beispiel, der

die großdeutsche Tendenz schon als Unterrichts m i n i s t e r des letz-

ten legalen Bundeskanzlers Schober vertreten hatte (der mit Brü-

ning die Zollunion verabredete), fand mit seiner - verständlicher-

weise einflußreichen - Schule (über die austrofaschistischen Regime

Dollfuß und Schuschnigg hinweg) 1938 "ohne große Schwierigkeiten

den Übergang in das 'großdeutsche R e i c h' und a s s i m i l i e r t e

in" seine "Reichsideologie hinein Elemente des NS-Staates. " [407]

Schon zum "Volksentscheid über die Ostmark" am 10.4.38 schrieb

SRBIK, in dem "Großdeutschen Volksreich, geboren aus dem Willen

der Nation und geschaffen durch die Tat eines genialen Deutschen",

füge sich "das bleibende Erbe der Geschichte des Ersten und Zweiten

Reiches nach einem Jahrtausend zu einer großen und, wie wir heiß

ersehnen, g e s e g n e t e n Einheit ... zusammen. " [408] Srbik hielt

"den Konflikt zwischen der abendländischen Reichsidee und der neu-

zeitlichen Nationalstaatlichkeit", den auch und gerade ein Liberaler

wie H. PLESSNER - noch drei Jahre zuvor - "den tragischen

G r u n d konflikt" der deutschen Geschichte genannt hatte, endgültig

für gelöst, desgleichen den andern und damit zusammenhängenden

zwischen "Nationalismus und Katholizismus", von dem ein "p r e u -

s s i s c h e r Katholik" wie R. BIE 1931 angenommen hatte, er wer-

de "das Reich der Deutschen in den nächsten zehn und zwanzig Jah-

ren mit b r e n n e n d e r Schärfe beschäftigen ...". [409] (Schon 1934

hatte der "Reichs t h e o l o g e" GROSCHE - dementgegen - geschrie-

ben, "daß der Reichsgedanke der deutschen Katholiken alles andere

als ein Gegenmythos verkappter Reaktionäre gegen das dritte Reich"
sei. [410]).

Auch Srbik, der Protagonist einer katholisch - ö s t e r r e i c h i -
s c h e n Reichsideologie, affirmierte das "dritte" - "G r o ß deutsche"
- "Reich" als die "umfassende Einheit des Vielfachen", [411] wie sie
- idealiter - ein R. SCHNEIDER beispielsweise 1934 ebenfalls erstrebt und dessen Freund L. Ziegler bereits 1925 mit dem "H e i -
l i g e n Reich der Deutschen" antizipiert hatte. Noch 1 9 4 1 ist für
SRBIK - über die Idealisierung der mittelalterlichen Geschichte hinweg - der "deutsche Glaube an das Reich ... ein e w i g e r Glaube
..." : "Das Reich wurde machtlos und staatlich zerrissen, aber der
Reichs g e d a n k e blieb das einigende Band", bis der Erste Weltkrieg "das gesamte deutsche Volk ... durch gemeinsam vergossenes
Blut wieder zur großen Einheit zusammen" - s c h l o ß . [412] "Damals
sind das alte mutterländische Deutschland, das alte Preußen und das
alte Deutschösterreich wieder ein seelisches Ganzes geworden, und
damals ist auch die alte Reichsidee, umgewandelt in die Volksidee,
wieder zum lebendigen Bewußtsein von Millionen geworden; sie er-
lebten wieder den Raum und die Geschichte des 'heiligen' Reiches,
und in ihnen erwuchs wieder ein neuer und heißer Glaube an das
deutsche Volk, ein Wille, die Fesseln, die der ungerechteste Friede
der neueren Geschichte dem deutschen Gesamtvolk auferlegt hatte,
zu zerbrechen. " [413]

Ein so unverdächtiger Zeuge wie R. MINDER gibt Srbik -
k u l t u r psychologisch - Recht : "Erst die Generation H o f m a n n s -
t h a l s hat gelernt, ... zusammen zu sehen, was sich faktisch hätte
zusammen entwickeln müssen": "Weimar als Hochburg des säkula-
risierten p r o t e s t a n t i s c h e n Dichtens und Denkens" und "Wien"
mit seinen "Überlieferungen des B a r o c k- und Volkstheaters",
zum Beispiel. [414] Aber Minder akzentuiert eben einen kulturellen

Vorgang, wo Srbik einen "völkischen", was nicht unbedingt eine Kontradiktion sein muß, wollte doch gerade Hofmannsthal Kultur und Volk dialektisch mit einander vermitteln, - die völkische Ideologie ist vielmehr in sich Schleier und Schein: indem sie die spezifisch politisch -staatliche Transformation der "alten Reichsidee" verschweigt, d.h. als "österreichische", die nicht zu letzt (auch) preussische Komponente des "Großdeutschen Reiches". Richtig müßte SRBIK - 1938/9 - statt von einem "Großdeutschen Volksreich" von einem "Großdeutschen Reichsstaat" sprechen. [+] Wenigstens in der Richtung einer solchen Begriffsbildung befindet er sich, wenn er - im oben bereits zitierten Vortrag von 1941 - sagt, im "Dritten Reich" habe "das neue Zeitalter der Volksgemeinschaft, ... ihrer Freiheit nach außen und ihrer Geschlossenheit nach innen ... die größte Verkörperung der Weltgeschichte erfahren." Und ganz "bei der Sache", zumal 1941, ist SRBIK selbstverständlich, wenn er auf den "neuen Universalismus" zu sprechen kommt, "der sich mit dem nationalstaatlichen Prinzip verbunden habe"; [415] er beruhe nicht mehr "auf der alten, blutleer gewordenen metaphysischen Universalidee, sondern ... auf dem Wiederaufgreifen des Leitungsberufes des deutschen Ordnungsvolks, gestützt auf eine gewaltige Macht und auf ein großes Verantwortungsgefühl." [416]

Zwar will es scheinen, daß hier auch bei ihm die alten "ewigen" Grundlagen der Reichsidee ausgetauscht worden sind gegen die "völkischen" des Dritten Reiches, aber SRBIKS letzter Satz versucht doch wieder die Brücke zur alten Reichstradition zu schlagen: "Es ist, als ob der Rückweg nach Äonen zur ehemaligen staatlichen Gemeinschaft und zur überstaatlichen Pflicht des deutschen Volkes wieder eingeschlagen worden wäre. Die Bürgschaft für eine gro-

----

[+] Vgl. III, 3 j.

ße und gerechte Zukunft liegt nicht nur in der Zahl und in der Waffen-
kraft des deutschen Volkes, sie liegt auch in der unvergänglichen Kraft
des deutschen Geistes und in der sich wandelnden und doch immer
j u n g e n Idee des Deutschen Reiches. " [417] Die expansiv-imperia-
listische Geschichte des "Dritten Reiches" hat es - über's "Großdeutsche
Reichs" - Zwischenspiel hinaus - in Analogie zum mittelalterlichen
(Universal-) "REICH" selbst gebracht, von dem "Österreicher" wie
Srbik ihre Reichsideologie seit jeher speisen ließen - vor allen andern
Traditionsströmen zusammen.

m)   Öster- r e i c h

Hitler selbst (der "sehr gut" weiß, "daß Österreich ein Zentrum der
Pflege der Reichsgeschichte war" [418]) rühmt in einem seiner Tischgespräche während des Krieges "das a l t e Österreich. In ihm allein sei ausschließlich seit dem 15. Jahrhundert die alte deutsche
Staatsgeschichte als R e i c h s geschichte gelehrt worden, in allen anderen Ländern sei sie bewußt zu Gunsten der Geschichte einzelner Dynastien und ihrer Landesinteressen der Vergangenheit anheimgegeben
worden. " [418a]   Hitler sagt nichts anderes, als was der "Laacher"
A. DEMPF - heute Mitglied der "Deutschlandstiftung" - schon 1927
in der mehrfach zitierten Muth-Festschrift schrieb: "Wir hatten in
unseren absolutistischen Fürstenstaaten das Reichsbewußtsein verloren, nur Österreich hatte es aus seiner großen Völker-Ordnungsmis-
sion bewahrt und sprach es aus, wir aber verstummten. " [419]   Erst
recht nach 1805 war Österreich, das "das 'Reich' schon in seinem
Namen hat", wie HAECKER 1932 formulieren wird [420], das "Heim-
liche Römische Reich". [421]   Aus diesem Bewußtsein nicht zuletzt
speiste sich sein "antipreußischer Affekt", über die Niederlage von
Königsgrätz 1866 hinaus. Und als sich zum letzten Mal - bereits konservativ r e v o l u t i o n ä r [+] - am Vorabend des 1. Weltkriegs Groß-

ö s t e r r e i c h e r zusammentaten, mit dem Thronfolger Franz Ferdinand als Mittelpunkt, um die Doppelmonarchie zu "restaurieren", da knüpften auch sie bewußt an die alte Reichsidee an. [422] Noch im Krieg und über ihn hinaus tun das Hofmannsthal und sein Kreis, wenn jetzt auch bereits - in höchster Gefahr - rein defensiv; so schreibt HOFMANNSTHAL an seinen Freund Bodenhausen, als einen der Reichsdeutschen, die "keine Ahnung" haben, "was in diesem Österreich jetzt vorgeht" : "D i e s, dies ist jetzt die Agonie, die eigentliche Agonie des tausendjährigen heiligen römischen Reiches deutscher Nation, und wenn aus diesem Kataklysma nichts hervorgeht und in die Zukunft hinübergeht in das n e u e Reich, vermehrt um ein paar Millionen Deutsch-Österreicher, nichts als ein glatter, platter Nationalstaat, was das alte Reich nie war, es war unendlich mehr, es war ein h e i l i g e s Reich, die einzige Institution, die auf Höheres als auf Macht und Bestand und Selbstbehauptung gestellt war - dann ist - für mein Gefühl, der Heiligenschein dahin, der noch immer, freilich so erblichen und geschwächt, über dem deutschen Wesen in der Welt geleuchtet hat" [423] [++] - dank Österreichs. - Was Kaiser Friedrich III.

[+]   Vgl. E. FRANZEL, Franz Ferdinand d'Este. Leitbild einer konservativen Revolution, 1964.

[++] Auch k i r c h e n -offiziell; unverändert gingen die l i t u r g i s c h e n Vorrechte des "Imperator Romanorum" auf den Kaiser von Österreich über. 1860 wurden durch ein Dekret der römischen Ritenkongregation die liturgischen Gebete für den österreichischen Bereich den veränderten Verhältnissen angepasst und zum Beispiel die alte Formel der Karfreitags-Fürbitte "respice ad Romanum benignum Imperium" ersetzt. Das 1761 Maria Theresia und ihren Nachfolgern gewährte Privileg, den Namen des regierenden Imperators nach dem des Papstes und des Bischofs in den Kanon der Messe einzufügen, wurde erneut bestätigt und auch nach 1918 nicht - erst 1955 - offiziell aufgehoben. (Vgl. K. BREUNING, Die Vision des Reiches ..., S. 307).

(1440-1493) am Anfang Öster- r e i c h s ⁺ erklärt hat: "A. E. I. O. U. " (Austria e r i t in orbe ultima), das sagt Hofmannsthal - in der Gefahrenstunde seines definitiven Endes - auch: "Austria f u erit in orbe ultima". ⁺⁺

Friedrich III. war mit dem Äneis VI, 851 persiflierenden Motto: ".. . tu, felix Austria, nube" der erste unter den "großen Habsburgern", die - nach einem Wort des Hofmannsthal-Freundes H. BAHR - allein "verdächtig s c h e i n e n, nur Zuwachs an Macht, Besitz und Glanz des eigenen Hauses im Sinn zu haben . . .". Diesem Anschein entgegen, "dürfen" sie "sich r ü h m e n", wie BAHR in seinem "Abendland"- Aufsatz von 1923 weiter schreibt, "Schöpfer oder doch Bereiter einer Lebensform gewesen zu sein, in der die Zukunft des Abendlandes ⁺⁺⁺ liegt . . .". Um Bahrs "abendländische" Zukunft - als W i e d e r kehr der alten Christenheit im Geiste Habsburgs" [424] - vorerst auf sich beruhen zu lassen und statt dessen weiter in die habsburgisch-öster- reichische Vergangenheit zu schauen, der Hofmannsthal-Freund b e - t o n t : "Mit einem eingeborenen, tief geheimnisvollen, Zukunft ah- nenden Bausinn, der seit dem alten R o m unter den Völkern erlo- schen schien, hat das Haus Habsburg den Weg Europas gefunden . . .". [425] Und HOFMANNSTHAL selbst erklärte bereits 1916, als das Habsburger-Reich noch bestand: "Für uns, auf dem Boden zweier rö- mischer Imperien hausend, Deutsche und Slawen und Lateiner, ein

---

+ Jenes Österreich, das "das Wort 'Reich'" b e t o n t im Namen hat (Th. HAECKER).

++ Noch im ersten Kriegsjahr plant Hofmannsthal eine "Österrei- chische Bibliothek", der er ursprünglich den Titel "A. E. I. O. U. " geben will, als einem Archiv der "Austria aeterna" gleichsam.

+++ Bahrs Aufsatz ist dem Chefredakteur der rechtskatholischen (und austrofaschistischen) Zeitschrift "Schönere Zukunft" J. Eberle "zugeeignet".

gemeinsames Geschick und Erbe zu tragen auserlesen, - für uns wahrhaft ist Europa die Grundfarbe des Planeten ... ". [426] "Es ist nicht gleichgültig, ob man von gestern oder als Mark des Heiligen R ö m i s c h e n Reiches 1100 Jahre oder als römische Grenzkolonie 2000 Jahre alt ist und seine Idee in dem einen Fall von den römischen Kaisern, im anderen von Karl dem Großen, ihrem Nachfolger im Imperium, her hat, und dies in der Form, daß das Wesentliche dieser Idee nie abgebogen wurde, sondern sich als ein Unzerstörbares im Vorbeirauschen von zehn und zwanzig Jahrhunderten erhielt. " [427] Hofmannsthal proklamierte die "translatio imperii" - perpetua - "ad Austriam".

Um chronologisch vorzugehen, die Österreich-Theologie gleichsam systematisierend: an erstem ist in Österreich "lebendig" die "Nachfolge Roms", wie Hofmannsthal RIEGEL / WICKHOFF affirmiert, [428] - Wiens Fundament: "Castrum Vindobona", das " L a g e r der ruhmreichen 13. Legion", wie SCHNEIDER noch 1957/8 formuliert. Er sucht während seines Wien-Aufenthaltes "'Am Hof' nach den Adlern, die das Prätorium ... bekrönt haben sollen." Die Adler sind, wie SCHNEIDER nicht versäumt hinzuzusetzen, "die Voreltern" seines "zweiköpfigen Gegenübers" am k. u. k. Kriegsministerium, das 1913, im "l e t z t e n Jahr des Barock" (H. BROCH), fertiggestellt wurde, als "ein grandioses Finale, nicht unwürdig Marc Aurels und der unsterblichen 13. Legion. " [429] - Die römischen Adler, Wappentiere Jupiters und "seiner" Imperatoren blieben nicht ohne Nachkommen, weder als Marc Aurel, der "Philosoph des strengen Castrum Vindobona", [430] der sich "Am Hof ... in seinen Monologen" faßte, - vielleicht dort - starb, [431] noch als Franz II. 1806 in der Kirche "Zu den neun Chören der Engel" - A m H o f - seinen Verzicht auf die Krone des Reiches verkünden ließ; [432] er nannte sich von da an Franz I., Kaiser von Österreich. Unbeschadet dessen hieß es auch so : "Gott, schütze

Franz d e n Kaiser". "Zeichen göttlichen Weltregiments zu sein" war u n d blieb "Habsburgs Amt", wie SCHNEIDER - ebenfalls im "Winter in Wien" - affirmiert. Schon HOFMANNSTHAL, dem das "Gefühl der Zugehörigkeit zum Heiligen Römischen Reich (noch) u n-gebrochen" war, [433] betonte: "... wir haben ... einen anderen Weg zu gehen, der dem Boden angebahnt ist: dem Boden des römischen Reiches, des a l t e n, nicht des zweiten ..." [434] - dem Boden des Konstantinischen Reiches, dessen "Jupiter" Christus - Imperator, Rex et V i c t o r war.

Auch und gerade Prinz Eugen, "in HOFMANNSTHALS Urteil der g r ö ß t e Österreicher", [435] bekam (von Kaiser Karl VI.) "ein mit Diamanten besetztes Kruzifix überreicht", als er am 14.5.1717 gegen die Türken zog und Belgrad eroberte; "unter diesem Zeichen werde er siegreich sein", [436] erklärte der letzte Habsburger - dem Mannesstamm nach. "... noch als ... (Eugen) starb", schrieb HOF-MANNSTHAL 1915 aus aktuellem (Weltkriegs-) Anlaß, "hat er uns einen letzten Willen hinterlassen, der uns nach Osten und Süden weist, dort unsere Schickung zu erfüllen, die bei der G r ü n d u n g des Hei-ligen Römischen Reiches Deutscher Nation durch Karl den Großen uns zugeteilt worden ist." [437] Und hinter Karl wie Konstantin sieht Hof-mannsthal gleichsam Marc Aurel, die heidnischen Imperatoren ins-gesamt: Wo heute Eugens Belvedere steht, "da ragte zu alten Römer-zeiten die große Zitadelle Fabiana." [438] Und die "Urzelle der Kai-serstadt" überhaupt war eben - wiederum mit Worten R. SCHNEI-DERS - "ein Konglomerat von Kasernen, radikal militant, ... im Kriege und für den Krieg gebaut, von lebensfeindlicher Klarheit und Disziplin ... Das Mittelalter hat diesen geometrischen Grundriß aus Vierecken überwuchert, mit seinen rührenden Rosengirlanden bedeckt, aber der Anfang" - das Prinzip - "war die behelmte Maske des rö-mischen Legionärs; und fast alles, was Wien der Welt gegeben hat und noch gibt, hatte Raum im scharfen Umriß der imperialen Garnison.

Die apostolische Majestät erst hat diese Schranken aufgehoben, und zwar mit einem an den Innenminister Alexander Bach gerichteten Handschreiben vom 23. Dezember 1857, das die Beseitigung der
bisherigen Festungsanlagen befahl. Militärische Erwägungen spielten,
der Tradition gemäß, eine Rolle; nach den Mißgeschicken der Jahre
1848 und 1849 war die Sicherung der Zufahrtsstraßen zu wünschen
(Ludwig Jedlicka). Außerhalb des alten Festungsgürtels, am Zu-
sammenfluß der Wien und des Donaukanals, hinter dem Belvedere,
erstanden, gewissermaßen aus römischem Geiste, 'die größten forti-
fikatorischen Anlagen auf europäischem Boden s e i t der Römerzeit'
(Jedlicka). " [439]

n)   Spanisches Österreich

"... mit dem Antritt des kaiserlichen Hauses" Habsburg - auch in
Spanien - wiederum begann "der kühnste Machttraum, der seit dem
Sturz der mittelalterlichen Geschlechter in Europa geträumt
worden" war. "Spanien und sein überseeischer Besitz" dienten "der
Universalmacht des einen Hauses, des einen Glaubens. " [440] Diese
"Idee" eines "universalen katholischen Imperiums" war "ursprünglich keine spanische", sondern wurde "erst durch den germanischen Cäsar übermittelt", [441] + aber als dieser kann Karl V.
- für H. BAHR zum Beispiel - als "der letzte gelten, unter dem es
noch" einmal "ein Abendland gab", [442] ein "Welt-Abendland" [443]
das einzige Mal : das "transatlantische Imperium", [444] wie es
Karls V. "Plus ultra" (Über die Säulen des Herkules hinaus) v e r-

---

+   Daß es - im frühen Mittelalter - freilich auch ein spezifisch
     spanisches Kaisertum gab, gleichsam per translationem -
     immediatam - ad Hispaniam, dazu vgl. E. R. CURTIUS,
     J. Maurique und der Kaisergedanke, in: Zschr. für romani-
     sche Philologie 52 (1932).

k ü n d e t e. [+] Hatte noch das Motto seines Vorgängers Maximilian - gleichsam nur "innenpolitisch" - geheißen: "Quod in caelis sol, hoc in terris Caesar est", so konnte der Enkel von einem Reich reden, in dem - nach-kopernikanisch - "die Sonne nicht untergeht" (das freilich nur durch die heiratspolitische Vorarbeit Maximilians I. und seines Vaters, Friedrichs III. , möglich war).

Für E. PRZYWARA bedeutet die "Zeit" und das "Spanien Karls V. und Philipps II. ", in der und wo das "Abendland ... die Welt sich öffnete, u m sie mit sich selbst zu durchdringen", "stärkste, repräsentativste alte Tradition christlichen Abendlandes". [445] "Zum fünfzigsten Geburtstag von Reinhold Schneider" schreibt er : "Als ich Schneiders Philipp II. in meiner Waldeinsamkeit begann, in einer stillen Winternacht", wurde er "meine Einführung in das 'ewige Spanien' u n d in das 'Sacrum Imperium' ...". "... unter dem Patrozinium des großen Werkes Schneiders" ging ich " endgültig unter und ein in den 'Deutschen' des klassischen 'Reich' ...". [446] - Per Hispaniam ad Sacrum Imperium : das war schon der Weg der b a r o c k e n Restauration des mittelalterlichen Reiches - durch Karl VI. vor allem.

Eine "phantastische", den Escorial variierende "Konzeption" nennt R. SCHNEIDER den "Palst, den Karl VI., als Letzter des Mannesstammes (und Kaiser des Spanischen Erbfolgekrieges) repräsentativ zusammenfassend, in Klosterneuburg errichten wollte ...": "Um die grüne Kuppel, auf der die Kaiserkrone hoch über dem Lande ruht, sollten sich acht Kuppeln scharen als Träger der habsburgischen Kronen", ohne daß jedoch die alte romanische Klosterkirche zerstört

---

+ Der Urenkel vollzog "die ... Wende vom statischen AEIOU zum e r o b e r n d e n Plus-Ultra ..." (R. SCHNEIDER, Winter in Wien, Herder-TB 142, S. 206).

worden wäre; sie sollte vielmehr "organisch" in die barocke Konzeption einbezogen werden und so ein "Kloster schloß" erstehen: "der Herrscher als Nachbar des Mönchs, Herrschaft eingebettet in Gottesdienst, in Liturgie. Aber die neun Kuppeln" - so vermutet Schneider richtig - "hätten wohl die Türme und den ernsten Stiftsbau erdrückt; die Weltlichkeit hätte gesiegt", [447] so wie sie es schon im "deutschen Versailles", dem ersten Entwurf für Schünbrunn, zur Zeit von Karls Vorgänger Joseph I. tat: "nicht an einer religiösen, sondern an einer politischen Gelegenheit, nicht im Kirchenbau, sondern im Schloßbau" sollten sich die Möglichkeiten des "Reichsstils" (H. SEDLMAYR) "am entschiedensten" ankündigen." [448]

Diese Sedlmayr' sche Feststellung muß CURTIUS entgegengehalten werden, wenn er Versailles einfach einen "ins Französische übersetzten Escorial" nennt. [449] Um es kurz zu machen: das Zentrum des Escorial ist - wie ideologisch auch immer - die Kuppel über dem Hochaltar der "Klosterschloß" -Kirche, das Zentrum von Versailles das Schlafzimmer des Königs; Philipp gehörte nur eine Kammer - unmittelbar neben dem Hochaltar, den er von dort aus ständig im Auge behalten konnte. An i h m vollzog sich die zentrale Zeremonie des Tages, nicht im Schlafzimmer des Königs wie - als "Lever" - in Louis' XIV. Versailles. - "Erst seit dem Pyrenäen-Frieden 1659 beginnt die Vorherrschaft Europas" von Spanien "auf Frankreich überzugehen", [450] + aber sie tut es dann auch und ohne Österreich zu "verschonen": hätte das erste Schönbrunn Versailles auch übertroffen, so wäre es dennoch nur ein Über-Versailles gewesen, und die Kultur Ludwigs XIV. das zwar überbietbare, aber

---

+ Zuvor, von Karl V. an, hatte die "spanisch-österreichische Hegemonie" den Stil europäischer Kultur bestimmt ...: im Staatlichen und Kirchlichen, wie in Kunst, Kostüm und Lebenshaltung." (E.R. CURTIUS, Kritische Essays zur europäischen Literatur, ³1963, S. 137).

unersetzbare Muster des barocken, d.h. "französischen Europa" (J. BAINVILLE) geblieben.

Es ist nicht richtig, daß die "welthistorische Kulturgemeinschaft, die in kaiserlichem Glanz Wien und Madrid verband", Paris u n berührt gelassen hätte, wie CURTIUS behauptet. Andererseits freilich blieb die österreichisch-spanische "Kulturgemeinschaft" bestehen, unbeschadet des französischen Einflusses, der überdies nur ein Sonderfall des generell romanischen war, dem Österreich offen stand. "In der dynastischen Tradition, in der von der Gegenreformation geprägten Volksfrömmigkeit, in barocker Kunstgesinnung lebten Spuren der alten Verbindung mit Spanien" - bis in die Zeiten Hofmannsthals - "fort". [451 +] Hofmannsthal "s t a n d" auf der "Linie", die als "europäische Querverbindung" "von Madrid ... nach dem Wien der Habsburger" lief. [452] "Wie Grillparzer empfand er, daß Spanien 'in gewissem Sinne zur österreichischen Geschichte dazugehört'." [453] So wie es - für CURTIUS - in der spanischen Hofreitschule (Karls VI.) als einem "letzten, winzigen Überbleibsel" der "welthistorischen Kulturgemeinschaft" [454] - selbst gegenwärtig noch - symbolisiert ist: "Spanische Formstrenge vermählt sich österreichischer Anmut." ("Nur wer in der Arena und in der Reitschule zugleich beheimatet wäre, würde Spanien ein wenig näher kommen: dort verwickelt sich das Pferd verzweifelten Hufschlags in sein Gedärm; hier bewegt es sich im Triumphe seines Schritts, seiner tänzerischen Kraft, schönste Huldigung vor der Majestät." [455])

SCHNEIDER entfaltet im "Winter in Wien" einen wahren K u l t um die Spanische Reitschule, ihren - verstorbenen - "Star", den Lipizzaner-Hengst Maestoso Alea, zumal. Sein "Portrait" ist der

---

+ CURTIUS s p r i c h t von ihm, wenn er überhaupt schreibt: "Wir Deutsche nahen uns dem romanischen Wesen als Bedürfende; er, Österreicher, schaltete damit als Besitzender. Er brauchte nicht zu erobern, was ihm gehörte. Er betrat angestammte Lande als W i e d e r erkennender." (ed., S. 124).

"Trumpf"[456] des (Post-)Kartenspiels, das ihn von Kaffeehaus zu Kaffeehaus begleitet: "Für Maestoso Alea gibt es keinen Traum; alles ist Ernst, Zucht, Wachsein, Aufmerksamkeit auf den Taktschlag, den inneren Takt. Karl V. sprach spanisch mit Gott, italienisch mit Frauen, französisch mit Männern, deutsch mit seinem Pferd: vielleicht die erste A u s z e i c h n u n g unserer Sprache."[457] - Die Überlieferung empfand Karls Sprachen-Hierarchie als Herabwürdigung des Deutschen, Schneiders Menschenverachtung, die in seinem spezifischen Atheismus kulminiert, empfindet sie als "Auszeichnung". Den Zynismus nicht unbedingt meidend, glaubt sein "signoriles Lebensgefühl"[+] in diesen späten Jahren Adel nur noch bei "edlen" Pferden zu finden[++] - "spanischen" zumal. Schon M. BARRÈS, der in der Moderne "die Seele Spaniens neu entdeckte", wie CURTIUS formuliert, nennt es "die Aristokratie der W e l t".[458] Und in den "Jahrhunderten des Philip Chandos, des Marschalls Bassompierre", in die es Hofmannsthals "Aristokratismus des B l u t e s und der I n s t i n k t e" zog,[459][+++] war Spanien dies; die Wiener Hofreitschule Karl VI. ist - schon zu ihrer Entstehungszeit - ein verspätetes Zeugnis hierfür.

[+]   Wir parapharsieren E. R. CURTIUS, der "Zu Hofmannsthals Gedächtnis" schrieb, dieser habe "die Klassiker der französischen (und englischen) Königszeiten ... als Repräsentanten s i g n o r i l e n L e b e n s g e f ü h l s" aufgenommen - "nicht als abgelöste geistige Gestalten der Bildungswelt." (E. R. CURTIUS, Kritische Essays ..., S. 124).

[++] H i n t e r e i n a n d e r zählt SCHNEIDER Maestoso Alea und den "kristallenen Hofbecher der burgundischen Herzöge" auf - des Ordens vom Goldenen Vlies. (Winter in Wien, S. 112).

[+++] Nicht minder freilich in die goldene Zeit L u d w i g s XIV.; am 24. 8. 1916 schreibt er an die Freundin Helene von Nostitz: "... seit Monaten" lese ich "fast jeden Abend vor dem Schlafen ein paar Seiten in der Sévigné, im Lafontaine, im La Bryère, im La Rochefoucauld, im Molière, im Bossuet und finde diese wahrhaft große, auch höchst menschliche Zeit ein wahres P a-

o) (Neu-) Barockes "T r a u m - Österreich"

Hofmannsthal schrieb den "Epitaph" (R. SCHNEIDER) des "imperialen spanisch-deutschen Hochadels Österreichs"; seiner "sozialen Schicht" wollte er im "Schwierigen" von 1921 "auf dem Wege des
Sichtbarmachens durch eine leichte Übertragung, ein Denkmal im Augenblick seines Aufhörens und Versinkens setzen. " [460] Er teilte
HAUSENSTEINS Meinung, daß "in der barocken Formel ... das nach-
antike Dasein seine menschlichste Gestalt gebildet" habe. [461] Und
den meisten seiner Verehrer - bis in die fünfziger und sechziger Jahre hinein - galt "Hofmannsthals österreichische Erscheinung" selbst
als ein - "alexandrinischer" - "Nachglanz" solch - "österreichischen" - "Barocks"; [462] + sie bezogen ihn mit ein in ihre "Scheinintuition ... von der 'barocken Lebensauffassung', die im alten habsburgischen Österreich ihren klassischen Ausdruck gefunden [++] und

---

r a d i e s. Auch scheint sie mir keineswegs gar so fern oder
fremd. In Ö s t e r r e i c h ist man ihr, was die allgemeine
Athmosphäre gerade der b e s t e n Leute betrifft, manchmal er-
staunlich nahe. " (Briefwechsel, 1965, S. 136/7).

+ Den "letzten Erben" der "Reiche" Maria Theresias nennt ihn
REINHOLD SCHNEIDER im "Winter" (S. 37) : "Das Spectrum
Austriae, die untergegangene Sonne des unsterblichen Reiches
zauberte ihr Bild in das letzte Glas aus dem Keller der Burg. "
Hofmannsthals Glas; aber es "erreichte die Lippen n i c h t
mehr. Fortuna nahm fast alles zurück, was sie über den Knaben-
Jüngling geschüttet hatte, ohne einen Preis zu nennen - und nun
bleiben seine, des späten Dichters, fragende Augen. Nein, sie
fragen nicht: Sie w i s s e n, und lächelnd schließt er die kunst-
reich gearbeitete Truhe über unvergleichlichem, unvollendetem
Geschmeide. Auch hier, an der bescheidenen Stelle (Rodauns),
die er für geziemend gehalten hätte, verglühen, w i e in der
Schatzkammer, die Kleinodien unter Glas. " (S. 35).

++ Den "von G o t t erkorenen Träger des Barock", nennt der
Hofmannsthal - Freund R. KASSNER Österreich. (Buch der
Erinnerung, ²1954, S. 115).

im österreichisch-barocken Menschen einen wertvollen Menschentyp geschaffen habe ... ".[463]   Diese "Scheinintuition" war und ist, wie der katholische D e m o k r a t Ph. FUNK schon 1929, in Hofmannsthals Todesjahr, kritisierte, "Romantizismus, der ... so unwahr und tötend bleibt wie die epigonenhafte Kanonisierung des Mittelalters in der impotent gewordenen Nachromantik." [464]

Funk nahm gleichsam HOFMANNSTHALS Formel vom Barock "als der verjüngten Form" des Mittelalters - kritisch - auf und brachte so das "N e o - Barock" richtig mit dem "Neuen   M i t t e l - a l t e r" zusammen, in welchem "Schlagwort" auch STEDING die Zentralformel der - politisierenden - Neuromantik erkannte [+]; in W i e n schien sich ihm - noch 1937/8 - der "Herbst des Mittelalters bis in unsere Tage" erhalten zu haben. [465]   Und der wollte - programmatisch bereits 1927 - "A k t i o n" [++] werden: "österrei-

---

[+]   W. VOLKE glaubt umgekehrt-dementsprechend, daß "alle Bemühungen" Hofmannsthals, die er "im Geist der 'schöpferischen Restauration' oder der 'konservativen Revolution'" unternahm, seiner maria-theresianischen Konzeption entsprangen; "Jacob Burckhardts Wort, große Individuen seien 'die Koinzidenz des Verharrenden und der Bewegung in einer Person', schien Hofmannsthal geradezu auf Maria Theresia gemünzt (P III 3 188). (H. v. Hofmannsthal in Selbstzeugnissen und Bilddokumenten, rororo bildmonographie 127, S. 143).

[++]   Vgl. E. K. WINTER (Hrsg.), Die Österreichische Aktion. Programmatische Studien. Als i h r Programm können diese Worte des Herausgebers gelten: "Bahnbrechend für die Begriffsbildung der vaterländischen" - Österreichischen - "Aktion wirkte die f r a n z ö s i s c h e Aktion, insoweit sie dem Legitimitätsprinzip in Frankreich in den letzten Jahrzehnten neuen Nachdruck verliehen hat und einem hundertjährigen Kontinuitätsbruch erfolgreich entgegengetreten ist. Der heilige Vater hat nunmehr Lehren der französischen Aktion hic et nunc ('Atheismus in Soziologie und Politik') verurteilt, nicht hingegen den B e g r i f f der französischen Autoritäts- und Legitimitätsaktion, das monarchisch-dynastische Souveränitäts- und Legitimitätsprinzip, wie der französische Episkopat feststellt. Der Sympathie für das französische Königtum, die diese Blätter des öfteren zum Ausdruck

chisch-barock-romantisch" [466] [+] - und mit der "Maiverfassung" von 1934 war er es geworden: der "österreichische Mensch" geboren und der "christliche Ständestaat" errichtet. [467]

"Das,was wir die Präfiguration der österreichischen Nation nannten, konnte nur im g r o ß e n Österreich werden, aber dieses war ein zu weites, aus zu vielerlei Bestandteilen gebildetes Gefäß, als daß sich in ihm eine Gesamtnation aus allen Ständen hätte kondensieren können. Erst ... innerhalb des auf sich selbst zurückgeworfenen, spezifisch österreichische Naturhaftigkeit und spezifisch österreichische Idee verkörpernden österreichischen Urstammes mag sie sich bilden ...". [468] Worte des "Heimwehroffiziers" in VON ANDIRANS - Hofmannsthal gewidmetem - "Österreich im Prisma der Idee" von 1937. - Der Dichter meinte "mit dem Wort Österreich immer das Ganze der habsburgischen Monarchie mit a l l e n ihren Ländern und Völkern und Sprachen ..., [469] [++] auch nach dem Untergang des Viel-

---

bringen, fügt sich demnach die Erwartung bei, die französische Aktion werde sich in Idee und Organisation so läutern, daß sie den Einklang mit der Kirche und der katholischen Aktion wiederfindet und ihre prinzipielle Fundierung in erster Linie im katholischen Gedanken sucht." (S. 8).

[+] 1935 schrieb O. ROMMEL in seiner Einführung zum ersten Band von "Barocktradition im österreichisch-bayrischen Volkstheater": "Wie in dem wohlgeordneten Kosmos des barocken Weltbildes jegliches Ding seinen Rang hatte, so kam auch in der Gesellschaftsordnung jedem Stande und jedem einzelnen innerhalb seines Standes sein Rang und seine Würde zu. Diese Würde zu behaupten, machte seinen Wert aus, sie repräsentierte diesen Wert." (S. 5). Rommel s a h das Barock romantisch-mittelalterlich.

[++] HOFMANNSTHAL "zeichnete" sich "auf" : "Frühe Einwirkung jenes Bildes: Kaiser Maximillian spricht mit acht Hauptleuten in ihren Sprachen." (Aufzeichnungen, 1959, S. 243).

völkerstaates [+], aber auch und gerade er bekannte: "... um mich zu verstehen, muß man verstehen, daß ich zum Süden und Osten des deutschen Geheimnisses gehöre. "[470] Und ohne in solcher - ihm wohl als anti-österreichisch erscheinenden, nationalistischen Überspitzung wie Freund ANDRIAN von "österreichischer Idee", [471] vom "Genius" und der "Sendung Österreichs" [472] zu sprechen oder die "völlige Besonderheit der österreichischen Seinsart" [473] zu hypostasieren, auch HOFMANNSTHAL schrieb: "... in Grillparzer ... treffen wir von unserem reinen österreichischen Selbst eine solche Ausprägung, daß wir über die Feinheit und Schärfe der Züge fast erschrecken müssen. "[474] Umgekehrt erklärt ANDRIANS "Heimwehroffizier" - im Anschluß an sein, wie sich jetzt zeigt, dialektisches Bekenntnis zu Kleinösterreich - ebenfalls: "Vielleicht dürfen wir einmal, wenn wir zur Nation gefestigt sind, nach der österreichischen die großösterreichische Idee verwirklichen und damit die große Aufgabe unserer Vorfahren und den vollen Sinninhalt des österreichischen Gedankens erfüllen, aber eines scheint mir sicher, daß jene Nationbildung dieser notwendig vorangehen mußte und daß sie nur im kleinen Österreich gelingen konnte. In diesem Sinne kann man wahrhaft ... vom glücklichen Verschulden, das zur zeitweiligen Auflösung des alten Völkerreiches als zu einem letztlich glückbringenden Unheil geführt hat, reden. "[475] FÜRST SCHWARZENBERG affirmiert solche Rede noch 1958 - Großösterreich reichs visionär zum "Abendland" überhaupt erweiternd, wenn er das faschi-

---

+ AUERNHEIMER schreibt an oben bereits zitierter Stelle: "In seinem Werk nimmt das ... Habsburgerreich, ... zur Idee verklärt, seine letzte ... europäisch gültige Gestalt an. Sie verewigt das 'nicht zu Tötende' des Österreichertums, beglänztes Jenseits seiner Geschichte. " (Hofmannsthal als österreichische Erscheinung, in: Die neue Rundschau XXXX (1929), S. 666).

stische Österreich "die Fluchtburg des echten Reichsgedankens"
nennt. [476]

p)   Österreichisches E u r o p a

Ein anderer F r e u n d Hofmannsthals, R. PANNWITZ, schrieb schon
1918 : "Österreich ist der Rest des Heiligen Römischen Reiches
Deutscher Nation, d. h. eines vom Königtum des Nordens und der Kirche des Südens gemeinsam versuchten E u r o p a. Man hat die Bedeutung eines solchen lebendigen und erweckbaren Trümmers in unserer flachen alles Mittelalter verachtenden Moderne unterschätzt. "
[477] Pannwitz "erkannte" nicht anders als Hofmannsthals älterer
F r e u n d, H. BAHR, - im "Abendland" - Aufsatz, "daß, wenn aus den
Trümmern, die wir sind, noch jemals wieder der Morgenstern des
Abendlandes aufleuchten soll, dies nur durch Erinnerung an die Haus -
politik Habsburgs geschehen kann, nur in ihrem Sinne, wenn auch darum freilich keineswegs notwendig durchaus mit ihren Methoden. " [478]
- "Der Träger der Universalmonarchie, der Römische Kaiser, war
zugleich der angestammte Monarch des Österreichers", wie HOF -
MANNSTHAL selbst erklärte: "Die von hier ausstrahlenden Interessen, welche natürlich schon durch das Vehikel des beamtlichen Ehr-
geizes die ganze Bevölkerung durchsetzten, umfaßten den größten Teil
Italiens und die ehemals spanischen Niederlande, ebensosehr wie die
slawischen und ungarischen Vorlande und das angrenzende Türken-
reich und den ganzen nahen Orient. Diese alte Universalmonarchie
kannte nur fließende Grenzen. Sie übte ihr Prestige und gab ihren Kul-
tureinfluß in ein weites Gebiet, dessen Grenzen nie zum Bewußtsein
kamen. ... Sich abzugrenzen, sich gegen fremde Eigenart in seine
Grenzen zu verschließen, nichts lag der Geistesart, in der zwanzig
Generationen auf österreichischem Boden aufgewachsen sind, ferner.
Das Machtinstrument dieser Universalmonarchie war eine Armee, so
bunt und übernational zusammengesetzt w i e die des alten Rom.

Noch bis in den Weltkrieg hinein weist der Militär-Schematismus ein Offizierskorps auf, das durchsetzt ist mit den Nachkommen von Franzosen, Wallonen, Irländern, Schweizern, Italienern, Spaniern, Polen, Kroaten, den Nachkommen von Männern, deren Ahnen im siebzehnten oder achtzehnten Jahrhundert innerhalb dieser Armee sozusagen ihre Heimat fanden. - Völlig das gleiche spiegeln die geistigen Anstalten, sei es daß sie vom Hof gelenkt und abhängig waren, sei es von der Wiener Universität. Dieser Hof versammelte um sich mindestens ebenso viele italienische Musiker und Architekten, französische Lehrer, niederländische Gelehrte, als er in seiner Armee wallonische oder italienische Generale hatte. " [479]

HOFMANNSTHAL resümierte: "Es ist nicht nötig, diesen Tendenzen zum Internationalismus, wie sie der Seele des Österreichers durch die Zugehörigkeit zur katholischen Welt, durch den Einfluß eines universalen Hofes, durch den Anblick einer national gemischten Armee, durch den Geist einer universal gerichteten, mehr auf den Tendenzen des siebzehnten als auf den engeren des achtzehnten ruhenden Gelehrsamkeit eingeflößt wurden, an dieser Stelle noch die großartigste dieser universalen Tendenzen, die musikalische, beizufügen. [+] Diese ist hinreichend bekannt, ja sie ist die einzige, welche von selbst und dauernd die Aufmerksamkeit auf sich zieht. Aber auch der größte repräsentative Dichter Österreichs, Franz Grillparzer, dessen Leben fast das ganze neunzehnte Jahrhundert ausfüllt, trägt in jeder Szene seiner Dramen, in der Wahl seiner Stoffe und in jeder Zeile seiner politischen und philosophischen Aufzeichnungen das gleiche übernationale Gepräge, trägt es als ein Selbstverständliches. Von ihm rührt das berühmte Wort her, niedergeschrieben ums Jahr 1840, als der zu

---

[+] Zugespitzt heißt es an anderer Stelle: "Das Salzburger Land ist das Herz vom Herzen Europas ... Mozart ist der Ausdruck von alledem ... hier mußte Mozart geboren werden. " (Prosa 4, S. 92).

Ende des achtzehnten Jahrhunderts geistgeborene moderne Nationalismus anfing sein engherzigeres Gesicht zu zeigen: 'Von der Humanität durch die Nationalität zur Bestialität. '" [480] - Wieder zitiert HOFMANNSTHAL diesen seinen - unmittelbaren - Vorgänger; daß er - Jahre zuvor - schrieb: "...in Grillparzer ... treffen wir von unserem reinen österreichischen Selbst eine solche Ausprägung, daß wir über die Feinheit und Schärfe der Züge fast erschrecken müssen" [481] - und jetzt Grillparzer zum Zeugen des Europäertums aufruft, muß zusammengenommen werden: Grillparzer ist Hofmannsthal Zeuge ö s t e r r e i c h i s c h e n Europäertums, und dies nicht als Spezifikum eines allgemeinen - n i c h t -österreichischen - Europäertums [+], sondern derart, wie es ein Wort Fr. HEERS aus dem Winter 1957/8 zum Ausdruck bringt: "Europa hat dann nur sich selbst verstanden, wenn es Ö s t e r r e i c h verstanden hat. " [482] [++] Hofmannsthal eigenes "Europäertum" war "nur die Erweiterung seines österreichi-

---

[+] R. ALEWYNS Diktum: "Wenn er für Österreich war, dann war er für Österreich als die europäische Form, deutsch zu sein, als die deutsche Form, europäisch zu sein" (Über H. v. Hofmannsthal, [4]1967, S. 10), ist nicht falsch, läßt aber zu wenig erkennen, daß Hofmannsthal Europa vom Sacrum Imperium her verstand, dessen Kaiser Deutsche und - zuletzt - Österreicher waren, nicht in einem nationalen Sinne, aber so, daß umgekehrt Deutsche und Österreicher - zuletzt vor allem sie - notwendigerweise Europäer sein müßten, nämlich R e i c h i s c h e .

[++] Noch in Fr. HEERS "Gespräch der Feinde", das bis in den Titel hinein den "Dialog" propagiert, früher als - katholischerseits - irgendwer, heißt es apodiktisch: "... der Glaube an Österreich ist i d e n t i s c h mit dem Glauben an ein neues Europa." (1949, S. 113). Und das war auch schon die Meinung des Mitglieds der "Österreichischen Aktion" A. MISSONG : "Der europäische, pazifistische Gedanke ist ... nichts anderes als die extensive Ausgestaltung der österreichischen Idee; er bedarf ihrer als seines Kernstückes ebenso wie sie seiner als ihre Ausstrahlung in die Weite nicht entbehren kann. " (Europa. Betrachtungen über Kaisertum, Völkerreich, Völkerbund und Paneuropa, in: Die österreichische Aktion ..., 1927, S. 39).

schen Bewußtseins, in dem sich bereits vollzogen hatte, was Europa für seine Bewahrung erst verwirklichen mußte", [483] [+] eine - organizistische - Völkergemeinschaft: "Das Ziel, dem sich" seinem "Wunsche" nach "die Geschichte zuwenden sollte, war ein Europa, in dem sich seine Völker zusammen fanden w i e die Schauspieler im Kosmos des Barocktheaters, jedes mit einer besonderen Rolle, jedes als Repräsentant der ihm eigenen Werte. Nur sollten sie dort nicht als Individuen auftreten, die sich auf Tod und Leben bekämpften, sondern als kulturelle Sphären, die, ohne sich zu vermischen, sich doch zu fruchtbarer Wirkung berührten. Die Vision eines s o l c h e n Europa hatte er aus dem Kulturbild seines Heimatlandes gewonnen." [484] Die Vision des e u r o p ä i s c h e n Ständestaats. (Noch SCHWARZENBERG leitet seine "Feststellung", daß in "den Jahren 1932 bis 38" Österreich "die Fluchtburg des e c h t e n Reichsgedankens" wurde, mit dem Hinweis auf die Ideologen des beabsichtigten 'christlichen Ständestaates'" ein. [485]).

q)   Austria u l t i m a

SCHNEIDER h e b t 1957/8 auf das "Europäische" a b , wenn er aus aktuellem - anti-"atlantischem" - Anlaß betont [++] : "Die österreichische Universalität war e s s e n t i e l l europäisch, die des Empire global; Karl V., der über die Grenzen wollte und das mußte,

---

[+]   Umgekehrt-dementsprechend erklärte er C.J. Burckhardt nach dem Untergang G r o ß österreichs: "Meine Heimat habe ich behalten, aber Vaterland habe ich keines mehr, als Europa ..." (C.J. BURCKHARDT, Erinnerungen an Hofmannsthal, 1943, S. 80).

[++] SCHNEIDER insistiert auf dem Österreichischen, obwohl er - zur selben Zeit - auch schreibt: "Der Wiederaufgang der österreichischen Lebensform ..., der unsere Hoffnung ist, läßt sich nicht programmatisch bestimmen." (H. Fronius, Imaginäre Portraits. Einführung von R. SCHNEIDER,1957, S. 16).

scheiterte; Karl VI. hat E u r o p a als Universum verstanden,
trotz der ihm wohlgefälligen über die Grenzen weisenden pathetischen
Allegorien. Als die globale Konzeption Macht wurde in England, liefen Österreichs Uhren ab. Nun ist auch die globale Konzeption ge-
scheitert. Was bleibt? Die Flucht in den Raum" - die Raumfahrt - :
"der Bremsenschwarm über dem Sarg der Geschichte. " [486] Aus dem
Fundamentalsatz: "Europa kann nicht Europa sein, kann n i e Europa werden, wenn es Österreich nicht versteht", [487] folgt für Schneider - da Europa Österreich nicht verstanden h a t : "mit Österreich
endet Europa. " [488] Und das "Ende ist totale Einsamkeit: die hero-
ische Trakls, die elegisch-visionäre Kafkas ...". [489] Diese "vom
Feuer Heimgesuchten hatten" in Österreich "noch einen Ort, wenn
(eben) auch den l e t z t e n Platz, die Dachstube Kafkas. " [490]

Es hieße SCHNEIDER mißverstehen, wenn man annähme, er
spräche "bloß" von "e x t r e m e n Existenzen" und darin noch einmal
nur - projektiv - von seiner eigenen. Sicher heißt es im "Winter in
Wien": "... über mir schließt sich ein bleierner Deckel der Kapuzi-
nergruft", [491] doch es wird sofort hinzugesetzt: "Das ist aber nicht
eigentlich Wien", was schon ein "Objektives" wäre; "es ist die Z e i t,
die ich hier, am Rande der Lebensmöglichkeit, als Grenzsituation er-
lebe: unschätzbares Erbe, das am Abgrund hängt wie der Tropfen am
Glas. " [492] "Was bleibt? " fragt SCHNEIDER und antwortet: "der
Bremsenschwarm über dem Sarg der G e s c h i c h t e." [493] "Schon"
der "Radetzkymarsch" mit der Huldigung: "In deinem Lager ist Österreich" + war "a p o k a l y p t i s c h e Melodie", "wie das Fiedelspiel,
der Tanz seines Urhebers ..., wie das n i h i l i s t i s c h e Lebenslied
des selig-betrunkenen Augustin. In einer jeden Inspiration jubelt, ver-
führt uns der T o d ." [494]

- "A E I O U und Plus-Ultra schwangen aus ..." (R. SCHNEIDER,
   Winter in Wien ..., S. 219).

R e i c h s theologisch formuliert SCHNEIDER : "D a s Reich war das
weltliche Gleichnis des Reiches Gottes, ging ihm voraus, zeigte es an.
Wo vom Reich die Rede ist, da vom Ende. Unsere Zeit ist das Intervall zwischen dem Ende des Reiches und dem letzten Ruck des Zeigers. " [495]   SCHNEIDER hängt der, von ihm an anderer Stelle refe-
rierten [+],   G e s c h i c h t s theologie des letzten Abtes St. Blasiens an
- vor dem Reichsdeputationshauptschluß - , nur daß er gleichsam dessen Terminierung des "tausendjährigen (Apokalypse-) Reiches" mit
dem Thronverzicht Franz' II. 1806 auf den seines - österreichischen - Nachfolgers Karl I. 1918 verlegt, wobei dieser - als "Karl
VIII. " - in der Kontinuität mit Karl dem Großen gesehen wird, als
dem - im eigentlichen Sinn ersten Karl, dem G r ü n d e r des Sacrum
Imperium. Seit (1914-) 1918 datiert für SCHNEIDER und ähnliche
k o n s e r v a t i v e Apokalyptiker "das Intervall zwischen dem Ende des
Reiches und dem letzten Ruck des Zeigers" überhaupt: "unsere" -
revolutionäre - "Zeit". W i e Gerbert von St. Blasien verbindet sich
SCHNEIDER revolutionäres Geschehen und eschatologisches Bewußtsein miteinander, ruft das eine das andere hervor oder bietet sich dieses jenem an, und zwar mit g e g e n revolutionärer, ja pessimistischer Tendenz. Als "Ketzer der Hoffnung" (W. DIRKS) kann er wie
R. GROSCHE 1 9 3 4 , "nicht glauben 'an ein mögliches Glück auf Erden, wie es in der Wirtschaftsliteratur des achtzehnten Jahrhunderts
ersehnt worden und seitdem in alle teleologischen Begriffsbildungen
eingedrungen ist, wonach in einem gewissen Abschnitt der Geschichte
eine definitive Ordnung des Menschengeschlechtes zu erwarten sei'.
Das heißt nicht nur - wie M u s s o l i n i richtig gesagt hat - 'sich
jenseits der Geschichte und des Lebens stellen, das im ständigen Flie-

---

+   Vgl. R. Schneider, Pfeiler im Strom, 1958, S. 18.

ßen und Werden ist', sondern es heißt eine Vollkommenheit und Vollendung vorwegnehmen, die es n u r im 'Reiche Gottes' gibt." [496] +

Dies ist der Topos aller Vertreter des "hoffnungslosen Christentums" (C. AMERY): die strenge Transzendenz des Reiches (Gottes) - "über die Zukunft h i n w e g"; [497] "... k e i n Reich, das
von dieser Welt ist" kann "eschatologisch reden, denn die Reiche dieser Welt vergehen: ihr Eschaton ist der Tod, und davon redet man
nicht. Es erfüllt weder die ganze Zeit noch den ganzen Raum. Zeit wird
nicht Ewigkeit, so wie Jugend Alter wird: von selber; geschweige
denn, daß sie Ewigkeit ist. Das 'ewige Reich' ist allein das Reich
Gottes, das 'kommt'. 'Adveniat regnum tuum'. Es kommt aber von
innen und außen, seine Transzendenz ist jenseits a l l e r irdischen
Dimensionen, nicht bloß einer; a l l e r sinnlichen Bilder, nicht bloß
eines." [498]   E. PRZYWARA pointiert - "theozentrisch": "... zu
Gott allein gehören die Worte, die das Reich bezeichnen: Glorie und
Fülle. Und darum ist von alters her, von der Offenbarung des alten
Bundes her, das Wort Reich der a n d e r e Ausdruck für Gott." [499]
"Er s e l b s t ist das Reich." [500]   Nun müßte aber PRZYWARA
nicht der Autor der "Analogia entis" sein, um bei aller Betonung der
je größeren Verschiedenheit in noch so großer Ähnlichkeit zwischen
Göttlichem und Menschlichem an der selben Stelle - "chalkedonen-
sisch" - auch zu schreiben: "'Reich' ist nur da möglich, wo Gott und
Welt nicht vermischt werden und d o c h nicht voneinander getrennt
sind: wo Gott Majestät 'über' der Welt ist und d o c h 'in' der Welt
als Seinem Reich. Reich, religiös gesehen, ruht auf Gottes Transzendenz u n d Immanenz." [501]

+   GROSCHE setzt konsequenterweise hinzu: "freilich i s t   die
    Vollendung vorweggenommen - und das macht Geschichte erst
    möglich -, aber nur in der Menschwerdung des Sohnes Gottes,
    für die Welt steht sie noch aus." (Reich, Staat und Kirche ...,
    S. 37).

Der PRZYWARA seit 1944/5 meint eine "durch Krippe und Kreuz hindurch", "ins Kreuz h i n e i n." [502] Und SCHNEIDER bestätigt - durch den Mund des "Bischofs von Sutry" : "Eine Handbreit Erde: das ist das Reich. Denn mehr war nicht nötig, das Kreuz einzurammen." [503] Es ist, "wo seine Zeugen sterben", [504] und seien es auch und gerade - "arbeitende Sklaven", wie wiederum PRZYWARA formuliert: "C h r i s t u s als arbeitender Sklave in der Hölle der Erde bis zum Sklaventod am Kreuz." [505] Das "Hindurchgestorbensein" durch das Kreuz ist "das restlose Verfallensein in die Verfügung dessen, durch Den und in Den hinein wir erlöst sind." Und diese Verfügung heißt eben umgekehrt: "hinein in die Welt, wie sie Welt i s t, ...unverklärte Welt, Welt von Kampf und Schwert und Blut und Tod, a l s o Kreuz." [506] Nur so ist - auch und gerade 1944/5 - "Stunde unerhörter Zukunft ...: Christus vincit, Christus regnat, Christus imperat ...". [507]

Die "Stunde" soll "empfangen ... und ausgetragen" sein "im letzten Nichts des Kreuzes". "Wollte das 'Heilige Reich'" - "kurzschlüssig" [508] + - "die vorweggenommene F ü l l e des 'Reich Samenkorn' der Evangelien sein, so erscheint es heute" - 1956 - "w a h r h a f t als 'Reich Gottes' : Fülle im Nichts, Segen im Fluch, Erfolg in Vergeblichkeit, Glorie in der Schande (wie es das Geheimnis des 'Königs der Könige und Gebieters der Gebieter' des 'Reiches' ist)." [509] - Es ist Luthers Formel vom "mysterium absconditum sub contrario", die PRZYWARA einmal mehr bemüht; [510] "apokalyptisch", indem er auf Daniel rekurriert: "für ... (ihn) ist von Anfang an bis ins (verschwiegene) Ende das 'Reich Gottes' wie es im Königtum Davids als seinem Ur-Symbol aufgerichtet war, restlos 'Reich in Babylon'. Israel w a r d Babylon. Nicht nur, weil die

---

+ "Wahn" nennt SCHNEIDER "das mittelalterliche Reich, Gottes cäsarische Statthalterschaft ..." (Imaginäre Portraits ..., S. 12).

Königsburg Sion durch Babylon vernichtet ist; nicht nur, weil das 'priester-königliche' Volk Israel durch das babylonische Exil aus einem 'Volk des Eigentums' Gottes Eigentum und Volks-teil des anti-göttlichen Babylons war. Sondern: weil dieses Volk in der Prophetie Daniels ... fast restlos babylonisiert erscheint, um nach seiner Rückkehr abwechselnd hellenische und römische Form anzunehmen ...".[511] - PRZYWARA schreibt das sub specie praesentis, indem er das "Sacrum Imperium" als "neutestamentlichen Erben der alttestamentlichen Theokratie" affirmiert [+] : "... auch ihm" gilt "das heilig-

---

[+]   Ein Topos, der sich 1933 - bei R. GRABER - bekanntlich wie folgt findet: "Ich glaube, es liegt in dem Kampf gegen das Judentum die instinktive Abneigung des ganzen deutschen Volkes, das sich unbewußt als das auserwählte Volk der n e u t e s t a m e n t l i c h e n Verheißung betrachtet und nun einmal mit Recht nicht verstehen kann, warum das verworfene Israel die Welt beherrschen soll und nicht das Volk der Mitte." (Zitiert nach K. BREUNING ..., S. 250/1. - Ende 71 strengte Graber, inzwischen Bischof von Regensburg, über den Abdruck und die Verwertung dieses und ähnlicher Zitate einen Prozeß an; vgl. hierzu "Ein Mann - ein Wort. Bischof Graber verliert einen Prozeß gegen den Patmos-Verlag", in: imprimatur 5 (1972), Nr. 4 (15.5.), S. 131/2 und - neuerdings - K. BREUNING selbst: "Nur die halbe Wahrheit. Bemerkungen zur Verschleierungstaktik einer bischöflichen Pressestelle", in: Publik-Forum Jg. 3, Nr. 6, S. 22. Interessant auch Grabers Brief vom 20.4.74 an W. Mogge, der Graber ebenfalls im Publik-Forum Jg. 3, Nr. 7, S. 21/2 angegriffen hatte. In dem mir vom Empfänger freundlicherweise zur Verfügung gestellten Brief macht GRABER einmal mehr den Versuch, seine Äußerungen als Entgegenstellung des sacrum imperium gegen das Dritte Reich zu interpretieren und dadurch zu rechtfertigen. - Der anwesende Bischof Graf Preysing habe seine Rede gleich so verstanden, was in unserem Zusammenhang nicht unwichtig ist, gehörten doch später in Berlin E. Przywara und R. SCHNEIDER in den Kreis um Graf Preysing. Auch letzterer, der - partieller Selbstkritiker, der er war - in einem freilich unveröffentlichten Brief an G.D. Heidingsfelder Anfang der 50er Jahre immerhin schrieb: "Ohne Zweifel hatte das deutsche Volk den Auftrag zum Reich; ich würde diesen aber nicht gleichsetzen dem Auftrag, den die Juden im Alten Testament haben. Aus diesen sollte das Heil hervorgehen - als die Deutschen

kühne Wort, das der ... Römerbrief über die Auserwählung und den
Sturz Israels schreibt: 'Unrückrufbar sind die Gnadengaben und Berufungen Gottes' (11; 29). " [512]

Das Wort gilt, o b w o h l das regnum christianum gleichfalls in
die "babylonische Gefangenschaft" geraten, ja selber zu "Babylon"
geworden ist: mag - umgekehrt-dementsprechend - "die Braut des
Neuen Bundes immer wieder neu der Braut Jerusalem des Alten Bundes zu gleichen scheinen: - Je-immer-Neu einer 'Buhlschaft' zu den
'Götzenbildern', wie sie die Völker und Reiche in einer gotthaften Politik und Kultur sich aufrichten als Vergötzung einer 'nationalen Sendung'; - sei es Götzenbild eines karolingisch-ottonisch-staufischen
Gott-Kaisertums, sei es Götzenbild eines gallischen 'allerchristlichsten Königtums', sei es Götzenbild eines spanischen 'katholischen
Königtums', sei es Götzenbild eines 'heiligen Italien', sei es Götzenbild einer 'alleinseligmachenden' Kultur des Mittelalters, sei es
Götzenbild eines 'absoluten' Abendlandes; - im Je-immer-Neu, darin
die Braut des Neuen Bundes einem 'Dämonentum ... sich hinzuwer-
fen' scheint: sei es dem 'Dämonentum', das in den 'Götzenbildern'
der Völker und Kulturen der 'Geist' ihrer 'Götzenbilder' ist, sei es
in einem 'Dämonentum', das einen Bonifaz VIII. verführte, dem Gott-

---

berufen wurden, war das Heil da; sie sollten nur in erster Stelle
in seinem Dienste stehen. " Etwas später heißt es an gleicher
Stelle sogar: "... ich kann mich nicht davon überzeugen, daß in
der Epoche, in der wir angekommen sind, der Deutsche in einem
höheren, einem wesentlich anderen Sinne berufen sei zum Reiche
Gottes als irgend ein anderer. Wir sind dort, wo das Volk Gottes
sich bilden soll aus den Völkern; wo das Kreuz ohne jeden Unterschied der volksmässigen Zugehörigkeit das Reichsvolk, - sofern
man noch von ihm sprechen will, - schafft. " Und: "Vielleicht
sind wir heute nicht imstande, über das Reich des Mittelalters
gerecht zu urteilen. Es bleibe ehrwürdig! Aber seine Irrtümer
sollten wir eingestehen, - auch die Kirche sollte es tun. " -
Die Kenntnis des Schneider-Briefes verdanke ich der Freundlich-
keit von Heidingsfelders Nachlaßverwalter **M.** Stankowski.

Kaisertum ein Gott-Papsttum entgegenzustellen oder eine eigene Position der 'Balancierung der Macht' zu erstreben, die gegen jede allzumächtige Macht sich wendet (wie England sein Prinzip eines 'banlance of power' vom Rom des Mittelalters übernahm): - noch so sehr mag dies alles 'noch so groß' sein, 'jeweils größer' ist in diesem Je-immer-Neu und Noch-so-Groß eines (scheinbaren) Rückfalls der 'Jungfrau' in die 'Hure', jeweils größer ist die je immer größere Oster-Hochzeit einer je immer größeren 'Auferstehung im Tod': - Oster-Hochzeit, die gefeiert wird zwischen 'schuldigem Blut' einer 'schuldigen Braut' und 'über-überströmendem' (Röm 5; 20), 'erlösendem Blut' des Bräutigams, der als 'Lamm Gottes, auf sich nehmend und nehmend und tragend und austragend die Sünde der Welt', auch und gerade 'auf Sich nimmt und nimmt und trägt und austrägt' die je immer neue und noch so große 'Schuld der Braut', sie im 'Erlösungs-Austausch' (II Kor 5; 18 ...) einer echten 'Hochzeit im Blut' in Sein Göttliches Blut zu überwandeln. " [513]

HAECKER konkretisiert - schon 1932, in den "Vergil'-Betrachtungen: "Die Franzosen haben eine Beziehung zur gloria noch im Augenblick, wo sie höchst ruhmlos einen nicht durch sie allein errungenen Sieg mißbrauchen; die Engländer haben eine spezielle Beziehung zur 'Mission' des Christentums noch im Augenblick, wo sie faktisch im Auftrag des Kattunfabrikanten oder Opiumhändlers missionieren. Die Deutschen haben eine Beziehung zum Reiche - ein Wort, das nur ihnen gehört, als eine politische Analogie in via zu dem e w i g e n Reiche - noch im Augenblick, da sie es selber zerstören, wie niemand sonst es zerstören kann ... ". [514] Von daher ist es nur konsequent, daß - durch PRZYWARA selbst - auch der zweite Nachkrieg nicht bloß als "Götzen"-Dämmerung der einzelnen Imperialismen abqualifiziert wird, sondern daß, da diese als " s a k r a l e Imperialismen" verstanden werden, darauf insistiert wird, daß "die heutige Stunde ... nicht einfachhin ein Kampf der Völker gegeneinander" ist, "ein Kampf der Welt mit sich selbst, sondern ... der Kampf i m Sacrum Imperium selber ... Vom orthodox-griechischen Schisma her, hin zur Reformation und hinein in die heutige Stunde ist das eine Sacrum Imperium, das Heilige Reich selber, zu einer feindlichen Zerrissenheit sakraler Imperialismen geworden: der sakrale Anspruch des Ostens; die alten sakralen Ansprüche des Heiligen Reiches; der sakrale Anspruch, der vom Calvinismus her den Westen ergriffen hat bis in den amerikanischen Erdteil hinein. Die ganze ungeheure Gewalt des Kampfes, in dem wir stehen, diese ungeheure Gewalt verstehen wir nur, wenn wir dieses wissen: Es ist der Kampf im Sacrum Imperium selber. Es ist Kampf sakraler Imperialismen, Kampf 'nomine Dei et Christi', Kampf im Namen Gottes und Christi, wenn auch dieser Name nicht genannt sein mag. " [515]

Damit wiederum ist es die "Aufgabe" des Abendlands, das wesentlich D e u t s c h l a n d ist, "die seelischen und politischen Kämpfe der Epoche am furchtbarsten zu erfahren und gewissermaßen auszutragen f ü r die Welt. " [516] Und in dieser seiner Stellvertreter-Funktion "muß das Reich" - wie SCHNEIDER 1936 über die "Epoche" des Dreißigjährigen Krieges schrieb - "noch in dieser Stunde eines unheilbaren Unglücks", das heißt über seinen definitiven Untergang 1945 hinaus, "Ehrfurcht gebieten" - "wenn ... die Lebensformen der Völker gemessen werden an der Fülle des Überirdischen, die sie umschließen ...". "Allein schon die Möglichkeit dieses Kampfes", schrieb SCHNEIDER im "Inselreich", "Zeigt, worauf der Deutsche angewiesen ist und was für ihn Schicksal ist. Das Reich konnte nur solange bestehen und m i t R e c h t seinen Namen tragen, wie es abhing vom Schicksal des Glaubens, mochte auch im untergeordneten politischen Sinne diese Abhängigkeit für seinen Bestand noch so gefährlich sein. " [517] Da es auch nach 1945 - PRZYWARA zufolge - von diesem Schicksal abhängig ist, besteht es - theologisch - immer noch und gebietet weiterhin Ehrfurcht, ja jetzt, da "am Kreuz", mehr denn je: "Der Sieg des Reiches ist der Sieg des K r e u z e s." [518]

Daß das "Streben nach dem 'Reich Gottes'" "das tragende Motiv" "der abendländischen-christlichen Symphonie" sei, [519] ist nicht nur phänomenologisch richtig, sondern beansprucht - im Kreis der Abendland-Apokalyptiker - auch metaphysische Würde: "Europa" ist für sie "das providentielle Land des Reiches". [520] Deutschland speziell ist es, und sei es - ab 1806/1866/1918/1933/1945 - eben "sub contrario". Schon am 13. Mai 1940 notiert sich Th. HAECKER : "Am Anfang ihres Bestandes wurde die Kirche in ein Reich gestellt, das Märtyrer schuf. Ob die Deutschen als Apostaten diese Aufgabe wieder zu übernehmen haben mit allen Folgen für sie ...". "Wer weiß, vielleicht e n t s c h e i d e t sich Gott für jenes Reich, das den Märtyrer in seiner sichtbaren, ursprünglichen Gestalt wieder hervortreten läßt." Jedenfalls wird er "denen den Sieg geben, die seinem Ziele, welches das Reich Gottes ist, jetzt und vor allem in der Zukunft am besten dienen können." [521] Und warum s o l l t e n das nicht die "inneren Emigranten" sein - mit SCHNEIDER vorausgesetzt, daß "das Reich, um das es von Anfang ging und am Ende im ernstesten Sinne gehen wird, ... das Reich i n uns" [522] ist?

SCHNEIDER leitet diese Behauptung seiner "Elisabethen" -Vite mit dem Hinweis auf die "H e i l i g e des Reiches" ein: "Elisabeth schlug einmal ein kostbares Bild aus: sie bedürfe seiner nicht, sie habe das Bild im Herzen." [523] Bei ihr - wie ihrem Vorbild Franziskus - i s t das Reich [524] - "im Siechenhaus zu Marburg" [525] beispielsweise. Ist es also "verborgen", wie "Bischof Egbert" Elisabeths Beichtvater Konrad von Marburg fragt? "Wir erkennen gerade die Stelle, wo das Reich in die Verborgenheit eintritt", antwortet ihm dieser. "Und an dieser Stelle sollen wir stehen." [526] - " W o ist das Reich?" ist die zentrale Frage in Schneiders Drama "Innozenz und Franziskus". Und "zweifach" ist die Antwort darauf:

"'Das Reich ist immer da. Und es wird da sein bis zum Ende.' (Innozenz und Franziskus) - Die Verbindung zwischen diesen beiden sich
widersprechenden Aussagen ist ... das Wort des Bischofs von Sutri
zum Kaiser Otto, der ihn ... ('qualvoll') fragt: 'Sage mir eins: Wo
ist das Reich Gottes? Wo?'. Der Bischof beugt sich zur Erde, legt
die flache Hand darauf und antwortet: 'Eine Handbreit Erde: das ist
das Reich. Denn mehr war nicht nötig, das Kreuz einzurammen.'"

Dies "ist die Botschaft des letzten Dichters des Reiches", als welchen HEIDINGSFELDER Schneider bezeichnet, "daß das Sacrum
Imperium eine tragische Gestaltung war, die zerbrechen mußte aus
innerer Notwendigkeit; daß aber gleichwohl das Reich Gottes, das verborgen ist, sich immer wieder inkarniert, jedoch nur in der Gestalt
des Opfers, dessen Gipfel das Kreuzesopfer des Sohnes Gottes ist."
[527] Aber nicht nur im Opfer der - auf Kronen - Verzichtenden;
auch und gerade die Krone ist freilich "Dornenkrone". "Das ist
das Entscheidende: daß der König Zeichen Jesu Christi ist,
höchst unzulängliches Zeichen des Erlösers, seiner ganzen unergründ
lichen Tat u n d des Endes, das er heraufführen wird." [528] "A p o -
k a l y p t i s c h e s Zeichen" ist "die christliche Krone" und "Herold
des auf den Wolken kommenden Richters" der König. [529] All dies
nur "unzulänglich", "für ein flüchtiges Jahr", wie es bereits 1937
hieß, [530] aber so eben doch. Es ist und b l e i b t SCHNEIDER un-
begreiflich, "daß die Kirche sich dieses (königliche) Zeichen, das die
ganze Verkündung des alten und neuen Testaments, die Apostelbriefe
und mit unvergleichlicher Gewalt die Apokalypse beleuchtet, so leich
entwinden ließ." [531]

Wenn er auch - mit dem neopaganen Reichsvisionär MOELLER
VAN DEN BRUCK einig - unterstellt, daß das Reich "das Vollkommene ist, das" - hic et nunc - "nur im Unvollkommenen erreicht
wird", [532] so ist es für SCHNEIDER doch stets das "e r s t e Zei-

chen des Gottesreiches", und zwar "als geheiligte, vereinende
M a c h t". [533]   Nur so kann es seine "bleibende Aufgabe erfüllen,
die "Wahrung" von "Gottes Ordnung ... auf Erden". [534]   Mit Worten aus SCHNEIDERS "Vaterunser": Das "Ende" der Geschichte, die
"H e i l s geschichte" ist, ist "das sichtbare Reich des Herrn; darum
ist das echte geschichtliche Reich auf Erden, dessen Haupt dem Herrn
dient und lebt aus der Vereinigung mit Ihm, das V e r s p r e c h e n dieses Reiches; ein Heiliges ist in ihm beschlossen, und wäre es auch
nicht mehr, als sein Kronreif umfaßt. Es ist nicht das Gottesreich,
in dem der Friede beheimatet ist, und dessen Träger weithin ver-
streut als Brüder wohnen; aber es ist das B i l d der Ordnung, die
verwirklicht werden wird, wenn Christus sichtbar den Thron der
Welt besteigt. " [535]

Indem SCHNEIDER schon an dieser Stelle schreibt: "sein Reich"
ist "immer da und immer künftig; immer besteht für den Menschen
die furchtbare Gefahr, daß es nicht komme; es kommt nur zu denen,
die seiner harren: zur betenden Schar des Herrn" [536] - aber eben
auch das zuvor Zitierte, erweist er die Kontinuität seiner "Reichstheologie" : daß noch ihre "Verinnerlichung" (in der "Elisabethen"-
Vite zum Beispiel) zusammenhängt mit der klassisch-"p o l i t i s c h e n"
der zwanziger und dreißiger Jahre. [+] Schneiders "heilsgeschicht-
liche" Spekulation im "Vaterunser" war bereits GROSCHES in seinem Aufsatz "Reich, Staat und Kirche" von 1934; dort hieß es:
"... wenn auch die Vollendung noch aussteht, obwohl wir 'die Erst-
linge des Geistes bereits besitzen, und somit 'gerettet sind der Hoff-

---

[+]   Umgekehrt ist eine "Theologie des" - "inneren" - "Reiches"
      sogar als nationalsozialistische möglich gewesen; in O. WEST-
      PHALS "Reich" von 1941 heißt es: "In uns selbst ... ist der
      Mythos vom Reich lebendig, 'das uns doch bleiben muß' - meinte
      Luthers Trutzlied von der 'festen Burg' auch nicht das irdische
      - und von dem an guten und an bösen Tagen die Andacht der Na-
      tion gesungen hat. " (S. 13).

nung nach' (Röm. 8, 23 f.), darum nicht mehr preisgegeben dem ewigen Kreislauf, nicht mehr unrettbar verfallen dem Tode - ja gerade
w e i l   die Vollendung noch aussteht und der Leib Christi in der Zeit
der Fülle entgegenwächst (Eph. 1, 23), darum gibt es Geschichte und
darum gibt es - noch nicht das 'Reich Gottes' ... Aber weil wir
H a r r e n d e   sind v o l l e r   H o f f n u n g , darum können wir nicht mehr
leben im S t a a t , der eben 'status' ist, fester Stand einer in s i c h
ruhenden Ordnung - 'non habemus hic manentem civitatem, sed futuram inquirimus' (Heb. 13, 14) -, darum gibt es den Staat, der nicht
mehr ist als bloß Staat, als letzte politische Wirklichkeit für den
Christen nicht mehr, sondern es gibt für ihn, den Staat transzendie-
rend, das Reich, das ausgerichtet ist auf die Vollendung überhaupt,
das aber den Staat nicht aufhebt - ebensowenig wie Christus das Gesetz aufgehoben hat -, sondern erfüllt. " [537]

An anderer Stelle schrieb GROSCHE "soteriologisch" und "sak-
ramentstheologisch" - metaphysisch die "Analogia entis" im Hinterkopf: "D e r   S t a a t   w i r d   'Reich' dadurch, daß er in die Erlösungs-
ordnung aufgenommen ist. Das Wort 'Reich' selbst, das in der politischen Ordnung christlichen Ursprungs ist, weist schon auf diese tiefe
Beziehung hin. Das Reich vor oder jenseits der christlichen Ordnung
ist 'imperium', nicht 'regnum'. Das Reich, das innerhalb dieser neu-
en Ordnung der Erlösung liegt, ist 'Reich' schlechthin, weil es eine
'politische Analogie in via zu dem ewigen Reiche' Gottes ist, wie
Theodor H a e c k e r   richtig gesagt hat. Wer dagegen ins Feld führen
will, daß das Reich nicht wie die Ehe ein Sakrament ist - was übrigens nach der heutigen Terminologie auch die Kirche nicht ist -, der
übersieht nicht nur die gerade der Analogie wesentliche Rang- und
Stufenordnung, die hier selbstverständlich vorausgesetzt ist, sondern
er wird auch der Tatsache nicht gerecht, daß die Kirche den Häuptern
des Reiches und der in ihm 'aufgehobenen' Staaten eine sakramentale Weihe erteilt hat, wodurch doch deutlich genug gesagt wird, daß

für die Kirche die politische Wirklichkeit nicht mehr schlechthin ein 'weltlich Ding' ist, sondern im Bereich der Erlösung steht. " [538]

Und Grosche verläßt anschließend "sogar" [539] das Gesetz der Seins-analogie, nach dem bei noch so großer Ähnlichkeit eine immer noch größere Verschiedenheit zwischen "hier" und "dort" zu herrschen hat. Daß das "irdische Imperium, das transitorium regnum, ... das große Ebenbild des regnum aeternum, des imperium im Himmel" sei, war bereits ein mittelalterlicher Topos, [540] doch was - auch bei Haecker (und Schneider) - noch "Analogie" war, das wurde bei Grosche "Säkularisation" und damit aus einer "Verhältnisentspre-chung" zur "Realisierung des Transzendenten in der politischen Welt" [541] - ausdrücklich das, wie wir, einer Überbewertung der originär verstandenen "Analogie" entgegentretend, glauben hin-zufügen zu müssen. Es ist eher so, daß GROSCHES nachfolgende Aus-führungen Przywara, Schneider, Haecker usw. affirmieren, als daß diese jene kritisieren: "Das 'Reich' ist eine Analogie, ja man kann sogar sagen: es ist die 'Säkularisation' des Reiches Gottes, die ihre letzte Wurzel in der Fleischwerdung des göttlichen Wortes hat. " [542]

IV. "NEUE POLITISCHE THEOLOGIE"

Walter Benjamins und Ernst Blocks

> "... Gewinnen soll immer die
> Puppe, die man 'historischen
> Materialismus' nennt. Sie kann
> es ohne weiteres mit jedem auf-
> nehmen, wenn sie die Theologie
> in ihren Dienst nimmt, die heute
> bekanntlich klein und häßlich ist
> und sich ohnehin nicht darf blicken
> lassen."
>
> W. Benjamin,
> I. Geschichtsphilosophische These

1.   "Abendländische Eschatologie"

GROSCHE apperzipierte eine "Säkularisation" im Sinne C. SCHMITTS: selbst in seiner nationalsozialistischen Phase wäre sie ihm wohl tolerabel gewesen - im Unterschied zur "Säkularisierung der Welt" überhaupt, wie sie - seit dem Ende des ersten Weltkriegs - auch von einer nachfeuerbachschen Theologie affirmiert wird: "als Vollendung der christlichen Säkularisierung des antiken Kosmos". - SCHMITTS Schüler R. HEPP nimmt eine solche "Säkularisierung" gleichfalls als gegeben an, doch kritisch; umgekehrt-dementsprechend bringen seine Ausführungen GROSCHES "Säkularisations"- Konzept in den Verdacht der Re-Paganisierung oder doch zumindest Paganismus - Konservierung: "Wenn man" - mit HEPP - "die heidnische Welt eindeutig als die heilige Welt ansetzt, die im Prozeß der Säkularisation "verweltlicht" worden ist, dann muß man ... die christliche Welt zusammen mit der modernen als 'weltliche Welten' betrachten. Der Trend zur Entmythologisierung der antiken Welt ist dann der gemeinsame Sinn des Christentums und der Moderne. Und insofern das Christentum in der Moderne noch 'entmythologisiert' - d. h. dann: von den 'Relikten' der heidnischen Heiligkeit befreit - wird, kann die Säkularisierung des Christentums als Vollendung der christlichen Säkularisierung des antiken Kosmos verstanden werden. Ursprung und Ziel der modernen Welt sind dann wieder im Einklang. Ob man dabei die 'Verweltlichung der Welt' als das 'Wesen des Christentums' oder das Christentum als das Wesen der Säkularisierung bezeichnet, ist eine Angelegenheit der reinen Konvention."[1]

Wir halten diese Frage für mehr als eine "reiner Konvention", doch wie auch immer, so weit HEPP theologie- und kirchengeschichtlich immanent bleibt, hat er sicher recht, daß die "christliche Spiritualisierung ... eine Säkularisierung der alten, magie-bestimmten Welt" bedeutet, d. h. diese in der "Polarität von Gott und Welt" oder

- apokalyptisch - von "'Reich Gottes' und 'Reich dieser Welt'" entspringt.[1] GROSCHE und seinesgleichen verwischen diesen Gegensatz, indem sie das "Reich dieser Welt" - sakralisierend - als Analogie zum "Reich Gottes" auffassen, ja - GROSCHE speziell - dieses sich in jenem "säkularisieren" läßt und somit eine Identifizierung der beiden nicht nur nicht mehr ausschließt, sondern sogar nahe legt, wie die "Imperium- und Augustus-Theologie" überhaupt. P o l i t o l o g i s c h dadurch, daß sie "den Staat nicht aufhebt - ebenso wenig wie Christus das Gesetz aufgehoben hat - sondern erfüllt. "[2] "Der christliche Spiritualismus"[3] demgegenüber h a t die Tendenz, den Staat als politische "Speerspitze der Welt", aufzuheben und insofern selbst weltlich und politisch zu werden, doch eben mit anti-staatlicher - revolutionärer - Tendenz.

"Der Sinn des" - apokalyptischen - "Christentums ist die Welt-R e v o l u t i o n und damit die Säkularisierung seiner selbst. "[4] Immer noch mit Blick auf GROSCHE, einer g e g e n revolutionären "Reichstheologie" entgegen steht eine r e v o l u t i o n ä r e "Theologie des Reiches", wie sie E. BLOCH, als "A t h e i s m u s im Christentum" ausdrücklich entwickelt hat, eine "N e u e Politische Theologie", wie C. SCHMITT 1970 konstatiert.[5] (Er selbst hat sie - indirekt - bereits in den 30er Jahren mitausgelöst. Neben der - direkten - Rezeption des Messianismus, muß vor allem die Kenntnis Schmitts als Grundlage der "Reichstheologie" Walter BENJAMINS (W. POST) angesehen werden, des neben Bloch bedeutendsten "Theologen der Revolution" (R. SALZINGER). In einem (bisher unveröffentlichten) Brief vom 9. 12. 1930, in dem er Schmitt die Übersendung seines "Trauerspiel"-Buches ankündigte, schrieb ihm BENJAMIN : "Sie werden sehr schnell bemerken, wie viel das Buch in seiner Darstellung der Lehre von der Souveränität im 17. Jahrhundert Ihnen verdankt. Vielleicht darf ich Ihnen darüber hinausgehend sagen, daß ich auch Ihren späteren Werken, vor allem der 'Diktatur' eine Bestätigung meiner kunstphilosophischen Forschungsweisen durch Ihre staatsphilosophischen entnommen habe. " +)

D i e s e "politische Theologie" kontrastiert der "'politischen K o s m o logie' oder 'Ziviltheologie'" (im Sinn der r ö m i s c h e n "theologia publica"), aus deren Notwendigkeit HEPP - positiv - die "Säkularisierung des Christentums (gen. obj.)" - als seine Repaganisierung - "einigermaßen einsichtig zu machen" können glaubt. [6] ++

Er führt aus: "In Rom war der 'mundus' ein kreisförmiger Graben, der in vier Teile geteilt war, das 'Modell' für die Roma quadrata, für den heiligen Kosmos der Stadt, die so aus dem profanen Raum ausgegrenzt und in sich zentriert und organisiert war. Es leuchtet ein, daß gegenüber dieser politisch-sakralen Kosmos-Vorstellung die christliche Welt zugleich eine entpolitisierte und eine profane war. " [7] Nicht anders als die "'Paria'- Religion des jüdischen Prophetismus", die - HEPP zufolge - am "Ursprung" des Christentums steht: "... in der antipolitischen Kosmologie der jüdischen Propheten" sei - "tat-

---

+ In den "G e s c h i c h t s philosophischen Thesen" wird BENJAMIN seine "Geschichtst h e o l o g i e" (H. H. HOLZ) in revolutionärer Absicht umreißen, als (thetische) Entfaltung seines "Theologisch- P o l i t i s c h e n Fragments". (Vgl. Illuminationen. Ausgewählte Schriften, 1969, S. 268 ff.). BENJAMINS Theologie ist "m a t e r i a l i s t i s c h", wie G. SCHOLEM bemerkt (in: Über Walter Benjamin, 1968, S. 158), doch jener selbst "kehrt das Verhältnis um: Der historische Materialist, so sagt er, könne es mit jedem aufnehmen, wenn er die 'Theologie' in 'Dienst' nähme (Schriften I, 1955, S. 494). In Anwendung dieser These bedient der M a r x i s t BENJAMIN sich des jüdischen Messianismus ..." (H. SALZINGER, Swinging Benjamin, 1973, S. 159).

++ Für C. SCHMITT hat schon Hobbes "mit dem 'Leviathan' einen Mythos geschaffen, d e s s e n Ziel die Wiederherstellung einer echten, ursprünglichen, natürlichen Lebenseinheit war (Der Leviathan in der Staatslehre des Thomas Hobbes ..., S. 22/3)." (K. -M. KODALLE, Politik als Macht und Mythos. Carl SCHMITTS "Politische Theologie", 1973, S. 98).

sächlich" - eine "'Verkehrung der Welt' angestrebt worden", diese
Weltverdrehung", die den S t a a t profanierte, habe sich in der "Geschichte der 'abendländischen Eschatologie'" fortgesetzt und
im Marxismus ihr Ende gefunden, wie z.B. J. TAUBES ausgeführt
habe. [8] - Es ist alles andere als zufällig, daß sich HEPP - kritisch
- auf Arbeiten des - materialistischen - Judaisten beruft; ihrer beiden Thesen passen wie konvex und konkav zueinander: was der eine
affirmiert, kritisiert der andere (und umgekehrt) : die Geburt der
Revolution aus dem Geist des Prophetismus und diesen als Ausfluß
der "Paria"- Situation der Juden - und Christen. [8a]

2. Die e i n e "Hegel-Linie" oder "Atheismus im C h r i s t e n t u m "

Philosophisch stehen sich mit HEPP und TAUBES "rechter" und
"linker" Hegel einander gegenüber: "k o n s e r v a t i v - revolutionärer" [9] und r e v o l u t i o n ä r e r . Ist HEPP dem "Preußen" Hegel
und seiner "Linie" (C. SCHMITT) verpflichtet, die in STEDINGS
Faschismus neopagan kulminierte [+], so TAUBES dem "Aufklärer"
Hegel und seinen sozialistischen Schülern, die sich - nach dem ersten Weltkrieg ausdrücklich - ihres messianischen Horizontes bewußt geworden sind. Und wird dementsprechend für HEPP, wie für
C. SCHMITT, - religionsgeschichtlich - die Reformation in (Hob-
bes-) Hegel "vollendet", so für TAUBES, wie für E. BLOCH, in
(Münzer-) Marx : dem - neopaganen - Etatismus kontrastiert ein
- utopischer - Anarchismus [++], so wie er in "jüdischen Prophetismus" und "christlichen Spiritualismus" Tradition ist (R. HEPP),
bei Marx aber die Zuspitzung erfahren hat, daß mit dem Staat auch
die Religion verschwinden werde, habe diese doch in jenem, als "po-

---

+   Vgl. III, 3g.

++   Zu BENJAMINS (kommunistischem) "Anarchismus" bzw. (anarchi-
     stischem) "Kommunismus" vgl. H. SALZINGER, ebd., S. 141-144.

litischem" und deswegen bereits atheistischem Staat [+], ihre letzte
Agentur.

Ironisch gibt HEPP Marx darin sogar recht, wenn er den "tau-
sendmal totgesagten Staat" sich "immer wieder wie ein rocher de
bronze über den Trümmern der 'Kirchen'", auch der "Marx'schen",
etablieren zu sehen glaubt, [10] bis zu seiner - Anti-Utopie hin, daß
der Staat in nächster Zukunft (an die jüngste - faschistische - Vergangenheit anknüpfend), wie vor'm Einbruch des Juden-Christentums in
den "heiligen Kosmos" der antiken Welt, wieder der - allein - heilige sein werde, gegenüber der Profanität alles Gesellschaftlichen, auch
und gerade des Christentums [11]; mit ihm hat für HEPP - unter andern Vorzeichen - diese Entgegensetzung allererst begonnen, und durch
seine Profanierung soll sie wieder rückgängig gemacht werden, in Richtung auf den "totalen", auch und gerade religiösen "Staat" - religiös
von seinen Gnaden allein: genau so wenig wie der Staat verschwinden
kann oder auch nur soll, kann und soll es die Religion. Ja, HEPP vermutet, daß die Revolution selbst beide - in Wirklichkeit - affirmiere:
so wie sie "mit einer 'Festigung' des Staates enden wolle", [12] so habe sie auch mit dem "Versuch, die 'theologischen Fragen' in 'weltliche' zu verwandeln", nur einen "'gegenläufigen' Prozeß" hervorgerufen. [13]

In kritischer Absicht affirmiert HEPP die Interpretation des
Marxismus "als Säkularisierung einer 'überweltlichen' Eschatologie". [14] Ganz davon abgesehen, ob durch sie nicht "nur" eine (hel-
lenistisch-) römische Negation des - ursprünglich durchaus innerwelt-
lichen - Messianismus negiert wird, solche Säkularisations-These
wird dem Marxismus, gerade auch einem ausdrücklich messianischen,
nicht gerecht, selbst wenn man sich auf seine (religions-) p h i l o s o -

---

+   Vgl. II, 7 f.

phische Betrachtung beschränkt. Es ist z. B. einfach nicht zu übersehen, daß BLOCHS "Atheismus im Christentum" als materiale Füllung dessen, was bei ihm "Meta-Religion" heißt, Feuerbach derart kritisiert, daß sie seinen - aufklärerischen - Atheismus zugleich affirmiert +; BLOCHS Metakritik an Feuerbach ist die - geschichtsphilosophische - Hinterfragung dessen anthropologischer Reduktion der Theologie mit Hilfe des Messianismus - bei Unterstellung dieser Reduktion. Nur so ist seine "Theologie des Reichs" zu verstehen: atheistisch. Bloß weil BLOCH - bereits im "Prinzip Hoffnung", mit welcher Kategorie er den Messianismus philosophisch faßt, - proklamiert: "...jede Theologie als Realwissenschaft ist dahin", [15] kann er - eine Seite später - auch schreiben: "Feuerbach kennt ... den Menschen, das in der Religion verdoppelte Subjekt, nur in seiner bisher erschienenen Vorhandenheit und diese nur als eine abstrakt-stabile, als die des sogenannten Gattungswesens Mensch. Es fehlt das geschichtlich-soziale Ensemble des jeweiligen 'Typus' Mensch, es fehlt vor allem seine Unabgeschlossenheit. In der Flachheit des Bourgeois-Menschen, die Feuerbach verabsolutiert hat, kommen die religiösen Inhalte entschieden nicht unter ... Am wenigsten ... die den Status sprengenden..., die chiliastischen des 'Siehe, ich mache alles neu' und des Reichs. Ersichtlich also wird nur Offenheit des Subjekts und seiner Welt imstande, die Antizipationen schlechthinniger Vollkommenheit so wieder in sich aufzunehmen, wie sie sie aus sich herausgesetzt hat. Feuerbachs Anthropologisierung der Religion setzt darum, wenn Religion anthropologisiert werden soll, einen utopischen Begriff vom Menschen voraus, keinen statisch ausgemachten." [16]

+ Daß "von" Feuerbach "ab...die letzte Geschichte des Christentums" beginnt (E. BLOCH, Das Prinzip Hoffnung, S. 1518), heißt, daß es mit ihm begonnen hat, sich über sich selbst klar zu werden, und sich in diesem Aufklärungsprozeß - notwendigerweise - dann auch aufzuheben. Der Prozeß dieser Aufhebung ist "die letzte Geschichte des Christentums".

"Vom M e n s c h e n"; "sie setzt ebenso einen homo absconditus voraus, gleich wie der Himmelsglaube allemal einen Deus absconditus in sich trug, einen versteckten, einen latenten Gott. " [17]   Und in diesem bereits jenen; das läßt BLOCHS Atheismus "Atheismus im Christentum" sein: "... lange bevor Gott als vorhandenes Seinsobjekt von der Aufklärung gestürzt worden ist, hat das Christentum den M e n s c h e n und seinen Anspruch, näher: den 'Menschensohn' und sein stellvertretendes Geheimnis in den Himmelsherrn von vordem eingesetzt. Feuerbach und in manchem vor ihm Hegel haben hier nur zu Ende geführt, was in der Frage: 'Cur Deus homo? ' angeschlagen ist. " [18]   BLOCHS "Atheismus im Christentum" ist - damit - eben auch so zu verstehen, daß bereits das Christentum - ansatzweise - atheistisch war und ist; der k o n s e q u e n t e Messianismus überhaupt ist es.

Was "Theologie des R e i c h e s" als "A t h e i s m u s im Christentum" heißt, verdeutlicht abschließend BLOCHS Satz: "Die Wahrheit des Gottesideals ist   e i n z i g   die Utopie des Reichs, zu dieser ist gerade Voraussetzung, daß   k e i n   Gott in der Höhe bleibt, indem ohnehin keiner dort ist oder jemals war. " [19]   "M e t a - Religion" soll - dementsprechend - das "Gewissen der letzten utopischen Funktion in toto" sein, und "diese ist ... das Transzendieren ohne alle himmlische Transzendenz, doch mit Verständnis ihrer: als einer hypostasierten Vorwegnahme des Vorsichseins. " [20]   D a m i t   ist (auch) BLOCH ein Vertreter der "Neuen Politischen Theologie" - als einer prononciert   a n t ifaschistischen. Ist der Faschismus der "offenste und entschiedenste Versuch", die "objektiv irrational gewordene Wirklichkeit" totalitär zu bejahen,   eine Wirklichkeit, "deren Kontinuität bis heute ungebrochen geblieben ist, " [21]   so der Sozialismus der offenste und entschiedenste Versuch, diese Wirklichkeit - via negationis - zu "transzendieren" : als Widerstand gegen den "Widerstand gegen die Transzendenz", der Definition des Faschismus entsprechend, wie sie sich bei E. NOLTE richtig findet, wenn er auch dem Begriff der "Transzendenz" allzu sehr "eine exizentiell-anthropologische Bedeutung" gibt, statt einer primär historisch-soziologischen.[22]

LITERATURNACHWEIS

Einleitung

1) E. Peterson,   Kaiser Augustus im Urteil des antiken Christentums ..., in: Hochland 30, II, S. 289

2) M. Horkheimer,   Kritische Theorie I, 1968, S. 375/6

3) A. v. Martin,   Sola voluntate: Auch ein Rechtfertigungsglaube, in: Deutsche Beiträge, I. Beiheft zur Philosophie, 1948, S. 29

4) C. Schmitt,   Politische Theologie II, 1970, S. 85

5) E. Peterson,   A. a. O., S. 298

6) C. Schmitt   A. a. O., S. 49/50, Fn. 2

7) E. Peterson,   A. a. O., S. 291

8) H. Freyer,   Weltgeschichte Europas, ^{2}1954, S. 346

9) H. Freyer,   A. a. O., S. 336

10) Vgl. Th. Haecker,   Werke (1), S. 306-8

11) O. Westphal,   Das Reich. Aufgang und Vollendung. Band I : Germanentum und Kaisertum, 1941, S. 393

12) C. Schmitt,   Der Begriff des Politischen, Text von 1932 mit einem Vorwort und drei Corollarien, 1963, S. 95

13) Das Vergil-Buch eines führenden Althistorikers der Nazi-Zeit, Wilhelm Webers, trägt den Titel: "Der Prophet und sein Gott. Eine Studie zur vierten Ekloge Vergils" (Beihefte zum Alten Orient, hrsg. von Prof. Dr. Schubart, Heft 3 (1925))

14) H. Freyer,   Theorie des gegenwärtigen Zeitalters, 1955, S. 240

15) C. Schmitt,   Politische Theologie II, S. 50

16) C. Schmitt,   Donoso Cortés in gesamteuropäischer Interpretation. Vier Aufsätze, 1950, S. 93

17) R. Hepp,   Politische Theologie - theologische Politik, Erlangen 1967, (Phil. Diss.), S. 35

18) R. Hepp,   A. a. O., S. 306

19) R. Hepp,   A. a. O. , S. 304

20) O. Westphal,   A. a. O. , S. 202

21) O. Westphal,   A. a. O. , S. 13

22) O. Westphal,   A. a. O. , S. 54

23) C. Schmitt,   Positionen u. Begriffe im Kampf mit
                      Weimar, Genf, Versailles, 1923-39,
                      1940, S. 312 .

I.

1) Vergils 4. Ekloge wird zit. nach der Übersetzung H. Hommels, Vergils "Messianisches" Gedicht, in: Wege zu Vergil, 1966, S. 374/5 (Verse 4-10, 15-17, 49)

2) M. Eliade, Kosmos und Geschichte, rde 260, S. 49

3) E. Norden, Die Geburt des Kindes. Geschichte einer religiösen Idee, 1924, S. 123

4) E. Norden, ed., S. 119/21

5) Ed., S. 21/22

6) Ed., S. 122

7) Ed., S. 123

8) Ed., S. 75

9) Vgl. H. Hommel, ed., S. 391

10) Bousset-Gressmann, Die Religion des Judentums im späthellenistischen Zeitalter, 1926, S. 222

11) W. Nigg, Das ewige Reich. Geschichte einer Sehnsucht und einer Enttäuschung, 1944, S. 37/8 . Ebenso E. Grässer, Das Problem der Parusieverzögerung in den synoptischen Evangelien und in der Apostelgeschichte. Beihefte zur ZNW 22, [2]1960, S. 3

12) W. Nigg, ed., S. 37

12a) Mt 4, 17

13) W. Nigg, ed., S. 41

13a) R. Meyer, Der Prophet aus Galiläa ..., [2]1970, S. 5

14) D. Sölle, Stellvertretung. Ein Kapitel Theologie nach dem "Tode Gottes", [3]1966, S. 16/7

15) M. Eliade, ed., S. 93

15a) R. Meyer, ed., S. 128

16) Vgl. z.B. die Verse 18-25 und 37-45 mit Jesajas 11, 6-9 (und Sib. III, 788 ff. , 619-22 ; V, 281-3).

17) H. Hommel, ed., S. 391

18) Ed., S. 392

19) B. Snell, Arkadien. Die Entdeckung einer geistigen Landschaft, in: Wege zu Vergil ..., S. 352

20) K. Kerenyi, Vergil und Hölderlin, in: Wege zu Vergil ..., S. 334

21) Ed., S. 334

22) -

23) Vgl. H. Hommel, ed., S. 372

24) J. Moltmann, Die Kategorie Novum in der christlichen Theologie, in: Ernst Bloch zu ehren, 1965, S. 246

25) Ed., S. 253

26) Ed., S. 246

27) J. Moltmann, ed., S. 250

28) H. Arendt, Über die Revolution, 1965, S. 272

29) E. Bloch, Das Prinzip Hoffnung, 1967, S. 1514/5

29a) R. Bultmann, Geschichte und Eschatologie, 1958, S. 35

30) W. Nigg, ed., S. 91

31) Ed., S. 93

32) A. Schenk Graf von Stauffenberg, Vergil und der augusteische Staat, in: Wege zu Vergil ..., S. 189

33) M. Eliade, ed., S. 112

34) Zit. nach P. Mikat, Lukanische Christusverkündigung und Kaiserkult, in: Jahres- und Tagungsbericht der Görresgesellschaft, 1970, S. 34

35) E. R. Curtius, Virgil, in: Kritische Essays zur europäischen Literatur, [3]1963, S. 13

36) F. Altheim, Römische Religionsgeschichte 2, 1953, S. 65

37) Zit. nach der deutschen Übersetzung von W. Plankl unter Mitwirkung von K. Vretska, Reclam 221-24

38) E. Norden, ed., S. 155

38a) Statius, Kalendae Decembres, V. 82

39) H. J. Mähl, Die Idee des goldenen Zeitalters im Werk des Novalis ..., 1965, S. 92

40) Ed., S. 92. - Fr. Klingner, Römische Geisteswelt, [4]1961, S. 240

41) H. J. Mähl, ed., S. 93

42) W. Hartke, Römische Kinderkaiser, 1951, S. 87

43) H. J. Mähl, ed., S. 52

44) Ed., S. 94

45) Fr. Klingner, Römische Geisteswelt, [5]1965, S. 615

46) Horaz, carmina 3,5,1

47) A. A. T. Ehrhardt, Politische Metaphysik von Solon bis Augustinus I (1959), S. 299

48) W. Willi, Die römischen Sonnengottheiten und Mithras, in: Eranos -Jahrbuch X (1944), S. 137

49) E. Peterson, Der Monotheismus als politisches Problem, 1935, S. 152

50) W. Benjamin, G. S. Bd. III. Kritiken und Rezensionen, 1972, S. 89

51) F. Altheim, Der unbesiegte Gott. Heidentum und Christentum, rde 35, S. 26

52) F. Cumont, Die Mysterien des Mithra. Ein Beitrag zur Religionsgeschichte der römischen Kaiserzeit, [4]1963, S. 37

53) F. Cumont, ed., S. 38

54) F. Cumont, ed., S. 39

55) F. Cumont, ed., S. 70/1

56) F. Cumont, ed., S. 72/3

57) F. Cumont, ed., S. 73

58) F. Cumont, ed., S. 72

59) F. Cumont, ed., S. 75

60) F. Cumont, ed., S. 82

61) F. Cumont, ed., S. 92

62) F. Altheim, ed., S. 67

63) E. Rhode, Der Griechische Roman und seine Vorläufer, 1876, S. 466

64) F. Altheim, ed., S. 67

65) F. Altheim, ed., S. 71/2

66) Heliodor, Aithiopika, übertragen v. R. Reymer ..., 1950, S. 319

67) F. Altheim, ed., S. 68

68) Heliodor, ed., S. 315

69) Heliodor, ed., S. 318

70) R. Bultmann, Das Urchristentum im Rahmen der antiken Religionen, rde 157/8, S. 144

71) F. Cumont, Die orientalischen Religionen im römischen Heidentum ..., 1931, S. 160

72) F. Altheim, ed., S. 76

73) E. Renan, Lettre à Berthelot, p. 168 - zit. nach F. Cumont, Die Mysterien des Mithra ..., S. 172/3

74) F. Cumont, ed., S. 174

75) F. Altheim, ed., S. 86/7

76) F. Altheim, ed., S. 117

77) F. Altheim, ed., S. 117

78) F. Altheim, ed., S. 117

79) F. Altheim, ed., S. 117

80) A. Harnack, Dogmengeschichte, [5]1914, S. 138

81) Inschrift des "Triumphzugs" Kaiser Maximilians I. (+ 1519)

82) F. Altheim, ed., S. 97

83) W. Weber, Der Prophet und sein Gott. Eine Studie zur 4. Ekloge Vergils. Beihefte zum alten Orient, H. 3, S. 86

84) F. Altheim, ed., S. 104

85) F. Altheim, ed., S. 105

86) A. Alföldi, Die Ausgestaltung des monarchischen Zeremoniells am römischen Kaiserhof ..., in: Mitteilungen des Deutschen Archäologischen Instituts, Römische Abteilung 49/50 (1934/5), S. 144/5

87) H. Usener, Das Weihnachtsfest. Religionsgeschichtliche Untersuchungen, 1, Teil, [2]1911, S. 9

88) Zit. nach E. Norden, Die Geburt des Kindes ..., S. 112

89) E. Norden, Die Geburt des Kindes ..., S. 112

90) J. Vogt, Der Niedergang Roms. Metamorphose der antiken Kultur 1964, S. 558/9 (Abb. S. 464)

91) H. Berkhof, Kirche und Kaiser. Eine Untersuchung der Entstehung der byzantinischen und der theokratischen Staatsauffassung im 4. Jahrhundert, 1947, S. 76

92) F. Altheim, ed., S. 106

93)   -

94)   Zit. nach E. Salin, Civitas Dei, 1926, S. 147

95)   A. Harnack, ebd., S. 99

96)   A. Harnack, Militia Christi. Die christliche Religion und der Soldatenstand in den ersten drei Jahrhunderten, 1905, S. 18/9

97)   A. Dempf, Sacrum Imperium, ^{2}1954, S. 107

98)   F. Altheim, ed., S. 111

99)   A. Dempf, ed., S. 107

100) Zit. nach der Darstellung des Eusebius, Vier Bücher vom Leben des Kaisers Konstantin, nach dem Urtext übers. v. J. Molzberger. 2. Band der ausgewählten Schriften des Eusebius in Bibliothek der Kirchenväter, Bd. 65, 1880, S. 86 (II. Buch, c. 29)

101) F. Altheim, ed., S. 108

102) E. Voegelin, Die neue Wissenschaft der Politik. Eine Einführung, 1959, S. 149

103) H. Lützeler, ed., S. 484

104) Fr. Heer, Die Tragödie des Heiligen Reiches, 1952, S. 163

105) Fr. Heer, ed., S. 163

106) H. Berkhof, ed., S. 101

107) H. Berkhof, ed., S. 102

108) Vgl. Eusebius von Cäsarea, Kirchengeschichte 1967, Einleitung des X. Kapitels, erste drei Absätze

109) A. v. Harnack, Christus praesens - Vicarius Christi. Eine kirchengeschichtliche Skizze, in: Sitzungsberichte der Preuss. Akademie der Wiss. XXXIV., 1927, S. 431, 436

110) E. Schwartz, Kaiser Constantin und die christliche Kirche. Fünf Vorträge, 1913, S. 141

111) H. Rahner, Kirche und Staat im frühen Christentum, ^{2}1961, S. 17

112) A. v. Harnack, ed., S. 436

113) Vgl. H. Rahner, ed., S. 51

114) H. Rahner, ed., S. 34

115) A. Dempf, ed., S. 107

116) E. Schwartz, ed., S. 149

117)   A. Dempf, ed., S. 108

118)   H. Rahner, Abendland. Reden und Aufsätze, 1966, S. 257

119)   Th. Eschenburg, Über Autorität, edit. suhrkamp 129, S.58

120)   H. Lützeler, ed., S. 184

121)   A. Alföldi, ed., S. 104/5

122)   H. Lützeler, ed., S. 481/2

123)   Vgl. beispielsweise den Jairus-Sarkophag in Arles.

124)   H. Lützeler, ed., S. 482

125)   J. Vogt, Orbis. Ausgewählte Schriften zur Geschichte des Altertums, 1960, S. 254

126)   E. Topitsch, Vom Ursprung und Ende der Metaphysik. Eine Studie zur Weltanschauungskritik, 1958, S. 77

127)   A. Harnack, Militia Christi ..., S. 41 Fn. 2

128)   H. Lützeler, ed., S. 485

129)   H. Lützeler, ed., S. 485

130)   C. Schmitt, Römischer Katholizismus und politische Form, 1925, S. 65

131)   A. Harnack, ebd.

132)   A. Mirgeler, Geschichte Europas, ²1954, S. 36

133)   H. Rahner, Symbole der Kirche. Die Ekklesiologie der Väter, 1964, S. 480

134)   Fr. Heer, Der Glaube des Adolf Hitler ..., 1968, S. 595/6

135)   H. Lützeler, ed., S. 483

136)   J. Vogt, Der Niedergang Roms ..., S. 376

137)   Vgl. zum Beispiel "Des Eusebius Pamphili 4 Bücher vom Leben des Kaisers Konstantin, S. 37 (I. Buch, c. 28)

138)   J. Vogt, Konstantin der Große und das Christentum, 1960, S. 5

139)   Zit. nach H. Rahner, Symbole ..., S. 483 (Oratio 30, 1)

140)   C. Schmitt, Der Nomos der Erde ..., 1950, S. 28/9

141)   E. Bloch, Atheismus im Christentum ..., 1968, S. 173

142)   H. Lützeler, ed., S. 478

143)   Deutsch von Fr. Wolters, einem Schüler Stefan Georges.

144) O. Treitinger, Die oströmische Kaiser- und Reichsidee nach ihrer Gestaltung im höfischen Zeremoniell, 1938, S. 130/1

145) F. Delekat, Begriff und Problem des politischen Atheismus bei Karl Marx, in: Festschrift für Hans Lilje, 1959, S. 187

146) M. Becker, Die Macht in der katholischen Kirche, 1967, S. 117

147) H. Gressmann, Der Messias, 1929, S. 222

148) Vgl. hierzu M. Buber, Das Königtum Gottes, [3]1956, vor allem Seiten 24, 27/8, 115, 132-5, 146-9

149) E. Bloch, das Prinzip Hoffnung, 1959, S. 1464

150) E. Bloch, ed., S. 1464

151) E. Bloch, ed., S. 1493

152) Fr. Heer, Die Tragödie ..., S. 159

153) Vgl. A.A.T. Ehrhardt, Politische Metaphysik ..., II, S. 243/4

154) J. Kahl, Das Elend des Christentums ..., 1968, S. 19. - Ausführlich: F. Overbeck, Über das Verhältnis der alten Kirche zur Sklaverei im römischen Reiche, in: Studien zur Geschichte der alten Kirche, 1965

155) R. v. Poehlmann, Geschichte der sozialen Frage und des Sozialismus in der antiken Welt, [3]1925, II, S. 466

156) G. Quispel, Zeit und Geschichte im antiken Christentum, Eranos-Jahrbuch XX (1952), S. 120

157) Vgl. zum Beispiel P. Volz, Die Eschatologie der jüdischen Gemeinde ..., [2]1966, S. 132-4

158) H. Gressmann, ed., S. 372

159) R. Bultmann, ed., S. 183

160) G. Quispel, ed., S. 120

161) D. Sölle, Stellvertretung ..., S. 147

162) H. Jonas, Gnosis und spätantiker Geist II, S. 48

163) K. Breuning, Die Vision des Reiches ..., 1969, S. 304

164) H. Grundmann, Studien über Joachim von Floris, 1927, S. 86

165) Augustinus, Die Gottesbürgerschaft. DE CIVITATE DEI. Hg. und eingeleitet v. H.U. v. Balthasar, Fi-Bü, S. 255

166) W. Nigg, Das ewige Reich ..., S. 134

167) K. Löwith, Weltgeschichte und Heilsgeschehen, ub 2, S. 144

168) W. Nigg, ed., S. 99 . - Ausführlich: E. Grässer, Das Problem der Parusieverzögerung in den synoptischen Evangelien und in der Apostelgeschichte ..., ^{2}1960, sowie M. Werner, Die Entstehung des christlichen Dogmas. Problemgeschichtlich dargestellt, ub 38

169) W. Nigg, ed., S. 99

170) H. Blumenberg, Die Legitimität der Neuzeit, 1966, S. 44

171) A. Harnack, Dogmengeschichte ..., S. 148

172) W. Nigg, ed., S. 110

173) E. Buonaiuti, Wiedergeburt, Unsterblichkeit und Auferstehung im Urchristentum, in: Eranos-Jahrbuch VII (1939), S. 306

174) Zit. nach W. Nigg, ed., S. 104

175) W. Nigg, ed., S. 105

176) K. Löwith, ed., S. 144

177) A. Harnack, Militia Christi ..., S. VI

178) H. Jonas, ed., S. 48

179) R. Bultmann, ed., S. 183/4

180) R. Bultmann, ed., S. 184

181) W. Nigg, ed., S. 101

182) R. Bultmann, Theologie des Neuen Testaments, 1948, S. 399

183) H. Rahner, Die Gottesgeburt. Die Lehre der Kirchenväter von der Geburt Christi im Herzen der Gläubigen, in: Zeitschrift für katholische Theologie 59 (1935), S. 334

184) W. Nigg, ed., S. 59

185) K. Löwith, ed., S. 168

186) K. Löwith, ed., S. 168

187) W. Hartke, Über Jahrespunkte und Feste, insbesondere das Weihnachtsfest, 1956, S. 52

188) M. Werner, Die Entstehung des christlichen Dogmas ..., S. 137

189) H. Berkhof, Die Theologie des Eusebius von Cäsarea, 1939, S. 66/7

190) H. Berkhof, ed., S. 97 (Belege dort)

191) H. Krings, Ordo, Philosophisch-historische Grundlegung einer abendländischen Idee, 1941, S. 13

192) H. Krings, ed., S. 15

193) H. Krings, Das Sein und die Ordnung. Eine Skizze zur Ontologie des Mittelalters, in: DVjs. für Lit. wiss. und Geistesgesch. XVIII (1940), S. 245

194) E. Przywara, Mensch. Typologische Anthropologie 1, 1959, S. 315

195) E. Auerbach, Gesammelte Aufsätze zur Romanischen Philologie, 1967, S. 87

196) E. Auerbach, ed., S. 121

197) E. Auerbach, ed., S. 121

198) E. R. Curtius, Kritische Essays ..., S. 12

199) E. Auerbach, ed., S. 87/8

200) Dante, Die Monarchie, 1926, S. 74 (II, 11)

201) Dante, ed., S. 76 (II, 12)

202) Dante, ed., S. 76 (II, 12)

203) Dante, Die göttliche Komödie. Ins Deutsche übertragen von I. u. W. v. Wartburg, 1963, III. 6, 1-3

204) Dante, Die göttliche Komödie. Ins Deutsche übertragen von I. u. W. v. Wartburg, 1963, III. 6, 1-3

205) Dante, ed., III. 6, 94-6

206) Dante, ed., I. 2, 23/4

207) Dante, ed., III. 27, 61-3

208) F. Altheim, ed., S. 90

209) E. Voegelin, ed., S. 156

210) Fr. Klingner, Römische Geistesgeschichte ..., S. 656

211) Fr. Klingner, ed., S. 658

212) Fr. Klingner, ed., S. 656

213) Fr. Klingner, ed., S. 658

214) Vgl. C. Erdmann, Das ottonische Reich als Imperium Romanum, in: Deutsches Archiv 6, 1943, S. 418

215) A. Buck, Gab es einen Humanismus im Mittelalter? in: Romanische Forschungen 75 (1963), S. 220

216) P. Schmitz, Der Augustus-Kameo und der Grazienstein des Aachener Lotharkreuzes, in: Gymnasium 59 (1952), S. 211

217) P. Schmitz, ed., S. 214

218) Fr. Heer, Der Aufgang Europas ..., 1949, S. 112

219) Fr. Heer, ed., S. 112

220) P. Schmitz, ed., S. 214

221) P. Schmitz, ed., S. 214

222) P. Schmitz, ed., S. 214

223) Fr. Klingner, ed., S. 659

224) J. Vogt, Orbis ..., S. 491

225) K. Burdach, Vom Mittelalter zur Reformation ..., II. Band: Briefwechsel des Cola di Rienzo. 1. Teil ..., 1913, S. 252

226) Fr. Klingner, ed., S. 570

227) E. Salin, ed., S. 212

228) Fr. Klingner, ed., S. 662

229) E. Przywara, Logos. Logos - Abendland - Reich - Commercium, 1964, S. 84. Parallel das Zitat Pius' XII. bei Fr. Heer, Der Glaube des Adolf Hitler ..., S. 558

230) Dante, Die göttliche Komödie ..., II. 32, 101/2

231) Dante, ed., III. 30, 30

232) Dante, ed., III. 30, 133-37

233) Karl Fürst Schwarzenberg, Adler und Drache. Der Weltherrschaftsgedanke, 1958, S. 115

234) H. Sedlmayr, Epochen und Werke. Gesammelte Schriften zur Kunstgeschichte II, 1961, S. 246

235) H. Sedlmayr, ed., S. 263

236) H. Sedlmayr, ed., S. 145

237) H. Sedlmayr, ed., S. 147

238) H. Sedlmayr, ed., S. 147

II.

1)   E. Auerbach, Mimesis. Dargestellte Wirklichkeit in der abendländischen Literatur, [4]1967, S. 367

1a) Fr. Heer, Das Experiment Europa, 1952, S. 65

1b) W. Benjamin, Ursprung des Deutschen Trauerspiels, 1969, S. 55

1c) H. Sedlmayr, ed., S. 253

1d) H. Sedlmayr, ed., S. 255

1e) W. Doren, Wunschräume und Wunschzeiten, in: Vorträge der Bibliothek Warburg 1924/5, 1927, S. 189 Fn. 49. - Campanella wird zitiert nach: T. Campanella, poesie, ed. Gentile S. 193-207

1f) Zit. nach E. Bloch, Das Prinzip Hoffnung ..., S. 608

2)   T. Campanella, Sonnenstaat, in: Der utopische Staat, RK 68/9, S. 119/20

3)   Vgl. T. Campanella, ed., S. 153

4)   Vgl. T. Campanella, ed., S. 159

5)   T. Campanella, ed., S. 157

6)   T. Campanella, ed., S. 157

7)   T. Campanella, ed., S. 154

8)   R. Bultmann, Das Urchristentum im Rahmen der antiken Religion, rde 157/8, S. 144

9)   T. Campanella, ed., S. 154

10) Th. W. Adorno, Prismen. Kulturkritik und Gesellschaft, dtv 159, S. 94

11) Fr. Meinecke, Die Idee der Staatsräson in der neueren Geschichte ..., Werke Bd. 1, 1957, S. 120

12) E. Bloch, ed., S. 607

13) T. Campanella, Monarchia hispanica. Übers. v. Besold, 1628, S. 8

14) H. Sedlmayr, ed., S. 253, 255

15) J. Burckhardt, Die Kultur d. Renaissance in Italien, o. J., S. 77

16) Fr. Nietzsche, Der Antichrist, in: Werke ..., 5. Bd., 1930, S. 279

17) E. Kantorowicz, Kaiser Friedrich der Zweite, [2]1928, S. 195

18) E. Kantorowicz, ed., S. 557/8

19) E. Kantorowicz, ed., S. 475

20) E. Kantorowicz, ed., S. 465/6; wie auch in folgenden ohne Quellenangabe

21) E. Kantorowicz, ed., S. 466

22) E. Kantorowicz, ed., S. 467

23) E. Kantorowicz, ed., S. 477/8

24) E. Kantorowicz, ed., S. 476/7

25) E. Kantorowicz, ed., S. 629

26) E. Kantorowicz, ed., S. 629

27) E. Kantorowicz, ed., S. 474

28) E. Kantorowicz, ed., S. 210/11

29) A. Dempf, Sacrum Imperium ..., S. 325

30) A. Dempf, ed., S. 325

31) E. Kantorowicz, ed., S. 216

32) E. Kantorowicz, ed., S. 225

33) A. Dempf, ed., S. 321

34) E. Kantorowicz, ed., S. 225

35) A. Dempf, ed., S. 322

36) E. Kantorowicz, ed., S. 220

37) A. Dempf, ed., S. 322

38) E. Kantorowicz, ed., S. 221

39) A. Dempf, ed., S. 322

40) E. Kantorowicz, ed., S. 227

41) Zit. nach E. Kantorowicz, ed., S. 211

42) Zit. nach E. Kantorowicz, ed., S. 223

43) E. Kantorowicz, ed., S. 223

44) E. Kantorowicz, ed., S. 231

45) H. Kelsen, Die Staatslehre des Dante, 1905, S. 77

46) C. Schmitt, Politische Theologie II ..., S. 58

47) C. Schmitt, ed., S. 56

48) C. Schmitt, ed., S. 56

49) C. Schmitt, ed., S. 56

50) Dante, Die Monarchie, 1926, S. 37 (I, 8)

51) Dante, ed., S. 37/8 (I, 9)

52) K. Burdach, Dante und das Problem der Renaissance, in: Deutsche Rundschau 50 (1924), S. 133

53) E. Kantorowicz, ed., S. 207

54) E. Kantorowicz, ed., S. 223/4

54a) E. Kantorowicz, ed., S. 213

55) E. Kantorowicz, ed., S. 215

56) E. Gilson, Die Metamorphosen des Gottesreiches, 1959, S. 150/1

57) K. Vossler, Die göttliche Komödie, [2]1925, S. 312/3

58) K. Vossler, ed., S. 312

59) K. Vossler, ed., S. 312

60) C. Schmitt, Politische Theologie II ..., S. 107

61) C. Schmitt, Politische Theologie. Vier Kapitel zur Lehre von der Souveränität, [2]1934, S. 49

61a) E. Kantorowicz, ed., S. 211/2

62) C. Schmitt, Politische Theologie II ..., S. 107

63) F. Schnabel, Deutsche Geschichte im 19. Jahrhundert. Die Grundlagen der neueren Geschichte, Herder-Bücherei 201/2, S. 66/7

64) A. Dempf, Sacrum Imperium ..., S. 325

65) E. Kantorowicz, ed., S. 215

65a) E. Kantorowicz, ed., S. 479

66) E. Kantorowicz, ed., S. 479

67) E. Kantorowicz, ed., S. 555

68) A. Dempf, ed., S. 325

69) E. Kantorowicz, ed., S. 481

70) E. Kantorowicz, ed., S. 410

71) E. Kantorowicz, ed., S. 410

72) E. Kantorowicz, ed. , S. 612

73) K. Burdach, Dante ... , S. 132

74) Fr. Heer, Die Tragödie ... , S. 158

75) O. Brunner, Land und Herrschaft. Grundfragen der territorialen Verfassungsgeschichte Österreichs im Mittelalter, ^{4}1959, S. 143

76) O. Brunner , ed. , S. 143

77) J. Burckhardt, Die Kultur der Renaissance in Italien ... , S. 13/4

78) J. Burckhardt, ed. , S. 14

79) J. Burckhardt, ed. , S. 13

80) J. Burckhardt, ed. , S. 14

81) J. Burckhardt, ed. , S. 12

82) H. Lutz, Die Kultur der Renaissance in Italien (Persönliche Mitschrift der Saarbrückener Vorlesung des SS 1965)

83) Ed.

84) J. Burckhardt, ed. , S. 13 Fn. 3

85) F. Schnabel, ed. , S. 51

86) H. Lutz, ed.

87) C. Schmitt, Verfassungslehre, ^{2}1954, S. 288

88) R. König, Niccolo Machiavelli. Zur Krisenanalyse einer Zeitenwende, 1941, S. 59/60

89) L. Strauss, Naturrecht und Geschichte ... , 1956, S. 186

90) J. Habermas, Theorie und Praxis ... , ^{2}1967, S. 23

91) F. Nietzsche, Götzendämmerung. Werke ... , 5. Bd. , 1930, S. 177

92) Vgl. R. König, ed. , S. 254

93) N. Machiavelli, Erörterungen über die erste Dekade des Titus Livius. Übers. v. M. Grüzmacher, 1870, S. 39/40 (I. Buch, 11. Kap.)

94) N. Machiavelli, ed. , S. 39/40

95) C. Schmitt - Dorotic, Die Diktatur. Von den Anfängen des modernen Souveränitätsgedankens bis zum proletarischen Klassenkampf, 1921, S. 35

96)   O. Brunner, ed., S. 135

97)   Fr. Meinecke, ed., S. 67

98)   O. Brunner, ed., S. 141/2

99)   C. Schmitt, Politische Theologie ..., ^{2}1934, S. 14

100)   C. Schmitt, ed., S. 18

101)   C. Schmitt, ed., S. 19

102)   Zit. nach R. Schneider, Corneilles Ethos in der Ära
        Ludwigs XIV. Eine Studie, o.J., S. 86/7

103)   R. Schneider, ed., S. 87

103a)   E. Forsthoff, Der Staat der Industriegesellschaft. Dargestellt
        am Beispiel der Bundesrepublik Deutschland, 1971, S. 12

103b)   C. Schmitt - Dorotic, Die Diktatur ..., S. 27

103c)   H. Muth, Die verfassungsrechtliche Grundlegung des totalen
        Staates, in: Geschichte in Wissenschaft und Unterricht
        I (1950), S. 450

104)   A. Dempf, Christliche Staatsphilosophie in Spanien, 1937,
        S. 95/6

105)   A. Dempf, ed., S. 95

106)   A. Dempf, ed., S. 95

107)   A. Dempf, ed., S. 58

108)   C. Schmitt, Die Formung des französischen Geistes durch den
        Legisten. Vierteljahresschrift des Deutschen Instituts Paris,
        1. Jg., 2. Sonderdruck, 1942, S. 20

109)   C. Schmitt, ed., S. 20

110)   C. Schmitt, Ex Captivitate Salus. Erfahrungen der Zeit
        1945-47, 1950, S. 65

111)   C. Schmitt, ed., S. 67

112)   L. Strauss, ed., S. 176

113)   Th. Hobbes, Leviathan oder Wesen, Form und Gewalt des
        kirchlichen und bürgerlichen Staates, RK 187-9, S. 83

114)   Th. Hobbes, ed., S. 144

115)   Th. Hobbes, ed., S. 141

116)   Th. Hobbes, ed., S. 142

117)   Th. Hobbes, ed., S. 83

118) Th. Hobbes, ed., S. 284

119) C. Graf v. Krockow, Soziologie des Friedens. Drei Abhandlungen zur Problematik des Ost-West-Konflikts, 1962, S. 54

120) C. Schmitt, Die vollendete Reformation. Bemerkungen und Hinweise zu neuen Leviathan-Interpretationen, in: Der Staat IV (1965), S. 65

121) C. Schmitt, ed., S. 64

122) C. Schmitt, Der Leviathan in der Staatslehre des Th. Hobbes, 1938, S. 50/1

123) C. Schmitt, ed., S. 50/1

124) J. Habermas, Theorie und Praxis ..., S. 35

125) C. Schmitt, Der Leviathan ..., S. 132

126) Th. Hobbes, ed., S. 137

127) P. Hazard, Die Krise des europäischen Geistes, [5]1939, S. 311

128) Th. Hobbes, ed., S. 262

129) H.-J. Krüger, Theologie und Aufklärung. Untersuchungen zu ihrer Vermittlung beim jungen Hegel, 1966, S. 28/9

130) C. Schmitt, Der Leviathan ..., S. 50

131) A. v. Martin, Sola voluntate ..., S. 31

132) Th. Hobbes, ed., S. 160

133) Th. Hobbes, ed., S. 219

134) C. Schmitt, Politische Theologie ..., [2]1934, S. 44

135) C. Schmitt, Die Diktatur ..., S. 22

136) Th. Hobbes, ed., S. 212

137) Th. Hobbes, ed., S. 158

138) Th. Hobbes, ed., S. 145

139) Th. Hobbes, ed., S. 145

140) E. Bloch, Naturrecht und menschliche Würde, 1961, S. 65

140a) Chr. Caudwell, Bürgerliche Illusion und Wirklichkeit. Beiträge zur materialistischen Ästhetik ... 1971, S. 74/6

141) H.-J. Krüger, ed., S. 25

142) C. Schmitt, Der Leviathan ..., S. 10

143) C. Schmitt, ed., S. 30/1

144) C. Graf v. Krokow, ed., S. 73

145) E. Bloch, ed., S. 173

146) E. Bloch, ed., S. 62

147) H. Arendt, Elemente und Ursprünge totaler Herrschaft, 1955, S. 232/3

148) C. Schmitt, Die vollendete Reformation ..., S. 60

149) C. B. Macpherson, Die politische Theorie des Besitzindividualismus von Hobbes bis Locke, 1967, S. 110/11

150) C. B. Macpherson, ed., S. 113

151) J. Habermas, ed., S. 38/9

152) K. Marx, Die Frühschriften. Hrsg. v. S. Landshut, 1964, S. 194

153) K. Marx, ed., S. 197

154) J. Habermas, ed., S. 37

155) J. Habermas, ed., S. 38

156) K. Marx, ed., S. 198

157) K. Marx, ed., S. 198

158) K. Marx, ed., S. 198

159) K. Marx, ed., S. 198

160) K. Marx, ed., S. 194

161) K. Marx, ed., S. 183

162) K. Marx, ed., S. 219/20

163) A. Wellmer, Kritische Gesellschaftstheorie und Positivismus, edit. suhrkamp 335, S. 104

164) K. Marx, ed., S. 169

165) L. Strauss, ed., S. 242

166) Th. Hobbes, ed., S. 170

167) L. Strauss, ed., S. 243

168) C. B. Macpherson, ed., S. 290

169) C. Schmitt, Die Diktatur ..., S. 23

170) K. Marx, Der 18. Brumaire des Louis Bonaparte, si 9, S. 27

171) A. Gehlen, Urmensch und Spätkultur. Philosophische Ergebnisse und Aussagen, ²1964, S. 70

172) C. Schmitt, Die Diktatur ..., S. 23

173) E. Bloch, Naturrecht ..., S. 62

174) K. Marx, Die Frühschriften ..., S. 207

175) Zit. nach C. Schmitt, Gespräch über die Macht und den Zugang zum Machthaber, 1954, S. 8/9

176) K. Marx, ed., S. 209

177) Th. Hobbes, ed., S. 14

178) K. Marx, ed., S. 207

179) J. Donoso Cortés, Der Abfall vom Abendland. Hrsg. von P. Viator, 1948, S. 67

180) H. Kesting, Geschichtsphilosophie und Weltbürgerkrieg. Deutungen der Geschichte von der französischen Revolution bis zum Ost-West-Konflikt, 1959, S. 32/3

181) R. Spaemann, Der Ursprung der Soziologie aus dem Geist der Restauration. Studien über L.G.A. de Bonald, 1959, S. 167

182) R. Spaemann, ed., S. 37

183) R. Spaemann, ed., S. 36

184) H. Barth, Auguste Comte und Joseph de Maistre, in: Schweizer Beiträge zur Allgemeinen Geschichte, Bd. 14 (1956), S. 110/1

185) J. Donoso Cortés, Der Staat Gottes. Eine katholische Geschichtsphilosophie. Aus dem Spanischen übersetzt und herausgegeben von L. Fischer, 1933, S. 12

186) C. Schmitt, Römischer Katholizismus ..., S. 39

187) J. Donoso Cortés, ed., S. 12

188) Zit. nach H. Barth, ed., S. 121

189) H. Barth, ed., S. 120/1

190) C. Schmitt, Die Diktatur ..., S. 23

191) C. Schmitt, Politische Theologie ..., 1922, S. 50

192) Zit. nach H. Barth, ed., S. 120

193) J. Donoso Cortés, Der Abfall vom Abendland ..., S. 33

194) J. Donoso Cortés, ed., S. 32/3

195)   J. Donoso Cortés, ed., S. 29

196)   C. Schmitt, Politische Theologie ..., 1934, S. 83

197)   C. Schmitt, ed., S. 83

198)   C. Schmitt, ed., S. 72

199)   J. Donoso Cortés, ed., S. 31

200)   Zit. nach R. Spaemann, ed., S. 171/2

201)   K. Marx, Der 18. Brumaire ..., S. 13

202)   J. Donoso Cortés, ed., S. 78

203)   J. Donoso Cortés, ed., S. 76

204)   J. Donoso Cortés, ed., S. 63

205)   J. Donoso Cortés, ed., S. 67

206)   C. Schmitt, Donoso Cortés in gesamteuropäischer Interpre-
       tation. Vier Aufsätze, 1950, S. 81

207)   C. Schmitt, Donoso Cortés in Berlin (1849), in:
       Wiederbegegnung von Kirche und Kultur in Deutschland.
       Eine Gabe für Karl Muth, 1927, S. 373

208)   H. Barth, ed., S. 125/6

208a) C. Schmitt, Der Nomos der Erde im Völkerrecht des
       Jus publicum Europaeum, 1950, S. 32

209)   J. Donoso Cortés, Der Staat Gottes ..., S. 200

210)   C. Schmitt, Positionen und Begriffe im Kampf mit Weimar,
       Genf, Versailles 1923-39, 1940, S. 13

211)   C. Schmitt, ed., S. 14

212)   C. Schmitt, Donoso Cortés in gesamteuropäischer ..., S. 78

213)   Zit. nach C. Schmitt, Der Begriff des Politischen.
       Text von 1932 mit einem Vorwort und drei Corollarien,
       1963, S. 14

214)   C. Schmitt, ed., S. 27

215)   Zit. nach C. Schmitt, Politische Theologie ..., 1922, S.50. -
       Vgl. J. de Maistre, Vom Papste. 2 Bde. Übers. von
       M. Lieber, Hrsg. von J. Bernhart, 1923, S. 195

216)   C. Schmitt, Politische Theologie ..., 1934, S. 69

217)   C. Schmitt, Ex Captivitate ..., S. 95/6

218)   C. Schmitt, Donoso Cortés in gesamteuropäischer ..., S. 21

219)   C. Schmitt, Der Begriff des Politischen ..., S. 95

220)   C. Schmitt, Staatsgefüge und Zusammenbruch des II. Reiches.
       Der Sieg des Bürgers über den Soldaten, 1934, S. 49

221)   C. Schmitt, Positionen ..., S. 312

222)   C. Schmitt, Donoso Cortés in gesamteuropäischer ..., S. 93

223)   Vgl. C. Schmitt, Ex Captivitate ..., S. 52/3

224)   C. Schmitt, Donoso Cortés in gesamteuropäischer ..., S. 114

225)   C. Schmitt, Drei Stufen historischer Sinngebung, in:
       Universitas 5 (1950), S. 929

226)   H.-J. Krüger, ed., S. 30

227)   C. Schmitt, Der Leviathan ..., S. 16

228)   E. Nolte, Der Faschismus in seiner Epoche ..., [2]1965, S. 69

229)   C. Schmitt, Der Leviathan ..., S. 21

230)   C. Schmitt, ed., S. 21

231)   C. Schmitt, Politische Theologie II ..., S. 49

232)   C. Schmitt, ed., S. 49 Fn. 2

233)   C. Schmitt, ed., S. 50

234)   O. Eberz, Dantes joachimitischer Ghibellinismus ..., in:
       Hochland XVIII, 1 (1920), S. 80

235)   C. Schmitt, ed., S. 49 Fn. 2

236)   W. Becker, Der Überschritt von Kierkegaard zu Newman in
       der Lebensentscheidung Theodor Haeckers, in:
       Newman- Studien I (1948), S. 258

237)   W. Becker, ed., S. 258

238)   Fr. Heer, Der Aufgang Europas ..., 1949, S. 658

239)   Fr. Heer, ed., S. 659

240)   Fr. Heer, ed., S. 658

241)   Fr. Heer, ed., S. 660

242)   C. Schmitt, Positionen ..., S. 135

243)   C. Schmitt, ed., S. 137

244)   C. Schmitt, Verfassungsrechtliche Aufsätze aus den Jahren
       1924-54 . Materialien zu einer Verfassungslehre, 1958, S. 32

245) C. Schmitt, Staatsgefüge und Zusammenbruch des zweiten Reiches. Der Sieg des Bürgers über den Soldaten, 1934, S. 44

246) C. Schmitt, Positionen ..., S. 145

247) C. Schmitt, Verfassungsrechtliche Aufsätze ..., S. 361

248) C. Schmitt, Der Begriff des Politischen ..., S. 10

249) C. Schmitt, Positionen ..., S. 114

250) C. Schmitt, Verfassungsrechtliche Aufsätze ..., S. 361

251) A. v. Martin, ed., S. 29

252) Zit. nach C. Schmitt, Gespräch über die Macht ..., S. 21

253) C. Schmitt, ed., S. 23

254) H. Ball, Zur Kritik der deutschen Intelligenz, 1970, S. 188

255) C. Schmitt, Politische Theologie II ..., S. 11

256) C. Schmitt, ed., S. 117

257) C. Schmitt, ed., S. 121

258) J. Burckhardt, Weltgeschichtliche Betrachtungen, o.J., S. 179

259) R. Spaemann, ed., S. 185

260) Vgl. E. Nolte, ed., S. 187

261) C. Schmitt, Römischer Katholizismus ..., S. 39/40

262) C. Schmitt, ed., S. 44/5

263) H. Ball, Carl Schmitts Politische Theologie, in: Hochland 21 (1924), S. 264

264) Zit. nach H. Barth, ed., S. 119

265) H. Barth, ed., S. 119

265a) Zit. nach R. Spaemann, ed., S. 115

266) R. Spaemann, ed., S. 115

267) Zit. nach R. Spaemann, ed., S. 38

268) J. Habermas, ed., S. 215

269) J. Habermas, ed., S. 221

270) R. Spaemann, ed., S. 182

271) A. Dru, Erneuerung und Reaktion. Die Restauration in Frankreich 1800-1830, 1967, S. 94

272) Vgl. F. Schnabel, Deutsche Geschichte im neunzehnten Jahrhundert. Die katholische Kirche in Deutschland,
Herder-Bücherei 209/10, S. 105

273) R. Spaemann, ed., S. 200

274) R. Spaemann, ed., S. 200

275) A. Dru, ed., S. 94

276) Vgl. A. Dru, ed., S. 273

277) H. Barth, ed., S. 109

278) Zit. nach H. Barth, ed., S. 106

279) H. Barth, ed., S. 110

280) H. Barth, ed., S. 119

281) Vgl. H. Barth, ed., S. 105

282) H. Barth, ed., S. 124

283) Vgl. H. Barth, ed., S. 122

284) Zit. nach H. Barth, S. 122

285) H. Barth, S. 123

285a) G. Canguilhem, Das Normale und das Pathologische ...,
1974, S. 174

285b) M. Steinhauer, Die politische Soziologie Auguste Comtes
und ihre Differenz zur liberalen Gesellschaftstheorie
Condorcets, 1966, S. 216

285c) Ebd., S. 211

286) H. Barth, ebd., S. 123

286a) R. Spaemann, ebd., S. 182/3

287) Zit. nach H. de Lubac, Die Tragödie des Humanismus
ohne Gott. Feuerbach - Nietzsche - Comte und Dostojewskij
als Prophet, 1950, S. 120/1

288) O. Massing, Fortschritt und Gegenrevolution. Die Gesellschaftslehre Comtes in ihrer sozialen Funktion. (Frankf.
Diss.), 1966, S. 52

289) M. Horkheimer / Th. W. Adorno, Dialektik der Aufklärung.
Philosophische Fragmente, 1947, S. 35

290) O. Massing, ed., S. 52

291) O. Massing, ed., S. 52

292) Vgl. H. Barth, ed., S. 129/30

293) H. Barth, ed., S. 129/30

294) Vgl. O. Massing, ed., S. 125

295) A. Comte, Discours sur l'esprit positiv / Rede über den Geist des Positivismus (Zweisprachige Ausgabe). Übersetzt, eingeleitet und herausgegeben von I. Fetscher, 1956, S. 242, Anm. 6

296) Vgl. J. Habermas, Strukturwandel der Öffentlichkeit ..., ⁴1969, S. 140

297) H. Marcuse, Vernunft und Revolution, 1962, S. 303/4

298) P. Kellermann, ed., S. 34

299) P. Kellermann, ed., S. 34/5

300) P. Brückner, Freiheit, Gleichheit, Sicherheit. Von den Widersprüchen des Wohlstands, 1966, S. 16

301) Vgl. P. Brückner, ed., S. 18/9

302) Vgl. O. Massing, ed., S. 49

303) O. Massing, ed., S. 49

304) Zit. nach H. Marcuse, ed., S. 314

305) L. Garcia Arias, Die politische Funktion der Streitkräfte, in: Eppirhosis. Festgabe für C. Schmitt zum 80. Geburtstag ..., 2 Bde., 1968, S. 241

306) L. Garcia Arias, ed., S. 242

307) L. Garcia Arias, ed., S. 244

308) K. Marx, Der 18. Brumaire ..., S. 29

309) Vgl. O. Negt, Gesellschaftsbild und Geschichtsbewußtsein der wirtschaftlichen und militärischen Führungsschichten, in: Der CDU-Staat 2, edit. suhrkamp 370/2, S. 362

310) O. Negt, ed., S. 363

311) O. Negt, ed., S. 363

312) O. Negt, ed., S. 363

313) J. Taubes, Kultur und Ideologie, in: Spätkapitalismus oder Industriegesellschaft? Verhandlungen des 16. deutschen Soziologentages, 1969, S. 120

314) P. Kellermann, ed., S. 62

315) G. Schäfer, Leitlinien stabilitätskonformen Verhaltens. Entwicklungsperspektiven und Gewaltpotentiale rationalisierter Herrschaftsinteressen, in: Der CDU-Staat 2 ..., S. 451

316) G. Schäfer, ed., S. 451

317) G. Schäfer, ed., S. 452

317a) O. Negt / A. Kluge, Öffentlichkeit und Erfahrung. Zur Organisationsanalyse von bürgerlicher und proletarischer Öffentlichkeit, 1972, S. 101

318) Vgl. G. Schäfer, ed., S. 453

319) G. Schäfer, ed., S. 443

320) Zit. nach G. Schäfer, ed., S. 444

321) G. Schäfer, ed., S. 445

322) H. Barth, ed., S. 133

323) Zit. nach H. Barth, ed., S. 133

324) Vgl. H. Barth, ed., S. 133

325) H. Barth, ed., S. 132/3

326) Zit. nach H. Barth, ed., S. 127

327) H. Barth, ed., S. 126/7

328) Zit. nach H. Barth, ed., S. 107/8

329) H. Barth, ed., S. 127

330) Zit. nach P. Kellermann, ed., S. 59

331) Vgl. P. Kellermann, ed., S. 60

331a) O. Negt, Strukturbeziehungen zwischen den Gesellschaftslehren Comtes und Hegels, 1964, S. 102

332) O. Negt, ed., S. 109

332a) H. Marcuse, ed., S. 287

333) O. Massing, ed., S. 41

334) Zit. nach P. Kellermann, ed., S. 62

335) P. Kellermann, ed., S. 62

336) Zit. nach H. Marcuse, ed., S. 307

337) O. Massing, ed., S. 150

338) Zit. nach P. Kellermann, ed., S. 54 Fn. 1

339) Vgl. A. Dru, ed., S. 273

340)   O. Massing, ed. , S. 72

341)   R. Spaemann, ed. , S. 183/4

342)   O. Massing, ed. , S. 93

343)   Zit. nach G. Sauter, Zukunft und Verheißung. Das Problem der Zukunft in der gegenwärtigen theologischen und philosophischen Diskussion, 1965, S. 179

344)   K. Mannheim, Das konservative Denken, in: Wissenssoziologie, ST 28, S. 437, Fn. 41

345)   C. Schmitt, Ex Captivitate ..., S. 53 ; das Originalzitat findet sich bei K. Weiß, Tantalus, 1929, S. 73

346)   Vgl. H. Marcuse, ed. , S. 301

347)   Zit. nach H. de Lubac, ed. , S. 126

347a)   M. Steinhauer, ed. , S. 191/2

347b)   A. Comte, Système de politique positive ... II, S. 61; zit. nach M. Steinhauer, ebd. , S. 190

348)   O. Massing, ed. , S. 44

349)   Zit. nach H. de Lubac, ed. , S. 126

350)   H. de Lubac, ed. , S. 127

351)   J. Kreft, Die Entstehung der dialektischen Geschichtsmetaphysik aus den Gestalten des utopischen Bewusstseins bei Novalis, in: DVjs. Jg. 39 (1965), S. 217

351a)   Th. W. Adorno, Minima Moralia, 1969, S. 137

352)   Vgl. O. Massing, ed. , S. 65

353)   A. Mohler, Die französische Rechte. Vom Kampf um Frankreichs Ideologienpanzer, 1958, S. 42

354)   Zit. nach E. Nolte, Der Faschismus in seiner Epoche. Die Action Francaise ..., S. 83

355)   E. Nolte, ed. , S. 183

356)   E. Nolte, ed. , S. 184

357)   E. Nolte, ed. , S. 161

357a)   Zit. nach E. Nolte, ed. , S. 184

358)   E. Nolte, ed. , S. 184

359)   E. Nolte, ed., S. 186

360)   E. Nolte, ed. , S. 144

361) E. Nolte, ed., S. 186

362) Zit. nach E. Nolte, ed., S. 175

363) J. Taubes, Abendländische Eschatologie, 1947, S. 87

364) Zit. nach E. Nolte, ed., S. 186

365) Zit. nach E. Nolte, ed., S. 170

366) Vgl. E. Nolte, ed., S. 68

367) J. Donoso Cortés, Der Staat Gottes ..., S. 306

368) E. Nolte, ed., S. 69

369) Fr. Nietzsche, Antichrist ..., S. 222/3

370) E. Nolte, ed., S. 170

371) E. Nolte, ed., S. 175/6

372) E. Nolte, ed., S. 187

373) E. Nolte, ed., S. 158

374) Zit. nach E. Nolte, ed., S. 157

375) E. Nolte, Ed., S. 179

376) Zit. nach E.R. Curtius, Der Syndikalismus der Geistes-
      arbeiter in Frankreich, 1921, S. 16

377) A. Mohler, ed., S. 42

378) E.R. Curtius, ed., S. 116

380) Zit. nach H. de Lubac, ed., S. 156/7

381) W. Gurian, Bloy, Maurras, Maritain. Ein Nachwort, in:
      Orplid III (1927), S. 61

382) Th. Haecker, Werke 2, S. 65

383) Th. Haecker, Werke 1, S. 122

384) Th. Haecker, Werke 4, S. 222

385) Th. Haecker, Werke 4, S. 227

386) Th. Haecker, Werke 4, S. 231

387) Th. Haecker, Werke 4, S. 228

388) Zit. nach E. Nolte, ed., S. 156

389) Zit. nach E. Nolte, ed., S. 182

390) Zit. nach E. Nolte, ed., S. 156

391) E. Nolte, ed., S. 155

392)   Zit. nach E. Nolte, ed., S. 155

393)   Zit. nach E. Nolte, ed., S. 181

394)   E. Nolte, ed., S. 181/2

395)   Zit. nach E. Nolte, ed., S. 93

396)   W. Gurian, ed., S. 62

397)   P. Linn, Das Dilemma der katholischen Jugend in Frankreich, in: Orplid 3 (1927), S. 55/6

398)   C. Schmitt, Der Leviathan ..., S. 100

III.

1) Th. Haecker, Werke 1, S. 128/9

2) D. Winzen, Gedanken zu einer "Theologie des Reiches", in: Catholica 2 (1933), S. 110

3) R. Schneider, Das Inselreich. Gesetz und Größe der Britischen Macht, ²1955, S. 558/9

4) R. Schneider, Verhüllter Tag, Herder-Bücherei 42, S. 81

5) C. Schmitt, Römischer Katholizismus und politische Form ..., S. 29/30

6) R. Schneider, Macht und Gnade. Gestalten, Bilder und Werte in der Geschichte, Knaur 41, S. 86

7) R. Schneider, Der Kronprinz, Politisches Drama, 1948, S. 55

8) C. Schmitt, Staatsgefüge und Zusammenbruch des zweiten Reiches. Der Sieg des Bürgers über den Soldaten, 1934, S. 14

9) H. Brüning, Memoiren 1918-34, 1970, S. 27

10) Ed., S. 63

11) W. Gurian, Bloy, Maurras, Maritain. Ein Nachwort, in: Orplid 3 (1927), S. 62

12) W. Gurian, Der integrale Nationalismus der Action Française ..., S. 92

13) R. Schneider, Verhüllter Tag ..., S. 81

14) C. Schmitt, Staatsgefüge und Zusammenbruch ..., S. 14

15) Ed., S. 13

16) Ed., S. 12

17) C. Schmitt, Der Führer schützt das Recht. Zur Reichstagsrede Adolf Hitlers vom 13. Juli 1934, in: Deutsche Juristen-Zeitung, 39. Jg. (1934), H. 15, Spalten 945/50

18) W. Schmitthenner / H. Buchheim (Hrsg.), Der deutsche Widerstand gegen Hitler, 1966, S. 113

19) Ed., S. 112

20) Ed., S. 91

21) H. v. Hofmannsthal, Aufzeichnungen, 1959, S. 20

22) Ed., S. 310/1

23) H. v. Hofmannsthal, Prosa IV, 1955, S. 20

24) E. Jünger, Der Arbeiter. Herrschaft und Gestalt, 1932, S. 235

25) E. Przywara, Alter und neuer Bund. Theologie der Stunde, 1956, S. 30

26) E. Przywara, Heroisch, 1936, S. 16

27) E. Przywara, Alter und neuer Bund ..., S. 30

28) E. Jünger, Der Arbeiter, ..., S. 235

29) Ed., S. 235

30) Th. Mann, Der Zauberberg, [7]1964, S. 366

31) Ed.

32) L. Derleth, Proklamationen, 1919, S. 34

33) Ed.

33a) Zit. nach E. Nolte (Hrsg.), Theorien über den Faschismus, 1967, S. 113/4

34) J. Vogt, Vom Reichsgedanken der Römer, 1942, S. 10

35) O. Spengler, Politische Schriften. Volksausgabe, 1932, S. 4/5

36) So nennt M. Kommerell F. Wolters in: M. Kommerell, Briefe und Aufzeichnungen 1919-44. Aus dem Nachlaß herausgegeben von I. Jens, 1967, S. 65

37) H. Hefele, Die römische Wirklichkeit, in: Wiederbegegnung von Kirche und Kultur in Deutschland. Eine Gabe für K. Muth, 1927, S. 204

38) H. Hefele, Der Katholizismus in Deutschland, 1919, S. 57

39) St. George, Der Stern des Bundes, 1928 (Gesamt-Ausgabe Bd. 4), S. 45

40) L. Derleth, Proklamationen ..., S. 20

41) Ed., S. 58

42) Ed., S. 20

43) Ed., S. 19/20

44) R. Hepp, Politische Theologie, theologische Politik ..., S. 241

45) Vgl. K. Breuning, ed., S. 80

46) Chr. Steding, Politik und Wissenschaft bei Max Weber, 1932, S. 91

47) Ed., S. 91 (Fn. 184)

48) G. Krüger, Das Problem der Autorität, in: Freiheit und Welt-
verwaltung. Aufsätze zur Philosophie der Geschichte, 1958,
S. 233/4

49) Ed.

50) Vgl. C. J. Burckhardt, Erinnerungen an Hofmannsthal, 1943,
S. 79

51) St. George, Der siebente Ring, 1931 (Gesamt-Ausgabe
Bde. 6/7), S. 20

52) Ed. , S. 21

53) A. Dempf, Untergang oder Wiedergeburt? Gedanken zum
2. Band von O. Spenglers "Untergang des Abendlandes", in:
Allgemeine Rundschau, 19. Jg. (1922), S. 401

54) E. Pacelli, Gesammelte Reden. Ausgewählt und eingeleitet von
L. Kaas, 1930, S. 89

55) R. Grosche, Die Grundlagen einer christlichen Politik der
deutschen Katholiken, in: Schildgenossen XIII (1933/4),
S. 48/9

56) Zit. nach G. Binder, Irrtum und Widerstand, 1968, S. 120

57) Zit. nach "stern", 27/1967

58) E. Przywara, In und Gegen. Stellungnahmen zur Zeit, 1955,
S. 131

59) Vgl. E. Przywara, Möglichkeit Mensch, in: Besinnung 11
(1956), S. 45

60) C. Schmitt, Römischer Katholizismus ... , S. 29/30

61) Ed.

62) I. Herwegen, Sinn und Geist der Benediktinerregel, 1944, S. 97

63) I. Herwegen, Der heilige Benedikt. Ein Charakterbild, 1917,
S. 97

64) Ed. , S. 108/9

65) J. Hofmiller, Nochmals Vergil, in: Corona 1 (1930/1),
S. 776

66) I. Herwegen, Sinn und Geist der Benediktinerregel ... , S. 18

67) Th. Haecker, Werke 5, S. 78

68) I. Herwegen, ed. , S. 22

69) H. Graf Kessler, Tagebücher 1918-37, 1961, S. 268

70) H. v. Hofmannsthal, Der Turm (1925), in: Dramen IV, 1958, S. 73

71) Th. Haecker, Werke 5, S. 27

72) A.A.T. Ehrhardt, Politische Metaphysik von Solon bis Augustinus III, 1969, S. 10/11

73) H. Freyer, Weltgeschichte Europas ..., S. 335

74) Fr. Heer, Die Tragödie des Heiligen Reiches ..., S. 187

75) Ed., S. 187

76) R. Schneider, Schicksal und Landschaft. Hrsg. von C. Winterhalter, 1960, S. 178

77) Ed.

78) C. Schmitt, Römischer Katholizismus ..., S. 65/6

79) Vgl. C. Schmitt, Politische Theologie II ..., S. 120/1

80) Th. Haecker, Werke 4, S. 227

81) K.A. Prinz Rohan, Adel im Wandel der Zeiten, in: Besinnung 12 (1957), S. 137

82) L. Derleth, Proklamationen ..., S. 89

83) E. Rosenstock / J. Wittig, Das Alter der Kirche, 1927/8, S. 5

84) W. Weber, Zur Geschichte der Monarchie, 1919, S. 27

85) W. Weber, Europäisches Schicksal historisch gesehen, o.J., S. 35

86) Zit. nach G. Binder, ed., S. 29

87) Ed., S. 32

88) Zit. nach G. Binder, ed., S. 28

89) A. Rosenberg, Geschichte der Weimarer Republik, 1961, S. 207

90) H. Brüning, ed., S. 68

91) A. Rosenberg, ed., S. 206

92) Ed., S. 196

93) Ed., S. 206

94) Zit. nach R. Griepenburg / K.H. Tjaden, Faschismus und Bonapartismus, in: Das Argument, H.41, 1966, S. 468

95) Ed., S. 462

96) W. Frank, Christoph Steding. Ein Denkmal, in: Chr. Steding, Das Reich und die Krankheit der europäischen Kultur, 1938, S. XXXI

97) Zit. nach G. Binder, ed., S. 95

98) K. A. Prinz Rohan, Bericht zur Lage, in: Europäische Revue 8 (1932), S. 5

99) H. Brüning, ed., S. 221

100) Ed., S. 400

101) Ed., S. 148

102) A. Rosenberg, ed., S. 206

103) Ed.

104) Zit. nach H. Brüning, ed., S. 401

105) Vgl. ed., S. 400

106) Ed., S. 394

107) Ed., S. 375

108) A. Rosenberg, ed., S. 208/9

109) O. Westphal, Weltgeschichte der Neuzeit ..., 1953, S. 309

110) A. Rosenberg, ed., S. 210/1

111) Ed., S. 211

112) W. Schmitthenner / H. Buchheim, ed., S. 139

113) I. Maus, Zur "Zäsur" von 1933 in der Theorie Carl Schmitts, in: Kritische Justiz 2 (1969), S. 116

114) H. Brüning, ed., S. 620

115) Ed.

116) Ed., S. 619

117) Ed., S. 619

118) Ed., S. 247/8

119) Ed., S. 248

120) Zit. nach G. Binder, ed., S. 100

121) H. Brüning, ed., S. 378

122) Ed., S. 146

123) Ed.

124) Vgl. H. Brüning, ed., S. 551

125) Ed., S. 194

126) Ed.

127) Ed., S. 373

128) Ed., S. 588

129) Ed., S. 202

130) Ed., S. 248

131) Ed., S. 290

132) Ed., S. 56

133) O. Spengler, Politische Schriften ..., 1930, S. 12

134) H. Brüning, ed., S. 456

135) Ed., S. 616

136) Ed., S. 579

137) Ed.

138) Ed., S. 378

139) Zit. nach A. Brüning, ed., S. 601

140) Ed., S. 573

141) Ed., S. 555

142) Th. Kampmann, Nachwort, in: H. Brüning, Memoiren ..., S. 684

143) R. Schneider, Verhüllter Tag ..., S. 81

144) R. Schneider, Der christliche Protest, 1954, S. 51

145) H. Ball, Zur Kritik der deutschen Intelligenz. Ein Pamphlet ..., ^{2}1970, S. 119

146) R. Borchardt, Reden, 1955, S. 409

147) C. Schmitt, Staatsgefüge und Zusammenbruch ..., S. 23

148) J. Schmidhauser, Der Kampf um das geistige Reich. Bau und Schicksal der Universität, 1933, S. 251

149) C. Schmitt, Staatsgefüge und Zusammenbruch ..., S. 23

150) C. Schmitt, Positionen ..., S. 239

151) H. Brüning, ed., S. 555

152) Ed., S. 653

153) Ed., S. 657

154) A. Rosenberg, ed., S. 208

155) R. Borchardt, Reden ..., S. 409

156) H. v. Nostitz, Aus dem alten Europa. Menschen und Städte, ^{2}1925, S. 36

157) R. Schneider, Das Erbe im Feuer. Betrachtungen und Rufe, 1946, S. 37/8

158) H. v. Nostitz, ed.

159) Th. Haecker, Werke 2, S. 92

160) O. Spengler, Reden und Aufsätze ..., S. 79

161) O. Spengler, Der Untergang des Abendlandes. Umrisse einer Morphologie der Weltgeschichte. Bd. 1, ^{6}1920, S. 36/7

162) J. Schmidhauser, ed., S. 248

163) Ed., S. 249

164) Ed.

165) O. Spengler, Politische Schriften ..., S. 15

166) Chr. Steding, Das Reich ..., S. 290

167) O. Spengler, Der Untergang des Abendlandes ..., Bd. 1, S. 476

168) O. Westphal, Weltgeschichte der Neuzeit ..., S. 128

169) K. Buchheim, Die Katholiken und die deutschen Widersprüche, in: Hochland 63 (1971), S. 446

170) O. Spengler, Politische Schriften ..., S. 43

171) Ed., S. 69

172) Ed., S. 97

173) Ed., S. 96/7

174) O. Spengler, Politische Schriften ..., S. 80

175) Ed.

176) Ed., S. 96/7

177) Ed., S. 4

178) F. Schnabel, Die Grundlagen der neueren Geschichte. Deutsche Geschichte im 19. Jahrhundert. Bd. 1, Herder-Bücherei 201/2, S. 123

179) O. Spengler, ed., S. 89

180) Chr. Steding, Das Reich ..., S. 294

408

181) O. Spengler, ed. , S. 207

182) J.F. Neurohr, Der Mythos vom Dritten Reich. Zur Geistes-
      geschichte des Nationalsozialismus, 1957, S.18

183) C. Schmitt, Positionen ..., S. 114

184) Chr. Steding, ed. , S. 214

185) R. Hepp, ed. , S. 41

186) Ed. , S. 38

187) Ed. , S. 39

188) Ed. , S. 39/40

189) Ed. , S. 40

190) Zit. nach R. Hepp, ed.

191) Zit. nach R. Hepp, ed.

192) J. Schmidhauser, ed. , S. 249

193) Th. Mann, Der Zauberberg ..., S. 405

194) Ed.

195) Ed. , S. 426

196) E. Niekisch, Das Reich der niederen Dämonen, 1953, S. 103

197) H. Ball, Zur Kritik der deutschen Intelligenz ..., S. 112

198) E. Niekisch, ed. , S. 105

199) Ed. , S. 103

200) Th. Mann, ed. , S. 409

201) H. Ball, ed. , S. 113

202) Ed. , S. 113/4

203) R. Schneider, Philipp der Zweite oder Religion und Macht,
      Fi-Bü 44, S. 88

204) Ed. , S. 82

205) Zit. nach R. Schneider, ed. , S. 122

206) Ed. , S. 122

207) Ed. , S. 82

208) R. Schneider, ed. , S. 88

209) L. Derleth, Proklamationen ..., S. 129

210) E. Przywara, Heroisch ..., S. 65

211)   Th. Mann, ed., S. 409

212)   R. Schneider, ed., S. 88

213)   Ed.

214)   L. Derleth, Der Tod des Thanatos, 1945, C. 48

215)   R. Schneider, ed., S. 89

216)   H. Broch, Der Zerfall der Werte, in: Ges.Werke, Bd.7, 1955, S. 29

217)   R. Schneider, ed., S. 116

218)   R. Schneider, Verhüllter Tag ..., S. 75

219)   E. Przywara, Heroisch ..., S. 27

220)   R. Schneider, Verhüllter Tag ..., S. 75

221)   W. v. Schramm, Radikale Politik. Die Welt diesseits und jenseits des Bolschewismus, 1932, S. 87

222)   Ed., S. 87/8

223)   H. Ball, ed., S. 112

224)   Zit. nach H. Lutz, Demokratie im Zwielicht. Der Weg der deutschen Katholiken aus dem Kaiserreich in die Republik 1914-25, 1963, S. 33

225)   H. Ball, ed., S. 114

226)   Ed., S. 207, Fn. 85

227)   H. Ball, Die Flucht aus der Zeit, ^{2}1946, S. 217

228)   R. Schneider, Die Hohenzollern, Fi-Bü 242, S. 12

229)   H. Ball, ed., S. 217

230)   K. Buchheim, ed., S. 446

231)   Zit. nach K. Buchheim, ed., S. 443/4

232)   E. Przywara, Um Preußen, in: Besinnung 10 (1955), S. 87

233)   Ed.

234)   O. Spengler, Politische Schriften ..., S. 89

235)   G. Weippert, Deutscher Sozialismus, in: Deutsche Rundschau, 59.Jg., S. 77

236)   O. Spengler, Jahre der Entscheidung ..., 1933, S. VIII

237)   R. Schneider, Die Hohenzollern ..., S. 98

238)   Ed., S. 11

410

239) Ed.

240) R. Schneider, Auf Wegen deutscher Geschichte, 1934, S. 118

241) C. Westphal, Das Reich ..., S. 395

242) Ed., S. 390

243) E. Kantorowicz, Kaiser Friedrich II. ..., S. 250

244) R. Schneider, Die Hohenzollern ..., S. 13/4

245) Ed., S. 14

246) H. Kühner, Tabus der Kirchengeschichte. Notwendige Wandlungen des Urteils, ²1965, S. 42

247) O. Westphal, Das Reich ..., S. 398

248) Ed., S. 442

249) Ed., S. 393

250) Ed., S. 353

251) Ed., S. 390

252) Ed., S. 391

253) O. Westphal, Theologie der deutschen Geschichte, 1933, S. 45

254) Chr. Steding, Das Reich ..., S. 12

255) C. Schmitt, Verfassungsrechtliche Aufsätze aus den Jahren 1924-54 ..., 1958, S. 379

256) Ed., S. 196

257) Ed., S. 195

258) C. Schmitt, Das Reichsstatthaltergesetz. Das Recht der nationalen Revolution 3, 1933

258a) Zit. nach K. F. Werner, Das NS-Geschichtsbild und die deutsche Geschichtswissenschaft, 1967, S. 31

259) Vgl. K. F. Werner, ed.

260) Zit. nach K. F. Werner, ed.

261) C. Schmitt, Der Nomos der Erde ..., S. 184

262) C. Schmitt, Völkerrechtliche Großraumordnung, 1939, S. 69

263) Ed.

264) Ed., S. 70

265) Chr. Steding, Das Reich ..., S. 480

266) J. Vogt, Vom Reichsgedanken der Römer ..., S. 516

267) Ed.

267a) Ed.

268) C. Schmitt, Völkerrechtliche Großraumordnung ..., S. 72

269) C. Schmitt, Der Nomos der Erde ..., S. 211

270) C. Schmitt, Völkerrechtliche Großraumordnung ..., S. 88

271) R. Hepp, ed., S. 22

272) C. Schmitt, Der Nomos der Erde ..., S. 211

273) C. Schmitt, Völkerrechtliche Großraumordnung ..., S. 88

274) Zit. nach H. Müller (Hrsg.), Katholische Kirche und Nationalsozialismus, dtv-dokumente 328, S. 184

274a) W. Stapel, Der christliche Staatsmann. Eine Theologie des Nationalismus, 1932, S. 250/1

275) C. Schmitt, Positionen ..., S. 312

276) C. Schmitt, Raum und Rom - Zur Phonetik des Wortes Raum, in: Universitas 6 (1951), S. 966

276a) Ed., S. 963

277) P. Kluke, Nationalsozialistische Europaideologie, in: Vierteljahreshefte für Zeitgeschichte II (1955), S. 266

278) Ed.

279) Zit. nach P. Kluke, ed., S. 266/7

280) P. Schneider, ed., S. 229

281) J. Vogt, Vom Reichsgedanken der Römer ..., S. 11

282) Ed., S. 5/6

283) O. Westphal, Das Reich ..., S. 54

284) Ed., S. 256

285) Ed., S. 15

286) Zit. nach W. Frank, Christoph Steding. Ein Denkmal ..., S. XV

287) P. Kluke, ed., S. 250

288) O. Westphal, Weltgeschichte der Neuzeit ..., S. 374

289) H. Aubin, Der Aufbau des mittelalterlichen Deutschen Reiches, in: HZ Bd. 162 (1940), S. 480

290)   Ed.

291)   Zit. nach K. Muth, Das Reich als Idee und Wirklichkeit - Einst und Jetzt, in: Hochland (1932/3), S. 487

292)   Ed.

293)   K. R. Ganzer, Das Reich als europäische Ordnungsmacht, [2]1941, S. 53

294)   H. Heimpel, Deutschlands Mittelalter - Deutschlands Schicksal. Zwei Reden. Freiburger Universitätsreden, H. 12 (1933), S. 34

295)   Ed., S. 5

296)   Ed., S. 5

297)   Ed., S. 6

298)   R. Schneider, Auf Wegen deutscher Geschichte ..., S. 5

299)   Ed., S. 6/7

300)   L. Helbing, Der dritte Humanismus, 1932, S. 18

301)   Ed.

302)   W. Schmitthenner / H. Buchheim, ed., S. 37

303)   Ed., S. 37/8

304)   H. Grimm, Einleitung, in: J. Bainville, ed., S. 8

305)   Ed., S. 6

306)   Ed.

307)   H. Aubin, ed.

308)   R. Schneider, Auf Wegen deutscher Geschichte ..., S. 107

309)   O. Westphal, Das Reich ..., S. 6

310)   Ed., S. 5

311)   P. Kluke, ed., S. 250

312)   O. Westphal, Weltgeschichte der Neuzeit ..., S. 366

313)   Fr. Heer, Der Aufgang Europas ..., S. 658

314)   O. Westphal, Weltgeschichte der Neuzeit ..., S. 366

315)   G. Bäumer, Die Reichsidee des Mittelalters und unsere Zeit. 1. Teil, in: Besinnung 13 (1958), S. 129

316)   Vgl. Karl Fürst Schwarzenberg, ed., S. 61

317)   G. Sterzenbach, Modernes oder christlich-germanisches

Kulturideal? in: Allgemeine Rundschau XXI (1924), S. 247

318) Fr. Heer, Die Tragödie des heiligen Reiches ..., S. 202/3

319) Th. Haecker, Werke 2, S. 94

320) R. Schneider, Innozenz und Franziskus, 1952, S. 98

321) Fr. Heer, Der Aufgang Europas ..., S. 659

322) Ed.

323) R. Schneider, Verhüllter Tag ..., S. 105

324) Karl Fürst Schwarzenberg, ed., S. 360 (Fn. 241)

325) O. Westphal, Das Reich ..., S. 628

326) R. Schneider, Verhüllter Tag ..., S. 167/8

327) W. Bergengruen, Der ewige Kaiser, ^{2}1950, S. 64/5

328) Ed., S. 66

329) Fr. Heer, ed.

330) Fr. Heer, Das Heilige römische Reich ..., 1967, S. 9

331) Th. Haecker, ed., S. 26

332) R. Schneider, Innozenz und Franziskus ..., S. 259

333) L. Ziegler, Evangelischer Friede, in: R. Schneider /
L. Ziegler, Briefwechsel ..., 1960, S. 220

334) Ed., S. 221

335) Ed., S. 222/3

336) R. Schneider, Pfeiler im Strom ..., 1958, S. 18

337) W. Hausenstein, Jugenderinnerungen ..., 1968, S. 85

338) F. Schnabel, Die katholische Kirche in Deutschland ...,
Herder-Bücherei 209/10, S. 307

339) A. Schorn, Die Theologie des Reichs und der deutsche
Katholizismus, in: Catholica 2 (1933), S. 75

340) Vgl. H. Gollwitzer, Europabild und Europagedanke ...,
^{2}1964, S. 219/20

341) Zit. nach K. Breuning, Die Vision des Reiches ..., S. 55

342) R. Grosche, Reich, Staat und Kirche ..., S. 45

343) Fr. Heer, Der Aufgang Europas ..., S. 659

344) H. Günter, Die Reichsidee im Wandel der Zeiten, in:
Historisches Jahrbuch der Görresgesellschaft 53 (1933), S. 428

414

345)   Chr. Steding, Das Reich ..., S. 573

346)   G. Moenius, Wir leben im Imperium Romanum, in: Allgemeine Rundschau vom 5.1.1933, S. 8

347)   Ebd.

348)   Ebd.

349)   H. Heimpel, ed., S. 6

350)   Zit. nach C. Amery, Die Kapitulation ..., 1963, S. 38

351)   L. Sebastian, Denkschrift des Bischofs von Speyer ..., in: Der Rheinpfälzer, 1930, S. 2

352)   E. Kluke, ed., S. 250

353)   W. v. Schramm, ed., S. 105

354)   D. Winzen, ed., S. 150

355)   Vgl. K. Breuning, Die Vision des Reiches ..., S. 281

356)   Zit. nach K. Breuning, ed., S. 281

357)   K. Adam, Das Wesen des Katholizismus ..., [4]1927, S. 108/9

358)   U. v. Hassell, Untergang des Abendlandes?, in: Monatshefte für auswärtige Politik 8 (1941), S. 599

359)   R. Pannwitz, Flugblätter 1-8, 1919/20

360)   H. Heimpel, ed., S. 9

361)   Ed., S. 33

362)   K. Breuning, ed., S. 172

363)   Th. Haecker, Werke 1, S. 466

364)   R. Grosche, ed., S. 43

365)   Th. Haecker, Werke 2, S. 62

366)   Ed., S. 108

367)   Ed., S. 88

368)   Th. Haecker, Werke 1, S. 459

369)   Th. Haecker, Werke 2, S. 263

370)   R. Schneider, Apokalypse ..., 1946, S. 21

371)   Th. Haecker, Werke 1, S. 462

372)   A. Moeller van den Bruck, Das Dritte Reich ..., [3]1931, S. 231

373) Zit. nach K. Breuning, ed., S. 250/1

374) Ed., S. 251

375) Th. Mann, Der Zauberberg ..., S. 365

376) Fr. Heer, Der Aufgang Europas ..., S. 659

377) H. Plessner, Die verspätete Nation. Über die politische Verführbarkeit des bürgerlichen Geistes, ^{2}1959, S. 33

378) H. Weinzierl, Herr von Papen proklamiert das sacrum imperium ..., in: Allgemeine Rundschau, XXIX. Jg. (1932), S. 645

379) Karl Fürst Schwarzenberg, ed., S. 257

380) Th. Haecker, Werke 1, S. 466

381) Vgl. G. v. Le Fort, Der Papst aus dem Ghetto ..., o. J., S. 125

382) Th. Haecker, Werke 4, S. 301

383) Th. Haecker, Werke 4, S. 301

384) Th. Haecker, Werke 4, S. 301

385) J. Vogt, Vom Reichsgedanken der Römer ..., S. 11

386) E. Przywara, In und Gegen ...., S. 176

387) Ed., S. 179

388) G. Moenius, Der neue Weltmonarch ..., 1948, S. 148

389) Th. Haecker, Werke 1, S. 456

390) Ed., S. 454

391) Ed., S. 455

392) R. Bie, Das katholische Europa, 1931, S. 324

393) H. Ball, Zur Kritik der deutschen Intelligenz ..., S. 223

394) Ed., S. 159

395) Th. Haecker, Werke 1, S. 462

396) Ed., S. 464

397) Ed., S. 467

398) Ed.

399) R. Schneider, Der Balkon ..., 1957, S. 151

400) R. Schneider, Auf Wegen deutscher Geschichte ..., S. 128/9

401) R. Schneider, Schicksal und Landschaft ..., S. 323

402) R. Schneider, Verhüllter Tag ..., S. 88

403) R. Schneider, Der Balkon ..., S. 129

404) K. Breuning, ed., S. 284/5

405) Karl Fürst Schwarzenberg, S. 261

406) Fr. Heer, Der Glaube des Adolf Hitler ..., 1968, S. 327

407) K. Breuning, ed., S. 285

408) Zit. nach K. Breuning, ed.

409) R. Bie, ed., "Vorspruch"

410) R. Grosche, ed., S. 45

411) R. Schneider, Auf Wegen deutscher Geschichte ..., S. 107

412) Vgl. K. Breuning, ed., S. 285/6

413) Ed.

414) R. Minder, Kultur und Literatur in Deutschland und Frankreich. Fünf Essays, Insel-Bücherei 771, S. 18

415) Zit. nach K. Breuning, ed., S. 286

416) Ed.

417) Ed.

418) Fr. Heer, Der Glaube des Adolf Hitler ..., S. 408

418a) Zit. nach Fr. Heer, ed., S. 408

419) A. Dempf, Der großdeutsche Gedanke, in: Wiederbegegnung von Kirche und Kultur ..., S. 209

420) Th. Haecker, Werke 1, S. 463

421) Fr. Heer, Das heilige römische Reich ..., S. 8

422) Karl Fürst Schwarzenberg, ed., S. 345 (Fn. 86)

423) H. v. Hofmannsthal, Briefe der Freundschaft ..., 1953, S. 235/6

424) H. Bahr, Abendland, in: Neues Reich 6 (1923/4), S. 997

425) Ed.

426) H. v. Hofmannsthal, Prosa III. ..., S. 383

427) Ed., S. 403

428) H. v. Hofmannsthal, Aufzeichnungen ..., S. 242

429) R. Schneider, Winter in Wien ..., Herder-TB 142, S. 194

430) Ed., S. 238

431) Ed., S. 27

432) Ed., S. 26

433) H. v. Hofmannsthal, ed., S. 239

434) H. v. Hofmannsthal und F.C. Rang, Briefwechsel 1905-24, in: Die Neue Rundschau 70 (1959), S. 439

435) F. Ritter, H. v. Hofmannsthal und Österreich, 1967, S. 53

436) R. Schneider, Die letzten Jahre des Prinzen Eugen. Ein Fragment, 1957, S. 20

437) H. v. Hofmannsthal, Prosa III. ..., S. 293

438) Ed., S. 299

439) R. Schneider, Winter in Wien, S. 193/4

440) R. Schneider, Philipp der Zweite ..., S. 14

441) A. Castro, Die Triebkräfte der spanischen Kultur, in: Corona 2,1 (1931), S. 62

442) H. Bahr, ed.

443) H. Ludwig, Die Religionen und der Tempel des Reichs, in: Neues Abendland 13 (1958), S. 225

444) E.R. Curtius, Europäische Literatur und Lateinisches Mittelalter, [7]1969, S. 272

445) E. Przywara, In und Gegen ..., S. 146

446) E. Przywara, Zum 50. Geburtstag von Reinhold Schneider. Brief an den Herausgeber, in: Besinnung 8 (1953), S. 100/1

447) R. Schneider, Winter in Wien ..., S. 133

448) H. Sedlmayr, Epochen und Werke. Ges. Schriften zur Kunstgeschichte II, 1961, S. 147

449) E.R. Curtius, Kritische Essays ..., S. 137

450) Ed.

451) Ed.

452) Ed., S. 7

453) Ed., S. 136

454) Ed., S. 136/7

455) R. Schneider, Winter in Wien ..., S. 15

456) Ed., S.

457) Ed., S. 219

458) E.R. Curtius, Maurice Barrès ..., 1921, S. 65

459) E.R. Curtius, Kritische Essays ..., S. 124

460) C.J. Burckhardt, Erinnerungen an Hofmannsthal ..., 1943, S. 33

461) W. Hausenstein, Jugenderinnerungen ..., S. 207

462) R. Auernheimer, Hofmannsthal als österreichische Erscheinung, in: Die Neue Rundschau XXXX (1929), S. 665

463) K. Breuning, Die Vision des Reiches ..., S. 175

464) Zit. nach K. Breuning, ed.

465) Chr. Steding, Das Reich ..., S. 557

466) E.K. Winter, Die österreichische Romantik (II), in: Allgemeine Rundschau XXVI (1929), S. 356

467) O. Westphal, Weltgeschichte der Neuzeit ..., S. 336

468) L. v. Andrian, Österreich im Prisma der Idee ..., 1937, S. 408

469) F. Ritter, ed., S. 47 (Fn. 3)

470) H. v. Hofmannsthal / C.J. Burckhardt, Briefwechsel, 1956, S. 57

471) L. v. Andrian, ed., S. 8

472) Ed., S. 10

473) Ed., S. 12

474) H. v. Hofmannsthal, Prosa III ..., S. 252

475) L. v. Andrian, ed.

476) Karl Fürst Schwarzenberg, ed., S. 261

477) R. Pannwitz, Deutschland und Europa ..., 1918, S. 51

478) H. Bahr, ed.

479) H. v. Hofmannsthal, Prosa IV. ..., S. 102

480) H. v. Hofmannsthal, Prosa IV. ..., S. 104

481) H. v. Hofmannsthal, Prosa III. ..., S. 252

482) Vgl. R. Schneider, Winter in Wien ..., S. 102

483) F. Ritter, ed., S. 42

484)   Ed., S. 44

485)   Karl Fürst Schwarzenberg, ed., S. 261

486)   R. Schneider, Winter in Wien ..., S. 236

487)   Ed., S. 204

488)   R. Schneider, Imaginäre Portraits ..., 1957, S. 15/16

489)   Ed., S. 15

490)   Ed., S. 16

491)   R. Schneider, Winter in Wien ..., S. 122

492)   Ed.

493)   Ed., S. 236

494)   Ed., S. 47/8

495)   Ed., S. 173

496)   R. Grosche, Reich, Staat und Kirche ..., S. 37

497)   R. Schneider, Macht und Gnade ..., Knaur 41, S. 235

498)   Th. Haecker, Werke 3, S. 486/7

499)   E. Przywara, Logos ..., S. 106

500)   Ed., S. 103

501)   Ed., S. 112

502)   Ed., S. 108

503)   R. Schneider, Innozenz und Franziskus ..., S. 159

504)   R. Schneider, Jetzt ist des Heiligen Zeit, o.J., S. 71

505)   E. Przywara, Alter und neuer Bund ..., S. 30/1

506)   E. Przywara, Logos ..., S. 108

507)   E. Przywara, Alter und neuer Bund ..., S. 30/1

508)   G.D. Heidingsfelder, Der Weg ins Reich. Christliche Hoff-
         nung im zerstörten Reich und in der Drangsal der Wider-
         reiche. Unveröffentlichtes Manuskript vom Jahre 1956
         (vom Nachlassverwalter M. Stankowski freundlich zur Ver-
         fügung gestellt), S. 8 e

509)   E. Przywara, Das Jahr 1956 im Zeichen seiner Jubliläen,
         in: Besinnung 11 (1956), S. 317

510)   E. Przywara, Alter und neuer Bund ..., S. 337

511)   Ed., S. 333/4

512) E. Przywara, Logos ..., S. 111

513) E. Przywara, Alter und neuer Bund ..., S. 282/3

514) Th. Haecker, Werke 1, S. 461/2

515) E. Przywara, Alter und neuer Bund ..., S. 57/8

516) R. Schneider, Das Inselreich ..., ^{2}1955, S. 439

517) R. Schneider, Das Inselreich ..., S. 439

518) E. Przywara, Logos ..., S. 111

519) R. Schneider, Imaginäre Portraits ..., S. 11

520) G.D. Heidingsfelder, ed., S. III ·

521) Th. Haecker, Werke 2, S. 88

522) R. Schneider, Elisabeth von Thüringen 1207-31, in: Die großen Deutschen. Deutsche Biographie ... Bd. 1, ^{2}1956, S. 153

523) Ed.

524) Vgl. R. Schneider, Innozenz und Franziskus ..., S. 281

525) Ed., S. 244

526) Ed.

527) G.D. Heidingsfelder, ed., S. 16

528) R. Schneider, Der christliche Protest ..., S. 54

529) Ed.

530) R. Schneider, Kaiser Lothars Krone ..., 1937, S. 166

531) R. Schneider, Der christliche Protest, ed.

532) A. Moeller van den Bruck, Das Dritte Reich ..., S. 244

533) R. Schneider, Pfeiler im Strom ..., S. 118

534) Ed., S. 125

535) R. Schneider, Das Vaterunser, o.J., S. 25

536) Ed., S. 26

537) R. Grosche, ed., S. 36/7

538) Ed., S. 35

539) Ed.

540) Fr. Heer, Die Tragödie des Heiligen Reiches ..., S. 159

541) K. Breuning, ed., S. 245

542) R. Grosche, ed., S. 35

IV.

1) R. Hepp, Politische Theologie ..., S. 364

2) R. Grosche, Reich, Staat und Kirche ..., S. 37

3) R. Hepp, ed., S. 27

4) Ed., S. 28

5) C. Schmitt, Politische Theologie II. ..., S. 124

6) R. Hepp, ed., S. 385

7) Ed., S. 384

8) Ed., S. 385

8a) Vgl. neben dem von Hepp zitierten Aufsatz J. Taubes'
    "Die Entstehung des jüdischen Pariavolkes", in: Max Weber-
    Gedächtnisschrift der Ludwig-Maximilian-Universität
    München ..., 1966 Taubes' Vortrag in: H.R. Jauss
    (Hrsg.), Die nicht mehr schönen Künste. Grenzphänomene
    des Ästhetischen, 1968, S. 174.

9) R. Hepp, ed., S. 38

10) Ed., S. 9

11) Ed., S. 11

12) Ed., S. 10

13) Ed., S. 9

14) Ed., S. 382

15) E. Bloch, Das Prinzip Hoffnung ..., S. 1516

16) Ed., S. 1517/8

17) Ed., S. 1518

18) Ed., S. 1517

19) Ed., S. 1524

20) Ed., S. 1522

21) H.C.F. Mansilla, Faschismus und eindimensionale Gesell-
    schaft, SL 18, S. 207/8

22) Ed., S. 208

LITERATURVERZEICHNIS

Das folgende Literaturverzeichnis umfaßt alle Titel, die im fortlaufenden Text zitiert werden: sowohl die "primären" als die "sekundären", wobei Quellen und Sekundärliteratur sich in unserem Fall besonders schwer trennen lassen.

Wir gehen so vor, daß wir jeden Titel, der an der "Politischen Theologie" partizipiert, als Quelle verstehen, auch wenn es sich - partiell - um Wissenschaft handelt, und umgekehrt jede auch nur distanzierte Abhandlung als Sekundärliteratur, selbst wenn sie wertvolles Quellenmaterial enthält.

Im Falle Hugo von Hofmannsthals, Carl Schmitts und Reinhold Schneiders werden wir nur auf die - leicht erreichbaren - umfassenden Bibliographien verweisen, was wir zu verstehen bitten, genauso wie die nicht immer vollständige Titelangabe bei gängigen Publikationen.

1. Quellen:

K. Adam,   Das Wesen des Katholizismus ..., [4]1927

L. v. Andrian,   Österreich im Prisma der Idee ..., 1937

H. Arendt,   Über die Revolution, 1965

L. Garcia Arias,   Die politische Funktion der Streitkräfte, in: Epirrhosis. Festgabe für C. Schmitt zum 80. Geburtstag ..., 2 Bde., 1968

H. Aubin,   Der Aufbau des mittelalterlichen Deutschen Reiches, in: HZ Bd. 162 (1940)

R. Auernheimer, Hofmannsthal als österreichische Erscheinung, in: Die Neue Rundschau XXXX (1929)

Augustinus,   Die Gottesbürgerschaft. DE CIVITATE DEI. Hg. und eingeleitet v. H. U. v. Balthasar, Fi-Bü

H. Bahr,   Abendland, in: Neues Reich 6 (1923/4)

H. Ball,   Carl Schmitts Politische Theologie, in: Hochland 21 (1924)

G. Bäumer,   Die Reichsidee des Mittelalters und unsere Zeit. 1. Teil, in: Besinnung 13 (1958)

W. Becker,   Der Überschritt von Kierkegaard zu Newman in der Lebensentscheidung Theodor Haeckers, in: Newman-Studien I (1948)

W. Bergengruen, Der ewige Kaiser, ^{2}1950

R. Bie, Das katholische Europa, 1931

H. Broch, Der Zerfall der Werte, in: Ges. Werke
Bd. 7, 1955

H. Brüning, Memoiren 1918-34, 1970

C. J. Burckhardt, Erinnerungen an Hofmannsthal, 1943

T. Campanella, Monarchia hispanica. Übers. v. Besold, 1628

- Sonnenstaat, in: Der utopische Staat, RK 68/9

A. Castro, Die Triebkräfte der spanischen Kultur, in:
Corona 2, 1 (1931)

A. Comte, Discours sur l'esprit positif /Rede über den Geist
des Positivismus (Zweisprachige Ausgabe).
Übersetzt, eingeleitet und herausgegeben von
I. Fetscher, 1956

J. Donoso Cortés, Der Abfall vom Abendland. Hrsg. von
P. Viator, 1948

- Der Staat Gottes. Eine katholische Geschichtsphilosophie. Aus dem Spanischen übersetzt und
herausgegeben von L. Fischer, 1933

E. R. Curtius, Maurice Barrès ..., 1921

- Europäische Literatur und Lateinisches Mittelalter,
^{7}1969

- Die französische Kultur. Eine Einführung, 1930

- Virgil, in: Kritische Essays zur europäischen
Literatur, ^{3}1963

Dante, Die göttliche Komödie. Ins Deutsche übertragen von
I. u. W. v. Wartburg, 1963

- Die Monarchie, 1926

A. Dempf, Christliche Staatsphilosophie in Spanien, 1937

- Der großdeutsche Gedanke, in: Wiederbegegnung
von Kirche und Kultur ..., 1927

- Untergang oder Wiedergeburt? Gedanken zum
2. Band von O. Spenglers "Untergang des Abendlandes", in: Allgemeine Rundschau, 19. Jg. (1922)

L. Derleth, Proklamationen, ^{2}1919

- Der Tod des Thanatos, 1945

O. Eberz,   Dantes joachimitischer Ghibellinismus ..., in:
                             Hochland XVIII, 1 (1920)

Eusebius von Cäsarea, Kirchengeschichte 1967

–   Vier Bücher vom Leben des Kaisers Konstantin,
                             nach dem Urtext übers. v. J. Molzberger.
                             2. Band der ausgewählten Schriften des Eusebius
                             in Bibliothek der Kirchenväter, Bd. 65

E. Forsthoff,   Der Staat der Industriegesellschaft. Dargestellt
                             am Beispiel der Bundesrepublik Deutschland, 1971

W. Frank,   Christoph Steding. Ein Denkmal, in: Chr. Steding,
                             Das Reich und die Krankheit der europäischen
                             Kultur, 1938

H. Freyer,   Theorie des gegenwärtigen Zeitalters, 1955

–   Weltgeschichte Europas, ^{2}1954

K. R. Ganzer,   Das Reich als europäische Ordnungsmacht, ^{2}1941

A. Gehlen,   Urmensch und Spätkultur. Philosophische Ergeb-
                             nisse und Aussagen, ^{2}1964

St. George,   Der Stern des Bundes, 1928 (Gesamt-Ausgabe
                             Bd. 4)

–   Der siebente Ring, 1931 (Gesamt-Ausgabe Bd. 6/7)

H. Grimm,   Einleitung, in: J. Bainville, Geschichte zweier
                             Völker ..., 1939

R. Grosche,   Die Grundlagen einer christlichen Politik der deut-
                             schen Katholiken, in: Schildgenossen XIII
                             (1933/4)

–   Reich, Staat und Kirche, in: Die Kirche im deut-
                             schen Aufbruch, 1934

H. Günter,   Die Reichsidee im Wandel der Zeiten, in: Histori-
                             sches Jahrbuch der Görresgesellschaft 53 (1933)

W. Gurian,   Bloy, Maurras, Maritain. Ein Nachwort, in:
                             Orplid 3 (1927)

Th. Haecker,   Werke 1 - 5, 1958-67

U. v. Hassell,   Untergang des Abendlandes?, in: Monatshefte für
                             auswärtige Politik 8 (1941)

W. Hausenstein, Jugenderinnerungen ..., 1968

H. Hefele,   Der Katholizismus in Deutschland, 1919

H. Hefele,   Die römische Wirklichkeit, in: Wiederbegegnung
von Kirche und Kultur in Deutschland.
Eine Gabe für K. Muth, 1927

G. D. Heidingsfelder, Der Weg ins Reich. Christliche Hoffnung im
zerstörten Reich und in der Drangsal der Wider-
reiche. Unveröffentlichtes Manuskript vom Jahre
1956 (vom Nachlassverwalter M. Stankowski
freundlich zur Verfügung gestellt)

H. Heimpel,   Deutschlands Mittelalter - Deutschlands Schicksal.
Zwei Reden. Freiburger Universitätsreden, H. 12
(1933)

L. Helbing,   Der dritte Humanismus, 1932

Heliodor,   Aithiopika, übertragen v. R. Reymer ..., 1950.

R. Hepp,   Politische Theologie - theologische Politik,
Erlangen 1967 (Phil. Diss.)

I. Herwegen,   Sinn und Geist der Benediktinerregel, 1944

-             Der heilige Benedikt. Ein Charakterbild, 1917

Th. Hobbes,   Leviathan oder Wesen, Form und Gewalt des kirchlichen und bürgerlichen Staates, RK 187-9

H. v. Hofmannsthal; vgl. die Bibliographie in: W. Volke, H. v.
Hofmannsthal in Selbstzeugnissen und Bilddokumenten, rm 127 (1967), S. 178 ff.

J. Hofmiller,   Nochmals Vergil, in: Corona 1 (1930/1)

E. Jünger,   Der Arbeiter. Herrschaft und Gestalt, 1932

Th. Kampmann, Nachwort, in: H. Brüning, Memoiren ..., 1970

E. Kantorowicz, Kaiser Friedrich der Zweite, ^{2}1928

K. Kerenyi,   Vergil und Hölderlin, in: Wege zu Vergil, 1966

H. Kesting,   Geschichtsphilosophie und Weltbürgerkrieg.
Deutungen der Geschichte von der französischen
Revolution bis zum Ost-West-Konflikt, 1959

Fr. Klingner,   Römische Geisteswelt, ^{4}1961 ; ^{5}1965

M. Kommerell, Briefe und Aufzeichnungen 1919-44 . Aus dem Nachlaß herausgegeben von I. Jens, 1967

H. Krings,   Ordo, Philosophisch-historische Grundlegung einer
abendländischen Idee, 1941

-             Das Sein und die Ordnung. Eine Skizze zur Ontologie des Mittelalters, in: DVjs. für Lit. wiss. und
Geistesgesch. XVIII (1940)

G. Krüger,   Das Problem der Autorität, in: Freiheit und Welt-
verwaltung. Aufsätze zur Philosophie der Geschichte, 1958

G. v. Le Fort,   Der Papst aus dem Ghetto ..., o. J.

P. Linn,   Das Dilemma der katholischen Jugend in Frankreich, in: Orplid 3 (1927)

H. Ludwig,   Die Religionen und der Tempel des Reichs, in:
Neues Abendland 13 (1958)

N. Machiavelli,   Erörterungen über die erste Dekade des Titus
Livius. Übers. v. M. Grüzmacher, 1870

J. de Maistre,   Vom Papste. 2 Bde. Übers. von M. Lieber.
Hrsg. von J. Bernhart, 1923

A. Mirgeler,   Geschichte Europas, ^{2}1954

A. Moeller van den Bruck,   Das Dritte Reich ..., ^{3}1931

G. Moenius,   Wir leben im Imperium Romanum, in: Allgemeine
Rundschau vom 5.1.1933

-    Der neue Weltmonarch ..., 1948

A. Mohler,   Die französische Rechte. Vom Kampf um Frankreichs Ideologienpanzer, 1958

H. Müller (Hrsg.),   Katholische Kirche und Nationalsozialismus, dtv-dokumente 328, S. 184

K. Muth,   Das Reich als Idee und Wirklichkeit - Einst und
Jetzt, in: Hochland (1932/3)

Fr. Nietzsche,   Der Antichrist, in: Werke ..., 5. Bd., 1930

-    Götzendämmerung. Werke ..., 5. Bd., 1930

E. Pacelli,   Gesammelte Reden. Ausgewählt und eingeleitet von
L. Kaas, 1930

R. Pannwitz,   Deutschland und Europa ..., 1918

-    Flugblätter 1-8, 1919/20

E. Przywara,   Alter und neuer Bund. Theologie der Stunde, 1956

-    Heroisch, 1936

-    In und Gegen. Stellungnahmen zur Zeit, 1955

-    Logos. Logos - Abendland - Reich - Commercium,
1964

-    Mensch. Typologische Anthropologie 1, 1959

E. Przywara,   Möglichkeit Mensch, in: Besinnung 11 (1956)

-                Um Preußen, in: Besinnung 10 (1955)

-                Zum 50. Geburtstag von Reinhold Schneider.
Brief an den Herausgeber, in: Besinnung 8 (1953)

H. Rahner,   Abendland. Reden und Aufsätze, 1966

-                Die Gottesgeburt. Die Lehre der Kirchenväter von
der Geburt Christi im Herzen der Gläubigen, in:
Zeitschrift für katholische Theologie 59 (1935)

-                Kirche und Staat im frühen Christentum, ^{2}1961

-                Symbole der Kirche. Die Ekklesiologie der Väter,
1964

F. Ritter,   H. v. Hofmannsthal und Österreich, 1967

K. A. Prinz Rohan, Adel im Wandel der Zeiten, in: Besinnung 12
(1957)

-                Bericht zur Lage, in: Europäische Revue 8 (1932)

E. Rosenstock / J. Wittig, Das Alter der Kirche, 1927/8

J. Schmidhauser, Der Kampf um das geistige Reich. Bau und Schicksal der Universität, 1933

C. Schmitt;   vgl. die Bibliographie in: Festschrift für C.
Schmitt zum 70. Geburtstag ..., 1959, S. 275 ff.
und ihre Fortsetzung in: Epirrhosis. Festgabe für
Carl Schmitt ... II, 1968, S. 742 ff.

C. Schmitt,   Politische Theologie II, 1970

P. Schmitz,   Der Augustus-Kameo und der Grazienstein des
Aachener Lotharkreuzes, in: Gymnasium 59 (1952)

R. Schneider;   vgl. die Bibliographie in: R. Schneider. Leben
und Werk in Dokumenten. Hrsg. von F. A. Schmitt,
1969, S. 286 ff. - ^{2}1973, S. 285 ff.

A. Schorn,   Die Theologie des Reichs und der deutsche Katholizismus, in: Catholica 2 (1933)

W. v. Schramm, Radikale Politik. Die Welt diesseits und jenseits des
Bolschewismus, 1932

Karl Fürst Schwarzenberg, Adler und Drache. Der Weltherrschaftsgedanke, 1958

L. Sebastian,   Denkschrift des Bischofs von Speyer ..., in:
Der Rheinpfälzer, 1930

B. Snell,   Arkadien. Die Entdeckung einer geistigen Land-
                    schaft, in: Wege zu Vergil, 1966

O. Spengler,   Jahre der Entscheidung ..., 1933

-                   Politische Schriften. Volksausgabe, 1932

-                   Der Untergang des Abendlandes. Umrisse einer
                    Morphologie der Weltgeschichte. Bd. 1, [6]1920

W. Stapel,   Der christliche Staatsmann. Eine Theologie des
                    Nationalismus, 1932

A. Schenk Graf von Stauffenberg, Vergil und der augusteische Staat,
                    in: Wege zu Vergil, 1966

Chr. Steding,   Politik und Wissenschaft bei Max Weber, 1932

-                   Das Reich und die Krankheit der europäischen
                    Kultur, 1938

G. Sterzenbach,   Modernes oder christlich-germanisches Kulturideal?
                    in: Allgemeine Rundschau XXI (1924)

E. Voegelin,   Die neue Wissenschaft der Politik. Eine Einführung,
                    1959

J. Vogt,   Konstantin der Große und das Christentum, 1960

-                   Vom Reichsgedanken der Römer, 1942

W. Weber,   Europäisches Schicksal historisch gesehen, o. J.

-                   Der Prophet und sein Gott. Eine Studie zur
                    4. Ekloge Vergils. Beihefte zum alten Orient, H. 3

-                   Zur Geschichte der Monarchie, 1919

H. Weinzierl,   Herr von Papen proklamiert das sacrum imperium
                    ..., in: Allgemeine Rundschau, XXIX. Jg. (1932)

G. Weippert,   Deutscher Sozialismus, in: Deutsche Rundschau,
                    59. Jg.

O. Westphal,   Das Reich. Aufgang und Vollendung. Band I :
                    Germanentum und Kaisertum, 1941

-                   Theologie der deutschen Geschichte, 1933

W. Willi,   Die römischen Sonnengottheiten und Mithras, in:
                    Eranos-Jahrbuch X (1944)

E. K. Winter,   Die österreichische Romantik (II), in: Allgemeine
                    Rundschau XXVI (1929)

D. Winzen,   Gedanken zu einer "Theologie des Reiches", in:
                    Catholica 2 (1933)

L. Ziegler,	Evangelischer Friede, in: R. Schneider / L. Ziegler, Briefwechsel ..., 1960

2. Sekundärliteratur:

Th. W. Adorno,	Minima Moralia, 1969
-	Prismen. Kulturkritik und Gesellschaft, dtv 159
A. Alföldi,	Die Ausgestaltung des monarchischen Zeremoniells am römischen Kaiserhof ..., in: Mitteilungen des Deutschen Archäologischen Instituts, Römische Abteilung 49/50 (1934/5)
F. Altheim,	Römische Religionsgeschichte 2, 1953
-	Der unbesiegte Gott. Heidentum und Christentum, rde 35
C. Amery,	Die Kapitulation ..., 1963
H. Arendt,	Elemente und Ursprünge totaler Herrschaft, 1955
E. Auerbach,	Gesammelte Aufsätze zur Romanischen Philologie, 1967
-	Mimesis. Dargestellte Wirklichkeit in der abendländischen Literatur, [4]1967
H. Ball,	Zur Kritik der deutschen Intelligenz. Ein Pamphlet ..., [2]1970
H. Barth,	Auguste Comte und Joseph de Maistre, in: Schweizer Beiträge zur Allgemeinen Geschichte, Bd. 14 (1956)
M. Becker,	Die Macht in der katholischen Kirche, 1967
W. Benjamin,	Illuminationen. Ausgewählte Schriften, 1969
-	G. S. Bd. III. Kritiken und Rezensionen, 1972
-	Ursprung des Deutschen Trauerspiels, 1969
H. Berkhof,	Kirche und Kaiser. Eine Untersuchung der Entstehung der byzantinischen und der theokratischen Staatsauffassung im 4. Jahrhundert, 1947
-	Die Theologie des Eusebius von Cäsarea, 1939
G. Binder,	Irrtum und Widerstand..., 1968
E. Bloch,	Atheismus im Christentum ..., 1968

430

E. Bloch,   Naturrecht und menschliche Würde, 1961

\-   Das Prinzip Hoffnung, 1959

H. Blumenberg, Die Legitimität der Neuzeit, 1966

Bousset - Gressmann, Die Religion des Judentums im späthellenistischen Zeitalter, 1926

K. Breuning,   Die Vision des Reiches ..., 1969

P. Brückner,   Freiheit, Gleichheit, Sicherheit. Von den Widersprüchen des Wohlstands, 1966

O. Brunner,   Land und Herrschaft, Grundfragen der territorialen Verfassungsgeschichte Österreichs im Mittelalter, ^{4}1959

M. Buber,   Das Königtum Gottes, ^{3}1956

K. Buchheim,   Die Katholiken und die deutschen Widersprüche, in: Hochland 63 (1971)

A. Buck,   Gab es einen Humanismus im Mittelalter? in: Romanische Forschungen 75 (1963)

R. Bultmann,   Geschichte und Eschatologie, 1958

\-   Theologie des Neuen Testaments, 1948

\-   Das Urchristentum im Rahmen der antiken Religionen, rde 157/8

E. Buonaiuti,   Wiedergeburt, Unsterblichkeit und Auferstehung im Urchristentum, in: Eranos -Jahrbuch VII (1939)

J. Burckhardt,   Die Kultur d. Renaissance in Italien, o. J.

\-   Weltgeschichtliche Betrachtungen, o. J.

K. Burdach,   Dante und das Problem der Renaissance, in: Deutsche Rundschau 50 (1924)

\-   Vom Mittelalter zur Reformation ..., II. Band: Briefwechsel des Cola di Rienzo. 1. Teil ..., 1913

G. Canguilhem,   Das Normale und das Pathologische ..., 1974

Chr. Caudwell,   Bürgerliche Illusion und Wirklichkeit. Beiträge zur materialistischen Ästhetik ..., 1971

F. Cumont,   Die Mysterien des Mithra. Ein Beitrag zur Religionsgeschichte der römischen Kaiserzeit, ^{4}1963

\-   Die orientalischen Religionen im römischen Heidentum ..., 1931

E. R. Curtius,   Der Syndikalismus der Geistesarbeiter in
                  Frankreich, 1921

F. Delekat,   Begriff und Problem des politischen Atheismus bei
                  Karl Marx, in: Festschrift für Hans Lilje, 1959

A. Dempf,   Sacrum Imperium, ^{2}1954

W. Doren,   Wunschräume und Wunschzeiten, in: Vorträge der
                  Bibliothek Warburg 1924/5, 1927

A. Dru,   Erneuerung und Reaktion. Die Restauration in
                  Frankreich 1800-1830, 1967

A. A. T. Ehrhardt, Politische Metaphysik von Solon bis Augustinus
                    I - III, 1959-69

M. Eliade,   Kosmos und Geschichte, rde 260

C. Erdmann,   Das ottonische Reich als Imperium Romanum, in:
                  Deutsches Archiv 6, 1943

Th. Eschenburg,   Über Autorität, edit. suhrkamp 129

E. Gilson,   Die Metamorphosen des Gottesreiches, 1959

H. Gollwitzer,   Europabild und Europagedanke ..., ^{2}1964

E. Grässer,   Das Problem der Parusieverzögerung in den synop-
                  tischen Evangelien und in der Apostelgeschichte.
                  Beihefte zur ZNW 22, ^{2}1960

H. Gressmann,   Der Messias, 1929

R. Griepenburg / K. H. Tjaden,   Faschismus und Bonapartismus,
                  in: Das Argument, H. 41, 1966

H. Grundmann,   Studien über Joachim von Floris, 1927

J. Habermas,   Strukturwandel der Öffentlichkeit ..., ^{4}1969

J. Habermas,   Theorie und Parxis ..., ^{2}1967

A. v. Harnack,   Christus praesens - Vicarius Christi. Eine kir-
                  chengeschichtliche Skizze, in: Sitzungsberichte
                  der Preuss. Akademie der Wiss. XXXIV., 1927

A. Harnack,   Dogmengeschichte, ^{5}1914

-                 Militia Christi. Die christliche Religion und der
                  Soldatenstand in den ersten drei Jahrhunderten,
                  1905

W. Hartke,   Über Jahrespunkte und Feste, insbesondere das
                  Weihnachtsfest, 1956

-                 Römische Kinderkaiser, 1951

P. Hazard,   Die Krise des europäischen Geistes, [5]1939

Fr. Heer,   Der Aufgang Europas ..., 1949

-                   Das Experiment Europa, 1952

-                   Der Glaube des Adolf Hitler ..., 1968

-                   Die Tragödie des Heiligen Reiches, 1952

H. Hommel,   Vergils "Messianisches" Gedicht, in: Wege zu
                    Vergil, 1966

M. Horkheimer,   Kritische Theorie I, 1968

M. Horkheimer / Th. W. Adorno, Dialektik der Aufklärung.
                    Philosophische Fragmente, 1947

J. Jonas,   Gnosis und spätantiker Geist II, 1954

J. Kahl,   Das Elend des Christentums ..., 1968

H. Kelsen,   Die Staatslehre des Dante, 1905

H. Graf Kessler,   Tagebücher 1918-37, 1961

P. Kluke,   Nationalsozialistische Europaideologie, in:
                    Vierteljahreshefte für Zeitgeschichte II (1955)

R. König,   Niccolo Machiavelli. Zur Krisenanalyse einer
                    Zeitenwende, 1941

J. Kreft,   Die Entstehung der dialektischen Geschichtsmeta-
                    physik aus den Gestalten des utopischen Bewusst-
                    seins bei Novalis, in: DVjs. Jg. 39 (1965)

C. Graf v. Krockow, Soziologie des Friedens. Drei Abhandlungen
                    zur Problematik des Ost-West-Konflikts, 1962

H.-J. Krüger,   Theologie und Aufklärung. Untersuchungen zu ihrer
                    Vermittlung beim jungen Hegel, 1966

H. Kühner,   Tabus der Kirchengeschichte. Notwendige Wand-
                    lungen des Urteils, [2]1965

K. Löwith,   Weltgeschichte und Heilsgeschehen, ub 2

H. de Lubac,   Die Tragödie des Humanismus ohne Gott. Feuer-
                    bach - Nietzsche - Comte und Dostojewskij als
                    Prophet, 1950

H. Lutz,   Demokratie im Zwielicht. Der Weg der deutschen
                    Katholiken aus dem Kaiserreich in die Republik
                    1914-25, 1963

-                   Die Kultur der Renaissance in Italien (Persönliche
                    Mitschrift der Saarbrückener Vorlesung des SS 1965)

433

C. B. Macpherson, Die politische Theorie des Besitzindividualismus
von Hobbes bis Locke, 1967

H. J. Mähl, Die Idee des goldenen Zeitalters im Werk des
Novalis ..., 1965

Th. Mann, Der Zauberberg, ^{7}1964

K. Mannheim, Das konservative Denken, in: Wissenssoziologie,
ST 28

H. C. F. Mansilla, Faschismus und eindimensionale Gesellschaft,
SL 18

O. Massing, Fortschritt und Gegenrevolution. Die Gesellschaftslehre Comtes in ihrer sozialen Funktion
(Frankf. Diss.), 1966

H. Marcuse, Vernunft und Revolution, 1962

A. v. Martin, Sola voluntate : Auch ein Rechtfertigungsglaube,
in: Deutsche Beiträge, I. Beiheft zur Philosophie,
1948

K. Marx, Der 18. Brumaire des Louis Bonaparte ..., si 9

- Die Frühschriften. Hrsg. v. S. Landshut, 1964

I. Maus, Zur "Zäsur" von 1933 in der Theorie Carl
Schmitts, in: Kritische Justiz 2 (1969)

Fr. Meinecke, Die Idee der Staatsräson in der neueren Geschichte
..., Werke Bd. 1, 1957

R. Meyer, Der Prophet aus Galiläa ..., ^{2}1970

P. Mikat, Lukanische Christusverkündigung und Kaiserkult,
in: Jahres- und Tagungsbericht der Görresgesellschaft, 1970

R. Minder, Kultur und Literatur in Deutschland und Frankreich. Fünf Essays, Insel-Bücherei 771

J. Moltmann, Die Kategorie Novum in der christlichen Theologie,
in: Ernst Bloch zu ehren, 1965

H. Muth, Die verfassungsrechtliche Grundlegung des totalen
Staates, in: Geschichte in Wissenschaft und
Unterricht I (1950)

O. Negt, Gesellschaftsbild und Geschichtsbewußtsein der
wirtschaftlichen und militärischen Führungsschichten. Zur Ideologie der autoritären Lei-
stungsgesellschaft, in: Der CDU-Staat 2, edit.
suhrkamp 370/2

434

O. Negt / A. Kluge, Öffentlichkeit und Erfahrung. Zur Organisationsanalyse von bürgerlicher und proletarischer Öffentlichkeit, 1972

O. Negt, Strukturbeziehungen zwischen den Gesellschaftslehren Comtes und Hegels, 1964

J. F. Neurohr, Der Mythos vom Dritten Reich. Zur Geistesgeschichte des Nationalsozialismus, 1957

E. Niekisch, Das Reich der niederen Dämonen, 1953

W. Nigg, Das ewige Reich. Geschichte einer Sehnsucht und
einer Enttäuschung, 1944

E. Nolte, Der Faschismus in seiner Epoche. Die Action
Francaise ..., ^{2}1965

- (Hrsg.), Theorien über den Faschismus, 1967

E. Norden, Die Geburt des Kindes. Geschichte einer religiösen Idee, 1924

H. v. Nostitz, Aus dem alten Europa. Menschen und Städte, ^{2}1925

F. Overbeck, Über das Verhältnis der alten Kirche zur Sklaverei
im römischen Reiche, in: Studien zur Geschichte
der alten Kirche, 1965

E. Peterson, Kaiser Augustus im Urteil des antiken Christentums ..., in: Hochland 30, II, 1933

- Der Monotheismus als politisches Problem, 1935

H. Plessner, Die verspätete Nation. Über die politische Verführbarkeit des bürgerlichen Geistes, ^{2}1959

R. v. Poehlmann, Geschichte der sozialen Frage und des Sozialismus
in der antiken Welt, ^{3}1925

G. Quispel, Zeit und Geschichte im antiken Christentum,
Eranos-Jahrbuch XX (1952)

E. Rhode, Der Griechische Roman und seine Vorläufer, 1876

A. Rosenberg, Geschichte der Weimarer Republik, 1961

G. Schäfer, Leitlinien stabilitätskonformen Verhaltens. Entwicklungsperspektiven und Gewaltpotentiale rationa-
lisierte Herrschaftsinteressen, in: Der CDU-
Staat 2 ..., ^{2}1969

W. Schmitthenner / H. Buchheim (Hrsg.), Der deutsche Widerstand gegen Hitler, 1966

F. Schnabel,	Deutsche Geschichte im 19. Jahrhundert. Die Grundlagen der neueren Geschichte, Herder-Bücherei 201/2
-	Deutsche Geschichte im neunzehnten Jahrhundert. Die katholische Kirche in Deutschland, Herder-Bücherei 209/10
E. Schwartz,	Kaiser Constantin und die christliche Kirche. Fünf Vorträge, 1913
H. Sedlmayr,	Epochen und Werke. Ges. Schriften zur Kunstgeschichte II, 1961
D. Sölle,	Stellvertretung. Ein Kapitel Theologie nach dem "Tode Gottes", 1966
R. Spaemann,	Der Ursprung der Soziologie aus dem Geist der Restauration. Studien über L. G. A. de Bonald, 1959
M. Steinhauer,	Die politische Soziologie Auguste Comtes und ihre Differenz zur liberalen Gesellschaftstheoreie Condorcets, 1966
L. Strauss,	Naturrecht und Geschichte ..., 1956
J. Taubes,	Abendländische Eschatologie, 1947
-	"Die Entstehung des jüdischen Pariavolkes", in: Max Weber - Gedächtnisschrift der Ludwig-Maximilian-Universität München ..., 1966
-	Kultur und Ideologie, in: Spätkapitalismus oder Industriegesellschaft? Verhandlungen des 16. deutschen Soziologentages, 1969
E. Topitsch,	Vom Ursprung und Ende der Metaphysik. Eine Studie zur Weltanschauungskritik, 1958
O. Treitinger,	Die oströmische Kaiser- und Reichsidee nach ihrer Gestaltung im höfischen Zeremoniell, 1938
H. Usener,	Das Weihnachtsfest. Religionsgeschichtliche Untersuchungen, 1, Teil, ^{2}1911
J. Vogt,	Der Niederang Roms. Metamorphose der antiken Kultur 1964
-	Orbis. Ausgewählte Schriften zur Geschichte des Altertums, 1960
P. Volz,	Die Eschatologie der jüdischen Gemeinde ..., ^{2}1966
K. Vossler,	Die göttliche Komödie, ^{2}1925

A. Wellmer,   Kritische Gesellschaftstheorie und Positivismus, edit. suhrkamp 335

K. F. Werner,   Das NS-Geschichtsbild und die deutsche Geschichtswissenschaft, 1967

M. Werner,   Die Entstehung des christlichen Dogmas. Problemgeschichtlich dargestellt, ub 38

O. Westphal,   Weltgeschichte der Neuzeit 1750 bis 1950, 1953

ERGÄNZUNGEN

Zu S. 7/8, Fn. 3 : Freilich gilt sein "Dichter" - FR. KLING-
NER - seinerseits als die "vielleicht ...
größte Verwirklichung bewahrender Erneuerung im Bereiche der Dichtung, die gewaltig-
ste dichterische Ausformung der Idee einer
geistigen 'restauratio'." (Virgil als Bewahrer und Erneuerer (Antrittsvorlesung), in:
Humanistisches Gymnasium 42 (1931), S.
136)

Zu S. 9 : Und der "Konservative Revolutionär" E. J.
JUNG hatte schon 1933 - im partiellen Widerstand gegen den damals offiziellen Nationalsozialismus - geschrieben: "Ist Potsdam
ein Symbol, so sind es auch Aachen, Trier,
Köln, Speyer, Regensburg, Bamberg und
Wien." Und: "Die Heimat des deutschen Universalismus liegt am Rheine, der Achse des
Reiches Karls des Grossen." (Sinndeutung
der deutschen Revolution, S. 100)

Zu S. 115 : Zwar noch nicht der "Latinist" Machiavelli,
aber doch schon Hobbes wird ausdrücklich
auch auf Thukydides rekurrieren; vgl. F. O.
WOLF, ebd., S. 32 ff., 55 ff.

Zu S. 138 : J. SCHUMACHER schrieb 1937 - aktualiter:
"Die bürgerlichen Demokratien ... helfen
sich aus der Verlegenheit, die ihnen der demokratische Begriff der 'Volkssouveränität'
bringt, mit der inhaltlich ganz deutlichen
Identifizierung von Volk mit Bürgertum. Die
bürgerlichste aller Weimarer Parteien nannte sich 'Deutsche Volkspartei'. Hitler ging
hier nur noch einen herzhaften Schritt weiter,
indem er die bürgerlichste aller Bürgerpar-
teien als 'Arbeiterpartei' bezeichnete."
(Die Angst vor dem Chaos. Über die falsche
Apokalypse des Bürgertums, ^{2}1972, S. 257)

Zu S. 158, Fn. 2 : Daß sich schließlich auch "noch" R. GRABER
mit Spengler "v ö l l i g einig" weiß, mit
dem "offne(n) Blick", den er - laut Graber
"gerade in der letzten Schrift ("Jahre der
Entscheidung") für die Ereignisse der Jetzt-

438

zeit" hat, dazu vgl. GRABERs Brief an Spengler vom 24.11.1933, in: O. SPENG-LER, Briefe ..., 1963, S. 714/5.

Zu S. 163, Fn. 2 : Noch schärfer ist Hegel, wenn er konstatiert, "dass die Religion als Mittel zum Zweck" schon "des jungen (römischen) Staats gebraucht" wurde, und dass sie "in den Händen der Patrizier" war, welche sie "bewusst für ihre Zwecke und gegen das Volk als bloss äusseres Band brauchten." (Vorlesungen über die Philosophie der Geschichte, Theorie Werkausgabe 12 (1970), S. 345, 358)

Zu S. 174, Fn. 3 : Auch und gerade SCHMITTs Antisemitismus äussert sich als solche "Politische Dämonologie"; in seinem Vortrag "Die deutsche Rechtswissenschaft im Kampf gegen den jüdischen Geist" von 1936 führt er aus: "Schon von der blossen Nennung des Wortes 'jüdisch' wird ein heilsamer E x o r z i s m u s ausgehen." Denn: "'Indem ich mich des Juden erwehre', sagt unser Führer A. HITLER, 'kämpfe ich für das Werk des Herrn. '" (In: Deutsche Juristenzeitung 41, Sp. 1196, 1199)

Zu S. 226, Fn. 1 : Wir möchten zeigen, daß die Konservative Revolution wenigstens ebenso sehr romano-zentrisch ist, was auch heißt e k k l e s i o zentrisch.

Zu S. 252-4, Fn. 1 : Inwieweit sich M. WEBERs cäsaristische Konzeption einer plebiszitären Legitimität des Reichspräsidenten speziell dem Erbe des d e u t s c h e n (National-) Liberalismus verdankt, das heisst seiner Interpretation des r ö m i s c h e n Cäsarismus, wäre eigens zu untersuchen. Immerhin ist dies ein Resümee von Th. Mommsens "Römischem Staatsrecht": "Der Volkswille erhebt den princeps, wenn und wann er will, und stürtzt ihn, wenn und wann er will; die Vollendung der Volkssouveränität ist zugleich ihre Selbst v e r n i c h t u n g." Denn, wie A. HEUSS gegen Mommsen richtig einwendet, dieser müsste "der Selbstbestimmung, die unter der Drohung der Soldateska stattfindet, ihre reale Bedeutung" geben und dürfte sie

"nur als den Schein des formellen Vollzuges
gelten ... lassen." Und Staatsrecht II 2, 842
heisst es auch: "Überall wird das Imperium
streng genommen nicht übertragen; es wird
vom Träger genommen." - "Mit Recht betont
Mommsen: 'Es hat wohl nie ein Regiment gegeben, dem der Begriff der Legitimität so
völlig abhanden gekommen wäre wie dem au-
gustischen Prinzipat' (II 2, 844), wobei er
mit Legitimität hier die legale Provenienz
... meint: 'Rechtmässiger princeps ist der,
den der Senat und die Soldaten anerkennen
...' (a. O.)... Schliesslich entscheidet, wie
Mommsen sagt, 'das Recht des Stärkeren'
(II 2, 1133)." - Vgl. A. HEUSS, Th.
Mommsen und die revolutionäre Struktur des
römischen Kaisertums, in: H. Temporini
(Hrsg.), Aufstieg und Niedergang der römischen Welt II, 1 (1974), S. 80, 83, 88.

Zu S. 262   :   Aktualiter nannte O. SPENGLER in einem
Brief vom 14. 7. 1915 den "Preußischen Stil"
"Hindenburgstil": "kurz, klar, r ö m i s c h ,
vor allem natürlich." (Briefe ..., S. 45)

Zu S. 268   :   SPENGLERs "Preussentum und Sozialismus",
von uns als "Preussischer Sozialismus" zi-
tiert, sollte ursprünglich "R ö m e r und
Preußen" heissen.

Zu S. 285, Fn. 1   :   Wie sehr die Identität das Primäre ist, lassen
sehr gut Briefe von und an SPENGLER er-
kennen, wie sie auf den Seiten 699, 704/5,
713, 721, 759 der Brief-Ausgabe abgedruckt
sind.

Zu S. 306   :   C. SCHMITT schrieb bereits 1927: "...'der
Kern jeder volkhaften Äusserung ... ist die
Akklamation, der zustimmende oder ableh-
nende Zuruf der versammelten Menge. Das
Volk akklamiert einem Führer ...; es ruft
Hoch oder Nieder, jubelt oder murrt, schlägt
mit den Waffen an den Schild, erhebt auf den
Schild, sagt zu irgend einem Beschluss mit
irgendeinem Worte "Amen" oder verweigert
diese Akklamation durch Schweigen.'
SCHMITT hat keine Bedenken, auf diese Wei-
se den Begriff demokratischer Legitimität

auch noch auf den fürstlichen Absolutismus auszuweiten, denn es gibt für ihn 'kein Staatswesen, das auf solche Akklamation verzichten könnte. Auch der absolute Fürst braucht die Spalier bildende und Hoch schreiende Menge seines Volkes. ' Die Formalisierung des Begriffes impliziert die Ungeschichtlichkeit: 'Die Akklamation ist ein ewiges Phänomen jeder politischen Gemeinschaft' (Volksentscheid und Volksbegehren..., S. 34). " - Die Vitalisierung des Begriffs impliziert jedoch die zukünftige Aktualität: "'Die Unmittelbarkeit der Demokratie lässt sich nicht organisieren, ohne dass sie aufhört, unmittelbar zu sein. ' (Ebd. , S. 49) SCHMITT spricht ausdrücklich von 'vitaler Unmittelbarkeit'; sie ist die G r u n d l a g e des 'politischen Bewusstseins der Zusammengehörigkeit und Einheit mit dem Führer' (Ebd. S. 35); diese Formulierungen ... beinhalten bereits alle Elemente zur Rechtfertigung der Verbindung von Führer und Gefolgschaft aus der unbedingten Artgleichheit, im Jahre 1933..." (Vgl. K. -M. KODALLE, Politik als Macht und Mythos ..., 1973, S. 73/4).

Zu S. 311 : Was die Aktualität von L. ZIEGLERs Rekurs auf Heinrichs III. Gründonnerstags-Predigt im Konstanzer Dom angeht, vgl. seine "Briefe. 1901-1958", 1963, S. 361 ff.

Zu S. 315 : Grosches konfessionell-katholische Apologetik kommt völlig mit dem überein, was zur gleichen Zeit der von Hause aus protestantische Privatsekretär Fr. von Papens, E. J. JUNG, in seiner "Sinndeutung der deutschen Revolution" schrieb: Der "weltanschauliche ... Universalismus" der "konservativ-katholischen Kräfte" bildet "eine politische Mitgift, die das kommende Reich braucht. " (S. 61)

Zu S. 343, Fn. 1 : Schneider bestätigt 1957/8 das vergleichsweise frühe Urteil W. BENJAMINs, der in "Theologische Kritik" schrieb: "Was Haas im Jahre 1929 unter dem Eindruck der Todesnachricht über Hofmannsthal schrieb ..., stellt die Gestalt in den Raum der alten katho-

lischen Monarchie, und zwar gewissermassen
als einen Ururenkel des Mutterlandes, welchem alle Söhne weggestorben waren, als ein
dichterisches Staatsgenie, das zu spät kam.
Das Land hatte keine Zukunft mehr. So rollte
sich ... das Kommende der Zeit gleichsam
ein, schmiegte sich, als Volute, ganz ins
Gewesene, wurde zu einem Schattenreich der
Zukunft, in dem nur das Älteste umging. "
(Ges. Schriften. Bd. III..., 1972, S. 276) Vergeblich, wie Schneider affirmiert.

Zu S. 351 : W. BENJAMIN schrieb schon 1922: "Es ist
nachgerade überhaupt die europäische Rolle
des Österreichertums geworden, aus seinem
ausgepowerten Barockhimmel die letzten Er-
scheinungen, die apokalyptischen Reiter der
Bürokratie zu entsenden: Kraus, den Fürsten der Querulanten, Pallenberg, den ge-
heimsten der Konfusionsräte, Kubin, den
Geisterseher in der Amtsstube, Polgar, den
Obersten der Saboteure. " (Ebd. , S. 200)

Zu S. 367, Fn. 1 : Unmittelbar auf Schmitt nimmt BENJAMIN
in der VIII. seiner "Geschichtsphilosophi-
schen Thesen" Bezug, wo es heisst: "Die
Tradition der Unterdrückten belehrt uns darüber, dass der 'Ausnahmezustand', in dem
wir leben, die Regel ist. Wir müssen zu einem Begriff der Geschichte kommen, der dem
entspricht. Dann wird uns als unsere Aufgabe
die Herbeiführung des w i r k l i c h e n Aus-
nahmezustands vor Augen stehen; und dadurch
wird unsere Position im Kampf gegen den
Faschismus sich verbessern. " (Illuminationen
..., S. 272) Schon zwei Jahre früher hatte
der BLOCH-Schüler J. SCHUMACHER geschrieben: "Um zu verstehen, was Anarchie
ist, wenn sie nicht die Revolution ist (Revolution aber ist die Selbstbefreiung der Unterdrückten, also die Wiederherstellung der
Norm), brauchen wir wirklich nur den Kapitalismus zu verstehen, seit er Faschismus
ist. Sein Verhängnis ist mechanisch geworden, er ... kommt nicht in die Normalität
zurück ..." (ebd. S. 93). Wenn man will,
repliziert Schumacher ausdrücklich auf diese - von uns bereits zitierte - SCHMITT -

Passage: "Wird die staatliche Einheit in der
Wirklichkeit des sozialen Lebens problematisch, so ergibt sich ein für jeden Staatsbürger unerträglichen Zustand, denn damit entfällt die normale", d. h. die Normen erst ermöglichende "Situation und die Voraussetzung
jeder ethischen und jeder rechtlichen Norm.
Dann ... tritt neben die Pflicht des Staates,
die in seiner Unterwerfung unter ethischen
Normen liegt, und neben die Pflichten gegenüber dem Staat eine weitere ganz anders geartete staatsethische Pflicht, nämlich die
Pflicht zum Staat." (Positionen und Begriffe ..., S. 145)